पत्ताखोर

(उपन्यास)

पत्ताखोर

मधु काँकरिया

राजकमल प्रकाशन
नयी दिल्ली पटना

ISBN : 978-81-267-1033-1

मूल्य : ₹ 300

पहला संस्करण : 2005
पहली आवृत्ति : 2012

प्रकाशक : राजकमल प्रकाशन प्रा. लि.
1-बी, नेताजी सुभाष मार्ग
नई दिल्ली-110 002

शाखाएँ : अशोक राजपथ, साइंस कॉलेज के सामने, पटना-800 006
पहली मंजिल, दरबारी बिल्डिंग, महात्मा गांधी मार्ग, इलाहाबाद-211 001

वेबसाइट : www.rajkamalprakashan.com
ई-मेल : info@rajkamalprakashan.com

मुद्रक : बी.के. ऑफसेट
नवीन शाहदरा, दिल्ली-110 032

PATTAKHOR
Novel by Madhu Kankariya

आभार

अंतराग्राम मेंटल हॉस्पिटल के निदेशक, साईकियाट्रिस्ट एवं कर्मचारीगण
न्यूराटिक कन्ट्रोल ब्यूरो के क्षेत्रीय निदेशक, आर.के. साहू
सुधार की ओर उन्मुख एडिक्ट राजेश शर्मा और विश्वजीत
आदित्य कांकरिया और दिपाली बरड़िया

अँधेरे के उस तरफ

कनपटी पर चुनचुनाते पसीने को अपने मुड़े-तुड़े कुर्ते की बाँह से पोंछा हेमन्त बाबू ने। एक गहरी उच्छ्वास उनके कंठ से निकली—अब जिन्दगी और पुत्र पर राय बदलनी पड़ेगी।

आत्मा में फिर हलचल होने लगी।

ललाट पर शिकनें उभरीं।

वे खुश हों या दुखी ?

पहली बार उन्हें उन माता-पिताओं से रश्क हुआ जिनके पुत्रों के स्वप्नों की उड़ानें उतनी उछाल नहीं मारतीं, उतनी ही उड़ान से मालामाल हो जाते हैं वे जितना आकाश थमा दिया जाता है उन्हें।

पर यह पुत्र !

इसके तो क्रोमोजोम्स ही एकदम अलग !

ऊपर से कितना शांत ! कैसा स्थिर ! पर भीतर कितनी उठापटक, कितने जज्बात ! कितनी लहरें...। कैसा उद्वेलन ! कितना आलोड़न !

कौन विश्वास करेगा, यह तेरहवर्षीय पुत्र ने लिखा है !

जेब से निकालकर वे फिर पढ़ने लगे उन जेराक्स किए पृष्ठों को जिन्हें उनके पुत्र आदित्य की क्लास टीचर ने उन्हें भेजा था। पहली बार पढ़कर तो वे तय ही नहीं कर पाए कि उसकी क्लास टीचर ने क्यों भेजा है उन्हें ? क्या पुत्र के भविष्य के प्रति आशंकित होकर एक चेतावनी के रूप में ? या इसलिए कि पुत्र की आत्मकथा पढ़कर वह अभिभूत है कि इतनी अल्पायु में ही उसमें कितनी जिन्दगी है ! और कितनी गहरी है उसकी जिन्दगी पर पकड़ !

या इसलिए कि मैं समझ जाऊँ कि पुत्र कितनी उदास आत्मा है, कितनी बेचैनियाँ, तन्हाइयाँ, असुरक्षा, सन्नाटे और प्रश्न हैं उसके भीतर...दूसरे विश्वयुद्ध के दौरान यूरोप की उस 'खोई हुई पीढ़ी' के बच्चों की तरह जिनके सभी बड़े या तो युद्ध में लगे थे या मारे गए थे।

या इसलिए कि मैं समझ जाऊँ कि वह एक कलाकार आत्मा है और जिन्दगी को एक कलाकार की ही तरह जीना चाहता है ! बहरहाल...निश्चित करने के लिए वे पुत्र के आत्म-वक्तव्य को फिर पढ़ने लगे जिसे उसकी मैडम ने 29 मई, 1984 की एक दोपहरी को उसकी कक्षा के सभी छात्रों को लिखने के लिए दिया था।

और बकौल टीचर...मैं चौंक गई। मेरे जेहन में ऐन फ्रैंक की डायरी झाँक गई। नौवीं कक्षा का लड़का...और ऐसा सौंदर्यबोध ! साथ ही इतना बेचैन ! इतना एकाकी ! इतना चिंतनशील ! जिन्दगी को देखने का ऐसा नजरिया...और भाषा—ऐसी पारदर्शी, बहती हुई और जीवन से दो-चार होती हुई कि अपने समय का सत्य झाँक गया है वहाँ। आपको यह इसलिए भेजा जा रहा है कि आप उसे बेहतर समझ सकें, कि महज जीना नहीं चाहता है वह—वह संगीत के माध्यम से जिन्दगी के आनन्द की खोज में है। जिन्दगी के बुनियादी सवालों से जूझना ज्यादा पसन्द करता है वह। उसमें कुछ कर गुजरने की आग है—पर उसकी जिन्दगी के भयावह एकान्त और सन्नाटों ने उसे आतंकित किया हुआ है।

मुँह में आए थूक को गटका उन्होंने। होंठों पर जीभ फेरी और कुर्ते की बाँह से पसीना पोंछा।

हेमन्त बाबू फिर पढ़ने लगे पुत्र की आत्मकथा—

मेरी निजी एलबम—शुरुआती चित्र।

जिन्दगी की रील को रिबाइंड कर रहा हूँ...बस अब नो फर्दर रिबाइंडिंग प्वाइंट। आधी-अधूरी, धुँधली-सी एक याद। ठीक नहीं कह सकता तब मेरी उम्र कितनी थी, बस इतना भर ध्यान है कि मैं तब इतना छोटा था कि घर के स्टोर-रूम में एक चावल की टंकी थी, मैं उसके पीछे खड़ा हो जाता तो पूरी तरह ढँक जाता था। उस दिन मेरे पड़ोस में मेरी ही उम्र का एक छोटा-सा बच्चा, जो कि पड़ोसियों का नाती था, आया हुआ था। दिन भर आंटी-अंकल (जिन्हें मैं ताऊजी-ताईजी कहता था) अपने चारों हाथों की गाड़ी बनाकर उस पर टिंकू को बैठाकर उसे घुमाते रहे थे। वे उसे घुमाते जाते और गाते जाते—'हाथी घोड़ा पालकी जय कन्हैयालाल की।' उनके साथ मैं भी गाता जाता—'हाथी घोड़ा पालकी' और ताली बजाता जाता। मुझे बहुत अच्छा लगा। मैंने सोचा था कि घर में मैं भी अपने पापा-मम्मी के साथ इसी प्रकार खेलूँगा।

पर घर में उस दिन जो देखा कि मैं थर, थर, थर। जोर लगाने पर इतना भर याद आ रहा है कि घर उस दिन साक्षात् कुरुक्षेत्र था। सदैव पुस्तकों को ही ओढ़ने-बिछाने वाले मेरे पापा पर माँ स्कूल की प्रिंसिपल की तरह गरज-बरस रही थीं। पापा शायद माँ की कोई फरमाइश पूरी करना भूल गए थे। भूले तो भूले, पर जिस मस्तमौलापन और हाथी चाल से झूमते हुए हाथों में दमकती नई किताब लेकर वे घुसे कि माँ भीतर तक मचमचा उठीं। पापा के चेहरे के उल्लास ने भी आग में घी का काम किया। वे भड़क उठीं और भरपूर ताकत से उन्होंने किताब को रॉकेट की तरह हवा में उछाल दिया। उस एक शॉट ने कई काम कर दिए। किताब तेज रफ्तार से चलते सिलिंग फैन से टकराकर पन्ने-पन्ने बिखर गई थी। उन्होंने कहा कुछ भी नहीं, पर अपमान और दुख से उनके चेहरे पर काँटे उग आए थे। उन्हें ऑफिस से आते ही चाय की तलब होती थी पर उस शाम उन्होंने न चाय बनाई और न ही कपड़े बदले। सिर झुकाए बैठे रहे वे।

देर रात तक मैं टंकी के पीछे खड़ा चुपचाप रोता रहा। माँ को गाली देता रहा—साली कुत्ती मरती भी नहीं। करीब घंटे-डेढ़ घंटे बाद आवाजें धीमी पड़ते-पड़ते बन्द होने लगीं। मैंने टंकी के पीछे से मुंडी निकालकर देखा—अम्मा ड्राइंग रूम से निकलकर शायद सोनेवाले कमरे में चली गई थीं। पिता सिर झुकाए बैठे थे। टंकी के पीछे से दबे पाँव मैं बाहर निकला।

दूसरे दिन पापा की किताब का बदला लेने के लिए मैंने माँ की एक चप्पल अलमारी के नीचे छिपा दी थी, जिससे अम्मा को ऑफिस के लिए देर हो जाए और उन्हें डाँट पड़े।

अम्मा को ऑफिस में डाँट पड़ी या नहीं, मुझे याद नहीं, पर इतना याद है कि उस घटना के बाद से मैंने माँ को देवी मानना छोड़ दिया था।

माँ मेरे लिए मुर्दाबाद और पापा जिन्दाबाद हो गए थे।

उसके बाद...सब जीरो !

कुछ भी याद नहीं।

सिर्फ हैं यादों के नेगेटिव।

चाहकर भी जिन्हें पॉजिटिव में नहीं बदल सकता मैं। बीच के कुछ वर्ष फास्ट फारवर्ड। अब सबकुछ जगमग है।

पुरी का समुद्र तट। बचपन की पहली खुशी। पहली चमक। पहला विस्मय। मेरे भीतर तितलियाँ उड़ने लगी थीं। उस पूरी सुबह लहरों से खेलने के बाद उस पूरी शाम मैं झूम-झूमकर गाता रहा था। तो मैं भी खुश हो सकता हूँ ! मैं बन्दर की तरह उछलने-कूदने लगा था। इस यात्रा ने जैसे मेरा आविष्कार कर डाला था। मैंने जी भर गाया था—कभी लाउड तो कभी स्लो। कभी गुनगुनाते। मुझे लगा कि दुनिया का पहला गीत समुद्र की गर्जनों और पंक्षियों की चहचहाहट से ही फूटा होगा।

दूसरी सुबह जगन्नाथपुरी के किसी साधु ने मेरा हाथ देखकर मुझसे पूछा था—“तुम बड़े होकर क्या बनना चाहोगे ?”

“गायक बनूँगा...” मैं चहचहाया था।

“क्या... !” माँ भौंचक्क । मुझे यूँ घूरा गोया मैं शानदार चुटकुला होऊँ।

तीसरी सुबह अधमरे मन से मैं फिर अपनी उसी एकांत, उबाऊ किताबों और होमवर्क वाली जिन्दगी में लौट आया था।

आखिर के चित्र : मिली-जुली यादें।

अंब मैं फुलपेंट पहनने लगा था और अपने बारे में सोचने लगा था। मैंने सोच लिया था कि मुझे गायक ही बनना है...पर कैसे ? मुझे इस पर विचार करना था कि इसी बीच मेरे जीवन का आखिरी पुल भी टूट गया। मेरी दादी मर गई थीं। मैं तब साढ़े दस वर्ष का था। दादी मेरे लिए सेफ्टी वाल्व थीं...माँ के प्रचंड गुस्से, भनभनाहट और बदमिजाजी से रक्षा करनेवाली—मेरी दादी ! दादी के मृत्यु-भोज पर कई पंडित आए थे...मैंने एक को अपना हाथ दिखाया—देखें, क्या मैं बनूँगा गायक ? मेरी माँ जो कई

बार मुझे थाली और टेबुल पर ताल देते और गाते देख चुकी थी, भड़क उठी—गधे कहीं के, जैसा बाप वैसा बेटा। एक किताबी कीड़ा, एक गवैया। रबिश ! बस एक परत उघाड़कर देखो...गायक तुम्हें चप्पल चटकाते, उधार माँगते और भूखों मरते नजर आएँगे।

माँ की आँखों में दर्द की झिलमिलाहट थी, जैसे उनकी पूरी पूँजी ही गलत दाँव पर लग गई हो।

मेरी माँ बैंक में कैशियर थी, धाकड़ थी। पापा जितने नरम वह उतनी ही गरम थी। माँ और पापा के बीच ही नहीं, मेरे और माँ के दरम्यान भी 'मे आई कम इन मैडम' वाला माहौल था। मैंने पूछना चाहा कि मेरे गायक बनने और भूखा मरने के बीच क्या सम्बन्ध हो सकता है ? क्या जीवन को एक खूबसूरत गीत की तरह गाया नहीं जा सकता ? पर माँ के हाव-भाव, सिकुड़ी हुई भवें और तनी हुई मांसपेशियों को देख मेरी हिम्मत जवाब दे गई। इतना जरूर समझ गया कि जो स्वप्न मैं देख रहा हूँ वह कोई महान स्वप्न नहीं है।

हेमन्त बाबू ने कुर्ते की जेब से पेन निकालकर इन पंक्तियों को रेखांकित किया और आगे पढ़ने लगे—

उन्हीं दिनों जाने किसने मुझे यह मंत्र दिया कि वही होता है जो हाथ की रेखाओं में लिखा होता है। इस मंत्र के बाद मैंने अपने आपसे लड़ना छोड़, जिन्दगी और स्कूली पढ़ाई में दिलचस्पी लेनी शुरू कर दी। पर मेरे साथ दिक्कत यह थी कि स्कूल में मुझे मंदबुद्धि समझा जाता था। मेरी शिक्षिकाएँ चिड़चिड़ी, मूर्ख और काठ की बनी हुई थीं। सीढ़ियों पर चढ़ते-उतरते और कक्षा में खाली घंटे के समय गाने पर मुझे कड़ा दंड दिया जाता। घर में गाने पर...माँ बिगड़तीं। दिन भर बैंक में सिर खपाने के बाद वह चाहतीं कि घर में कोई साँस भी न ले। मेरे अन्दर हर वक्त कुछ-न-कुछ कुलबुलाता रहता...बाहर निकलने को बेकाबू। जब-जब मेरे गाने पर रोक लगती, जिन्दगी बर्दाश्त के बाहर हो जाती और मैं बदला लेने के लिए कक्षा में टीचर से ढेर सारे सवाल पूछता...खूब तर्क करता। मेरे सहपाठियों को खूब मजा आता—पर पचपन बच्चों से अटी पड़ी वह क्लास जब एकसाथ ठहाका मारती, तो क्लास को वापस डिसिप्लिन्ड करने में टीचर के हाथ-पैर फूल जाते, वे चिड़चिड़ा जातीं। मेरे बेतुके सवाल उनकी झल्लाहट, ऊब और थकान को बढ़ा देते। वे झल्लातीं—बेतुके सवाल मत करो। कई बार वे आते ही मुझे खड़ा कर देतीं। कक्षा छह की पूरी पढ़ाई मैंने 'अपने पैरों पर खड़े होकर' की।

हर दिन दंड मिलने पर मैं खराब लड़कों में गिना जाने लगा। मेरी टीचर दूसरे लड़कों को आगाह करने लगीं—इस बदमाश के साथ मत रहो। मेरे अच्छे दोस्त मुझसे दूर-दूर रहने लगे। स्कूल में भी मैं अकेला पड़ने लगा। घर में तो मैं अकेला था ही। दादी के गुजर जाने के बाद से तो मेरी दुनिया में एकदम सन्नाटा और सूनापन ही आ गया था। मैं सुबह सात बजे निकल जाता था, स्कूल की बस में। अब दादी के मरने के बाद मुझे पड़ोस के फ्लैट से चाबी लेकर ताला खोलना पड़ता जो मुझे बहुत बुरा

लगता। हमारा घर पीछे की तरफ था, इस कारण फ्लैट के मुख्य दरवाजे को बन्द कर लेने पर पूरा फ्लैट भुतहा घर बन जाता, जहाँ मैं चूहेदानी में बन्द चूहे की तरह छटपटाता रहता। यहाँ सर्दियों में शाम के पहले ही शाम घिर आती थी, पूरा घर अँधेरे में डूब जाता था। कई बार मैं शाम के पहले ही बत्ती जला देता। कई बार एकदम अकेले में अचानक कॉलिंग बेल बजती तो मैं धड़कते दिल से साँस रोककर दरवाजा खोलता कि कहीं कोई चोर-उचक्का तो नहीं आ गया। कई बार लगता जैसे फैंटम दरवाजा नॉक कर रहा हो। कई बार बाहर से कुछ भारी-भरकम चीजें गिरने-पड़ने की आवाजें आती तो मेरे भीतर धुकधुकी मचने लगती जैसे मेरे घर पर किसी ने अकेला पाकर धावा बोल दिया हो। और तो और, चिलचिलाती दोपहरी के निःस्तब्ध सन्नाटे में नल से टपू-टपू गिरते पानी की आवाज तक मुझे कँपा देती। लगता जैसे कोई मेरे घर में सेंध मार रहा हो। और जब शाम के समय लोड-शेडिंग हो जाती तब उस सूने भुतहा घर में मैं पत्ते की तरह काँपने लगता। बहरहाल, जब लगातार लोड-शेडिंग होने लगी तो मैं एक टार्च अपने पास रखने लगा। मेरी सारी शाम मोमबत्तियाँ जलाने, उन्हें कतार में लगाने और दीवार पर मच्छरों पर झपट्टा मारती छिपकली को देखने में ही चुक जाती। मैं न होमवर्क कर पाता और न ही सो पाता, इस डर से कि कहीं छिपकली मुझ पर न गिर पड़े। मैं उन बच्चों से जलता जो दिन भर धमाचौकड़ी मचाए रखते और आईस-पाईस खेलते थे या अपने भाई-बहनों से गप्प करते रहते। हमारे घर में चींटियाँ और चूहे भी बहुत थे। कई बार पूरी दोपहर चींटियाँ सफा करने एवं चूहों को भगाने में निकल जाती। उन घंटों में मैं चाहकर भी गा नहीं पाता। बगल के फ्लैट में चम्मच भी गिरती तो मैं डर जाता।...कौन भीतर घुसा ?

इस सारे घमासान का परिणाम यह हुआ कि उस साल मेरा परिणाम बहुत खराब रहा। मुझे वार्निंग के साथ कक्षा सात में जाने की अनुमति दी गई।

इस चेतावनी से माँ एकाएक हरकत में आ गईं और मुझे 'अच्छा लड़का' बनाने के प्रयास बहुत तेज हो गए। ठोक-पीटकर मेरे लिए एक टीचर नियुक्त किया गया जिसने आते ही सीना ठोककर घोषणा की कि—"इसके जैसे गधे को घोड़ा बनाना तो उसके बाएँ हाथ का खेल है।" चंगेज खाँ की-सी शक्लवाला वह शिक्षक चंगेज खाँ जैसा ही क्रूर था, जिसका विश्वास था कि विद्या का निवास गुरु के डंडे में होता है। होमवर्क पूरा नहीं होने पर कभी वह मेरी दो उँगलियों के बीच पेन या पेंसिल को दबा देता और तब तक दबाए रखता जब तक मैं कराहने नहीं लग जाता। और कभी वह टाँगों के बीच से कान पकड़ाकर मुझे मुर्गा बना देता।

मेरी अक्ल ठिकाने लगाने एवं अलीबाबा के छुपे खजाने की तरह मेरे भीतर की छिपी प्रतिभा को अपने डंडे के बल पर खोज निकालने के लिए वह नित्य नवीन प्रयोग करता था। वह अपने मिशन में कामयाब हो भी जाता, पर एक घटना ने सब गुड़ गोबर कर डाला। उसका सिर कुम्हड़े जैसा था, इस कारण मैं उसके लिए अपनी होमवर्क की डायरी में सदैव इसी शब्द का प्रयोग करता था जैसे कुम्हड़े का होमवर्क—चैप्टर फाइव।

कुम्हड़े के आने की अगली तारीख 9.1.81। एक दिन मैंने डायरी में उसका चित्र आँका, उस पर दाढ़ी-मूँछें और सींग बना दिए और नीचे लिख दिया—गुरुदेव। उसने देख लिया। मैंने उसे झाँसा देना चाहा कि मैंने बिना सोचे ही यह सब लिख दिया है। पर वह उतना भी गधा न था, गुस्से में आगबबूला हो उसने मेरा दायाँ हाथ बुरी तरह मरोड़ दिया। दर्द जब असह्य हो गया और मुझे लगा कि मेरा हाथ ही टूट जाएगा तब अपने बचाव में मैंने अपना ज्यॉमिति बॉक्स उसके मुँह पर दे मारा। मेरा निशाना अचूक निकला। उसके सामने की खल्वाट पर खून चमकने लगा। वह डार्विन के बन्दर की तरह एक बार उछला और फिर भाग खड़ा हुआ।

हेमन्त बाबू रुक गए। यह पूरा पेज काटा-कूटी से भरा था। कई पंक्तियों को लिखकर काटा गया था। कई जगह शब्द बदले गए थे। नाक पर उतर आए चश्मे को ऊपर चढ़ाकर वे फिर पढ़ने लगे।

उस रात घर फिर हल्दीघाटी का सुलगता मैदान बना। पापा फिर मैच में पराजित कप्तान की तरह सिर झुकाकर खड़े थे। उनका एक ही अपराध था—हर वक्त मेरा पक्ष लेना। माँ ने फिर एक बार घोषणा की कि इस आदमी में न कमाने की कूबत है और न बच्चा सँभालने की...और फिर होंठ टेढ़े करते हुए माँ ने एक शब्द फेंका था पिता पर 'बास्टर्ड'। दूसरे दिन मैंने अंग्रेजी की कक्षा में टीचर के घुसते ही अपनी जिज्ञासा उनके सामने धर दी थी—सर, बास्टर्ड माने क्या होता है ? वे गुस्सा गए—फिर शुरू हो गए तुम्हारे बेतुके सवाल—स्टैण्ड अप !

हेमन्त बाबू फिर रुक गए। आगे पढ़ा नहीं गया। स्वयं को सँभालने में वक्त लगा। अतीत का चलचित्र उनकी आँखों के सामने भी घूमने लगा। एक गहरा उच्छ्वास लेकर वे फिर पढ़ने लगे। पर आगे के अक्षरों का जेरॉक्स काफी धुँधला था। उन्होंने चश्मे को फिर पोंछा और रोशनी के सीधे घेरे में पृष्ठों को रखकर पढ़ने लगे।

उन्हीं दिनों फिर एक गड़बड़ी हो गई थी। मेरे स्कूल के रास्ते में एक मिठाई की दुकान थी जहाँ हर वक्त गरमागरम जलेबियाँ छनती रहती थीं। मेरा मन मचलता जलेबियों का रस चूसने को। पर मुझे जेब खर्च नहीं के बराबर मिलता था। जो मिलता उसकी भी कड़ी ऑडिटिंग होती। मेरे घर के केबिनेट की प्रधानमंत्री माँ थीं। फाइनेंस सहित सभी महत्त्वपूर्ण पोर्टफोलियो उन्हीं के पास थे। पर वहाँ हमेशा कम आय का ही रोना-धोना मचा रहता। इस कारण हर दिन मैं टकटकी लगाए गरमागरम जलेबियों को ताकता रहता, तरसता रहता। आखिर मैंने हिम्मत से काम लिया। हमारे स्कूल के पास ही एक शानदार जैन मन्दिर था जहाँ महिलाएँ पीतल के बड़े से तख्ते पर चावल से रकम-रकम की आकृतियाँ बनाती थीं और उन पर पैसे और मिठाइयाँ चढ़ाती थीं। मैंने उन पैसों को चुराने की योजना बनाई। मैं दर्शन करने के बहाने आँखें बचाकर उन पैसों को कोहनी से सरकाते हुए नीचे गिरा देता और फिर ईश्वर वन्दना में सिर झुकाते वक्त उन्हें टप से उठा लेता। मन्दिर से निकलते ही किसी परमवीर की मुद्रा में मैं दौड़ते-दौड़ते मिठाई की दुकान पर जाता और कभी गरमागरम जलेबी तो कभी गुलाब जामुन उड़ाता

और अपने टिफिन के बासी पराँठे और आम के अचार की फाँक को परम उदारता के साथ किसी भिखारी को दे डालता। इस शाहंशाही के बाद एक दिन अपने गधेपन में इस सुख का राज मैंने अपने दोस्त पर खोल दिया। दोस्त जितना डरपोक था, उतना ही जलमरा। उसने मेरी माँ के कान भर दिए। थोड़े विश्वास और थोड़े अविश्वास से माँ ने मुझे देखा—और जब किसी भी प्रकार मुझसे मेरा गुनाह कबूल नहीं करवा पाई तो माँ ने ईश्वर के भेजे हुए किसी एजेंट के-से रौब से मुझे डराते हुए कहा, "देखो, यदि तुमने सच्चीमुच्ची में मन्दिर से पैसे चुराए होंगे तो तुम्हें भूत तेल से जलते कड़ाह में डुबो देगा। तुम्हारी आँखों में नमक भर देगा...तुम्हें उल्टे लटकाकर कोड़े लगाएगा।" मजे की बात यह थी कि दिन के उजाले में जहाँ मैं माँ की बात पर अविश्वास से हँस दिया था, रात के एकान्त में मेरे कमरे की खिड़की का पर्दा तेज हवा से हिला तो मुझे सचमुच लगा कि भूत मुझे दंड देने के लिए आ रहा है। मैंने सोचा, पापा के पास चला जाऊँ। पर उस दिन पापा रोज की तरह ड्राइंग रूम में न सोकर माँ के रूम में ही सोए हुए थे। माँ के डर के चलते मैं पापा को जगाने की हिम्मत नहीं बटोर सका...उल्टे पाँव अपने कमरे में लौटा तो तेज हवा से दीवार पर लटका हनुमान जी का कैलेंडर फड़फड़ाया, जाने क्यों मुझे लगा कि सारे देवी-देवता भूत बनकर आ रहे हैं, मुझे दंड देने। उन अकेले, उदास और डरानेवाले क्षणों में मुझे सचमुच भूत-प्रेतों पर विश्वास होने लगा। एकाएक मुझे एक उपाय सूझा, किसी कहानी में मैंने पढ़ा था कि भूत गाते हुए इंसान को नहीं दबोचते हैं। मैंने गाना चाहा तो मुँह से मारे डर के सुर नहीं निकले, मैं रसोई से थाली ले आया और उसे ही तबले की तरह बजा-बजाकर गाने का मूड बनाने लगा। मेरे जोर-जोर से थाली बजाने से पता नहीं भूत भागे कि नहीं, पर जाने कब मेरे भीतर का डर भाग खड़ा हुआ और जाने कब मैं पुरी के समुद्र-तट पर पहुँच गया और अधमुँदी आँखों से विभोर हो-होकर गाने लगा। मुझे होश तब आया जब आँखों के खुलते ही माँ को खा जानेवाली निगाहों से अपनी ओर ताकते पाया। पापा भी भौंचक्क थे, पर साथ ही मेरे कंठ-स्वर पर मुग्ध भी। माँ ने तमतमाते हुए कहा—यह क्या पागलपन है। आधी रात को गला फाड़ना। यह लड़का तो एकदम प्रॉब्लेम चाइल्ड बनता जा रहा है। उस दिन अपने टीचर से मारपीट कर बैठा, फिर मन्दिर में चोरी की और आज आधी रात को गला फाड़ रहा है। इसे पंखे से उल्टा लटका दो...सारा गाना-वाना भूल जाएगा। पापा ने छूटते ही विपक्ष में वोट डाला। एक प्रॉब्लेम माँ का अकेला बच्चा और कैसा होगा ? इसके बाद पापा माँ के रूम में न जाकर मेरे साथ ही सोए। और देर रात तक मुझसे बतियाते रहे, मेरे माथे पर हाथ फेरते रहे। जाने किस मूड में मैंने पापा से कहा, आप मुझे अच्छे म्यूजिक स्कूल में भर्ती करा दीजिए...देखिए, मैं एक अच्छा लड़का बन जाऊँगा। मुझे मृदंग, गिटार, सितार, वीणा...कोई भी एक दिला दीजिए। मुझे डॉक्टर, इंजीनियर नहीं बनना है...मैं ऐसे गीतों की रचना करना चाहता हूँ, जिसमें सबके लिए प्यार भरा हो। पूरी दुनिया के लिए। पापा इस प्रकार मुझे देखते रहे जैसे मेरा नया अवतार हुआ हो—हाँ बेटा, मैं जरूर कुछ करूँगा। मैं कल ही सभी अच्छे म्यूजिक-स्कूलों का पता

लगाता हूँ, वैसे मेरी एक सलाह है कि तुम अभी सारा ध्यान अपनी पढ़ाई-लिखाई पर लगाओ क्योंकि आज के जमाने में स्कूल-कॉलेज की डिग्री के बिना जीविका चलानी मुश्किल है। यहाँ हर मोड़ पर माइकेल जैक्सन बैठे हैं तानसेन का गला दबोचने को।

अपने वादे के मुताबिक तीसरे दिन पापा ने मुझे बुलाया और बताया कि दो अच्छे म्यूजिक स्कूल का पता लग चुका है, पर दोनों ही घर से बहुत दूर हैं, माँ से तो कुछ भी आशा करना बेकार है और फिलहाल मैं इतना छोटा हूँ कि मुझे वे ट्राम-बस के रास्ते अकेला भेजने का खतरा नहीं उठा सकते।

"तो... ?"

"मैंने एक संगीत शिक्षक की व्यवस्था कर दी है। वे कल से तुम्हें घर पर ही संगीत की शिक्षा देंगे।"

"—घर पर ? ओह, नो।" अब बन्द घर की दीवारें मुझमें खौफ पैदा करने लगी थीं। मैं किसी भी कीमत पर पिंजरे में बन्द अपने जीवन को खोलना चाहता था।

"बस, दो-तीन साल रुक जाओ, तुम अकेले जाने योग्य हो जाओगे तो फिर तुम्हें जहाँ चाहो भर्ती करवा दूँगा...यह मेरा वादा रहा।" पापा की आँखों में विश्वास भरा था, लिहाजा मैंने खुद को समझा लिया और जिन्दगी के बन्द दरवाजे से ही अपने गीतों की तान छेड़ने के लिए अपने नए संगीत-गुरु के चरण-स्पर्श कर उनका स्वागत किया जबकि उन्हें देखते ही मुझे लारल-हार्डी की पिक्चर का मोटा हार्डी याद आ गया था।

पर मेरा दुर्भाग्य, पहलेवाले टीचर की तरह ये भी अपनी ही तरह के गधेराम जी थे। निरन्तर चीखते रहने के कारण उनका गला ट्रक के भोंपू जैसा खुरदुरा और ढेंचू-ढेंचू हो चुका था। पहली बार ही वे इतना बेसुरा गाए कि मैं चीख पड़ा—आपमें तो एक मामूली गायक का हुनर भी नहीं, आप संगीत क्या सिखाएँगे ? उसने बिहारी बाबू की स्टाइल में तमतमाते हुए कहा—तुम कल का छोकरा हमका गाना सिखाइब। मैंने उतनी ही जोर से चिल्लाकर कहा—आप मुझे कुछ भी नहीं सिखा सकते। और मैं उठने लगा। मेरी बेअदबी देखकर वे सकपका गए। फिर जाने क्यों उन्होंने मुझे उठने नहीं दिया, थोड़ी देर हुँआ-हुँआ करने के बाद उन्होंने मुझे पकड़ लिया और धीरे-धीरे मुझे अपनी बाँहों में भरना शुरू कर दिया। उनकी विशाल तोंद, सिर से आते कड़ुवे तेल की गन्ध और बाँहों से आती पसीने की बू से मेरा जी भन्ना गया। एक तो अपने स्वप्नों के चकनाचूर होने की पीड़ा...और उनकी बाँहों की घेराबन्दी की वितृष्णा ! मैं स्वयं को उनके चंगुल से छुड़ाने की जितनी चेष्टा करता, उनकी जकड़न उतनी ही बढ़ती जाती। आखिर बुरी तरह विरक्त और परेशान होकर मैंने उन्हें काट खाया। वे चीखे और मैं जेल से निकले कैदी की तरह भागा।

रात फिर थर, थर, थर। अम्मा और पापा फिर आमने-सामने। दोनों तरफ से तीर चल रहे थे। निशाने पर मैं था।

दो दिन की बढ़ी दाढ़ीवाले पापा का चेहरा काला पड़ गया था। पापा की आँखों की कोर में मैंने फिर आँसू देखे थे—अपनी हैसियत से गिरा दिए जाने और अपने ही

बेटे का अच्छा लड़का न हो पाने का दुःख। इस बार मैंने अपने हथियार डाल दिए थे—अब मैं बाज आया अपनी हरकतों से।

बीच में डेढ़ वर्ष मैंने स्वयं को सुधारने एवं 'राजा बेटा' बनने की चेष्टा में निकाल दिए। यद्यपि मेरी आत्मा पिंजरे में बन्द पक्षी की तरह आकाश में उड़ान भरने को छटपटाती पर मैंने अपने सारे पंखों को समेट लिया था।

अपने भीतर को मारकर मैंने स्वयं को ज्यामिति के थियोरम्स, एलजेबरा की इक्वेशन, अंग्रेजी की ग्रामर और इतिहास की तारीखों के बोझ तले दबा डाला था पर आश्चर्य यह था कि इतनी भारी-भरकम शिलाओं के बावजूद भीतर दबा संगीत का पाखी जब-तब पंख फड़फड़ाने लगता। उसकी पुकार को अनसुनी कर मैं रात ग्यारह-ग्यारह बजे तक—ऊँघता-जागता अपना होमवर्क करता रहता।

और ठीक जिस समय मुझे लग रहा था कि इस प्रकार स्कूली पढ़ाई की ठोस जमीन पर खड़े होकर मैं संगीत की दुनिया के चाँद-सितारों का भी पता लगा लूँगा, एक विपरीत झटके ने फिर मुझे उखाड़ दिया। अब मैं न आकाश का हूँ, न धरती का। वाकया आज से करीब साल भर पूर्व का है। मेरे बारहवें जन्मदिन के अवसर पर मैं जिद कर बैठा कि मुझे अमिताभ बच्चन की फिल्म देखनी ही देखनी है। मेरी जिद के आगे पापा को झुकना पड़ा। वे मुझे अमिताभ बच्चन की 'नमक हराम' पिक्चर दिखाने ले गए। उस पिक्चर में अमिताभ अपने थ्री पीस सूट और चमचमाते बूट की ठसक के साथ एक डायलाग मारता है—अरे पढ़ाई-वढ़ाई से कुछ नहीं होता और न ही मेहनत और ईमानदारी से...बड़ा आदमी बनने के लिए चाहिए बड़ी बेईमानी, हेराफेरी, तिकड़म की बुद्धि और जिसके लिए चाहिए बड़ा जिगर। और उसी पिक्चर में एक शब्द भी था 'सेवरा की भूख'।

मैंने पापा से पूछा 'सेक्स' माने क्या होता है। उन्होंने थोड़े गुस्से में जवाब दिया—"डिक्शनरी में देख लो..."। मैं समझ गया कि पापा स्कूली किताबों और पढ़ाई के अलावा पिक्चर सम्बन्धी बातचीत में मेरा समय जाया नहीं करना चाहते, लिहाजा मैंने अमिताभ बच्चन के पहलेवाले डायलाग की भी चर्चा नहीं की पर मैं स्वयं बहुत कन्फ्यूज्ड था। सब गोलमाल था। आखिर मैंने अपने एक दोस्त के पिता, जो कि स्वयं बहुत बड़े व्यवसायी थे, बड़ी-बड़ी गाड़ी में घूमते थे, कलाई पर सोने के बेल्ट वाली घड़ी पहनते थे, से पूछा, "अंकल, आप कितने पढ़े हुए हैं..." वे हँस दिए—अँगूठा छाप हूँ। बाद में आंटी ने बताया कि उनका पढ़ने में दिल नहीं लगता था इसलिए उनके पिता ने उन्हें चौदह वर्ष से ही व्यवसाय में ढुका दिया था।—क्या ! तो बिना पढ़े भी धनवान बना जा सकता है ?

हाँ—क्यों नहीं।

अमिताभ बच्चन जीत रहा था, मैं हार रहा था। मेरे दिमागी डि-कन्स्ट्रक्शन (विखंडन) की शुरुआती ईंट उसी दिन पड़ गई थी—यदि यही सत्य है—तिकड़म, बेईमानी और जिगर तो क्यों मैं अपनी संगीत की दुनिया का गला घोंट रात ग्यारह-ग्यारह बजे

तक किताबों की नीरस और दमघोंटू दुनिया में पड़ा रहूँ ? पापा ने मुझे गायक नहीं बनने दिया कि मैं इससे रोटी-लंगोटी नहीं कमा सकूँगा, पर आज मैं सोचने पर मजबूर हूँ कि जब खतरा दोनों ही तरफ है तो क्यों न मैं वही रास्ता चुनूँ जहाँ मेरे सपनों के फूल बिखरे हों। जहाँ मुझे जिन्दगी-सी जिन्दगी मिल सके। जिन सुरों और सरगमों को मैंने जीवन से बलात दूर धकेल दिया था अब वही मुझे फिर बुलाने लगे हैं। ये सुर और सरगम ही बताएँगे मुझे जिन्दगी के भेद।

और अब मैं बड़ा हो गया हूँ इस कारण इन सवालों के जवाब मुझे खुद ही तलाशने होंगे। पर एक बात तय है, स्कूली पढ़ाई जैसी बोर चीज मुझे जिन्दगी की खुशी नहीं दे पाएगी। मेरा यह भी विश्वास है कि इस धरती को संगीत-नृत्य जैसी कलाओं से ही सुन्दर बनाया जा सकता है, इस धरती की खुशी इन्हीं रास्तों से मिलेगी।

और अन्त में मैं उन सारी आधुनिकता और प्रगति को डिनाई करता हूँ, मैं फिर पुरानी दुनिया में लौट जाना चाहता हूँ जहाँ बच्चों के साथ उनके भाई-बहन हों, मित्र हों, जहाँ वे इतमीनान के साथ जी सकें क्योंकि मैं जानता हूँ खाली दीवारों में कितना डर और कितनी घुटन भरी होती है।

आत्मकथा यहाँ शेष थी। हेमन्त बाबू ने उन पृष्ठों को समेटा और तह कर उसे फिर पेंट की जेब के हवाले किया। वे चलते जा रहे थे। शब्दों की अनुगूँज रह-रहकर उनके भीतर से उठती जा रही थी। पुत्र की आत्मकथा ने उन्हें एक ऐसे बेचैन समुद्र में तब्दील कर डाला था जिसमें रह-रहकर लहरें उठ रही थीं और वे हैरान थे, परेशान थे क्योंकि उन लहरों का कोई किनारा उन्हें नजर नहीं आ रहा था। यदि उनके पास चार-पाँच लाख रुपए होते तो सबकुछ को पुत्र के नाम कर, उसके भविष्य को सुरक्षित कर उसे छोड़ देते संगीत के आकाश में मुक्त उड़ान भरने को। पर यही उनका दुख था कि वे ऐसा नहीं कर पा रहे थे। पुत्र की एक प्रकार की आध्यात्मिक किस्म की बेचैनी, सुर और सरगम के माध्यम से जिन्दगी के भेदों तक पहुँचने की उसकी ललक, एक बेलगाम-आजाद जिन्दगी की चाहत...सबकुछ वे समझ रहे थे, पर कर कुछ भी नहीं पा रहे थे। और यह भी कितनी भयावह सच्चाई कि जीवन के प्रभात से ही ईमानदारी, अध्ययन, सत्य और मूल्यों के प्रति आस्था चुकती जा रही है उसकी। हे भगवान ! क्या करें वे ! किसे वरीयता दें ? एक सामान्य सुरक्षित भविष्य को या उसकी आत्मा के सत्य को ?

सप्ताह भर तक उमड़-घुमड़ होती रही उनके भीतर। आखिर सप्ताह के अन्त में उन्होंने पत्नी को भी इस आत्म-युद्ध में शामिल करना चाहा पर कठिनाई यह थी कि इस आत्मकथा में उसकी माँ के प्रति इतनी कड़ुवाहट भरी थी कि वे इसे अपनी पत्नी वनश्री को देने में भी संकोच कर रहे थे और डर रहे थे कि कहीं पत्नी इसे अन्यथा न ले ले।

आखिरकार...एक सुबह।

"लो, पढ़ो इसे...यह तुम्हारे बेटे की आत्मकथा है...नहीं उसने मुझे नहीं, अपनी कक्षा में लिखा था, अपनी टीचर के कहने पर। उसकी टीचर ने मुझे उसकी जेराक्स कॉपी भेजी है...उसे तो पता भी नहीं होगा कि हमने इसे पढ़ा है।"

"पर क्यों ?" पत्नी के ललाट पर शिकन उभर आई थी।

"जिससे कि हमें उसे समझने में मदद मिले...जो बच्चे समय से पूर्व ही इतने परिपक्व, संवेदनशील और गहराई से सोचनेवाले होते हैं, उन्हें बहुत ही कोमल हाथों से कोमल फूलों की तरह छूना होता है—हैंडिल विद केअर और हम हैं कि उसे सारे-सारे दिन इस पीछे के बिना बाल्कनीवाले फ्लैट में एकदम अकेला छोड़ देते हैं।"

"लो, फिर शुरू हो गई तुम्हारी बकवास..." अकेला छोड़ देने की बात शुरू करते ही पत्नी अपने पर मँडराते खतरे को सूँघकर बिदक गई थी, "तुम्हें खुद तो भविष्य के लिए कुछ सोचना है नहीं, गिनी-चुनी तनख्वाह लाकर पटक देना, खाना, थलथलाना, बलबलाना और बहुत हुआ तो किताबों से चिपक जाना।"

पत्नी की तल्ख होती आवाज के जहर को कैप्सूल की तरह गटका उन्होंने—स्वयं पर काबू पाया और बेहद संयत एवं धीमे स्वर में उससे एक सार्थक संवाद करने की चेष्टा की।

"देखो, हम यहाँ झगड़ने नहीं, एक गम्भीर समस्या पर विचार करने बैठे हैं..."

"पर समस्या हो तो कहीं, तुम्हें तो अकाल में जन्मे की तरह आशंका में जीने की आदत पड़ गई है। सब ठीक तो चल रहा है...और इस साल तो उसने रिजल्ट भी अच्छा किया है।"

'ये भरी दोपहरी के अँधेरे हैं...अँधेरे से भी ज्यादा खतरनाक...।' उन्होंने कहना चाहा पर एक तेज़ खंजर में बदली पत्नी उनके सभी तर्कों को खचाखच काटती जा रही थी। लिहाजा उन्होंने पुत्र की आत्मकथा के वे जेरॉक्स किए हुए पृष्ठ उसे थमाए—"पहले ध्यान से पढ़ लो, फिर बात करेंगे।"

दूसरी सुबह आदित्य के निकलते ही फिर घेरा उन्होंने वनश्री को।

इस बीच वनश्री के भीतर बहुत कुछ घटित हो चुका था। पुत्र की आत्मकथा को पढ़कर वह उद्विग्न थी, दुःखी थी, जिस प्रकार पुत्र ने नकारा था उसे, उसकी अंतरिम सत्ता हिल उठी थी। हेमन्त बाबू के छेड़ते ही वह बिफर पड़ी।

"नहीं जानती कि आदित्य क्यों इतना खार खाया हुआ है मुझसे, अरे जो कुछ भी कर रही हूँ उसी के भविष्य के लिए ही न। बचाया हुआ पैसा, घर के मकान की योजना आखिर उसी के ही तो काम आएगी...मैं तो ऊपर लेकर जाऊँगी नहीं...।"

हेमन्त बाबू ने समझाना चाहा उसे।

"देखो, तुम जो कुछ भी उसके लिए कर रही हो, उसके वर्तमान को नकारकर कर रही हो, जबकि वर्तमान ही सबसे बड़ा सत्य है, जिसकी उपेक्षा कर भविष्य को नहीं

सँवारा जा सकता है। हम उसके स्वप्नों के हत्यारे हैं...हमने उसे उसके स्वप्नों का हाथी, घोड़ा, पालकी नहीं दिया। उसकी वर्तमान आवश्यकता एक ऐसी माँ की है जिसके साथ वह अपना अकेलापन बाँट सके, अपनी जिन्दगी की गुत्थियों को सुलझा सके, अपना अन्तर्मन खोल सके। उसका वर्तमान संभावनाओं से भरपूर है, हम उन संभावनाओं की हत्या के अपराधी हैं। चाणक्य ने चन्द्रगुप्त में सिर्फ एक संभावना उदित होते देखी थी और देखो, जो बालक गाय-बैल को दिशा देता था वह एक दिन मगध को दिशा देने लगा। देखो, मेरी बात ध्यान से सुनो, सिर्फ वही व्यक्ति अपने आपके साथ एकान्त में रह सकता है जिसकी भीतरी दुनिया समृद्ध है, स्मृतियों, विचारों...कल्पनाओं से भरी-पूरी है...पर एक बच्चा जिसकी भीतरी दुनिया अभी बनना ही शुरू हुई है—उसे अकेला नहीं छोड़ा जा सकता। अभी उसे एक माँ की जरूरत है।"

"लेकिन पूरा का पूरा रविवार मैं घर पर रहती हूँ, छुट्टियों के दिन भी घर पर रहती हूँ तब भी वह कौन-सा मेरे पास बैठता है कि बतियाता है ? पूरा घुन्नाघट्ट है।"

"वह घुप्पा नहीं, वरन् हमीं लोगों ने कभी उसके हृदयद्वार पर दस्तक देने की चेष्टा नहीं की।" अविचलित रहते हुए उन्होंने समझाने की चेष्टा की।

"सत्य तो यह है कि तुम दोनों के बीच यह रिश्ता पनप ही नहीं पाया जो आत्मा से आत्मा का होता है...तुम यदि पुत्र की आत्मा तक पहुँच पातीं तो समझ पातीं कि उसकी आत्मा एक कलाकार की आत्मा है, जो यथार्थ नहीं वरन् स्वप्न की धरती पर जीती है। उसके भीतर एक कोलम्बस है जो उसे भटकाता है, उसे कुछ नया रचने को उकसाता है, खोज करने को बाध्य करता है इस कारण वह दुनिया को उन शर्तों पर नहीं ले सकता है जिस प्रकार और लोग ले लेते हैं...खैर, उससे भी महत्त्वपूर्ण बात यह है कि तुम दोनों के बीच वैसा अटल आत्मीय सम्बन्ध विकसित हो ही नहीं पाया है जैसा मेरे और मेरी माँ के बीच था। मेरी माँ सदैव मुझसे कहा करती थी—तुम मेरे गर्व हो। अपनी अंतरात्मा में झाँको और पूछो, कभी महसूसी है तुमने उसके प्रति ऐसी उच्च भावना ?"

कहते-कहते वे भावुक हो गए। माँ की स्मृतियों का सैलाब किसी पहाड़ी झरने की तरह उनके भीतर से फूट निकला, खोए-खोए से कहने लगे—"मेरे बचपन की स्मृतियों में हर जगह माँ बिखरी पड़ी है। जाने कितने चेहरे और हाथ जमा हैं वहाँ—थपकियाँ देकर सुलाते हाथ, मनुहार करके खाना खिलाते हाथ, शरीर पर तेल मालिश करते हाथ, चोटों पर डिटॉल लगाते हाथ, कैरम बोर्ड खेलते हाथ, सर्दियों में च्यवनप्राश चटाते हाथ, सुबह उठते ही भीगे चने खिलाते हाथ, तकिया फेंकते हाथ—हर शाम आरती उतारते हाथ, मेरी कलाई पर रक्षा की पोटली बाँधते हाथ, परीक्षा के लिए निकलते वक्त ललाट पर कुंकुम लगाते हाथ...मुँह में शकुन के लिए दही खिलाते हाथ। और लगभग उतने ही चेहरे जमा हैं—कहानियाँ सुनाते वक्त तरह-तरह की मुद्राएँ बनाता चेहरा—कभी डराता, कभी हँसाता चेहरा। मेरे बीमार पड़ जाने पर चिन्तामग्न चेहरा। घर में धमाचौकड़ी मचाने पर डाँटता-धमकाता चेहरा। मेरी मंगलकामना के लिए निर्जला व्रत करता सूखा-सूखा चेहरा। मुझे चेचक के प्रकोप से बचाने के लिए शीतला माता का व्रत

दिनचर्या के अनुसार हेमन्त बाबू सब्जी का झोला लेकर और मुँह लटकाए कॉलेज स्ट्रीट की ओर चल पड़े थे। मन खिन्न था। इस कारण ट्राम में न बैठकर पैदल ही आगे बढ़ने लगे। रफ्ता-रफ्ता दिमाग की फुनगी पर विचारों की आवाजाही शुरू होने लगी—क्या विडम्बना है, पत्नी सिर्फ हार्डवेयर...शत-प्रतिशत बुद्धि और व्यवहार की दुनिया में रहनेवाली—और सुपुत्र एकदम सॉफ्टवेअर—भावनाओं, विचारों और सपनों की दुनिया में विचरण करनेवाला। समुद्र की लहरों-सा पछाड़ खाता मन उन्हें बार-बार धकेल रहा था, कभी आगे कभी पीछे।

कहाँ चूक हुई उनसे ? क्या स्थितियाँ इससे बेहतर नहीं हो सकती थीं ? वे कौन-सी भूलें थीं जिनके कारण वे पुत्र को एक ऊष्ण और आत्मीय घर नहीं दे सके—घर-सा घर। इस सम्पन्न घर के कोने-कोने से उन्हें आज विपन्नता की बू आ रही थी। जब-जब आत्मा लहूलुहान होती, आँखें पीछे घूम जातीं। स्मृतियाँ अपने ही अतीत को कुरेदने लगतीं।

क्या पत्नी के प्रति अपने कर्तव्यों के पालन में कोई त्रुटि हुई उनसे कि पत्नी उनके साथ पूरी तरह एकात्म नहीं हो सकी ? जहाँ तक उन्हें याद है, पत्नी आज जिस बैंक की नौकरी के पीछे इतना इतराती है वह नौकरी भी उन्हीं के प्रयासों से मिली थी उसे। पर वे दिन और थे, तब उनकी माँ जीवित थीं, आदित्य का सारा काम वे ही करती थीं और खुशी-खुशी करती थीं। उन्हीं दिनों उन्होंने पत्नी के बौद्धिक स्तर को ऊपर उठाने की भी भरसक चेष्टा की थी जिससे पति-पत्नी के बीच एक गहरी समझ और वास्तविक प्रेम की अन्तर्धारा प्रवाहित हो सके। पर पत्नी अभी तक फिल्मी प्रेम के प्रदर्शन से आक्रांत थी। बी.ए. पास पत्नी के दिमागी क्षितिज को किसी विदुषी नारी की तरह इतना फैला देना चाहते थे वे कि धर्म, दर्शन, राजनीति, संस्कृति...सबकुछ उसमें समाहित हो सके। पर पत्नी में वह गहराई नहीं थी। जब-जब हेमन्त बाबू ने उससे समकालीन राजनीति पर चर्चा चलानी चाही वह समकालीन सिने अभिनेताओं की जीवनियों में रस लेने लगती। पति सुन्दर लगते उसे पर उनकी शृंगारहीनता उसे अखरती। पति के शान्त-सौम्य स्वभाव से उसे आपत्ति नहीं थी, उनके अध्ययन की आदत को भी वह झेल रही थी, पर जिसे कहते हैं स्वप्न-पुरुष, वह उसे नहीं मिल पाया था। अपने राम जैसे इस भोलेनाथ पति में साज-शृंगार, नैन-शैन और नशीली बातों के जरिए भी जब वह काम नहीं जगा सकी तो उसमें धीरे-धीरे निराशा घर करने लगी। घर साबरमती का आश्रम-सा फीका-फीका लगने लगता। ऐसे में कई बार वह गुस्से में उफनती बिल्ली की तरह न सिर्फ उन्हें नोंच डालती वरन् उनकी वेदान्त और दर्शन की किताबों की भी होली जला डालती।

उन्हीं दिनों उसकी एक अन्तरंग सखी ने उसे अपनी कामयाब जिन्दगी का कामयाब मंत्र अपनी कामयाब हँसी के साथ उसकी हथेली पर धर दिया था—एक ही व्यक्ति से सबकुछ मिले, यह अस्वाभाविक है, क्यों न वह कुछ नौकरी कर लें। और मजाक-ही-मजाक में आँख मारकर वह उसे जिन्दगी का बहुत बड़ा राज समझा गई थी...नहीं इसमें बुराई कुछ भी नहीं है, अरे फिक्स्ड डिपोजिट तो एक है ही, क्यों न कई करेंट एकाउंट खोल लिए जाएँ, छोटे-छोटे कई करंट एकाउंट, जब तक दिल करे, एकाउंट

खुला रहे...दिल भरा कि एकाउंट बन्द। गृहस्थी भी सँभली रहे...मियाँ से भी खिचिर-खिचिर खत्म और अपनी जिन्दगी भी खुशहाल। यह सारी घुटन सिर्फ इस कारण है कि जिन्दगी बन्द है...एकदम एक पुरुषवाली जिन्दगी सिवाय घुटन और बोरियत के कुछ भी नहीं देती। इसलिए जरूरी है कि जीवन की अधिक-से-अधिक खिड़कियाँ खोल दी जाएँ जिससे सभी दिशाओं से हवा आती रहे...बस इतना ही ध्यान रखना है कि ये हवाएँ अंधड़ ना बनें।

शाम को जब खाना परोसते हुए वनश्री ने अपनी नौकरी करने की इच्छा जाहिर की तो हेमन्त बाबू ने इसका स्वागत ही किया—चलो, किसी बहाने एकदम आत्मकेन्द्रित जीवन का कुछ तो विस्तार होगा। पत्नी के लिए उन्होंने आनन-फानन ही एक शिक्षक भी नियुक्त कर दिया और जिस अलमारी पर पहले अपने ही हाथों से पत्नी के बौद्धिक विकास के लिए भगवतीचरण वर्मा की 'चित्रलेखा', रवीन्द्रनाथ की 'गोरा', प्रेमचन्द की 'निर्मला', 'रंगभूमि' वगैरह ला चुके थे, उन्हीं हाथों से इन अमूल्य पुस्तकों को परे सरकाते हुए उसकी जगह 'प्रीपेरेशन फॉर बैंक,' 'द क्लेरिकल टेस्ट' की सामान्य ज्ञान की पुस्तकें लगा दीं। पत्नी की मेहनत रंग लाई और एक प्राइवेट बैंक में उन्हें नौकरी भी मिल गई। पत्नी की खुशी में अपनी खुशी को खोजा उन्होंने और सही अर्थों में हिन्दू पत्नी का पुरुष अवतार 'हिन्दू-पति' बन उसकी मुक्ति का उत्सव मनाते हुए आगे बढ़कर द्वार खोल दिए—लो उड़ो, जितना उड़ सको। लेकिन धीरे-धीरे उन्होंने लक्ष्य किया कि पत्नी अपनी उस नौकरी को ही जीवन की चरम उपलब्धि की तरह देखने लगी थी और अपनी मूलभूत जिम्मेदारियों की भी अवहेलना करने लगी थी। पत्नी का गला भी खुलते-खुलते अब मर्यादाओं और सीमाओं का अतिक्रमण कर गर्जन-तर्जन करने लगा था। इस कारण मौका एवं पत्नी का मिजाज देखकर वे उसे गाहे-बगाहे समझाने की चेष्टा करते—नौकरी जीवन नहीं, जीविका है। असली चीज जो महत्त्व रखती है वह है जीवन-चेतना, जीवन-ध्येय और जीवन के प्रति अपना दृष्टिकोण। लेकिन वनश्री ने बहुत शीघ्र ही स्वयं को अपने दफ्तरी जीवन में पूरी तरह रोप लिया था। उसके रंगीन और रसीले मिजाज को वह चीज वहीं मिली थी जिसे कहते हैं 'जिन्दगी का मजा' और वहीं उसके आत्म-विश्वास की जड़ों को सींचने योग्य जल भी। अपने रामकृष्ण से सन्त और बेदम पति की बातें अब उसे मूर्खतापूर्ण, अव्यावहारिक और खुशियों का गला घोंटनेवाली लगतीं। जब तक हेमन्त बाबू की माँ जीवित रही, गृहस्थी की गाड़ी किसी प्रकार खिचिर-खिचिर करती हुई भी चलती रही पर एक समय ऐसा भी आया कि उनके ऊपर चौतरफा मुसीबतों का कहर एकसाथ टूटा।

उन्हीं दिनों दफ्तर में नया बना सी.ओ. हेमन्त बाबू से जाने किस जन्म की दुश्मनी निकालने लगा। वह बेहद पाशविक मनोवृत्ति का था और अपने मातहत कर्मचारियों को जब तक पूरी तरह से दुम हिलानेवाली और म्याऊँ-म्याऊँ करनेवाली भीगी बिल्ली नहीं बना डालता, उसे अपना सी.ओ. बनना व्यर्थ नजर आता। हेमन्त बाबू जैसे जिराफ की-सी ऊँची गर्दनवाले ऑफिसर उसे फूटी आँखों नहीं सुहाते थे। बड़े ही जानलेवा दिन

थे वे हेमन्त बाबू के लिए। ऑफिस में खूँखार बॉस और घर में अकेलेपन से झुलसता बेटा...दोनों को देखकर उनका कलेजा फुँक जाता। और ऐसी ही पस्त होती आन्तरिक सत्ता और ध्वस्त होते वर्तमान के टूटते क्षणों में उन्होंने पत्नी को लगभग निर्णयात्मक-अनुरोधात्मक एवं आदेशात्मक स्वर में राजाज्ञा दी—तुम नौकरी से इस्तीफा दे दो।

पर तब तक वनश्री के जिंस बदल चुके थे। वह अपनी नौकरी पर दिलोजान से फिदा थी और रातों में 'फिएट' के सपने देखने लगी थी। अपने निजी स्वार्थ के सीमित सोच पर उसने स्त्री समानता की लुभावनी चिलमन डालना सीख लिया था। पति के प्रभावी जोन से स्वयं को बाहर करते हुए उसने उनकी राजाज्ञा की जिस भाषा में परखच्ची उड़ाई कि वे जड़ हो गए। स्तब्ध और भौंचक्क ! जिसे उँगली पकड़कर चलना सिखाया, आज उसी ने धक्का दे मारा। ऐसी ही देवियों के लिए कहा गया है कि स्त्री से श्रेष्ठ तो केवल एक ईश्वर ही हो सकता है ? बहरहाल, मौके की नजाकत को देखते हुए उन्होंने भी आरोह से अवरोही तान ली और लगभग गुहार लगाते हुए अपना अनुरोध दोहराया। पर उनकी उस कमजोर गुहार का भी अन्ततः वही अंजाम हुआ जो संयुक्त राष्ट्र संघ की बैठकों में कमजोर राष्ट्रों की गुहार का होता है। वनश्री अब अपराजेय थी। अभेद्य थी। सर्वशक्तिमान थी। उसके हाथों में हेमन्त बाबू का मुँह बन्द करने के लिए अलाउद्दीन के चिराग की तरह एक अमोघ अस्त्र आ गया था—'एक की कमाई से घर नहीं चल सकता।' वही अमोघ अस्त्र अब उसकी स्त्री स्वातन्त्र्य चेतना का दयनीय पर्याय भी बनकर रह गया था।

बहरहाल, पत्नी और बॉस इन दो के बीच ज्वालामुखी की तरह अन्दर ही अन्दर दहकते हुए एक बिन्दु वह भी आया जब उन्हें लगा कि अब पुत्र के लिए नहीं वरन् स्वयं को ही खंड-खंड खंडित और ध्वस्त होने से बचाने के लिए उन्हें कुछ करना होगा। यदि वे ही मानसिक रूप से ध्वस्त एवं विक्षिप्त हो गए तो पुत्र को कौन सँभालेगा ? इस कारण तत्काल ही अपने को बचाए रखने के लिए वे गीता और अध्यात्म की शरण में चले गए। और इस प्रकार जिस गीता और अध्यात्म को उन्होंने अपने सामान्य जीवन की अस्वीकृतियों, असफलताओं और हताशा के कवच के रूप में जाना था, बाद में वही उनके जीवन की वह आध्यात्मिक धुरी बन गया कि फिर उन्हें पत्नी से न कोई भावनात्मक अपेक्षा रही और न ही कोई शिकायत। पुत्र घुलता रहा, पत्नी बैग लटकाए, धूप का चश्मा चढ़ाए अपने निज का मकान बनाने के स्वप्न सँजोती रही और वे दिनोंदिन स्थितप्रज्ञ बनने की दिशा में अग्रसर होते-होते चुप्पी के भीतरी कुएँ में उतरते चले गए। पद्मपत्र पर टिकी जल की बूँद की तरह वे दीन-दुनिया से बेखबर घर से ऑफिस और ऑफिस से घर आते-जाते रहे, चिन्तन और जीवन अन्वेषण की प्रखर धारा में डूबते-उतराते रहे। पुत्र ने ग्यारहवाँ वर्ष पूरा किया। बारहवाँ पूरा किया और देखते-देखते उसने तेरहवें में प्रवेश किया। एक ही घर में रहते हुए भी तीन जिन्दगियाँ अपने-अपने द्वीप में बहती-विचरती रहीं, बिना किसी को छूते हुए।

आज कॉलेज स्ट्रीट के उन फुटपाथों पर चलते हुए सारी बातें उन्हें सिलसिलेवार

याद आ रही थीं। पत्नी न सही पर उन्होंने भी तो इन अढाई-तीन वर्षों में उस नव-कोंपल के हृदय-प्रदेश में कभी सेंध मारने की कोई चेष्टा नहीं की। स्वयं तो अपने ही दुःख को महिमामंडित करने में लगे रहे। ओफ ! बड़ी भूल हुई उनसे। काश ! अपने पिछले अढाई-तीन वर्षों की जिन्दगी को स्लेट पर भूलवश लिखी किसी इबारत की तरह मिटा पाते वे। काश ! एक बेटी भी होती उनके।

एक ख्याल आया और बादल की तरह उड़ गया।

घर लौटने पर हेमन्त बाबू ने दूरी रखते हुए ध्यान से देखा, पुत्र के चेहरे की तरफ। एक स्थायी और महीन उदासी आकाश पर छाए बादलों की तरह पुत्र के खूबसूरत चेहरे पर तैर रही थी। लौटते वक्त पुत्र के लिए उन्होंने आज बहुत दिनों बाद एक अमूल चॉकलेट खरीदी थी। पुत्र को देना चाहा, पर इन अढाई-तीन वर्षों के दरम्यान दोनों के बीच जो बर्फ जम गई थी उसे देखते हुए उन्हें खुद ही बहुत अटपटा एवं अस्वाभाविक लग रहा था, आखिर पुत्र से आँखें बचाते हुए उन्होंने उसे पुत्र के पढ़ने की मेज पर धर दिया। इतने दिनों से अवरुद्ध पड़े दरवाजे की पहली दस्तक के रूप में।

रात बीत चली थी...पर उनकी आँखों में अभी भी नींद भरी हुई थी। बीती रात के मलबे पर बैठकर वे देर-देर तक सोचते रहे कि किस प्रकार समेटें अपनी बिखरती गृहस्थी को, कैसे घर को घर जैसा बनाएँ और कैसे सँवारें बेटे के अनखेले, अनजिए फटे बचपन को।

सम्बन्धों के नवीनीकरण की शुरुआत।

क्षतिपूर्ति और प्रयास—ये दो शब्द इन दिनों हेमन्त बाबू की जिन्दगी के सबसे पवित्र शब्द थे और जब-तब उनके दिमागी सौरमंडल में नक्षत्रों की तरह जलते-बुझते रहते थे। कैसे अपने पूर्व कृत्यों की क्षतिपूर्ति की जाए ? कैसे फिर से पिता बना जाए ? और कैसे पुत्र और वनश्री के साथ वह अंतरंगता स्थापित की जाए कि घर का मरघट-सा सूनापन पनघट की चुहलबाजियों में तब्दील हो जाए ? कैसे ??

और इसके लिए उन्होंने सबसे पहले स्वयं को—स्वयं की बन्द परिधि से बाहर निकाला और पुत्र की परिधि में प्रवेश लेने की चेष्टा की। हर रोज जितना सम्भव हो सकता, वे ऑफिस से शीघ्र ही घर चले आते। इन दिनों उन्होंने कई इनडोर गेम्स भी खरीदे—कैरमबोर्ड, शतरंज आदि। और एक बार बालसुलभ चंचलता और अधीरता को ओढ़कर जब पुत्र को खेलने के लिए आमन्त्रित किया तो भौंचक्क पुत्र अपने गम्भीर पिता का यह हास्यास्पद संस्करण देख असहज हो उठा, अपनी माँ की नकल करते हुए। एक बार सोते पुत्र पर ठंडे पानी के छींटे छिड़के तो एक बार रात के नीमअँधेरे में उसे डराने की चेष्टा भी की। एक बार उस पर नकली गुस्से में तकिया भी फेंका पर पुत्र ने उन्हें किसी भी प्रकार अपना किनारा छूने नहीं दिया वरन् एक बार तो पिता के ऐसे व्यवहार से असहज होते हुए भी पुत्र ने बड़े सहज भाव से पिता को उपदेश तक दे

डाला—प्लीज पापा, आप हंस हैं, हंस ही बने रहिए, कौए की चाल मत चलिए। क्या...? सारे ताजिए ठंडे पड़ गए उनके...समझ गए, बहा हुआ पानी, मुरझाए पत्तों का हरापन और बीता हुआ बचपन कभी लौटकर नहीं आता।

बहरहाल...तेरह वर्ष की उम्र में ही 'राजा बेटा' के जोन से बाहर निकले पुत्र के बचपन को मुरझाने से बचाने के लिए अब उन्होंने दूसरा रास्ता अख्तियार किया। 'प्राप्तेषु षोडसे वर्षे पुत्र मित्र समाचरेत' की तर्ज पर वे अब पुत्र से थोड़ी गम्भीर वार्ताएँ करने लगे। समाचार-पत्रों की हेड लाइन्स पर उसके विचार आमन्त्रित करने लगे। सिनेमा और टी.वी. के बदलते कल्चर पर अपने विचार उससे साझा करने लगे और देखते-देखते छह महीने के भीतर ही पुत्र के अध्ययन की दुनिया में सेंध लगाने में उन्हें हल्की-सी कामयाबी मिली। लेकिन इस कामयाबी के साथ ही एक दुखद सत्य का बोध भी उन्हें उसी कामयाबी के दौरान हुआ कि पुत्र का मन अध्ययन से सचमुच उचटा हुआ है। कई बार कक्षा में आकस्मिक टेस्ट में उसे बहुत ही दयनीय अंक मिले थे। पुत्र के आत्मवक्तव्य की अन्तिम पंक्तियाँ फिर दिमाग में खतरे की घंटी बजाने लगीं। यदि यही हाल रहा तो कर लिया बोर्ड पास, कहीं सेंट अप की परीक्षा में ही न रोक दिया जाए।

उसी शाम उन्होंने पुत्र के लिए एक खूबसूरत राइटिंग पैड खरीदा और उसके प्रथम पृष्ठ पर ही मैक्सिम गोर्की की निम्नलिखित पंक्तियों को सुन्दर-सुन्दर अक्षरों में लिख उसकी अध्ययन टेबिल पर रख दिया, "उन किताबों से प्यार करो जो ज्ञान का स्रोत हों, क्योंकि ज्ञान ही वन्दनीय होता है। ज्ञान ही तुम्हें आत्मिक रूप से मजबूत, ईमानदार और बुद्धिमान मनुष्य से सच्चा प्रेम करने लायक, मानवीय श्रम के प्रति आदरभाव सिखानेवाला और मनुष्य के अथक एवं कठोर परिश्रम से बनी भव्य कृतियों को सराहने लायक बना सकता है।"

पुत्र ने गांधीजी की सविनय अवज्ञा के अंदाज में उस भेंट को स्वीकार किया, और उड़ती-सी उचाट नजर उस उद्धरण पर डाली और थोड़ी ही देर बाद उस प्रथम पृष्ठ को फाड़ उसका रॉकेट बनाकर अपनी खिड़की से दूर पेड़ पर बैठे काले कौए पर लक्ष्य कर छोड़ दिया। रॉकेट ठीक कौए के दाएँ पंख पर लगा और वह उड़ गया।

दूसरे कमरे की खिड़की से जब हेमन्त बाबू ने यह सब देखा तो लगा जैसे काला कौआ नहीं, वरन् स्वयं उनका वजूद घायल होकर पुत्र के क्षेत्र से उड़ गया है।

बहरहाल, उसके बाद हेमन्त बाबू ने आनेवाले कुछ समय के लिए सबकुछ को हालात पर छोड़ दिया और आकाश से टपकते किसी करिश्मे का इन्तजार करने लगे।

आई विल लिव प्योर

चिन्न-चिन्न कर उड़ते दिन।

घर के गोरख-धन्धे, झिक-झिक, खिच-खिच, महँगाई का रोना-धोना, पत्नी की

व्यस्तता, दायित्वहीनता—सभी कुछ को अपनी परिधि में समाता हुआ समय बहता रहा। बाद के दो वर्ष इसी प्रकार बीते। महीने-ऋतुएँ...कैलेंडर पलटे। घर की स्थूल तस्वीर में कुछ भी तब्दीली नहीं आई, पर कई सूक्ष्म परिवर्तन हुए। हेमन्त बाबू की आशंका कि कहीं पुत्र को सेंट अप में ही न रोक दिया जाए, निर्मूल साबित हुई। पुत्र ने न केवल बोर्ड पास किया वरन् अच्छे अंकों में पास किया। पुत्र की इस सफलता का सारा सेहरा अपने सर-आँखों पर लेते हुए वनश्री के हाथ फिर एक ब्रह्मास्त्र लगा। उसके आत्मविश्वास के दुर्ग में पुत्र की आत्मकथा ने जो खरोंचें डाल दी थीं, न सिर्फ उनका सफाया हुआ वरन् दूने आत्मविश्वास के साथ चौगुनी आक्रामक होकर उसने हेमन्त बाबू के सारे तर्कों, सारी चिन्ताओं और तनावों को मूर्खतापूर्ण आशंका बताते हुए खारिज किया और घर का पूरा आकाश अपने हाथों में थाम लिया। घर का परिदृश्य अब बदल गया था। हेमन्त बाबू अब घर के सठियाए बूढ़े थे।

वे अब रानी के मन से उतरे राजा थे जिसे ठाकुरजी के कैलेंडर की तरह घर की दीवार पर टाँग दिया गया था। लिहाजा वे फिर मजबूरी में मूँड़ मुड़ाए संन्यासी की तरह अपने पुराने ढर्रे पर लौट आए थे। आदित्य ने भी अब अपने पंखों को समेटने की बजाय फैलाना शुरू कर दिया था। अब जब कभी बाहर का अँधेरा उसकी आत्मा पर छाए अँधेरे के साथ ताल मिलाने लगता, वह बाहरी दुनिया का जायजा लेने निकल जाता। वनश्री यद्यपि अभी भी शाम के समय उसे घर की चारदीवारी के भीतर ही कैद रखने के सारे पुख्ता इंतजाम करके जाती (मसलन—ग्वाले से दूध लेना, महरी से काम करवाना, धोबी से कपड़े लेना, फोन उठाना आदि।) पर हर बार वह औरंगजेब के शासन में बंदी शिवाजी की तरह वनश्री को चकमा देकर निकल भागने में कामयाब हो जाता। खुली हवा में आते ही अपना खोया हुआ व्यक्तित्व उसे वापस मिल जाता, अद्‌भुत विचार आने लगते और अन्तःशक्तियों की मजबूती उसमें आत्मविश्वास भरने लगी।

अपने घर के आस-पास के मैदानों से शुरू हुई यह यात्रा अब उसे दूर-दूर तक चक्कर लगाने को उकसाती और हैरान हो वह सोचता—क्यों ? क्यों, उसने बहुत पहले ही दुनिया को देखना और नए क्षितिजों को ढूँढ़ना शुरू नहीं कर दिया ?

उन्हीं दिनों का एक दिन।

सरेराह चलते-चलते वह गोआबगान पार्क के उन अन्तःप्रदेशों में पहुँचा, उन कोनों-अँतरों में गया जहाँ निजी ताड़ी और गाँजा धड़ल्ले से सेवन किए जा रहे थे। गोआबगान की ऊपरी दुनिया किसी मध्यवर्गीय सम्पन्न एवं संभ्रान्त इलाके की-सी शान्त और मर्यादित दुनिया लगती थी, पर ऊपर की परत खुरचने और उन सुरंग-सी लम्बी और आवारा गलियों के मुहाने में घुसते ही बस्तियों की एक नई दुनिया खुल जाती थी जहाँ शाम ढलते-न-ढलते निजी ताड़ी, गाँजा, ताश और जुए की दुनिया आबाद हो जाती थी। यदि आदित्य को इस दुनिया की जरा-सी भी भनक होती तो वह भी सम्भवतः इन वर्जित कोनों में नहीं घूमता। पर वह अपने ही इलाके के भीतरी भूगोल और वर्जित क्षेत्रों

के सत्य से नितान्त अनभिज्ञ था। इसलिए किसी किशोर की-सी उत्सुकता से वह वहीं घूमने लगा। हठात् मैदान के एक कोने में ईंट की दीवारों से बने एक भग्नप्राय-से तिकोने कमरे की-सी शक्लवाली आड़ के भीतर उसे कुछ हलचल-सी सुनाई दी। जिज्ञासावश उसने भीतर झाँका तो उसे अपने ही एक सहपाठी का बड़ा भाई वहाँ दो दूसरे युवकों के साथ बैठा दिखाई दिया। वह बुरी तरह चौंक गया...।

"तुम...आप यहाँ क्या कर रहे हैं।"

"जिन्दगी का मजा ले रहा हूँ..."

"क्या ? जिन्दगी का मजा ?"

अपने लिए खुशी ढूँढ़ने निकले आदित्य को जवाब बहुत मनोनुकूल लगा। वह उनके पास आकर बैठ गया।

इधर-उधर चतुर्दिक नजरों का पोंछा लगाकर सहपाठी के बड़े भाई अभिज्ञान ने उसे भी 'उस जिन्दगी के मजे' को मूर्त करके सिगरेट की शक्ल में पेश किया—ले, तू भी उठा लुत्फ ज़िन्दगी का...क्या याद रखेगा... ?

पर उसे पकड़ने से पहले आदित्य के हाथों ने जैसे बढ़ने से इनकार कर दिया। सिगरेट पकड़ने और पफ मारने के पहले वह क्षणांश के लिए ठिठका—जैसे अनजान सागर में डुबकी लगाने से पूर्व उसकी गहराई का अंदाजा लगा रहा हो।

पर शातिर अभिज्ञान ने फिर उसे ठेला—जिन्दगी भर क्या बच्चा ही बना रहेगा, मर्द बन—जिन्दगी तेरी है।

और...उसने अपनी सारी हाँ-ना, पशोपेश, उलझन और द्वन्द्व को 'इट इज माई लाइफ', इन चार शब्दों के तर्क के समुन्दर में डुबो दिया और हिचकिचाते हुए, डरते-सहमते हुए पहला सुट्टा लिया तो सिगरेट में आग ही नहीं सुलगी..."जोर लगा..." अभिज्ञान ने फिर से टानकर दिखाया...फिर दूसरा, और फिर एक खाँसी...फिर जोरदार खाँसी। अभिज्ञान ने पीठ पर हाथ फेरा। उसने फिर सुट्टा मारा। तीसरा...चौथा और फिर क्या बात ! क्या हाई पावर सुख ! उसका मूड एकदम बदल गया। वह फूल की तरह हल्का हो गया। खींच-खींचकर वह उस सुख को टानने लगा जो उसे उस सिगरेट के धुएँ के रूप में मिल रहा था। उन जादुई क्षणों में उसे लगा, उसमें जीवन जाग रहा है, ठीक वैसा ही जैसा कभी उसने पुरी के समुद्र तीर पर गाते हुए महसूसा था। उसके मन में जैसे पंख लग गए थे, और अब वह एक दूसरे ही लोक में था, बेफिक्री, मस्ती, खुशमिजाजी के आलम में। एक अद्‌भुत पिनक में। आत्मरति और आत्मस्फीति की एक रोमानी दुनिया में जिसका शाहंशाह, भगवान, डिप्टी भगवान सबकुछ वही था।

लेकिन घंटे भर बाद ही वह पिनक, वह खुमारी, वह परम तृप्ति, वह मदहोशी, वह नशा...सब फुर्र। वह वापस उसी धरती पर उसी पिछवाड़े के बन्द फ्लैट की अँधेरी और बन्द दुनिया में। सबकुछ बाढ़ के पानी की तरह उतर गया था। बचा रह गया था सिर्फ एक अनुभव...अनुभव की स्मृति...जो उसके दिमाग पर एक अमिट निशान छोड़ गई थी। गीली माटी पर पूरे जोर से पड़े प्रथम पदाघात की तरह, स्त्री-पुरुष के प्रथम प्रेम अनुभव

की स्मृति की तरह। वह पहला अनुभव ही इतना जबर्दस्त था कि दूसरी, तीसरी शाम फिर उसे जबर्दस्त तलब हुई, उस अनुभव से दुबारा गुजरने की।

उस समय तक उसे नहीं पता था कि सिगरेट के रूप में जो कुछ उसे पेश किया गया था वह गाँजा था जो प्रवेशद्वार था–'उच्चस्तरीय' जानलेवा और खतरनाक नशों का।

बहरहाल–दो-तीन दिन तक वह वहीं मँडराता रहा पर अभिज्ञान उसे नहीं मिला। निराश होकर उसने किसी अनजान गली की अनजान दुकान से सिगरेट खरीदी। एक-दो, यहाँ तक कि पूरा पैकेट, एक-एक कर उसे सुलगाया, एकाध पफ लिया पर वह पिनक तो दूर उसका शतांश भी उसे हासिल नहीं हो पाया। फूँकते-फूँकते और खाँसते-खाँसते वह एकदम बेदम हो गया। पर चाहत अभी भी बनी रही। कैसे भी, कहीं भी धरती फाड़कर या आकाश छेदकर भी उस सुख को फिर से पाने की बेताबी पछाड़ खाती लहरों की तरह भीतर से उठने लगी। ऐसा सुख जिसे अलीबाबा के छुपे खजाने की तरह उसने खोज डाला था, और जिसके बल पर ही उसने अपनी अकेली और घुटनभरी दुनिया से पंगा लेना चाहा था, वही सुख कन्धे पर बैठे कबूतर की तरह दो घड़ी का आनन्द देकर किस प्रकार अदृश्य हो गया था !

उस अनुभव को दुहराने की बेताबी और बेसुधी में, पीने-पिलाने की उतावली में ही वह इस प्रकार डूब गया कि उसे ख्याल ही नहीं रहा कि कब उसके पैकेट से दो-तीन सिगरेट नीचे गिरकर हेमन्त बाबू को पुत्र की 'प्रगति' का प्रमाण लाउडस्पीकर की तरह चीख-चीखकर देने लगी थीं।

दूसरी सुबह जब वह नींद से उठा तो उसने अपनी अध्ययन टेबिल के काँच के नीचे बेहद खूबसूरत अक्षरों में लिखा हुआ एक कार्ड पाया। पिता के अक्षर दूर से ही दमदमा रहे थे। पर जब वह कार्ड पर लिखी इबारत से गुजरा तो जैसे बिजली कड़क गई। उस पर लिखा था–'लिव प्योर'। हे भगवान् ! तो क्या पिता को पता चल गई उसके सिगरेट पीने की बात ? तभी उसे न डाँटा, न फटकारा बस अपनी तकलीफ और नसीहत को इन दो शब्दों में पिरोकर धर दिया उसकी टेबिल पर। उन कातर और अपराधबोध के क्षणों भी वह पिता के सौन्दर्य-बोध एवं निगहबानी का कायल हुए बिना न रह सका जो इन दो जादूभरे शब्दों में झलक रही थी–'लिव प्योर'। एक बगुला-सा उसके भीतर उठा, आत्मग्लानि और अपराध-बोध का और जिसकी परिणति यह हुई कि उसने भी पिता के 'लिव प्योर' के नीचे उतनी ही सुन्दर लिखावट में लिख दिया–'आई विल लिव प्योर।'

पिता से मिले 'लिव प्योर' के मंत्र के बाद से ही उसने उस जादुई सिगरेट की खोज पर पूर्ण विराम लगा दिया...पर मन में वह जिज्ञासा, वह उत्सुकता बराबर बनी रही कि आखिर वह सिगरेट क्या थी ? कुछ रहस्यों को रहस्य ही बना रहने देना चाहिए–उसने

फिर स्वयं को समझाया और उस सिगरेट का 'फर्दर पोस्टमार्टम' स्थगित कर दिया। लेकिन बाहर की जिन्दगी और दुनिया देखने और समझने की उसकी मुहिम जारी रही। शाम पाँच बजते ही सूने घर की साँय-साँय उसके अन्दर कुछ ऐसी ऊब, दहशत और खौफ पैदा कर देती कि उन दीवारों के भीतर रहना उसके लिए दुश्वार हो जाता। उन अन्तहीन तन्हाइयों का अनाम-सा डर फिर उसे किसी पार्क पर ला फेंकता जहाँ डूबते सूर्य की लालिमा उसके दिल पर छाई अवसाद की कालिमा को धो डालती। ठगा-सा वह अपने ही व्यक्तित्व को पुनर्निर्मित होते देखता। और ऐसे ही अलबेले अनूठे क्षणों में वह शिद्दत से महसूसता कि उसे कुछ करना चाहिए। पर क्या ? वह समझ नहीं पाता।

मन की उसी बादल-बादल मनोदशा में एक शाम ग्रीष्म ऋतु की रात में अचानक आई बरसात की तरह वही दोस्त, वही अभिज्ञान उसे अचानक हेदुआ पार्क में मिल गया। एक क्षण के लिए उसका मन फिर डोला—बस, थोड़ी देर और जी लूँ—पर साथ ही विपरीत दिशा से पिता का दिया वह कार्ड भी उतनी ही ताकत से किसी शक्तिशाली राष्ट्रध्वज की तरह फहराया—'लिव प्योर।'

उसने हथियार डाल दिए।

"नहीं यार, मुझे नहीं पीना।"

"पर क्यों...क्या तुझे सुखी रहने में विश्वास नहीं ?"

"नहीं जानता कि यह सुख है या बुरा व्यसन। पर सबसे पहले मुझे अपने पाँवों पर खड़ा होना है। उसके बाद ही इन खुशियों को ढूँढूँगा।"

"वाओ ! क्या बात ! तू खड़ा क्यों नहीं हो जाता अपने पैरों पर ? किसने रोका है तुझे ?"

"अरे, ऐसे कैसे खड़ा हो जाऊँगा। अपने पैरों पर ? पहले कोई डिग्री तो हासिल हो। बारहवीं कक्षा का स्टूडेंट मैं, कौन देगा मुझे नौकरी ?"

"अरे डागी, किसने कहा तुझे कि बिना डिग्री के नौकरी नहीं मिलती। फण्डी (छोकरी) हो या नौकरी, पटानी पड़ती है। जिसमें अक्ल नहीं होती वे ही डिग्री के भरोसे बैठे रहते हैं। बुद्धिमान तो वही जो बिना डिग्री के भी धन कमा ले। मुझे ही देख... दस क्लास फेल हूँ। पर डेली तीन-चार सौ झटक ही लेता हूँ। आज के जमाने में डिग्री तो सिर्फ डेकोरेशन है, असली चीज है सोर्स, पर्सनैलिटी और तिकड़म। मेरी मान तो तू गोवा, पुरी जैसे किसी भी टूरिस्ट स्पॉट के होटल में चला जा, जैसी शानदार तेरी पर्सनैलिटी है न कि नौकरी छोकरी की तरह तेरे पीछे घूमेगी।"

इतना कहकर वह लम्पट और गुरूघंटाल चला गया था...पर जाते-जाते अपनी दुर्गन्ध पीछे छोड़ गया था। मासूम आदित्य की छोटी-सी दुनिया में फिर भूचाल। स्कूली पढ़ाई को लेकर मन की बावड़ी मे पहले से ही पड़ा शंका का बीज उस दिन के बाद तेजी से पुष्पित-पल्लवित होने लगा था। यह तीसरी बार हुआ था उसके साथ कि जब-जब उसने अपनी स्व की धारा के विरुद्ध स्वयं को स्कूली पढ़ाई से जोड़ना

चाहा, जाने कहाँ से मेनका और उर्वशी ने आकर उसके मन को खंडित करना शुरू कर दिया था।

मन के पृष्ठों पर पड़ा विवेक का पेपरवेट उस दिन अनायास ही हटा दिया गया था इस कारण रह-रहकर उसका मन उचट जाता। फिजिक्स का इलेक्ट्रो डायनमिक्स, केमिस्ट्री का यूकलिब्रियम और बीजगणित के क्वाडेट्रिक इक्वेशन्स सब एक दूसरे में गड्डमड्ड हो जाते। सामने पुस्तक खुली रहती पर भटकता मन पहुँच जाता...दूर–बहुत दूर। अपने आपसे लड़ता हुआ, अपने आपके विरुद्ध, अपने आपसे बचता हुआ...वह फिर बाहर निकल जाता–हर शाम तीन-चार सुदीर्घ घंटों के लिए...बाहर अस्त होते सूर्य की केसरिया आभा में तैरते पत्तों के झुंड उसे सलामी-सी देते। आदमियों के समूह को देखकर भीतर का शून्य जैसे भरने लगता। वह सामान्य होने लगता। भीतर की गुल होती बत्ती फिर रिचार्ज हो जाती और उसके इस विश्वास में फिर एक गाँठ पड़ जाती कि जिन्दगी की जगमगाहट उसे घर से बाहर रहकर ही मिल सकती है। हर शाम एक आवाज जैसे निरन्तर उसका पीछा करती–भागो, भागो।

यही युग सत्य है

जिस रात हेमन्त बाबू ने आदित्य की टेबिल के नीचे जली-बुझी, तोड़ी-मरोड़ी सिगरेट पड़ी देखी थी, उस अकेली रात ने उनके भीतर की दुनिया के जाने कितने नक्षत्रों को एकसाथ बुझा डाला था। वे सिर्फ इस कारण विचलित नहीं थे कि पुत्र ने धूम्रपान करना शुरू कर दिया है। अधजले-अधबुझे, तोड़-मरोड़कर फेंके गए सिगरेट के टोटे पुत्र के मानसिक विखंडन, हताशा और अस्थिरता को चीख-चीखकर बता रहे थे कि खतरा सिर्फ वही नहीं जो दिख रहा है। उससे कहीं अधिक है, उसके पार भी।

गहराती रात के सन्नाटे ने बेचैनी बढ़ा दी थी हेमन्त बाबू की। निद्रा और सुषुप्ति के बीच करवटें बदलते सारी रात 'ओम-ओम' का जाप कर अपने अशान्त और विस्थापित चित्त को काबू में लाने का प्रयास करते रहे वे। ताकि पहले से ही सख्त बने पुत्र के साथ फिर किसी भी प्रकार की सख्ती न हो जाए। समझ नहीं पा रहे थे वे कि 'पिता के जोन' से तेजी से छूट निकलते पुत्र को किस प्रकार समझाया जाए ? प्रेम द्वारा ? ज्ञान द्वारा ? नफरत द्वारा ? या फिर अपने आचरण द्वारा ? लेकिन क्या उनके आचरण में था ऐसा कुछ जो पुत्र को धूम्रपान छोड़ने के लिए उत्साहित करता ? चालीस वर्ष के वे हुए पर घर में एक एश-ट्रे तक नहीं। तब क्या समझें पुत्र को ? परिवार का धब्बा ? पर कहीं ऐसा न हो कि इस धब्बे को मिटाते-मिटाते वे कपड़े से ही हाथ धो बैठें।

पहली बार एक मीठी ललक उठी–काश, वह बेटा की जगह बेटी होता। एक मन किया–फिर पत्नी को इस चिन्ता में भागीदार बनाया जाए...पर शीघ्र ही उनके विचारों

ने पलटा खाया। पत्नी उन लोगों में थी जिसे कोई प्रश्न कभी परेशान नहीं करते, तिलचट्टे की तरह जो अपने ही कूड़ेदान में परम तृप्ति के साथ अपने आहार के लिए जुटे रहते हैं। कई बार प्रचंड इच्छा होती कि घर में किसी पालतू कुत्ते को ही पाल लें और अपने भीतर की सारी संचित ममता उस पर उँड़ेल दे। उनके एक कुलीग ने अपना अनुभव हेमन्त बाबू से बाँटा था—जब से मोती (उनका पामेरियन) को पाला—घर उन्हें खींचने लगता, घर पहुँचते ही बड़ी बेताबी और आतुरता से वह उन पर झपटता है, प्यार करता है, उनके पैरों के पास आकर बैठ जाता है, जबकि पत्नी टी.वी. के साथ या फोन पर और बच्चे अपने-अपने कमरों में घुसे रहते हैं। दिन का सर्वाधिक खूबसूरत एवं अपने होने का अहसास जगानेवाला क्षण वही होता है जब वे ऑफिस से लौटकर अपने घर की चौहद्दी पर प्रवेश करते हैं और मोती को बेताब पाते हैं।

धूम मचाते विचार दिमाग की फुनगियों पर कुछ देर बैठते और इसके पहले कि वे उस पर कुछ कार्रवाई करें वे उड़ जाते। रह-रहकर एक चीज उन्हें कुतरती जा रही थी कि पुत्र का सोलह वर्ष की उम्र में धूम्रपान करना तो मात्र एक अंगुलि निर्देशन है, असली मर्ज तो कुछ और है...काश ! उनके पास कोई ऐसी शक्ति होती कि वे पुत्र के उस डार्क रूम में झाँक पाते जहाँ का विकराल अँधेरा उसे भटका रहा है, पथ-भ्रष्ट कर रहा है।

पिछले कई वर्षों में यह पहली बार हुआ कि ब्रह्म मुहूर्त के बाद भी वे अलसाए-से बिस्तर पर पड़े रहे। टुकड़े-टुकड़े में बिताई गई रात के चिह्न उनके बिखरे बाल, म्लान चेहरे, बढ़ी दाढ़ी, लस्टम-पस्टम वेशभूषा एवं फूले हुए पपोटों पर परिलक्षित थे। काफी देर तक उन्होंने शरीर को जमीन पर बिछी दरी पर श्वासन की मुद्रा में ढीला छोड़ रखा जिससे दिमाग के तड़कते स्नायु-तंत्रों को कुछ राहत मिल सके। पर विशेष कुछ भी हासिल नहीं हो पाया। ढीली काया, मंथर गति से आती-जाती श्वाँस और मुँदी हुई आँखों के बीच भी अन्तरात्मा और चेतना का सफर बरकरार रहा जो उनकी बुद्धि और दिमाग को बार-बार झटका देता रहा कि यह उस जीवन का वह प्रागैतिहासिक अँधेरा है जिसकी नींव उसी दिन पड़ गई थी जब उन्होंने अपने खरगोश से खूबसूरत लेकिन उतने ही दबे-सहमे-दुबके हुए साढ़े दसवर्षीय पुत्र को घर की दीवारों के बीच मुरझा जाने को अकेला छोड़ दिया था।

यद्यपि एक बार वे असफल हो चुके थे, फिर भी उस सिगरेटवाली घटना के बाद हेमन्त बाबू ने अपने पितृत्व को फिर से जाँचना, परखना और खँगालना शुरू कर दिया था। उसमें आवश्यक भूल सुधार, संशोधन एवं सम्वर्द्धन के लिए भी वे तत्पर थे। हर रात पुत्र के सो जाने पर वे पुत्र की अलमारी, उसकी पुस्तकों, कॉपियों, उसके कपड़े वगैरह की भी सूक्ष्म जाँच करते। पुत्र के चेहरे पर छाए एक-एक मनोभावों को पढ़ने, परखने और समझने की चेष्टा करते। किशोर मनोविज्ञान पर भी उन्हीं दिनों उन्होंने कुछ पुस्तकें खरीदीं। पुत्र से हर शाम वे किसी-न-किसी बहाने बतियाते। किसी-न-किसी बहाने उसे

उन लोकोक्तियों और लोक-कथाओं को सुनाने की चेष्टा करते जिनमें जीवन के अर्थों, निष्कर्षों, जीवन-सत्यों एवं जीवन-स्वप्नों को पिरो दिया गया था। पुत्र उन्हें ध्यान से सुनता। गहन प्रेम से झलकते पिता के मन और उसकी व्यथा को मन-ही-मन समझता। पर लाख चेष्टाओं एवं आत्मीयता के बावजूद पिता-पुत्रों के सम्बन्धों का पैटर्न वही रहा—दूर-दूर वाला। वे चाहकर भी पुत्र से उस प्रकार एकात्म होकर घुलमिल नहीं पाए जिस प्रकार अपनी माँ से घुलमिल सके थे, क्योंकि अपने स्वाभाविक नियमों के अनुसार अपने पैटर्न पर चलती जिन्दगी का लचीलापन इतने वर्षों के बाद पीले पड़े पौधों की तरह सूख गया था।

फिर भी बाद के आठ-नौ महीनों में हेमन्त बाबू की जिन्दगी में यदि कोई आशा की किरण थी तो यही कि—इन महीनों पुत्र ने फिर कोई सिगरेट नहीं सुलगाई थी—उसकी श्वाँस में अभी भी वही बच्चों की साँस की-सी कच्ची गन्ध थी, जिसे उन्होंने कई बार उसके सोते में, जागते में, सायास उसके चेहरे के खूब करीब आकर महसूसा था।

रफ्ता-रफ्ता जिन्दगी ने अपनी गति पकड़ी। हेमन्त बाबू अपनी निगाह और चेतना के केन्द्र में पुत्र को स्थापित कर 'सब ठीक होगा' के मध्यवर्गीय आश्वासन के साथ फूँक-फूँककर कदम धरते रहे कि फिर एक प्रतिकूल धक्के ने जीवन का सन्तुलन गड़बड़ा दिया।

आदित्य को बारहवीं कक्षा के सेंट अप टेस्ट में ही रोक दिया गया था। स्वयं प्रिंसिपल ने यह सूचना पत्र द्वारा हेमन्त बाबू को दी थी। प्रिंसिपल ने शायद उसे विचाराधीन रखा था, शायद वह चाहता था कि कड़ी चेतावनी के साथ एवं माँ-बाप के पूरे आश्वासन के बाद ही उसे बोर्ड की परीक्षा में उतारा जाए। पत्र पढ़कर मन धुआँ-धुआँ हो गया। कहाँ तो सोच रहे थे, गाड़ी पटरी पर आ गई। पुत्र ने 'आई विल लिव प्योर' क्या लिख दिया वे कुछ ज्यादा ही आश्वस्त हो गए थे। जिसे वे असाधारण समझ रहे थे, वह क्या स्वयं को साधारण भी नहीं प्रमाणित कर पाएगा ? क्या पुत्र पर फिर उन्हें अपनी राय बदलनी पड़ेगी ? इतना तो वे जान चुके थे कि ऊपर से शान्त-शान्त दिखनेवाला उनका यह पुत्र भीतरी तहों में कितना तूफानी और जज्बाती है। पर एक अलिखित और अनौपचारिक समझौता क्या उन दोनों के बीच नहीं हो गया था कि वह एक ठीक-ठाक स्कूली डिग्री हासिल कर ले और फिर चाहे तो संगीत और कैरियर...दोनों नौकाओं पर साथ-साथ चले। पर फिलहाल बिना वनश्री के सक्रिय सहयोग के संगीत के स्कूल में जाकर शिक्षा दिलवाना उनके लिए सम्भव नहीं था। इस स्थिति में स्कूल की पढ़ाई को एकदम नकार संगीत की धारा की ओर मुड़ जाना...तो 'घर का न घाट का' वाली ही बात होती। ओफ ! कितना कहा था उन्होंने तीन साल पहले वनश्री को कि वह उस पर ध्यान दे, उसे संगीत के स्कूल में ले जाना शुरू कर दे। और एकाएक एक भीषण आत्मदया का दौरा उन पर पड़ गया, उन्हें लगा पत्नी

ने जिन्दगी भर उनकी अवज्ञा कर और पुत्र ने गायक बनने के असाधारण स्वप्न देखकर उन्हें सचमुच ही वनश्री के कटु व्यंग्योंवाला 'यह आदमी' से 'मर्दुआ' बनाकर रख दिया है। और विडम्बना यह कि उसी वनश्री के पास उन्हें जाना पड़ रहा है बार-बार पुत्र के सुरक्षित भविष्य की गुहार के लिए !

एक जबर्दस्त तलब उठी—काश, पत्नी बदल पाते वे ?

और पत्नी का ध्यान आते ही संसार का सारा अँधेरा जैसे उनके भीतर उतर आया—वेतन के हिसाब से भारत के टॉप दस प्रतिशत लोगों में थे वे। एक निष्ठावान, ईमानदार पर्चेज ऑफिसर—पर कैसी जिन्दगी ! दफ्तर में पाशविक मनोवृत्तिवाला बॉस—और घर में बिना बात कड़ककर बोलनेवाली पत्नी...दोनों ने उनकी छाती छेद-छेदकर छलनी कर डाली है और शायद यह तब तक चलता रहे जब तक—दोनों ही उसे दुम हिलाते पालतू में न बदल डालें।

उनके एक सहकर्मी ने एक बार उनसे कहा था—प्रतिभा, ईमानदारी और कठोर परिश्रमी होने के बावजूद जो आज तुम्हारी यह दयनीय अवस्था है उसके मूल में है तुम्हारा अत्यधिक गुडी-गुडी होना...हाँ, ठीक इसी शब्द का प्रयोग किया था उसने।—वह कैसे ?—यार घर चलाने के लिए जो न्यूनतम दृढ़ता और गुस्सा होने की काबलियत, जो कड़कपन चाहिए, वह भी तुममें नहीं है। समझ नहीं पाए थे वे। क्या मतलब ? मित्र ने समझाया था, क्योंकि तुम गुस्से की सीमा के पीछे जीते हो—इस प्रकार 'क्षमाभाव' रखते हुए साधु-सन्त तो बना जा सकता है पर घर की उखड़ती जड़ों को और बिगड़ैल बॉस को नहीं सँभाला जा सकता। और सबसे बड़ी बात गुस्सा होना ही जरूरी नहीं, गुस्सा दिखाना भी जरूरी होता है...। ऑफिस का पिऊन तक तुम्हारे सन्त-सन्त स्वभाव के कारण तुम्हें ठंडी चाय ही दे जाता है। समझो...इस सूक्ष्मता को। भीतर से तुम सन्त हो, भोलेनाथ हो—सब ठीक है, पर बाहर से भी वैसे दिखते रहे तो तुम मिसफिट हो—पूरे मिसफिट।

इस दुनिया में शैतान जीवित रह सकता है, पर सन्त नहीं, यही युग-सत्य है।

शब्द-शब्द याद आ रहे हैं हेमन्त बाबू को। क्या गृहस्थी बसाकर भूल की थी उन्होंने ! क्या उन्हीं की खामोशी और हथियार डाल देने की नीति ने वनश्री को खंजर बना डाला। पर वे भी क्या करते ! शुरू-शुरू में जब-जब उन्होंने वनश्री को समझाना चाहा तो उनकी माँ ने उन्हें ही समझा दिया था—पुत्र, वनश्री एक व्यक्ति नहीं, प्रवृत्ति है, सदियों से दबाई हुई प्रवृत्ति। जिस प्रकार स्प्रिंग को जितना दबाया जाता है, वह दूने वेग से उतनी ही उछलती है...वैसे ही सदियों से दबाई-कुचली स्त्रियों की नई आजादी के फलस्वरूप मिली नई-नई उछाल तुम्हें सहन करनी ही पड़ेगी। माँ की बात ने उन्हें तत्काल सन्तुष्ट कर दिया था। और शुरू-शुरू में वे हँसकर वनश्री के बड़बोलेपन को टाल दिया करते थे पर बहुत शीघ्र ही उन्होंने महसूसा कि वनश्री उन महिलाओं या राजनेताओं की तरह थी जिन्हें आजीवन अपनी भूल समझ में नहीं आती। जो अपने विश्वास में कभी गलत हो ही नहीं सकती थी और जिनकी भीतरी कुण्ठा या हीन भावना

जाने किस असुरक्षा की ग्रन्थि से गँसकर अपने हरेक विरोधी पर वजह-बेवजह, वक्त-बेवक्त तब तक वार करती जाती जब तक कि वह पूरी तरह आत्मविहीन हो म्याऊँ-म्याऊँ न बन जाए।

एक गहरी उच्छ्वास उनके मुँह से निकली। हथेली पर टिके सिर को ऊपर उठाया उन्होंने। घड़ी देखी—चार बजकर पैंतीस मिनट। उन्होंने पत्नी को फोन मिलाया—आदित्य को सेंट अप में रोक दिया गया है।

क्या ? वनश्री को हाल के वर्षों में लगा अविश्वास का यह पहला झटका था। अथक परिश्रम के बाद बैंक की नौकरी पा लेने, परिवार की व्यवस्था के सारे सूत्र अपने हाथ में ले लेने, पति को खामोश कर देने और बैंक के वातावरण में पूरी तरह रम जाने के बाद अपनी छोटी बुद्धि की छोटी दुनिया का सारा आकाश अब उसे अपनी मुट्ठी में लगने लगा था, पर आज पहली बार अहसास हुआ कि जिन्दगी उतनी भी एकरेखीय और सरल नहीं है—पुत्र और पति के प्रति सारे दायित्वों को आर्थिक उन्नति के खाते में डालकर उसने ठीक नहीं किया है। हेमन्त बाबू को वह कुछ समय के लिए खामोश कर भी दे तो उस भूत को कैसे भगाए जो अन्तरात्मा में बैठा आत्मग्लानि का खंजर चला-चलाकर उसे लहूलुहान कर रहा है। लेकिन आत्मग्लानि के दौर से गुजरने के बाद दुख का दूसरा दौर शुरू हुआ जिसमें आत्मप्रताड़ना से ज्यादा आत्मदया थी, व्यवहार की दुनिया थी—पूरा साल नष्ट हो गया। स्कूल की फीस, ट्यूशन का खर्चा और सबसे बढ़कर अपने पाँवों पर खड़े होने में फिर साल भर की देरी। जाने कब खत्म होंगी उसकी जिम्मेदारियाँ। कहाँ तो उसकी बंगाली सहकर्मियाँ पैसे बचाकर पूरे दक्षिण भारत की यात्रा कर आईं और कहाँ वह पास में ही बसे दार्जिलिंग तक को भी नहीं देख पाई। सोचने की दिशा फिर पलटी—यदि पुत्र सही लाइन पर रहा तो ये छोटे-मोटे सुख फिर मिल जाएँगे पर यदि पुत्र ही भटक गया, कुछ बन न पाया, तो क्या होगा ? और एकाएक उसे लगा, जैसे उसकी स्वतंत्र सत्ता कुछ रह ही नहीं गई है...सब जगह पुत्र ही बैठ गया है। और सहसा उसे हर जगह अपनी सारी सफलता-असफलताओं के बीच पुत्र-ही-पुत्र नजर आने लगा। और पहली बार उसे अपने 'बुद्धू मियाँ' की इस बात में कुछ दम नजर आया कि जिन्दगी में वास्तविक सुख-सन्तोष कर्त्तव्य-पालन से ही मिल सकता है।

वह विचारों में ही इतना खो गई कि उसे ध्यान ही नहीं रहा कि कब जिन्दाबाद-जिन्दाबाद और ट्रैफिक जाम के अवरोधों को पार कर उसका स्टापेज आया और चला भी गया। जब कंडक्टर 'श्याम बाजार पाँच माथा, पाँच माथा' चिल्लाया तो उसे चेत हुआ। वह झटपट उतरी और ठीक मकान में घुसने के पहले ही स्वयं को आखिरी बार समझाया...जो हुआ सो हुआ पर आज उसे पुत्र पर बिल्कुल सख्ती नहीं करनी होगी। हेमन्त बाबू से भी तमीज से पेश आना होगा।

लेकिन घर आने पर एक नई आशंका फन फैलाए उसके इन्तजार में थी। उसने घंटी बजाई, एक बार, दो बार, लेकिन लौह कपाट नहीं खुले। मन में भय हुआ, कहीं लोड-शेडिंग तो नहीं ? पास के फ्लैट के ऊपर लगे रोशनदान की तरफ ताका तो वहाँ

से रोशनी आ रही थी, टी.वी. की आवाज सुनाई पड़ी। फिर घंटी बजाई पर अब धैर्य ने साथ छोड़ दिया था। आखिर हाथों से ही दरवाजा पीटने लगी...क्या घोड़े बेचकर सो गया है ? पर इस कदर तो कभी नहीं सोता और फिर आज...आज तो सेंट अप में रोक दिए जाने के कारण सवाल ही नहीं उठता। उन थोड़े से उड़ते हुए क्षणों में जाने कितना कुछ भीतर घटित हो गया। आखिर पड़ोसी से आपातकाल के लिए रख छोड़ी डुप्लीकेट चाबी लेकर दरवाजा खोलकर घर में घुसी तो फाँका घर साँय-साँय कर उठा। वह सिहर उठी। इतने वर्षों में आज पहली बार मन में आया कि एकान्त, सूना और उजड़ा-सा यह पीछे का फ्लैट शाम की नीरवता में कितना चुप्पा, डर जगानेवाला और रहस्यमय-सा हो जाता है ! कैसे आदित्य हर दिन झेलता होगा यह सघन सन्नाटा ? फिर घड़ी देखी—पाँच बजकर सैंतालीस मिनट। कहाँ गया होगा वह ? वह भी इस वक्त ? क्या रोज ही इस प्रकार बाहर निकल जाता है ? क्या किसी दोस्त के यहाँ ? उसने फोन करना चाहा फिर मन आत्मग्लानि से भर उठा—दोस्त के नाम तक का तो उसे पता नहीं, यदि उसकी डायरी मिल भी गई तो किसे फोन करेगी ? और तभी एक दूसरी आशंका ने उसे नाग-पाश की तरह जकड़ लिया—कहीं उसने कुछ कर तो नहीं लिया ? आए दिन तो अखबार भरे रहते हैं ऐसी खबरों से ? अमुक छात्र ने परीक्षा में असफल होकर...हे भगवान ! उसने पति को फोन मिलाया तो वे भी घर के लिए निकल चुके थे।

घड़ी ने साढ़े छह के टंकार बजाए। इसी बीच दरवाजे और फोन की घंटी एकसाथ बजी। पहले किसे ? आखिर भागते हुए धड़कते दिल से दरवाजा खोला—नहीं, आदित्य नहीं, हेमन्त बाबू थे। हेमन्त बाबू को बिना कुछ जवाब दिए वह फोन पर लपकी तो और झल्ला पड़ी—किसी का भूल से गलत नम्बर लग गया था।

हेमन्त बाबू ने सुना तो सहसा विश्वास नहीं हुआ और सचमुच जब वह घर में दिखाई नहीं पड़ा तो हाथ के तोते उड़ गए...क्या लड़का घर भी छोड़ सकता है ? गला सूख रहा था, एक गिलास पानी किसी प्रकार गले के नीचे उतारा। एक-दो जगह फोन मिलाया तो सभी जगह एक ही नकारात्मक जवाब। आखिर साँस रोककर दरवाजा खोलकर घड़ी और सीढ़ियों की ओर टकटकी लगाए रखे...और जब घबड़ाहट और बेचैनी से प्रतीक्षा करना भी दुश्वार हो गया तो निकल पड़े उसे खोजने। स्कूल गए। कई पुस्तकालयों में गए। उसके कई सहपाठियों के यहाँ गए।

सात...आठ...नौ...दस बजे। इस बीच कई बार हेमन्त बाबू कभी नीचे से तो कभी किसी टेलीफोन बूथ से बार-बार फोन पर सम्पर्क करते रहे...और आखिर मायूस होकर लौट आए।

रात घिरने लगी थी, पर वनश्री में खाना बनाने की न तो उत्सुकता थी और न ही हेमन्त बाबू ने ही खाना माँगा। अधमरे, अधजले और अधबुझे हेमन्त बाबू वहीं लेट गए...।

पति-पत्नी दोनों निःशब्द एक-दूसरे की तरफ ताक रहे थे। उजड़ा घर, उजाड़

आँखें। एकाएक नीचे कोई बिल्ली रोई। ऐसी सूनी और अशुभ रात में बिल्ली का रोना ?...मृत्यु खूब करीब जान पड़ी वनश्री को। अपराध-बोध और टूटन की आखिरी कगार पर खड़ी वह काँप उठी। क्या कोई अनिष्ट होनेवाला है ? रात को बिल्ली का रोना...एक अपशकुन—हे करुणामय, उसे कुछ न हो। आप जैसे भी हो पानी फेंककर बिल्ली को भगा दीजिए। जाने क्या होनेवाला है। भय से पीली पड़ी पत्नी के श्रीहीन मुख को देखकर हेमन्त बाबू की टूटती आस्था को जाने कैसा तो सुकून मिला—तो वनश्री उतनी भी पुत्र निरपेक्ष एवं ममत्वहीन नहीं ! दरअसल यह मूर्ख है। भ्रमित है। कन्फ्यूज्ड है। नहीं जानती कि आधुनिकता दृष्टि और विचारों में होती है, सिर्फ नौकरी और बैग लटकाकर निकलने में नहीं। सदियों बाद महसूसा उन्होंने—पत्नी के प्रति प्रेम की भीतरी लौ अभी भी पूरी तरह बुझी नहीं है। वनश्री को फिर सांत्वना दी उन्होंने—देखो, मेरा मन कह रहा है कि मेरा पुत्र किसी भी हादसे का शिकार नहीं हुआ है, वह निश्चित रूप से अपने लिए किसी मुकम्मल आकाश की खोज में घर से भाग खड़ा हुआ है। थाना, पुलिस, कचहरी, हॉस्पीटल...सभी जगह पर मैंने खोज की है, रिपोर्ट भी लिखवा आया हूँ पर आधे मन से, क्योंकि मैं जानता हूँ—हादसा किसी बाहरी दुनिया का नहीं, भीतरी टूटन का है।

लेकिन यूँ बिना रुपयों-पैसों के क्या करेगा वह ? कहाँ रहेगा ?

वनश्री ने जब देखा कि हेमन्त बाबू की चिन्ता का छोर दूसरा ही है तो वह स्वयं ही अँधेरे में डोलती आत्मा की तरह उठ खड़ी हुई—रोती हुई बिल्ली को भगाने के लिए।

रात का-सा आभास देती टुकड़े-टुकड़े में बीती अवशिष्ट रात। दो साँसों और प्रार्थनावाली रात !

अन्ततः सुबह !

जब-जब दरवाजे की कॉलबेल या फोन की घंटी बजती पति-पत्नी दौड़ पड़ते, आँखें दरवाजे और कान फोन पर टँग जाते। कौन जाने जादूगर के कबूतर की तरह एकाएक प्रकट हो जाए आदित्य। घुमा-फिराकर वनश्री ने भी अपने सभी नाते-रिश्तेदारों के यहाँ फोन घुमा दिया था...और ज्यों-ज्यों देरी होती जा रही थी मन बैठा जा रहा था। कहीं उसने आत्महत्या ? कल्पना में दिख गया पुत्र का छत से झूलता शव।

इस नसतोड़ बेचैनी में भी हेमन्त बाबू ने स्वयं को किसी तरह ढीले बँधे लड्डू की तरह साध रखा था। हर दिन की तरह उस दिन भी उन्होंने दिन का स्वागत सूर्य प्रणाम से किया—

ओम् मित्राय नमः
ओम् रवये नमः
ओम् सूर्याय नमः
ओम् मानवे नमः

ओम् मखगाय नमः
ओम् पूष्वे नमः
ओम् हिरण्य गर्भाय नमः
ओम् मरीचये नमः
ओम् आदित्याय नमः
ओम् सावित्रे नमः
ओम् अर्काय नमः
ओम् भास्कराय नमः

लेकिन रोज की तरह सूर्य नमस्कार की प्रत्येक क्रियाओं के साथ श्वासों का तीव्र आदान-प्रदान सम्भव नहीं हो पाया था बल्कि अन्तिम प्रणाम 'भास्कराय नमः' बोलते-बोलते कंठ अवरुद्ध हो गया, आँखें भर आईं—हिश, मैं हर दिन सूर्य को प्रणाम करता रहा। मस्तिष्क की सुप्त कोशिकाओं को जागृत करता रहा और मेरा अपना ही पुत्र अँधेरे में घिरा रहा। जो पिता अपने पुत्र की अन्तरात्मा के अँधेरे में ज्ञान का सूर्य नहीं जगा पाए, व्यर्थ है उसका सूर्य प्रणाम।

एकाएक उन्होंने अपने कमरे का दरवाजा भीतर से बन्द कर लिया। झरझराती पत्तियों-सा कुछ देर पूर्व का उनका निःशब्द रोदन अब बाँध टूटी नदी की तरह कंठ के बाहर फूट निकला।

प्राणों के पूरे वेग से जी भर रो चुकने के बाद एक हल्कापन महसूसा उन्होंने और आँखें पोंछी। अस्त-व्यस्त बालों पर कंघी घुमाई और फिर कमरे से बाहर निकले।

पूरे बहत्तर घंटे के पागल बना देनेवाले, जानलेवा सफर के बाद पुत्र का तार मिला—मैं कुशल हूँ। पुरी के 'सम्राट' होटल में नौकरी पर हूँ। कुछ महीनों बाद लौटूँगा। क्षमा।

तार पाते ही नए मौसम के नए बादल की तरह घर का मातमी माहौल कुछ बदला। घर का टूटा हौसला कुछ लौटा। हेमन्त बाबू और वनश्री ने राहत की साँस ली—पुत्र सुरक्षित है। जिन्दा है और सबसे बढ़कर उसे अपनी गलती का अहसास है, इसलिए लिखा है—क्षमा। हे ईश्वर...करुणामय...तू सचमुच है। वनश्री ने हाथ जोड़ शीश नवा परम कृपालु ईश्वर को इक्यावन रुपयों का प्रसाद चढ़ाया।

पर राहत के प्रथम आवेग के अवरोही मोड़ लेते ही दुःख और हताशा का वेग बढ़ने लगा। वनश्री दुखी थी, उसका मातृत्व घायल था—पुत्र के व्यक्तित्व और अस्तित्व के सूत्र अब हमारे हाथों में नहीं, डोर छुड़ाकर उड़ चला पाखी। हेमन्त बाबू विचलित और द्रवित थे कि जिस पुत्र ने साढ़े दस वर्ष की उम्र से ही अपने अकेलेपन से अकेले ही लड़ाई लड़ी, क्या विवशता रही होगी उस दुधमुँहे पुत्र के भीतरी घटाटोप की कि उसे एक होटल में नौकरी करनी पड़ी। नहीं, पुत्र नालायक नहीं, वह अपने आपसे मजबूर है। अपनी ही आग में जल रहा है वह। टेलीग्राम का शब्द-शब्द हृदय को चाक कर

गया। क्षमा शब्द के साथ ही पुत्र के हाथ जोड़ने का दृश्य कल्पना में घूम गया। आत्मा में कील की तरह ठुक गया 'क्षमा'। हिश, क्या ऐसे ही घर का स्वप्न देखा था उन्होंने ? पर वे भी क्या करें, पिछले साल-डेढ़ साल से जब-जब उन्होंने पुत्र के करीब आना चाहा, बात बनी ही नहीं। क्या अतीत की भूलों का कोई प्रायश्चित नहीं ? क्या इसी तरह पीना पड़ेगा उन्हें जीवन का गरल ?

आज पहली बार महसूसा उन्होंने—सम्बन्धों को इस प्रकार थोक में नहीं, वरन् हर दिन अर्जित करना पड़ता है।

वनश्री भी तड़प उठी। भीतर की गहराइयों से एक हूक उठी—मैं अपने मकान का स्वप्न देख रही हूँ और पुत्र होटल की नौकरी कर रहा है...और नौकरी भी कैसी मिली होगी—बैरे की ही ना। बैरे के ख्याल ने आत्मा में खंजर खोंप दिया था। बैरे की वर्दी में हाथ में जूठी प्लेट और टिप के लिए हाथ पसारते बेटे की तस्वीर घूम गई। वह विकल हो उठी। प्राणों के भीतर रो पड़ी। रक्ताभ आँखों से आसमान के टूटते तारों की तरह टप-टप आँसू गिरने लगे।

हेमन्त बाबू की भी आँखें भर आईं। तीव्र दुःख ने दोनों को कुछ लम्हों के लिए पास-पास बिठा दिया था। मुद्दतों बाद उन्होंने पत्नी के सिर पर आशीष देता-सा हाथ फेरा। प्रकम्पित होंठों से धीरे-धीरे कुछ शब्द गिरे—बिना उसके घर भूत का डेरा लगता है...दो-तीन दिन में जाकर उसे ले आऊँगा...पर कहीं उसने आने से मना ही कर दिया तो ?

और इस 'तो' ने विक्षिप्त और बेचैन कर दिया उन्हें। गहराती रात में पुत्र की समस्या फिर गहराई। अनुपस्थित पुत्र पल-पल अपनी उपस्थिति का अहसास जगा रहा था। भारी मन से दोनों आमने-सामने बैठे थे। कर्महीन, स्पन्दनविहीन। खुली खिड़की से जाने कहाँ से एक कबूतर घर के भीतर घुस आया था। हेमन्त बाबू को अहसास था कि कहीं वह पंखे के नीचे नहीं आ जाए पर प्राणों पर इस कदर तमस और जड़ता छाई हुई थी कि उनसे हिला भी न गया—बच्चे घर की शोभा ही नहीं, शक्ति और ऊर्जा भी होते हैं। वनश्री के कन्धे पर हाथ रखकर कहा उन्होंने।

तीव्र दुःख की अनुभूति ने उनकी चेतना को इतना उन्नत और विकसित कर दिया था कि अनायास ही वे विराट स्तर पर सोचने लगे। हेमन्त बाबू को सहसा ध्यान आई एक आठवर्षीय बच्चे की तस्वीर जिसे उन्होंने करीब साल भर पूर्व किसी अखबार में देखी थी। सूखे होंठ, पीला चेहरा, अपरिभाषित भाव चेहरे पर। अडोल और पनीली आँखों के बीच ठहरे दो आँसू। इस बच्चे का पूरा परिवार ही 1984 के सिख नरसंहार की भेंट चढ़ चुका था। क्या अपराध किया था इस अबोध बालक ने ? आदित्य फिर भी भाग्यशाली...सोचना जारी था कि तभी निद्रा-अनिद्रा के बीच डोलती पत्नी ने फिर टहोका लगाया—तो कब जा रहे हैं आप ?

वनश्री को अधसुने, अधसमझे, अधसोये, अधजागे हेमन्त बाबू ने एक गहरी

निःश्वास ली...पेड़ से झरते पत्तों की तरह प्रकम्पित होंठों से कुछ शब्द गिरे—"नाना दुखिया सब संसार।"

करवट बदली उन्होंने और उल्टी गिनती गिन सोने की चेष्टा में लग गए।

इट इज माई लाइफ

रफ्ता-रफ्ता आदित्य के मन में एक ख्वाब पकने लगा था कि अपने स्वातन्त्र्य की खोज के लिए उसे उस पर्दे को उठा फेंकना है जो उसके और संसार के बीच डाल दिया गया है, पर वह दिन इतने अप्रत्याशित ढंग से इतनी जल्दी आ पहुँचेगा, उसने भी नहीं सोचा था। दरअसल जब से उसके सीनियर मित्र अभिज्ञान ने उसे यह सब्जबाग दिखा दिया था कि किसी भी होटल में उसे रिसेप्शन में नौकरी आराम से मिल जाएगी और फिर नौकरी के साथ-ही-साथ वह अपना संगीत का अभ्यास भी जारी रख सकेगा तब से उसे हर पल यही लगता कि स्कूल की फिजिक्स, केमेस्ट्री की पुस्तकों पर समय बर्बाद करना व्यर्थ है...कि जिन्दगी की असली जगमगाहट उसे घर से बाहर ही मिल सकेगी। बहुत शीघ्र ही उसे समझ में आ गया था कि उस जगमगाहट को पाने के लिए उसे अपने बल पर ही कुछ करना पड़ेगा। वह दुस्साहसी था, खतरों से खेलना उसका शगल था। बने-बनाए सुरक्षित रास्तों पर चलने की बजाय स्वयं अपना रास्ता बनाने में उसे विश्वास था...और सबसे बढ़कर संगीत में आगे बढ़ पाने की बेचैनी उसे शान्त एवं स्थिर बैठने नहीं देती थी। इस कारण जब उसने बारहवीं बोर्ड की परीक्षा में भेजे जानेवालों छात्रों की लिस्ट में अपना नाम नहीं देखा तो असफलता-बोध ने एक बार उसे फिर मायूस कर दिया था, पर दूसरे ही क्षण दिमाग में कौंधा कि इस प्रकार असफल होकर पिता का सामना करने से तो कहीं अच्छा है कि पुरी या गोआ जाकर नौकरी करते हुए पिता का सामना किया जाए।

चूँकि घर में भी ऐसा कुछ नहीं था जो उसे बाँधकर रखता वरन् हर दिन बन्द घर के ताले में चाबी घुमाने और फिर आतंक-बोध के साथ हड़बड़ाकर बत्ती जला देने की बेताबी वाली जिन्दगी जीते-जीते वह आजीज आ चुका था। इस कारण—दुनिया के अनुभवों और जिन्दगी की निकृष्टता से अछूते उसके मन को घर छोड़ते वक्त विशेष भावनात्मक कष्ट नहीं हो रहा था, मन में मलाल एवं पश्चात्ताप था तो केवल यही कि पिता उसके लिए बेहद चिन्तित होंगे।

अपनी गुल्लक से आपातकाल के लिए बचाकर रखे गए लगभग दो सौ रुपए, कलाई में बँधी घड़ी, कक्षा छह में पढ़ी रवीन्द्रनाथ टैगोर की पंक्ति 'भाँग, भाँग भाँग कारा' का सम्बल और एक बेकाबू तलब लेकर नई सृष्टि की तलाश में लोककथाओं के राजकुमार की तरह घर से निकल पड़ा था आदित्य। पर ट्रेन में बैठने के बाद के कुछ घंटों में ही यथार्थ की धूप उसे कुम्हलाने लगी। यद्यपि टी.टी. की जद्दोजहद से

बचने के लिए उसने टिकट भी खरीद लिया था, पर दिसम्बर की गहराती रात के कुछ घंटे, जंगलों से गुजरती ट्रेन की ठिठुरती ठंड में वह अकड़ गया था। तब पहली बार उसे घर की सुरक्षा और अपने कमरे की उष्णता याद आई। सारी रात तारों से भरे आसमान की ओर ताकता रहा था वह, नक्षत्र-नक्षत्र में दिखाई दे रहे थे पिता—शायद ही कोई रात जाती हो कि पिता उसे ठीक से चादर नहीं ओढ़ाते हों। लगभग छह-सात घंटे उसने बाथरूम के बाहर अखबार बिछाकर काटे। मन में पहली बार संशय के सर्प ने फिर फन उठाया—क्या उसने बिना तैयारी के बेवकूफी की इस प्रकार घर छोड़कर ? बाहरी दुनिया के इस यथार्थ से यह उसका पहला साक्षात्कार था।

स्वप्नवादी से यथार्थवादी होता आदित्य प्रतिपल अपने आत्मबल द्वारा अपने को कच्चा पड़ने से बचाने में लगा हुआ था। यदि इस प्रकार पहले ही झटके में टूट गए तो कर लिया आनन्द की खोज ! वत्सल पिता जीवन की धूप से चाहे कुछ समय तक उसे बचा ले जाएँ पर उसे जिन्दगी तो नहीं ही दे पाएँगे। उस आनन्द की अनुभूति तो नहीं ही करा पाएँगे जिसका सृजन करना चाहता है वह। जीवन का रास्ता जब उसे खुद-ब-खुद तलाशना ही है तो फिर देर क्यों ?

मन को समझा-बुझाकर फिर ठोका-पीटा...हिम्मत, बच्चू हिम्मत ! बिना कष्ट उठाए कृष्ण नहीं मिलते। अन्ततः ठंड से ठिठुरते और लगातार बैठे रहने के कारण ऐंठे शरीर को मन के जोर से ठेलते हुए पुरी स्टेशन आने पर उसने बचे हुए पचास रुपयों में से चार रुपयों में एक चायवाले से चाय और ब्रेड खरीदी। उसी ब्रेडवाले को अपनी घड़ी मात्र 65 रुपए में बेच दी। किस्सा गढ़ने और कल्पना करने में माहिर आदित्य ने तत्काल किस्सा गढ़ दिया—पिता की नौकरी छूट गई। कारखाना बन्द हो गया...अब नौकरी की तलाश में...इतने होटल यहाँ...क्या कोई जान-पहचान ?

ब्रेडवाले ने बताया कि अभी सीजन चल रहा है और उसके यहाँ से पास के दो होटलों में ब्रेड सप्लाई भी होती है। बात कर देखेगा, और कुछ दिन पहले तो होटल 'सम्राट' वालों ने उससे कहा भी था, किसी चिकनी शक्ल के अंग्रेजी जाननेवाले की जरूरत है। बोलते-बोलते वह ध्यान से देखने लगा, आदित्य को—भैया, शक्ल तो तुम्हारी ऋषि कपूर सी है, पर यदि अंग्रेजी में गिटपिट कर पाते तो काम बन जाता।

"अरे, किसने कहा मैं अंग्रेजी नहीं जानता...मैं अंग्रेजी बोलता हूँ। अंग्रेजी बाइस्कोप भी देखता हूँ—भैया, तुम बस मुझे मिलवा दो...मैं अंग्रेजी में बात कर वहीं साबित कर दूँगा...।"

उस दिन आदित्य के नक्षत्र उस पर मेहरबान थे। ब्रेडवाले ने उसकी भोली-भाली शक्ल पर विश्वास कर उसे होटल के सहायक प्रबन्धक से मिला दिया। चमकती खल्वाट और चाणक्य की-सी शक्लवाले उस सहायक मैनेजर ने अपनी चाणक्य की-सी ही तीक्ष्ण दृष्टि उस पर टिका दी थी। लड़का उसे तेज लगा और साथ ही यह भी कि नौकरी में अधिक टिकनेवाला नहीं है, उसे भोंदे किस्म के गिटपिटवाले लड़कों की अधिक जरूरत रहती थी, जो इस होटल को ही अपनी अन्तिम मंजिल समझे। खैर, लड़के की

दर्शनीयता, व्यक्तित्व और बातचीत के अन्दाज से प्रभावित होकर उसने उसे पन्द्रह दिन के लिए 'काम देखकर' की शर्त्त पर रख लिया। उसी रात आदित्य ने अपने पिता को टेलीग्राम कर दिया था। पहला दिन और पहली रात उसे होटल के किचन में ही दुर्गन्ध, गीले फर्श, मच्छरों की खटर-पटर के बीच काटनी पड़ी थी।

दूसरी रात उसे बेहद ताज्जुब हुआ था। होटल के छह कमरे खाली, सारा रिसेप्शन खाली, फिर भी उसे सोने के लिए किचन या खुली छत—कितनी अजीब पागल और निष्ठुर है यह दुनिया ! जिनके श्रम, परिश्रम और पसीने से यह जगमगाहट है, वे ही सबसे अधिक अँधेरे में हैं !

जीवन के यथार्थ से यह उसकी दूसरी मुठभेड़ थी। सारी रात प्रश्नों के मकड़जाल में बुरी तरह उलझा रहा वह और आखिरी सांत्वना उसने स्वयं को यही कहकर दी कि हर होटल में रात के समय म्यूजिक कार्यक्रम होता है...कौन जाने उन म्यूजिक कार्यक्रमों की पगडंडी पकड़कर ही वह संगीत के राजमार्ग तक जा पहुँचे। उसने कक्षा ग्यारह में पढ़ा था कि चार्ल्स डिकेन्स होटलों में रकाबिया धोया करता था। आत्म-विश्वास, धैर्य और साहस हो तो आदमी क्या नहीं कर सकता है !

पूरे सप्ताह वह भूत की तरह खटता रहा और अपने विनम्र व्यवहार और भाषा से सबको मुग्ध करता रहा। सातवें दिन ही सहायक मैनेजर ने उसे रिसेप्शन में ट्रांसफर कर दिया था। यहाँ आकर उसे थोड़ा आराम मिला। यहाँ के जीवन से वह समरस होने लगा था कि उन्हीं दिनों एक ऐसी अनहोनी घटी जिसने आनेवाले दिनों में उसके जीवन के सारे रंगों को ही काला कर डाला था।

वह 25 दिसम्बर का एक जगमगाता दिन था। पूरे होटल को उस दिन दुल्हन की तरह सजाया गया था। मानव के मुक्तिदाता ईसामसीह का जन्मदिन। उस दिन विदेशी सैलानियों के आने की संभावनाओं को ध्यान में रखते हुए होटल मैनेजर ने उसे रिसेप्शन में रात की ड्यूटी पर तैनात कर दिया था।

वह रिसेप्शन में खड़ा-खड़ा अपना काम कर रहा था कि तभी एक कस्टमर उसके कुलीग के पास आया। बम्बई से आया हुआ इंजीनियरिंग कॉलेज का छात्र। कलाई पर सिटिजन क्वार्टज की महँगी घड़ी। उसने आदित्य के कुलीग सुधांशु से तीन सौ रुपए उधार माँगे थे। सुधांशु ने जब असमर्थता जताई तो उसने कहा—"ले तू मेरी घड़ी गिरवी रख ले...पर...पर" उसकी आवाज लड़खड़ा रही थी, "तू मुझे रुपए दे दे...आई स्वेअर, मैं तुझे परसों लौटा दूँगा..."। आदित्य ने देखा, न केवल उसकी आवाज वरन् उसके शरीर का पूरा ढाँचा ही लड़खड़ा रहा था। होंठ काँप रहे थे। हाथ धूज रहा था। स्वभाव से ही जिज्ञासु आदित्य सोचकर भी सोच नहीं पाया—गगनचुम्बी कद, चमाचम बूट। चकचक ड्रेस। सभी टिप-टॉप, फिर भी तीन सौ रुपयों के लिए इतनी गिड़गिड़ाहट ! तभी उसके कुलीग ने च्विंगम चबाते, आँखों को नचाते, मजा लेते हुए कहा—''वह लेता है। अभी विद्ड्राअल में है।''

"क्या... ?" उसके दिमाग में बिजली-सी कुछ कड़की। उसे ध्यान आया, ठीक यही

शब्दावली उसने अपने एक दोस्त के मुँह से सुनी थी, जिसने उसे सबसे पहले वह जादुई सिगरेट पिलाई थी। जब उसने उन लड़कों के बीच उसे घुसे देखा और पूछा था तुम यहाँ क्या कर रहे हो। तब उसने यही जवाब दिया था—मैं ले रहा हूँ ! तू भी लेगा ? वाक्य में कहीं भी संज्ञा नहीं थी। बस मैं ले रहा हूँ ! हम ले रहे हैं ! तू भी लेगा ?

"क्या लेता है वह ?" आदित्य अत्यन्त जिज्ञासु हो उठा। जैसे सृष्टि का महान रहस्य छिपा हो इन दो वाक्यों में—लेता है। और विद्ड्राअल किस चिड़िया का नाम है ?

उसके किशोरसुलभ मन पर प्रश्नों की जाने कितनी नोंकें एकसाथ चुभने लगी थीं। ध्यान आया कि उस दिन उस सिगरेट ने उसे जो मजा दिया था वह साधारण सिगरेट का मजा नहीं था। सारी रात उसके दिमाग के स्वच्छ और बेदाग स्क्रिन पर आड़ी-तिरछी रेखाएँ खिंचती रहीं—वह लेता है, अभी विद्ड्राअल में है।

तीसरे दिन फिर वही लड़का सामने हाजिर !

आदित्य चमत्कृत !

इस बार उसकी कलाई पर दूसरी घड़ी थी। इस बार वह टूरिस्ट बनकर आया था। इस बार उसके स्वर में याचना नहीं वरन् आत्मविश्वास था। मध्य युग के किसी सल्तनत-सा वह चमचमा रहा था। अपनी रोबदार और फर्राटेदार अंग्रेजी में उसने अपने लिए एक कमरा भी बुक करवाया।

आदित्य फिर चमत्कृत !

उसे वह झिलमिलाता हुआ व्यक्तित्व बड़ा ही रहस्यपूर्ण लगा। उसके व्यक्तित्व से जुड़े दो वाक्य—'लेता है', 'अभी विद्ड्राअल में है', उसे किसी दूसरे लोक का रहस्यमय जन्तु बना रहे थे। एक बेकाबू इच्छा उसके भीतर उफनने लगी—उस युवक की निजी जिन्दगी में झाँकने की। उससे बतियाने की। यह पूछने की कि वह क्या लेता है ? और यह विद्ड्राअल किस बला का नाम है ?

संसार के अनुभवों से अछूता वह एक ऐसा दिमाग था, जिसमें सब अच्छा ही अच्छा भरा हुआ था और जो अब उससे मिलने के लिए तर्क भी गढ़ने लगा था—कौन जाने यह ही मुझे बता दे किसी अच्छे म्यूजिक स्कूल के बारे में या कि इस लाइन में आगे बढ़ने के लिए मुझे क्या करना चाहिए। बिना मुँह खोले तो मिलने से रहा कुछ। आखिर यह होटल की नौकरी भी तो उसे मुँह खोलने से ही मिली थी।

पिंजरे का बन्द पक्षी जिस प्रकार देखता है खुले आकाश को, लगभग वैसे ही मुग्ध भाव से देख रहा था वह उस युवक की तरफ। और जाने किस अपरिभाषित और विलासितापूर्ण सम्मोहन के वशीभूत होकर उसने उसके कमरे में डायल किया—"मैं एक बार आपसे मिलना चाहता हूँ।"

"मैं अभी ले रहा हूँ।"

"क्या ?" वह जैसे आसमान से गिरा। सारी चेतना कानों में समा गई...अंग-अंग सुनने लगा—मैं ले रहा हूँ। उसे लगा जैसे यही वह क्षण है जिसमें छिपा है सृष्टि का सबसे गूढ़ रहस्य—'मैं ले रहा हूँ'—का रहस्य। उसका हृदय जोरों से धड़कने लगा कि

यदि ये क्षण निकल गए तो फिर पता नहीं कब दूसरा मौका हाथ लगे।

उसने अधीरता से कहा—"क्या मैं अभी, इसो वक्त आपसे मिल सकता हूँ ?"

"क्या तुम भी लेते हो ? लेना है ? चाहो तो आ जाओ।"

उसने पॉकेट से कंघी निकाली। अपने बालों को सँवारा। चेहरे पर रूमाल फेरा। और अदम्य कौतूहल, दुर्दान्त जिज्ञासा और धड़-धड़ धड़कते हृदय के साथ लम्बे-लम्बे डग भरता घुसा कमरा नं. 103 में। आँखें फाड़-फाड़कर देखने लगा वह—तिलस्मी वातावरण। बन्द खिड़कियाँ। खिंचे हुए पर्दे। पलंग की साइट टेबिल पर सिगरेट की अधजली पन्नी। माचिस। एक बुझी हुई मोमबत्ती। जली-बुझी तीलियाँ। वहीं कोने पर एक पारदर्शी पोलिथिन पैकेट में सफेद पाउडर-सा चूर्ण। एक ब्लेड।

उसे हल्की-सी उत्तेजना हुई पर उस उत्तेजना में चुटकी भर डर भी घुल गया था, जब उस युवक ने उसके घुसते ही दरवाजा भीतर से बन्द कर दिया था।

युवक की भव्यता से आकर्षित और बन्द दरवाजे से आतंकित आदित्य कुछ क्षणों तक कुछ भी बोल नहीं पाया था। कातिल मुस्कान बिखेरते हुए उस युवक ने ही पूछा आखिरकार—बोलो, तुम क्यों मिलना चाहते थे मुझसे ?

संगीत और संगीत शिक्षा की बात एकदम फुर्र। उसके भीतर से वही सत्य निकला जो उन क्षणों संसार के अनुभवों से अछूते उसके हृदय की गुफा में कुण्डली मारकर बैठा था—"आपने फोन पर कहा था, ले रहा हूँ। आप क्या ले रहे थे ?"

युवक हँस पड़ा। अबकी बार गौर से देखा आदित्य ने, युवक की आँखें तन्द्रिल एवं रक्ताभ थीं।

"मैं एक ऐसी अद्भुत चीज ले रहा हूँ, जो तुम्हें एक ऐसी जादुई दुनिया में ले जाएगी—जिसके शाहंशाह...भगवान, डिप्टी भगवान सबकुछ तुम्हीं होगे...सिर्फ तुम।"

''क्या ?'' अवचेतन दिमाग की भीतरी परतों में से एक दबी-ढकी स्मृति चंचल चिड़िया की तरह फुदकी। आँखों के आगे फिर तैर गई वह जादुई सिगरेट...और उससे मिला वह पहला अविस्मरणीय अनुभव जो उन क्षणों फिर ललचाने लगा, आमन्त्रित करने लगा उसे।

"क्या लोगे तुम भी ?"

युवक ने देखा आदित्य को—एक बहुत ही भोला और कौतूहलपूर्ण चेहरा।

"क्या है वह ?"

"इसे हेरोइन कहते हैं...ये देखो।"

और उसने बाएँ हाथ की हथेली से सिगरेट की पन्नी को पकड़ा। उस पोलिथिन पैकेट से करीबन चौथाई चाय-चम्मच सफेद पाउडर उस पर डाला। माचिस की तीली से उसे अत्यन्त सावधानीपूर्वक एक जगह एकत्रित किया। फिर आदित्य से कहा—मोमबत्ती जलाओ। फिर जलती हुई मोमबत्ती को बाएँ हाथ में पकड़ी हुई पन्नी के नीचे घुमाया। ताज्जुब...वह पाउडर धीरे-धीरे पिघला, घी की तरह और फिर वाष्प बन उड़ने लगा। युवक ने स्ट्रॉ से उस धुएँ को भीतर टाना।

फिर आदित्य से कहा उसने—लो, खींचो इस जादू को भीतर।

अँधेरी रात के समुद्र पर गिरती चाँदनी की तरह उसके मन के समुद्र पर भी कामनाओं की चाँदनी गिरने लगी। इच्छाओं के ज्वार-भाटे उठने लगे। पिता का 'लिव प्योर', 'इट इज माई लाइफ' का उसका तर्क, चेतन-अवचेतन, सत्य-असत्य, पाप-पुण्य...उन क्षणों सबकुछ घुलमिल गए...शेष रह गई एक अदम्य आकांक्षा, उसी जादुई सुख की, जिसे उसने अपने छलिया मन द्वारा तत्काल गढ़े मरियल तर्क 'बस एक बार टान लूँ...देख लूँ क्या होता है' का जामा पहनाया और सहमति में सिर हिला दिया।

युवक समझ गया, यह पूरा बम-भोलानाथ है। उसने वह डोज खुद ही टानी। और उस धुएँ के शेष होने के बाद युवक कुछ देर तक वैसे ही सिर झुकाए बैठा रहा...अडोल।

करीब पाँच-छह मिनट बाद चढ़ी हुई अधमुँदी आँखों से उसने गोबरगणेश-सरीखे आदित्य से कहा—रुक, तेरे लिए भी तैयार करता हूँ।

इस बार भी उसने वही प्रक्रिया वापस दोहराई...वह आदेश देता गया और आज्ञाकारी कुत्ते की तरह आदित्य वैसा ही करता रहा।

उन क्षणों वह सिर्फ क्षणवादी था...सुख की खोज में था, पर शायद यह नहीं जानता था कि सुख क्या होता है।

बहरहाल...बलवान समय के उन हिट क्षणों में वह दोनों दमादम थे। घोड़े पर सवार थे। प्रारम्भिक एक-दो उल्टियों के बाद एक सुख आदित्य के भीतर उतर रहा था... आहिस्ता-आहिस्ता। तो मैंने आखिरकार अपने लिए खुशी ढूँढ़ ही ली—अपने इस आविष्कार के आनन्द में वह थर-थर काँप उठा था। आधे घंटे के भीतर ही नशा अपने शबाब पर था...और आदित्य आत्म-विस्मृति के ऐसे सागर में डुबकियाँ लगा रहा था, जहाँ सिर्फ मस्ती थी, मुक्ति थी। धरती के दबाव, धूल-धक्कड़, तनाव, परेशानियों, दायित्वों, कर्तव्यों...सब प्रकार की चेतना और बोध से ऊपर था वह। अब वह वह था जो वह सचमुच में नहीं था।

वह युवक दुगुना खुश था कि उसने आज अपनी जमात में एक और को शामिल कर लिया था...एक दुष्ट सुख मिल रहा था उसे।

औरों को गिराने का सुख।

आनेवाले चार-पाँच घंटे...पल-पल उन्मत्त आदित्य। बादल-बादल बहता।...मस्ती के समुद्र में डूबते-उतारते किसी समुद्री पाखी की मानिंद।

सुबह। समारोह शेष का सन्नाटा। वह धरातल पर लौटा। पर सिर और पलकें अभी भी भारी थीं। दिमाग एकदम खाली-खाली। उसकी पलकें तन रही थीं। सिर भारी-भारी लग रहा था। वह फिर सो गया और आनेवाले आठ घंटे तक नींद की गहरी नदी में तैरता रहा।

शाम छह बजे सामान्य होकर जब वह अपनी ड्यूटी पर लौटा, उसके कुलीग सुधांशु ने सूचित किया—तुम्हें नौकरी से निकाल दिया गया है।

"क्या ?...पर क्यों ?"

"हेरोइन पीना और वह भी होटल के अन्दर...एक संगीन कानूनी जुर्म और खतरनाक व्यसन है। पता है, पकड़ लिए जाने पर दस साल की सजा है...।"

"क्या !" उसकी आँखें पकौड़ी बन कपाल तक चढ़ गई थीं। जिसे वह बिरल सुख समझ रहा था, वह एक जुर्म था ?

"पर मैनेजर को पता कैसे चला ? कमरा तो बन्द था...फिर इसमें गैर कानूनी क्या है ?" उसने भोलेपन से पूछा।

"देखो, वह पिछले कई बार से यहाँ आता है...पर किसी को पता तक नहीं चला कि वह लेता है। यदि पता चल भी जाता तो मैं साफ बच निकलता। मैं कह देता कि मुझे क्या पता कि वह कमरे के अन्दर क्या करता है। पर यू डंकी, तुम तो गधे की तरह उसके कमरे में पहुँचकर वहीं टान लगा आए...अब तुम्हें कोई नहीं बचा सकता। गनीमत इसी में है कि इससे पहले कि मैनेजर तुझे जलील करे, तू बोरियाबिस्तर ले भाग खड़ा हो।"

"नहीं, जब तक मुझे तुम नहीं बताओगे कि मैनेजर को कैसे पता चला, मैं नहीं भागूँगा। मैं तो यह भी नहीं जानता था कि यह सब गैर-कानूनी है।"

"देखो, यह गैर-कानूनी तो इसलिए है कि यह नशा है जो सर्वनाश की ओर धकेल देता है। यह सुख नहीं सुख की छाया है—क्षणभर का बिना अर्जित किया हुआ कृत्रिम आनन्द। जीवन का चिरन्तन, स्वाभाविक और शाश्वत आनन्द नहीं। जो तुम्हें आज प्रेमिका के चेहरे की तरह लुभावना लग रहा है न...देखना किसी दिन वह सूअर के थूथन की तरह जिन्दगी को घिनौना बनाकर रख देगा...मैंने देखा है कई नशेबाजों को शुरू में मोर की तरह नाचते, फिर नशा नहीं मिलने पर बाघ की तरह गुर्राते और अन्त में सूअर की तरह गन्दगी पर लोट लगाते। खैर, मैनेजर को पता ऐसे चला कि जब सारी रात मैनेजर ने तुम्हें नदारद पाया तो उसने दूसरे बैरों से पूछा, किसी ने तुम्हें उसके कमरे में घुसते देख लिया था। पक्की रिपोर्ट पाकर ही मैनेजर ने डुप्लीकेट चाबी से...।"

"क्या... ?"

"हाँ, देख, इस दुनिया में अपराध करना गुनाह नहीं है, पकड़ा जाना गुनाह है...और तू पकड़ा गया है।"

"बाप रे...जिसे मैं महज फन, थ्रिल और मजा समझ रहा था वह इतनी बड़ी बात थी।" वह सिर पकड़कर बैठ गया था।

दुनिया पर से उसका भरोसा उस सुबह पहली बार कच्चा पड़ा। अब आगे का सफर कैसे गुजारा जाए ? फिर नई नौकरी की तलाश...नया डेरा...नए से किस्से गढ़ना...हे भगवान ! उसकी आँखों के आगे अँधेरा छा गया। खुद को कोसने लगा वह...अच्छा तीर मारने निकला। जो बड़ा तीर मारने निकलते हैं यही हाल होता है उनका। न घर का रहा न घाट का। सिर को झटका दिया उसने। अब सोचने से क्या फायदा...अच्छा हो कि मैनेजर के आने के पहले ही स्टाफ क्वार्टर से सामान बाहर कर लूँ, नहीं तो मैनेजर जाने क्या दुर्गति करे...भरे मन से पाँवों को स्टाफ क्वार्टर की ओर घसीटा उसने,

तो आश्चर्य ! अलादीन के चिराग से निकले जिन्न की तरह सामने पिता ! बुझा-बुझा चेहरा। पर चेहरे पर ओम शान्ति-ओम शान्ति के-से भाव। आँखों में झाँकती अनकही वेदना। दो-तीन दिन की बढ़ी हुई दाढ़ी।

पिता उन क्षणों उसे किसी देवदूत सरीखे लगे। भावुक हो वहीं उसने उनके चरणों का स्पर्श किया।

कुछ देर स्तब्धता...दोनों ओर से शब्द निःशब्द...बस शोर मचाती कुछ बाहरी आहटें...।

आखिर पिता ने ही बर्फ तोड़ी–

"तुम्हें लेने आया हूँ बेटा...कच्चे घड़ों के साथ दरिया में नहीं उतरा जाता ! तुम्हारी माँ ने भी पश्चात्ताप में बैंक की नौकरी छोड़ दी है। मैं वापसी का टिकट करवा के लाया हूँ...यह जगह तुम्हारे योग्य नहीं, बेटा।"

"हाँ, घर से बढ़कर कोई जगह नहीं"–भीतर से उठी एक आवाज। पर प्रत्यक्षतः उसने मान दिखाते हुए कहा–हाँ, पापा, सही फरमाते हैं आप कि जगह वाकई मेरे योग्य नहीं, पर पापा कौन अपनी सही जगह पर है ? इस होटल में जो स्टोरकीपर है न पापा, वह–इतिहास में एम.ए. है। हिसाब से उसे किसी कॉलेज में लेक्चरर होना चाहिए था। और मेरे साथ जो सुधांशु था न रिसेप्शन में, उसने पत्रकारिता में डिप्लोमा लिया हुआ है, हिसाब से उसे किसी अखबार में होना चाहिए था। और जो होटल का मालिक है न, इन सबका बॉस, वह महज दसवीं पास है–बताइए पापा, कौन अपनी सही जगह पर है ?

हेमन्त बाबू चुप। पुत्र उनके साथ घर लौट रहा था, उस दिन की उनकी यही सबसे बड़ी जीत। पर पुत्र ने उन्हें विचलित कर दिया था...खुद उन्हें भी जिन्दगी में मुकम्मल जगह कहाँ मिली थी ? और यही रह गई है आजाद भारत की तस्वीर ! जो पिण्ड का सत्य है वही ब्रह्मांड का भी।

घड़ी भर सोचा उन्होंने–लाड़ से फिर उसे देखा...और चल दिए क्वार्टर की ओर।

रात कई प्राप्तियोंवाली रही।

पिता-पुत्र के बीच एक सम्पूर्णता लेकर आई वह रात !

पिता में एक अद्भुत परिवर्तन देख रहा था आदित्य। जैसे इन सात दिनों में किसी ने उनके जिस्म का सारा रक्त निचोड़ दिया हो। वे बहुत धीमे-धीमे और रुक-रुककर बोल रहे थे। प्रायः हर स्टेशन पर उसके लिए कुछ-न-कुछ खरीद रहे थे। बहुत बातें कीं उन्होंने उससे...इधर-उधर की। राजनीति की, छात्रों की लेकिन भूलकर भी सेंट अप परीक्षा में रोक दिए जाने की बात नहीं की। उनके हर हाव-भाव से, चिन्तन से, चिन्ता से, आचार-व्यवहार से एक ही ध्वनि सभी दिशाओं में अनुगूँजित हो रही थी और वह ध्वनि थी–तुम ! सिर्फ तुम !

और रात जब गहराई, खिड़की से ठंडी सर्द हवा कोड़े-सा मारने लगी तो पिता ने

फिर उसे एक और चादर ओढ़ा दी। चादर के लटकते कोनों को भीतर से अच्छी तरह दबा दिया कि किसी भी छिद्र से हवा के प्रवेश की कोई भी सम्भावना न रहे। उसकी आँखें भर आईं...कलकत्ते से आते वक्त किस प्रकार उसने सारी रात उकड़ूँ बैठकर बिताई थी। भीतर से जैसे एक आवाज आई—ऐसे सन्त पिता का दिल दुखाकर उसने अच्छा नहीं किया...और उसी आवेग में वह उठ बैठा।

"क्या कुछ चाहिए ?" पिता ने फिर पूछा।

अबकी वह झुँझला गया—"पापा, आप मेरी इतनी चिन्ता क्यों करते हैं ? मैं इस योग्य नहीं और शायद मैं आपकी आशा के अनुरूप बन भी न पाऊँ।"

हेमन्त बाबू का चेहरा कुम्हला गया। मन के भावों को दबाकर एकटक देखते रहे वे। एक उदास हँसी उनके होंठों पर बिखर गई। पुत्र के बालों पर हाथ फेरते-फेरते धीरे-धीरे कहने लगे—पुत्र, पिता का प्यार इस सत्य से संचालित नहीं होता कि पुत्र योग्य है या अयोग्य। वह प्राकृतिक नियमों से संचालित होता है। अभी नहीं समझोगे...तब समझोगे जब तुम स्वयं पिता बनोगे। एक गाँव में एक वृद्ध किसान अपने युवा पुत्र को जेठ की चिलचिलाती धूप में दो घंटे तक लगातार पेड़ की लकड़ी को चीरते देख व्याकुल हो उठा। वह बार-बार पुत्र से आग्रह करता, बेटा अब बन्द कर, थोड़ा सुस्ता ले, दो घूँट पानी से गला तर कर ले, पर पुत्र अपनी धुन में। एक बार...दो बार...आखिर पुत्र झुँझला गया।

" 'आप चुपचाप बैठे रहिए और मुझे अपना काम करते रहने दीजिए।'

" वृद्ध पिता से आखिर रहा नहीं गया। उन्होंने अपने सवावर्षीय पौत्र को भीतर से उठाया और तपती धूप में लिटा दिया। मिनट भर बाद ही पौत्र चीख मार-मारकर रोने लगा। पुत्र बिगड़ गया। जवान आँखों ने वृद्ध आँखों को तरेरा—यह क्या बाबा ! इस नन्हीं जान को धूप में क्यों लिटा दिया ?

" बूढ़ी ममता मुस्कुरा पड़ी—तुम दो मिनट पुत्र का तड़पना नहीं देख सके...मैं पिछले दो घंटे से देख रहा हूँ।"

आदित्य भी मुस्कुरा दिया—पहाड़ी झरने से इस पिता के समीप आकर उसे सदैव ही तीर्थयात्रा का-सा सकून मिलता था।

उस रात कई बार बिजली कड़की। क्षणभर के लिए बिजली कड़कती तो सारा परिदृश्य आलोकित हो उठता। उन्हीं क्षणों हेमन्त बाबू के भीतरी घटाटोप में भी बिजली की तरह एक सत्य कड़का—इस लड़के से पार पाया जा सकता है तो सिर्फ प्रेम से। पौधा अपने स्वाभाविक वातावरण से दूर नहीं पनप सकता।

पुत्र के आने की खबर केसर की सुगन्ध की तरह दूर से ही वनश्री तक पहुँच चुकी थी। वह सीढ़ियों पर खड़ी थी। पूरे सात दिनों बाद आँख भर देखा पुत्र को तो आँखें भर आईं। घर घर-सा लगा। जैसे सम्पूर्णता लौट आई।

माँ की विह्वलता देख वह चकित था—जिस चट्टान को सन्त पिता की सारी शक्ति

नहीं तोड़ पाई, जिसे उसका झुलसा बचपन भी नहीं छेद सका, पुत्र के एकबारगी खो देने के डर ने किस कदर उस चट्टान को भेदकर उसके नीचे-नीचे बहती शान्त जलधारा को प्रवाहमान कर दिया था।

पहली बार माँ और पुत्र के रिश्तों का नवीनीकरण हुआ।

रात। सोते वक्त पिता ने दबे-दबे स्वर में उसे सेंट अप की परीक्षा में असफल होने के बाबत कुछ कहा—देखो बेटा, जो हो गया सो हो गया। उस पर दुःख मत करो। डू दि बेस्ट एंड लीव दि रेस्ट टू हिम। देखो, मेरी बात खूब ध्यान से सुनो—स्वयं पर, अपने जीवन पर और अपनी शक्तियों पर आस्था रखो। भरपूर आस्था...तुम देखोगे कि मार्ग की सारी अड़चन, सारे प्रलोभन खुद-ब-खुद दूर हो जाएँगे। सोचो, समुद्र के भीतर भटकते कोलम्बस के पास क्या था ? सिवाय जीवन के प्रति गहरी आस्था और अडिग धैर्य के। जानते हो चीन में कन्फ्यूशियस से उसके शिष्य ने पूछा—एक देश को क्या चाहिए ? जवाब था—सेना, अनाज और आस्था। शिष्य ने पूछा—यदि तीन नहीं मिलें तो किसे छोड़ा जा सकता है। जवाब था—सेना को लेकिन अनाज और आस्था चाहिए। पर यदि वे दोनों भी नहीं मिलें तो किसे छोड़ा जाए ? कन्फ्यूशियस ने जवाब दिया—अनाज छोड़ा जा सकता है पर आस्था नहीं।

इतना कहकर पिता अपने कमरे में चले गए थे, पर वह सशंकित हो गया था। क्यों कहा पिता ने ऐसा ? क्या पिता का इशारा उसकी सिगरेट पर था जिसे पहली बार उन्होंने देखा था...? या पिता को पुरी के नशे की बात मालूम पड़ गई ? हे भगवान...ये पिता हैं या ज्योतिषी या कि अन्तर्यामी।

पर शीघ्र ही शंका का काँटा निकल गया था। दूसरे कमरे में पिता उसकी माँ को कह रहे थे—देखो, अभी भी बहुत कुछ बचा हुआ है बेटे और हमारे बीच, सभी कुछ रीत-बीत नहीं गया है। हमें उसे बचाना है हर हालत में। इस बार तो मैं इसे लौटा लाया हूँ...अब बाकी तुम पर...अवसर चूकी डूमनी, गावै ताल-बेताल। ध्यान रखना, नए रिश्तों को खोजना नए देश को खोजने के समान ही होता है, परम धैर्य की जरूरत पड़ती है।

ठंडे पड़ते सूरज

इस बीच शान्त एवं मन्थर गति से बहती नदी के प्रवाह-सा डेढ़ वर्ष और बीता। इस डेढ़ वर्ष की कई प्राप्तियाँ रहीं। आदित्य ने कॉलेज में प्रवेश लिया। घर कई-कई बार उष्ण ऊष्मा से गमकता घर-सा घर बना। बहुत दिनों तक वनश्री हेमन्त बाबू के निर्देशानुसार आदित्य के साथ शाम को आरती गाती—ओम जय जगदीश हरे...। हेमन्त बाबू ऑफिस से घर जल्दी आ जाते, सभी मिलकर खाना खाते। रविवार को यदा-कदा साथ-साथ घूमने भी निकलते। हेमन्त बाबू के 'स्वप्न घर' की कल्पना काफी कुछ साकार हो रही थी। और इन सबके साथ ही साथ आदित्य के मन की दुनिया के भीतरी

तहखानों में बसे होटल 'सम्राट' की रात का वह जादुई अनुभव भी—किसी वनपाखी के पहली उड़ान की तरह उसे जब-तब रोमांचित करता रहता। पर साल भर बीतते-न-बीतते वनश्री का धैर्य, सहनशक्ति, नौकरी के त्याग-पत्र से उपजी झल्लाहट, हताशा, चौका-चूल्हा की सीमित दुनिया से उपजी ऊब...सबकुछ सतह पर आने लगी थी। कठिन समय में जो पत्नी भावुकतावश दुर्गा बन गई थी, अब स्थितियाँ सामान्य होने पर वह वापस अपने मूल स्वरूप में आने लगी थी। अपनी चमन-सी जिन्दगी के वे दिन उसे खूब सालते जब समय फुर्र उड़ जाता था...और अब पहाड़-सा अकेलापन ! और उस पर भी बाप-बेटे में कृतज्ञता-बोध तक नहीं ! पंख कतरे पक्षी-सी वह फड़फड़ा कर रह जाती। पुत्र की तरफ से बरती गई जरा-सी लापरवाही उसे पागल बना देती। बेटा-पति सब अपने मतलब के। पति-पुत्र जीवन की सम्पूर्णता का आभास भले ही दें पर जीवन की सम्पूर्णता होते नहीं। असली चीज होती है अपने पैरों के नीचे की जमीन की ठोसपन। नौकरी थी तो अपना पर्सनल बैंक बैलेंस भी था, अब तो पैसे-पैसे का टोटा। और उस पर दिन भर की गधाखटनी।

उन्हीं दिनों महरी भी छुट्टी मार गई थी। एक दिन तो उसे बर्तन भी मलने पड़ गए। उस शाम मांस तो मांस, हड्डी तक जल गई उसकी। जिन हाथों से बैंक में दनादन नोटों की गड्डियाँ सरकाती थी, उन्हीं हाथों से बर्तन घिसने पड़ रहे थे। हेमन्त बाबू को वनश्री के इस आकस्मिक टूट पड़े पहाड़ की कोई खबर नहीं थी। ऑफिस से आते ही अपनी सोहनी-मोहिनी हँसी बिखेरते लाड़ले पुत्र को लड़ियाते बोले—आज बरसाती मौसम है...आदित्य के लिए दाल की पकौड़ी बना दो, रोज फुलके खाते-खाते ऊब गया है, रास्ते में बाजार से खरीद रहा था, मैंने कहा घर चलो, माँ से बनवा देते हैं।

वनश्री यूँ ही जली-भुनी बैठी थी। पति की फरमाइश सुनी तो कलेजा फुंक गया। बरस पड़ी—मुझसे नहीं होती...यह बाईगिरी। खटा-खटा के कमर तोड़ डाली तुम बाप-बेटों की नवाबी ने...ले-देकर एक मरियल-सी महरी...आज तो वह भी दगा दे गई।

"महरी का महीना थोड़ा बढ़ा दो...देखो छुट्टी नहीं करेगी, नहीं हो तो उसे महीने में दो छुट्टी के हिसाब से अलग से पैसे दे दिया करो...तुम्हें भी आराम..."

"क्या..." बात पूरी भी नहीं कर पाए हेमन्त बाबू कि वनश्री के होंठ व्यंग्य से टेढ़े हो गए। एक तो फटीचरी, ऊपर से यह धृष्टता ! बेलन को ही हनुमान जी की गदा की तरह हिलाते हुए उसने फिर अपना वही ब्रह्मास्त्र छोड़ा—"नंगा क्या नहाएगा और क्या निचोड़ेगा ? तनख्वाह के गिने-चुने आठ-नौ हजार रुपयों में मैं क्या-क्या जुगाड़ करूँ ? बाप-बेटों की नवाबी पूरी करूँ...कि घर चलाऊँ कि भविष्य का जुगाड़ करूँ...?"

अपमान की इस कुनैन को भी गटक गए हेमन्त बाबू। वनश्री से इस वक्त टकराना ठीक नहीं और फिर उसके खुले आकाश में बन्दिशें उन्होंने ही लगाई थीं। उसका दुःख समझते हुए भी वे समझ रहे थे कि यह दुःख पैसों की कमी का उतना नहीं जितना पैसों की हाय-हाय का है। इस कारण उसे समझाते हुए कहने लगे, "जानती हो, उपनिषद में कहा गया है कि जितने से पेट भरे उतने भर पर ही अपना अधिकार

है...उससे अधिक की कामना भी की तो वह दंड का अधिकारी है...और जानती हो, जब से इस देश ने धर्म की इस परिभाषा को खोया...इसका पतन शुरू हो गया।"

"ओए ओए...अपने बचाव में इस देश के सारे निकम्मे और निठल्ले वेद और उपनिषद का ही ढोल पीटते हैं"...किसी बनैले जन्तु की ही तरह पंजे निकाल-निकाल हेमन्त बाबू की बोलती बन्द कर दी थी वनश्री ने। पर आदित्य हनुमान की तरह बीच में ही कूद पड़ा था। माँ को शान्त करते हुए कहने लगा वह, "पापा, ठीक ही तो कह रहे हैं...अपने घर में ऐसी भी कोई कमी नहीं है, फिर भी तुम हर वक्त रोना रोती रहती हो..."

क्या ? क्या कहा ?

खुलेआम पिता के पक्ष में पुत्र की जबानी लपालप देख धक्का खा गई वह। मन-ही-मन बलबलाई—जब से बाप-बेटे एक हुए हैं, ओहदा घट गया है उसका। किसी कमजोर विपक्षी नेता की भी ऐसी दुर्गति क्या हुई होगी जो उसकी हुई है। होंठ काटते हुए परम वितृष्णा से कहा उसने—नंगे-बूचे सबसे ऊँचे।

जैसे-जैसे दिन बीतते जा रहे थे, कर्तव्यों और भावनाओं के आवेग में जबरन किए त्याग की नोंक पर टँगी जिन्दगी वनश्री के भीतर की हर सतह को छेदती जा रही थी। जिन्दगी से रस रिसता जा रहा था। इस कारण आए दिन उसकी झल्लाहट, हताशा और बेचैनी बढ़ती जा रही थी। बीते दिन याद आते—कहाँ हर दिन लौण्ड्री धुली साड़ी की सरसराहट और कहाँ यह जूठे बर्तनों की खरखराहट और उस पर पिता और पुत्र दोनों का यह अखंड आनन्द और चमकता चेहरा। उसे सबकुछ अपने मलबे-सी जिन्दगी के ढेर पर खड़ा नजर आता। ऐसे में हेमन्त बाबू जो वनश्री की झल्लाहटों के यूँ भी आदी हो चुके थे, उसे झेल जाते पर आदित्य के लिए ये झल्लाहटें...ये बकबक...छुरी की-सी तेज जुबान बहुत भारी पड़ती। यहाँ तक तो फिर भी गनीमत थी, पर इन दिनों इन सबमें एक तत्त्व और जुड़ गया था—वनश्री की दखलअंदाजी का। जब तक नौकरी थी, उसे पुत्र पर ध्यान देने का समय ही नहीं मिल पाता था पर अब जब समय का अथाह समुद्र उसके पास था, और महरी के ठीक-ठीक आने पर करने को विशेष कुछ नहीं रह जाता था, ठाली बैठी उसकी निगाहें आदित्य का पीछा करती रहतीं। वह जैसे हेमन्त बाबू की धृष्टता का अदृश्य प्रतिशोध पुत्र के माध्यम से लेती। 'मुझे घर बिठाया है तो नतीजा भी भुगतो' की तर्ज पर आदित्य यदि कॉलेज से जल्दी आ जाता तो वह डंक मारना शुरू कर देती—जल्दी क्यों ? क्या पढ़ने में मन नहीं लगता ? क्लास छोड़कर भाग आए ?

आदित्य माँ के तीखे वचनों का शुरू से ही आदी था, पर इस प्रकार के हस्तक्षेप का उसे अनुभव नहीं था...विशेषकर पिछले छह-सात वर्षों से। और अब एकाएक बात-बात पर माँ का हस्तक्षेप। माँ पर वह बहुत झल्ला भी नहीं सकता था, कड़ा भी नहीं बोल पाता था, जानता था कि उसका फल हेमन्त बाबू को भुगतना पड़ेगा...आखिर अपनी उस फिजूल-सी बेचैनी से मुक्ति के कुछ लम्हों की चाह में ही उसने फैसला किया कि वह दिन का अधिकांश समय बाहर ही बिताएगा।

पर कहाँ ?

कॉलेज में ? उसके दुर्भाग्य से उन दिनों कॉलेज में भी उसके लिए परेशानियाँ सिर उठाने लगीं थी।

कॉलेज में उठनेवाली आदित्य की परेशानियों को समझने के लिए एक नजर कोलकाता शहर की तासीर, इतिहास और मिजाज पर भी, क्योंकि कॉलेज में उठनेवाली उसकी परेशानियों के तार शहर की सामाजिक, राजनैतिक और आर्थिक परिदृश्यों के तारों से भी जुड़े हुए थे।

इस महान देश की सर्वाधिक आबादीवाला उन्नत, कलात्मक और बौद्धिक व्यक्तित्ववाला ऐतिहासिक नगर कोलकाता। सोचनेवाला शहर कोलकाता ! रवीन्द्रनाथ टैगोर का 'राँगा माटीर देश' ! पढ़े-लिखे शहरी बेरोजगार, उजड़े गाँवों से नौकरी की तलाश में आए ग्रामीण बेरोजगार, अपने पुश्तैनी धन्धों से दूर छिटके बेरोजगारों, शिल्पकारों, किसान से मजदूर में तब्दील हुए श्रमजीवियों एवं प्रतिवर्ष पाकिस्तान और बांग्लादेश से भारत आनेवाले लगभग चालीस लाख शरणार्थी हिन्दू-मुसलमानों एवं आसपास के राज्यों में निरन्तर होनेवाले सूखे और बाढ़ की चपेट में आई बस्तियों का विराट शरणस्थल कोलकाता ! ऐसा कोलकाता जो एकसाथ ही दुनिया की सर्वाधिक समृद्धि, वैभव और पेरिस को भी मात करती विलासिता का ऐश्वर्य-गृह था तो साथ-ही-साथ भयंकर रूप से गँधाती, बजबजाती एवं नारकीय बस्तियोंवाला एक ऐसा शहर था जिसकी गली-गली, डाल-डाल, पाँत-पाँत शिवालयों और देवालयों से अटे पड़े थे जिसका हर कोना-अँतरा, हर बस्तियों की ओर खुलती गलियाँ अवैध शराबों, कचरों और नशीले द्रव्यों का अड्डा थीं। जहाँ एक तरफ भोग की हवा बह रही थी तो दूसरी ओर हर दिशाएँ आर्त्तनाद कर रही थीं।

बीसवीं सदी के अवसान के पचीस-तीस वर्षों पूर्व तक यहाँ के लोगों का विश्वास था कि साम्यवाद की उफनती विचारधारा इस देश को भी भुखमरी और नंगई से मुक्त करेगी, यहाँ भी जीवन-जैसा जीवन होगा और इसी आशय के जोशीले एवं खूनी नारों से कभी कोलकाता अपनी पूरी युवा शक्ति के साथ गूँज उठा था...लोगों का विश्वास था कि हर बीस-पचीस वर्षों बाद नई विचारधारा को जन्म देनेवाला कोलकाता नक्सलवादी क्रान्ति को भी सफल अंजाम तक पहुँचा पाएगा...पर उस युवा आन्दोलन के कुचल दिए जाने एवं सोवियत संघ के विघटन के बाद बीसवीं सदी के अन्तिम दशक में वह लौ बुझी-बुझी-सी लोगों के चेहरों पर हताशा के रूप में चस्पाँ थी। और अब इस बदलती फिजाँ में जो युवा शक्ति पहले आग उगल रही थी, लेनिन और माओ की बात करती थी, नक्सलवाड़ी लाल सलाम सरीखे नारे गाती थी, वही युवा शक्ति किसी भी जन-आन्दोलन के अभाव में अब शहर की अलग-अलग बहती अन्तर्धाराओं में बहने लगी थी। जनान्दोलनों का कोई अग्निकुण्ड अब वहाँ नहीं था, जहाँ वे गलकर और ढलकर निकलते। इस कारण अब वे देश की मुक्ति एवं जीवन की सार्थकता जैसे विराट

प्रश्नों से टकरानेवाले जाँबाज युवा की बजाय जीविका के सामने घुटने टेकनेवाले केंचुओं में तब्दील हो गए थे। उसी युवा पीढ़ी के समृद्ध युवा अब बदलती फिजाँ में पाश्चात्य संस्कृति में ढलकर माईकेल जैक्सन की तरह कमर और कूल्हे मटकाने लगे थे। वुमेन और वाइन में अपनी मुक्ति खोज रहे थे। पढ़ी-लिखी मध्यवर्गीय पीढ़ी का एक तबका रिश्वतखोरी, सट्टेबाजी, दलाली एवं ब्लैक मार्केटिंग में डूबा हुआ था तो दूसरा बी.ए., एम.ए. पास वाला तबका प्राइवेट ट्यूशन, क्लर्की, पिउनगीरी, कमीशन एजेन्ट, डोर-टू-डोर सेल्समैनशिप एवं मकान की दलाली से लेकर रंडी की दलाली तक में स्वयं को खपा रहा था। सबसे नीची सीढ़ी पर खड़ा—श्रमजीवी वर्ग ठेलागाड़ी, मुटियागीरी, रिक्शा खींचने, पत्थर तोड़ने, झाका द्वारा दुकानों का माल घर-घर तक पहुँचाने, मालगाड़ी ढोने में अपनी जिन्दगी के स्वर्णिम वर्षों को खपा रहा था।

इसी युवा पीढ़ी का वह वर्ग जो उपरोक्त दोनों ही कामों में स्वयं को नहीं खपा पा रहा था और जिसका कॉलेज की डिग्री, श्रम और जीवन-मूल्यों पर से विश्वास उठ गया था, संगठित अपराधों में अपना भविष्य खोजने में लगा हुआ था। कई सीधे संगठित अपराधों के गिरोह में घुस गए थे तो कइयों ने छात्र राजनीति की जमीन से अपने भावी स्वप्नों को सींचना शुरू कर दिया था।

ऐसे ही युवकों की एक खेप कॉलेज के पवित्र आँगन में भी बहेलियों की तरह नए-नए पक्षियों को फँसाने के लिए जाल बिछाए खड़ी थी—दो प्रमुख छात्र-यूनियन के झंडे तले। आदित्य के कॉलेज में एस.एफ.आई. का वर्चस्व था इस कारण हर नए आए सम्भावनाशील छात्र को वे अपनी तरफ बुलाते, उनसे मेम्बरशिप लेने का आग्रह करते—हमें ज्वाइन करो, देखो, ज्योति बाबू, विमान बोस, अनिल विश्वास सभी एस.एफ.आई, की फसल हैं। क्योंकि 'वी थिंक बट अदर्स स्टिंक' (क्योंकि हम सोचते हैं, बाकी सभी बदबू छोड़ते हैं।) वह किसी प्रकार एफ.एस.आई. को टरकाता तो दूसरे दिन छात्र परिषद का कोई यूनियन का नेता उसके सामने आ खड़ा होता—आओ, हमें ज्वाइन करो, देखो, एस.एफ.आई. तो गुंडों और नशाखोरों का जखीरा है, असली छात्र राजनीति तो हम करते हैं।

पर यह असली छात्र राजनीति है क्या ? दुल्हन के चेहरे की तरह वह अब रफ्ता-रफ्ता खुल रही थी आदित्य के सामने। कई ऐसे दादा मार्का छात्र थे जो हिसाब से कॉलेज के भूतपूर्व छात्र होते थे, पर जिनका वर्चस्व छात्र-यूनियन के नेताओं-सा था। कॉलेज में नए-नए आए शान्तिप्रिय छात्रों से जबरन चन्दावसूली, फीस के रुपयों की छीना-झपटी, नशीले द्रव्यों की बिक्री जैसे सभी कार्यों में वे सिद्धहस्त थे। ये कॉलेज की पढ़ाई से इतर गतिविधियों के मुख्य संचालक थे। मुगलेआजम थे। सिरमौर थे। क्योंकि इन्हें अपनी सारी संभावनाएँ और सूत्र यहीं से तलाशने होते थे। बाकी अधिकांश छात्र सिर्फ पढ़ाई से मतलब रखते और कॉलेज की बाकी सभी गतिविधियों के प्रति उदासीन रहते जबकि ये दादा मार्का छात्र ओवरटाइम करते थे। कैन्टीन की इंवेन्टरी से लेकर चुनावी कम्पेनिंग—पेपर लीक करवाना, अंकों की हेरा-फेरी, हॉस्टल में अच्छे कमरों का वितरण...सबकुछ इनके दिशा-निर्देश में होता। कॉलेज के प्रिंसिपल सहित सभी

शान्तिप्रिय लेक्चरर इन्हें पहचानते थे, पर इनके विरुद्ध कोई मुँह तक नहीं खोल पाता था। लोग विरोध की भाषा भूलते जा रहे थे। विरोध नहीं करना...उदासीन रहना... देखकर भी आँखें बचाकर चल देना युग सत्य बनता जा रहा था। अपवादस्वरूप एकाध प्रोफेसर ने आगे बढ़कर विरोध किया भी तो वे घेर लिए गए...एक के तो गालों पर अमहर्स्ट स्ट्रीट की सूनी गली में थप्पड़ तक पड़ चुका था। तब से रहा-सहा विरोध भी थम गया था और ये युग के मसीहा बन गए थे। इनके तार स्थानीय विधायक से लेकर अपराध जगत के माफियाओं तक जुड़े हुए थे। कहने का लब्बोलुआब यही कि कॉलेज की भीतरी दुनिया में अव्यवस्था की एक ऐसी व्यवस्था थी कि वह कॉलेज विद्या का मन्दिर नहीं वरन् चन्दा उगाही, रंगदारी वसूली, टाइम पास एवं कच्चे अपराधों की एक ऐसी प्रयोगशाला थी जहाँ के कई वर्तमान एवं भूतपूर्व छात्र स्थानीय गुंडागर्दी एवं दादागीरी के मानक से प्रथम श्रेणी के थे, और आगे मार्ग प्रशस्त था।

कुछ असाधारण करने की दुस्साहसिक प्रवृत्ति, जिन्दगी को गतिशील एवं थ्रिल से भरपूर बनाने की चाहत एवं सबसे बढ़कर पहाड़-सी पसरी खाली दोपहर में वनश्री की निरन्तर चिख-चिख ने आदित्य के तार भी अनायास और अनजाने ही ऐसे लड़कों से जोड़ दिए। उसी में से किसी एक ने उसे सलाह दी कि क्यों न वह कॉलेज के म्यूजिक क्लब का सदस्य बन जाए।

दूसरे दिन वह म्यूजिक क्लब के सेक्रेटरी के इन्तजार में कॉलेज बन्द होने के बाद भी बैठा रहा। जब काफी देर तक भी म्यूजिक सेक्रेटरी के दर्शन नहीं हुए तब उसके नए-नए बने अपोरी-टपोरी दोस्तों में से ही एक ने कहा—चल, उसके घर ही चलते हैं, यहीं पास में ही रहता है, बाइक पर मुश्किल से पाँच मिनट लगेंगे।

आदित्य ने टालना चाहा...शुरू-शुरू में तो नई दुल्हन-सी इस नई दुनिया ने उसे आकर्षित किया था...पर अब जैसे-जैसे इस नई दुनिया की परत-दर-परत उघड़ रही थी, उसका संस्कारित मन इनसे समरस नहीं हो पा रहा था।

"...नहीं यार...मुझे देरी हो रही है...और फिर तेरे पास तो हेलमेट भी एक ही है..."

"अरे कार्टून...औरतों की तरह डरा मत कर, ट्रैफिक पुलिस अपन के पाँव दबाती है...भिखारी तक अपन को टैक्स देते हैं..." और एक प्रकार से वह आदित्य को अपनी पूँछ से बाँधकर ही ले गया।

और सचमुच पुलिस ने देखकर भी उसे अनदेखा किया...और थोड़ी दूर जाकर ही वह निर्माणाधीन मकान के भीतर एक अधटूटे-से कमरे के पास आकर रुक गया।

"यह क्या... ? तुम यहाँ क्यों रुक गए... ? मैं जा रहा हूँ...मुझे देरी हो रही है। मेरी माँ चिन्ता करेगी..." आदित्य अब कुछ-कुछ आशंकित होने लगा था।

"क्या शिशु मन्दिर के बच्चों की तरह में-में कर रहा है—मर्द बन।" और वह मर्द बनने लगा, यद्यपि उसको सबकुछ रहस्यमय-सा लगने लगा था। दोपहर का सन्नाटा, निर्जन रास्ता, निर्माणाधीन मकान का एक सुरक्षित कोना...क्या मकसद हो सकता है, उसे यहाँ लाने का...? वह सोच ही रहा था कि तभी मकड़े की-सी सूरतवाले उस नए-नए बने दोस्त

देवांशु ने मजा लेते हुए कहा—"तू जरा मुँह उधर घुमा ले मुन्ना, मैं लेकर आता हूँ।"

"क्या... ?" उसकी आँखें फैल गईं...कानों पर सहसा विश्वास नहीं हुआ। वही शब्दावली...हू-ब-हू वही...लेकर आता हूँ।

अवचेतन में कुंडली मारकर बैठा वह जादुई अनुभव फिर जैसे उसे बुलाने लगा—''आओ ! आओ ! मेरे पास आओ !''

"तुम क्या हेरोइन लोगे ?" एकाएक उजबक की तरह वह बोल उठा।

"अरे बाप रे ! तू मुन्ने से एकाएक मर्द कैसे बन गया ?"

आँखें चौड़ी करके देखने लगा वह आदित्य को। फिर बंगाली मिश्रित हिन्दी में कहा उसने, "माँ काली, खूब डूबे-डूबे जल खाच्छो।..." (माँ काली, तुम बड़े छुपे रुस्मत हो।) तू कि जानिस, एई टा पत्ता* (तू क्या जानता है यह पत्ता है ?)

"जानना क्या है, मैं तो एक बार इसे ले भी चुका हूँ..." अपने को अनुभवी और जानकार दिखाने का लोभ संवरण नहीं कर सका आदित्य।

"क्या...? कि बोलच्छि (क्या बोलता है ?) वाह रे पत्ताखोर ! झूठ मत बोल मेरे मुन्ने ! तू क्या लेगा इसे, तेरे मुँह से तो अभी तक कच्चे दूध की गन्ध आ रही है...जा मेरे सोना-मोनू बेटे, जा अपनी अम्मा के आँचल में छिप जा..."

इसकी मर्दवादी चुटकी पर उत्तेजित होकर विश्वास दिलाना चाहा आदित्य ने—"विद्या कसम है, इसे ले चुका हूँ..."

"बेटे ! तेरी विद्या वाली कसम वाली भाषा ही बता रही है कि तेरे जिंस ऐसे नहीं हैं कि तू इसका मजा ले सके...यह नशा तो आदमी का बच्चा ही करता है। घास-फूस खानेवाले जानवरों के बस की बात नहीं है यह।"

"गॉड प्रामिस, मैं इसे ले चुका हूँ...पुरी के होटल 'सम्राट' में एक रात एक टूरिस्ट के साथ—एक पत्ता मैंने भी लिया था...बड़ी जादुई चीज थी वह। बाई गॉड...! पर दूसरे ही दिन पिताजी आ गए...और मैं कलकत्ता वापस।"

"कि...कि बोलच्छि...सत्ती तुई नियेच्छि (क्या ?) क्या बोलता है...सत्य तुमने लिया है ?"

"तुझे फिर कभी तलब नहीं महसूस हुई इसे लेने की ?"

"हुई क्यों नहीं, बहुत बार हुई...पर।"

"पर...पर क्या ?"

"मैंने सुना है...इसे लेना गैर-कानूनी है...और पकड़े जाने पर दस वर्ष की सजा भी हो सकती है...फिर कलकत्ते में मुझे कहीं दिखाई ही नहीं पड़ी वह चीज..."

"दुर पगला...दस वर्ष की सजा तो इसका धन्धा करने से होती है और वह भी पकड़े जाने पर। इसका मजा लेना गैर-कानूनी है जरूर...पर किस-किसको पकड़ेगी पुलिस। यह तो गली के कुत्ते की तरह गली-गली, कोना-कोना हर जगह मौजूद है। चिन्ता मत कर मेरे मुन्ने...यदि मजा लेना है जिन्दगी का तो आ मेरे साथ—डर मत,

* बंगाल में एक पुड़िया हेरोइन या ब्राउन शुगर को पत्ता कहा जाता है और सेवन करनेवाले को पत्ताखोर।

यहाँ अपनी सूबेदारी चलती है। रिमोट कन्ट्रोल अपन के हाथ में है, इसलिए तो मैं यहीं आकर लेता हूँ...। इस नशे का यही तो फायदा है कि मुँह से कोई गन्ध-वन्ध नहीं आती, बस लेकर...थोड़ा मजा कर-कुरा के घर चला जाता हूँ...किसी को कानों-कान खबर तक नहीं होती।"

देवांशु मेंढक की तरह टरटराता रहा और उधर आदित्य का छलिया मन अपने बचाव में तर्क गढ़ता जा रहा था—ठीक ही तो कह रहा है, उसने पुरी में लिया...किसे पता चला ? कोई गन्ध-वन्ध तो कुछ आती नहीं...बस एक बार जी लूँ...फिर अलविदा ! और उस काले क्षण आदित्य सबकुछ भूल गया—पिता को दिया 'आई विल लीव प्योर' का वचन, इन्तजार करती माँ...सब जैसे दृश्यातीत थे...दृश्य में था तो सिर्फ डेढ़ वर्ष पुराना...वह फ्रीज हुआ दृश्य। नशे के प्रथम अनुभव की वह स्मृति...वह रात, जब वह अद्‌भुत लोक में विचरण करता वह सब देख रहा था जो दृश्यातीत था...वह सब सुन रहा था जो शब्दातीत था।

उन क्षणों उसमें सिर्फ एक जीवित कामना फड़फड़ा रही थी—बस एक टान लेने की अदम्य चाह।

हसरत भरी उसकी आँखें इस प्रकार टकटकी लगाए देख रही थीं देवांशु को कि शातिर देवांशु ताड़ गया आदित्य की मंशा। कृत्रिम निषेध के साथ पीठ खुजलाते हुए फिर पूछा उसने, "कि रे। निबी ? (क्या रे, लेगा ?)"

"बस एक बार," हिचक भरी स्वीकृति।

"सोच ले पार्टनर, चीज भयंकर है, जानलेवा है।"

आदित्य झल्ला उठा। आत्मविश्वास का ओवरकोट उसने अपने ऊपर लादा हुआ था।

"कह दिया न...बस एक टान लूँगा...जमाना हो गया...मुस्कुराए।"

तर्क ने फिर थमा दिया था उसे—नशा लेने का पासपोर्ट।

"बस...एक बार—ऑफ्टर ऑल, यह मेरी लाइफ है !"

मैं स्वयं अपनी स्टैच्यू ऑफ लिबर्टी !

देवांशु हँस पड़ा—एक घाघ हँसी।

आई केम, आई सा, आई कन्कर्ड !

"हर नशेबाज यही कहता है—बस एक बार। मैंने भी पहली बार यही कहा था—बस एक बार। लेकिन देख, अब यह मुझे छोड़ता ही नहीं। तू मुझे बिल्कुल अपनी ही याद दिला रहा है। देख, मैंने तुझे चेता दिया है, अब आगे तू जाने। मैं फिर कह रहा हूँ कि पहली बार नशा जो पिनक और मस्ती देता है वह फिर कभी नहीं मिलती...पर हर नशेबाज बार-बार उसी मस्ती की तलाश में भटकता है...प्रेयसी की तरह वह मस्ती उसे बार-बार अपनी तरफ बुलाती है...पर हाथ कभी नहीं आती...।"

इस बार आदित्य ने शंखनाद किया—

"अपन नशेबाज नहीं...बस शौकिया लूँगा एक बार। तू नहीं जानता—मुझमें कितना

सेल्फ कन्ट्रोल है। मैं अपना सेल्फ कन्ट्रोल आजमा चुका हूँ। अढ़ाई साल हुए पुरी से आए, किया मैंने नशा ?"

देवांशु चुप। उसकी एक जंगली मंशा पूरी हो चुकी थी।

आदित्य के मन का पंछी उड़कर फिर उसी मुँडेर पर जा पहुँचा था।

वह फटाफट एक्शन में लग गया।

शैतान और मनुष्य के साक्षात्कार के उस एक क्षण में उसके सारे सुन्दर विचार भेड़ की तरह बिखर गए थे। आदित्य ने उस सफेद चूर्ण के एक ग्राम के पाँचवें भाग को अपने बाएँ हाथ की सिगरेट की पन्नी पर आहिस्ता से डाला और माचिस की काठी से उसे एकत्रित किया। नीचे मोमबत्ती से उसे ताप दिया...। इस बीच खुली जगह और हवा होने की वजह से देवांशु ने उसके सिर पर अपनी चादर डाल दी थी। देखते-ही-देखते वह चूर्ण पिघला...वाष्प बना। स्ट्रा के सहारे उस धुएँ को आदित्य ने टाना...और फिर टानता ही चला गया।

भरपूर तृप्ति के कुछ पल !

नशे ने तोड़ा अवसाद का शिव-धनुष।

वह फिर उड़ा...हवा के दबाव और पृथ्वी की गुरुत्वाकर्षण शक्ति से ऊपर वह किसी मायालोक में तैरता ही रहा।

घंटे-डेढ़ घंटे तक दोनों वहीं रहे...उसी तन्द्रा पिनक और मस्ती के खुमार में...फिर जैसे-जैसे खुमार का धुंध छँटता गया, उदासी में लिपटा एक भारीपन उस पर तारी होने लगा...उसके पैर घर की ओर बढ़ने लगे। भोजन के लिए प्रतीक्षारत माँ से सहसा वह नजरें नहीं मिला पाया। 'बाद में खा लूँगा' का अति संक्षिप्त जवाब देकर और माँ की तरफ से आनेवाले सभी प्रश्नों पर पूर्ण विराम लगाते हुए उसने अपने कमरे के दरवाजे बन्द किए और सो गया...नशे के प्रभाव में वह फिर सोया...खूब सोया...एक गहरी तन्द्रिल नींद !

उसके जीवन की स्वाभाविक लय-ताल उस दोपहर को जो टूटी कि फिर टूटती ही गई।

पुरी से आने के बाद आदित्य बार-बार सोचता रहा था—जो चीज इतना मजा, ऐसी फुरहरी दे...और जो इतनी सर्वव्यापक है, वह गैर-कानूनी कैसे हो सकती है ? यद्यपि उसके सहकर्मी ने उसे समझाना चाहा था, पर उसकी शंका का समाधान नहीं हो पाया था...। इन दिनों फिर वही प्रश्न उसके भीतर कुलबुलाने लगा था। उसके पास न कोई प्रखर दोस्त था...न कोई पुस्तक...न कोई बोधिवृक्ष जिसके तले बैठकर उसे जीवन का बोधिसत्व मिल जाता...लिहाजा जीवन के कई दूसरे अनसुलझे और अनुत्तरित सवालों की तरह वह भी अनुत्तरित और अनसुलझा ही रह गया...।

पर बेमुरौव्वत जिन्दगी ने उसके इसी सवाल का इतना शानदार और जानदार जवाब

दिया कि वह बस हैरान हो देखता ही रह गया...।

करीब डेढ़ सप्ताह तक जिन्दगी को वह वैसे ही ठेलता रहा था। कॉलेज, कॉलेज से घर। ऊपरी सतह पर सबकुछ सामान्य चल रहा था...वही घर, वही माँ, वही हेमन्त बाबू...वही रास्ते, वही घर का फर्नीचर...पर अन्तःधारा में एक सूक्ष्म-सा परिवर्तन आ गया था। नशा...नशे की मस्ती...विस्मृति की भाव समाधि—सबकुछ सदैव एक छाया की तरह उसका पीछा करती। पहली बार जब उसने गाँजा लिया था, तब वह नहीं जानता था कि वह गाँजा है, पर उसने उसे एक क्षणिक हाई-पॉवर सुख दिलाया...गाँजे के अनुभव की स्मृति को दोहराने के लिए उसने फिर हेरोइन ली, बिना जाने कि यह उससे भी बढ़कर जानलेवा नशा है। पर दूसरी बार कई गुना अधिक वोल्टेज के नशे से गुजर जाने के बाद आकाश में बादल देखते ही फिर मन में तरंग उठती...एक टान लेने की। अपने विवेक से वह उसे दूर ठेल देता...पर थोड़ी देर बाद ही कभी जिन्दगी की बोरियत...तो कभी वनश्री की झिकझिक...तो कभी बैठा-ठाला मन फिर उसे धकेलता...गर्मी के दिनों की पहाड़-सी दोपहर को वह अपने से लड़कर काटता...मुझे नशा नहीं करना है...पर जितने वेग से वह उन तरंगों को किनारे की ओर ठेलता...दूने वेग से वे फिर-फिर लौट आतीं। वह स्वयं को किसी काम में डुबो देना चाहता तो पाता कि उसके पास कोई ऐसा काम भी नहीं है सिवाय पढ़ाई के।...पर पढ़ाई उसमें वितृष्णा पैदा करती थी, वह चाहता कोई ऐसा काम जहाँ वह स्वयं को अपनी पूरी मानसिकता के साथ इस कदर डुबो सके कि स्वयं के अस्तित्व को ही भूल जाए।

एक दिन...दो दिन...सप्ताह...डेढ़ सप्ताह...। ढीली पड़ती जा रही थी उसकी पकड़ अपने आप पर। पहले शाम के समय घूमना, भागती-दौड़ती भीड़ को देखना उसे जिन्दगी को देखने जैसा लगता। डूबता सूरज उसे अन्तरात्मा में झाँकने को विवश करता। आकाश में उड़ते परिन्दे उसमें ताजगी भरते। पर अब उसकी जिन्दगी की परिधि सिकुड़ती जा रही थी, उस सिकुड़ती परिधि में रह-रहकर कौंधता...नशे से मिलनेवाला वह सुख। अब लम्हा-लम्हा उसी मानसिकता में जीने का आदी होने लगा था वह।

आज ग्यारहवाँ दिन।

चिड़चिड़ा मन फिर भिड़ गया वनश्री से। जली-भुनी बैठी वनश्री ने भी उस दिन हिसाब बराबर किया। जगा आक्रोश पहली बार फूटा, पूरे वेग से...चुन-चुनकर निकले जहर बुझे बाण, जो उसकी जिन्दगी की बची-खुची खुशी और जीवेष्णा को भी ले उड़े।

अपने अशान्त, उदास और विचलित मन के साथ वह बाहर निकल आया। उस दोपहरी उसे कुछ चाहिए था, अपने भीतर के शोर को थामने के लिए। अपनी हताशा, निराशा, जिन्दगी की बोरियत और भविष्यहीनता से लड़ने के लिए। उसे कुछ चाहिए था...अपने आपको खुश रखने के लिए, नीचे आ चुकी जिन्दगी को परवान चढ़ाने के लिए। उसी अलभ्य और अप्राप्य की खोज में वह फिर कॉलेज के पिछवाड़े उन्हीं रास्तों पर घूमने लगा। यद्यपि सचेतन रूप से वह यूँ ही घूम रहा था...पर अवचेतन मन कह

रहा था...काश ! मिल जाए देवांशु तो फिर मार ले एक टान।

उसके सभी ठिकानों पर एक-एक करके गया वह...एक यात्रा भीतर भी गतिमान—उसे चेताती—वह ठीक नहीं कर रहा है।

पर 'इट इज माई लाइफ' का उसका अपना वजनदार तर्क। पूरे घंटे भर की परिक्रमा के बाद भी जब नजर नहीं आया देवांशु तो वह मायूस हो उठा। उम्मीद का सूरज डूबने लगा कि तभी सामने से टेढ़ा-मेढ़ा चलता दिख गया देवांशु।

देखते ही खिल उठा वह। चेहरे की मायूसी छँट गई। पर तत्क्षण ही स्वयं को सँभाल लिया उसने...याद आ गई देवांशु की चेतावनी।

लेकिन घाघ देवांशु ताड़ गया। इस वक्त और इस जगह ! पिछले दो सालों से उसकी यही लाइफ लाइन थी। एक ग्राम हेरोइन या ब्राउन शुगर की आठ-आठ पुड़िया बना कॉलेज के लड़कों के बीच बाँटना।

आदित्य को सूँघते हुए वह सीधे मुद्दे पर आ गया था।

"पत्ता चाहिए..." एक फुसफुसाहट !

"दे दे", ओढ़ी हुई लापरवाही।

"चोल बाहिरे...टाका लागवे (बाहर चल, पैसा लगेगा।)"

"कितना।"

"एक पुड़िया का दस रुपया।"

"दस रुपया !" (उस समय का दस रुपया !)

पत्ता पकड़ाते वक्त देवांशु की घाघ मुस्कुराहटों ने फिर उसके बढ़ते हाथों पर ब्रेक-सा लगाया...भीतर की झील से फिर एक मरियल-सी आवाज उठी—'नहीं।' पर छलिया मन ने फिर अपने बचाव में तत्काल ही एक दर्शन गढ़ लिया—पूरे डेढ़ सप्ताह तक मैंने मन को अपनी मुट्ठी में रखा...मैं हर दिन का नशेबाज नहीं...आखिर जिन्दगी की बोरियत और बेचैनी को झाड़ने के लिए मुझे भी तो कुछ चाहिए। यूँ भी—नहीं लेकर मैं कौन-सा महान काम कर रहा हूँ ?

आदित्य देख रहा था...महसूस कर रहा था कि नशे से मिलनेवाला आनन्द अब घटने लगा था...और न सिर्फ वह पुलक और मस्ती जा रही थी, वरन् नशे का दिमाग पर छा जानेवाला तन्द्रिल प्रभाव भी घटने लगा था। दूसरे शब्दों में, अब उसे नशे की अगली खुराक लेने की तलब भी जल्दी-जल्दी होने लगी थी। उसने दिमाग पर जोर डाला...और गिनती की—छह...पाँच-चार...बस चार दिन भर गुजरे और उसे नशे की तलब हुई—अदम्य, दुर्दांत तलब। उसने फिर पत्ता खरीदा...इन दिनों का इतिहास इतनी तेजी से पलटेगा, यह उसके स्वप्न के भी आगे की चीज थी। जिन्दगी की खुशी और उत्तेजना को उस ग्राम भर चूर्ण जैसे पदार्थ से महसूसनेवाले आदित्य को करीब डेढ़ महीने बाद समझ में आया कि कहीं कुछ गड़बड़ है। उसके आत्म-चिन्तन और आत्म-विश्वास का सुदृढ़ किला तब ढह गया जब एक सुबह उसने पाया कि उसकी जिन्दगी का क्रम, जिन्दगी की

प्राथमिकताएँ, जिन्दगी का फैलाव सभी कुछ बदलता जा रहा है। अभी तक के क्रम में पहले कॉलेज, परिवार और फिर उसका व्यक्तिगत सुख था...फिर कॉलेज और नशे की दो दुनिया समानान्तर चलीं और अब वह इस बिन्दु पर आ गया था कि उसकी चेतना में सिर्फ नशा ही रह गया था। और यही नहीं, एक सुबह वह बुरी तरह भयभीत हो उठा, वह काँप उठा जब उसने पाया कि समय पर पत्ता नहीं मिल पाने के कारण उसका शरीर बुरी तरह ऐंठ रहा है, जीभ तालू से चिपक रही है, आँखों से, नाक से पानी गिर रहा है और शरीर के भीतर हल्की कँपकँपी है। अब उसे नशा चाहिए, आनन्द के लिए नहीं वरन् इस जानलेवा यंत्रणा से छुटकारा पाने के लिए।

उसकी रूह काँप उठी–वह समझ गया यही है विदड्राअल*। नशे के अभ्यस्त व्यक्ति को रुटिन डोज के अभाव में होनेवाली शारीरिक यातना। अब नशा ही उसकी जिन्दगी को हाँकेगा। उसकी रीढ़ की हड्डी पर कम्पन हुआ जब उसे हठात् पुरी में 'होटल सम्राट' में मिला वह बम्बइया नवयुवक याद आया–उसकी घबड़ाहट, बोली की लड़खड़ाहट...घड़ी का गिरवी रखना–उसका गिड़गिड़ाना...उसके कुलीग का फुसफुसाना–लेता है...अभी विदड्राअल में है–सबकुछ चलचित्र की तरह आँखों के आगे घूम गया। लेकिन अब वह और अधिक सोच भी नहीं पा रहा था...शरीर की ऐंठन, जोड़-जोड़ का दरकना, भीतरी कँपकँपी, जीभ का सूखते जाना–सबकुछ असह्य हो रहा था।...वह आदमी से अब उस डरे हुए जानवर में तब्दील हो चुका था, जिसकी एकमात्र जरूरत रहती है आहार। वह भी अपने आहार, एक पत्ता (एक ग्राम हेरोइन का आठवाँ भाग) की तलाश में घर से निकलने की सोचने लगा। उसने मुँह धोने के लिए जैसे ही नल खोलकर हाथ आगे बढ़ाया तो यह क्या ? वह पानी को चेहरे पर छुआ तक नहीं पाया...भीतर कँपकँपी शुरू हो गई...जैसे करन्ट मार गया हो–हे भगवान ! तो इसे ही कहते हैं 'कोल्ड ट्रकी'। पर इतनी जल्दी आ गई वह स्थिति ! नशे की सर्वनासी शक्ति ने उसे पूरी तरह अपने चंगुल में फँसा लिया था।

अब कैसे सामना करेगा वह अपने पिता का ! जो भी हो, इस स्थिति से उबरने के लिए भी, सामान्य होने के लिए भी उसे कम-से-कम अगली खुराक तो लेनी ही पड़ेगी...और तभी उसे ख्याल आया कि पहली बार उसके शरीर में ऐंठन–सप्ताह भर पूर्व ही हुई थी, तभी उसने सोचा भी था कि कहीं उसका शरीर नशे का अभ्यस्त तो नहीं होता जा रहा है...पर उस समय की हल्की पीड़ा से मुक्त होने का उपाय भी तो ड्रग ही था–उफ् ! कैसा सर्वनाशी चक्रव्यूह...पीड़ा का कारण भी वही...और उपाय भी वही। याद आया, उसके पुरीवाले कुलीग ने ठीक ही चेताया था उसे, "बच्चू मस्ती तो हद से हद डेढ़-दो महीने की है, फिर तो दर्द और सामान्य स्थिति के बीच ही झूलते रहोगे, यानी नशे की खुराक मिली तो सामान्य–और नहीं मिली तो शारीरिक यातना। यह भाँग-धतूरा, गाँजा, शराब जैसा साधारण नशा नहीं, बड़ा ही जानलेवा और खतरनाक

* दो डोज के बीच का अन्तराल और उस अन्तराल में नशे के अभाव में होनेवाली शारीरिक यंत्रणा।

नशा है यह। शुरू में मानसिक और बाद में शारीरिक जरूरत बन जाता है और सेन्ट्रल नर्वस सिस्टम को विकृत कर देता है।"

उसने घड़ी देखी, सुबह के साढ़े-सात बज रहे थे। अनदेखी आँखों से देखा उसने—पिता अखबार पढ़ रहे थे। बिना मंजन किए ही उसने चेहरे पर ढेर सारा पाउडर पोता, पतलून बदली और वैसे ही अटपटे ढंग से चप्पल खोजने लगा।

हेमन्त बाबू ने उसे हल्के से टोका—"अरे इस प्रकार बिना मुँह-हाथ धोए कहाँ जा रहे हो ?"

"कॉलेज, उठने में देरी हो गई। क्लास शुरू हो जाएगी...।"

"पर इस प्रकार बिना किताबों के ?"

और तभी उसे ध्यान आया कि उसने किताबें भी नहीं रखी हैं। पल भर कुछ सोचा उसने और फिर अटपटे ढंग से सामने पड़ी पुस्तकों के ढेर से दो-तीन किताबें उल्टी-सीधी साथ में लेकर वह चल दिया—ध्वस्त और खंडित।

कैसी सूनी निगाहें...सूखी धरती-सी—हेमन्त बाबू का माथा ठनका। अखबार परे खिसका दिया उन्होंने और चश्मा उतारते हुए वनश्री के पास पहुँचे, दुःख बाँटने—इस दौर के बच्चों के भाग्य में लगता है सुख-शान्ति है ही नहीं। रात-रातभर आँखें फोड़-फोड़ और अपने को गला-गलाकर कॉलेज की डिग्री ले भी ली तो नौकरी की क्या गारंटी ? जीविका की चिन्ता ने ही जीवन की सारी ऊर्जा, रस और स्वप्नों को छीन लिया है...कैसा पीला पड़ता जा रहा है लड़का।

वनश्री गेहूँ छान रही थी। इल्ली पड़े झुलसे गेहुँओं ने उसका अवसाद घना कर दिया था। हेमन्त बाबू को अपने दुःख से निरपेक्ष देखा तो फिर फड़फड़ा उठी। अपने बूँद-बूँद दुःख को बाहर धकेलने का फिर एक अवसर हाथ लगा। बुरा-सा मुँह बनाती हुई फूट पड़ी—इसकी नौकरी की गारंटी नहीं और मेरी लगी-लगाई नौकरी आपनें छुड़वा दी...इतना कुछ करने पर भी मुझे आसार ठीक नहीं लग रहे...महीने-डेढ़ महीने से देख रही हूँ आदित्य को, न सोने का ठिकाना, न उठने का...न खाने का समय...न कॉलेज जाने का। पहले जैसी तो कोई बात ही नहीं रही। कुछ कहूँ तो काट खाने को दौड़ता है। मुँह देखो, कैसा निकल आया है...आँखें चढ़ी-चढ़ी रहती हैं। कुछ पूछूँ तो जवाब तक नहीं देता...। पहले तो घर के काम-काज, सुख-दुःख सबमें रुचि लेता था, पर आजकल या तो अपने कमरे में घुसा रहता है या बाहर। लगता है जैसे वह नहीं, उसका कोई भूत बैठा है घर में।

हेमन्त बाबू ने वनश्री को तनावमुक्त करने के लिए कहा, "चिन्ता मत करो, धीरे-धीरे सब ठीक हो जाएगा...वैसे यह दौर ही तनाव का है, हम भी कब तक इससे अछूते रह सकते हैं..."

"तो फिर आपने मुझे घर में क्यों बैठाया ?" अब वह फिर औरत से हथियार बन चुकी थी।

गृह-कलह को खतरनाक जोन की ओर मुड़ते और बवाल मचता देख हेमन्त बाबू

सँभल गए...और उन्हीं कपड़ों में चप्पल चटकाते सब्जी लाने के बहाने घर से बाहर खिसक पड़े।

पिछले डेढ़-दो महीनों से नशे की तान पर ही उठने-बैठने और सोनेवाले आदित्य की मानसिक अवस्था भी उस बिन्दु पर पहुँच गई थी कि इंसानी आवाजें उसे चिड़चिड़ा करने लगी थीं...चूहे की तरह वह सदैव अपने बिल में ही घुसा रहना चाहता था। इस कारण उसके व्यवहार में आई असम्बद्धताओं एवं अनियमितताओं ने परेशान कर डाला था वनश्री को। कई बार वह बिना खाए, बिना बताए घर से निकल पड़ता। कई बार सुबह की बजाय शाम को नहाता...। नियमित जेब खर्च के अलावा इधर कई बार इस-उस बहाने से उसने वनश्री से रुपए झाड़ लिए थे। एक ही महीने में दो बार उसने किताब के लिए भी पैसे माँग लिए थे। वे सारे पैसे नशे की भेंट चढ़ गए थे।

उस दिन कॉलेज का बहाना बनाकर बिना दातुन-मंजन किए ही नशे की खोज में वह सबसे पहले देवांशु के ठिकाने पर पहुँचा। और जब देवांशु भी अपने ठिकाने पर नहीं मिला, तो नई चिन्ता उसके सिर पर सवार हो गई। पत्ता कहाँ से खरीदे ?...उसने तो कभी सोचा ही नहीं था कि उसको इस प्रकार पत्ता खरीदने के लिए मारा-मारा फिरना पड़ेगा। वहीं खड़े-खड़े वह यूँ इन्तजार करने लगा देवांशु का जैसे कोई वेश्या ग्राहक का करती है।

आज देवांशु के अपने ठिकाने पर नहीं मिलने के कारण फिर नई चिन्ता, नए सिरे से सिर पर सवार हुई। एकाएक भूख के डर से भी ज्यादा डर उसे इस विचार से लगा कि यदि उसे ड्रग एकदम ही नहीं मिला तो क्या होगा उसकी शारीरिक ऐंठन और कोल्ड ट्रकी का ? सप्ताह भर पहले ही घाघ देवांशु ने उसे आगाह किया था कि वह आधी दर्जन पुड़िया एकसाथ ले ले...पर एक तो इतने पैसे की समस्या और दूसरा उन्हें छिपाकर रखने की समस्या से बचने के लिए उसने मना कर दिया था...तब देवांशु ने उसे बड़े रहस्यमय ढंग से अपने काले कत्थई दाँत निपोरते हुए कहा था—मेरी बात मान गुरु, बाद में पछताएगा। मेरा एक ग्राहक पुलिस की चपेट में आ गया था...पुलिस कस्टडी में ड्रग नहीं मिलने के कारण विद्ड्राअल में ही मर गया...सबसे अधिक जानलेवा होता है हेरोइन का विद्ड्राअल। पर तब उसकी जख्मी आत्मा ने कबूल नहीं किया था कि वह ड्रग एडिक्ट हो चुका है...सचमुच !

डेढ़ घंटे तक मारा-मारा फिरने के बाद आखिर वह देवांशु के घर पहुँचा। संयोग से देवांशु घर में ही था। आदित्य को देखते ही वह घात में बैठे शिकारी की तरह मन-ही-मन मुस्कुराया—'खुद ही आ गया पिटारे में।'

"माल चाहिए !"

"...माल !...पर मेरे पास तो सब खत्म हो गया..."

"क्या...? तू नहीं देगा ?" वह एकदम म्याऊँ-म्याऊँ पर उतर आया।

"है ही नहीं तो दूँगा कहाँ से ?"

"देख यार...मेरी बॉडी बुरी तरह ऐंठ रही है...लगता है थोड़ी देर और नहीं मिला तो जुबान भी लॉक हो जाएगी...तेरे ही भरोसे हूँ...।"

"देख बात मान...ठेक पर चला जा...वहाँ तुझे एक खुदरा पेडलर मिलेगा...तू जा तो सही...उसके पास जाकर एक पासवर्ड बोलना—हसीना-एक, वह तुझे एक पत्ता दे देगा...और यदि दो पत्ते चाहिए तो बोलना—हसीना-दो।"

"देख अभी जाने की हालत में नहीं हूँ...बस एक पत्ता दे दे...आगे से वहीं से ले लूँगा..."

"मेरे पास बस अपने जितभा ही है, और वह एकदम प्योर माल है, उसका दाम ज्यादा लगेगा..." वह मूँछें ऐंठता हुआ बोला। उसके चेहरे पर धूर्त्त लोमड़ी बैठी हुई थी।

"कितना... ?"

"पन्द्रह रुपया एक पत्ता।"

बदहवासी में पेंट की जेबें टटोलीं—सब मिल-मिलाकर उसे तेरह रुपए पकड़ाए और याचना के स्वर में कहने लगा वह, "बस इतने ही हैं मेरे पास, इसके अलावा डेढ़ रुपया है बस के टिकट के लिए।"

"अरे टिकट की क्या जरूरत है, किताब दे देता हूँ, हाथ में रखना। कंडक्टर टिकट नहीं माँगेगा—मैं भी तो सियालदह से कई बार टीटागढ़, लालगोड़ा गया हूँ...टी.टी. समझता है, स्टूडेंट है...टिकट नहीं माँगता।''

पत्ता हाथ में आते ही उसके चेहरे पर छाई डर और तनाव की महीन चादर छँटी और तब उसे ध्यान आया...वह उसे लेगा कहाँ...। अभी तक तो वह तीन-तीन दिन में एक बार ले रहा था...इस कारण प्रायः वह कॉलेज से थोड़ी दूरी पर बने उसी निर्माणाधीन ढाँचे के अन्दर जाकर ले लेता था...

''पर लूँ कहाँ ?''

"वहीं...उसी मिलन घर में" देवांशु ने उस निर्माणाधीन ढाँचे को 'मिलन घर' का नाम दे रखा था।

"नहीं यार...एक तो इतना दूर...फिर एकदम अकेले... ?"

"तो एक काम कर, ब्लेड, पन्नी, मोमबत्ती और माचिस तो होगी ही; किसी भी अस्पताल या ऑफिस के टॉयलेट, होटल या रेस्तराँ के बाथरूम को अन्दर से अच्छी तरह बन्द कर ले...मैं तो बहुत बार ऐसे ही लेता हूँ। हाँ, चाहो तो अपने घर के बाथरूम में भी ले सकते हो, पर पूरी सावधानी के साथ—सावधानी भी बस इतनी कि कुछ छूट न जाए...विशेषकर माल और पन्नी।"

"देखता हूँ...एक काम और कर दे...पन्नी और मोमबत्ती दे दे...ब्लेड और माचिस खरीद लूँगा।"

इस लाइन में उसके पंख अभी उगना शुरू ही हुए थे इस कारण उसकी हिम्मत न किसी होटल या रेस्तराँ के बाथरूम में जाने की हुई और न ही अपने रोज के स्थान

'मिलन घर' में ही अकेले जाने की। आखिर...सबसे सुरक्षित जगह उसे अपने कॉलेज का बाथरूम लगा और वहीं जाकर उसने लम्बी-लम्बी टान भरी।

और ढलती दोपहरी में जिस समय वह घर पहुँचा, एक असीम और बेचैन खामोशी वहाँ पसरी पड़ी थी। प्रश्नों की नोक पर टँगी वनश्री ने जैसे ही बेटे की ठुकाई करनी चाही पुत्र के रिक्त, शिथिल और रंगत उड़े चेहरे को देखकर हेमन्त बाबू ने उसे इशारे से मना कर दिया।

घर एक बार फिर आपातकालीन स्थिति में।

हर बीतते दिन के साथ आदित्य—वनश्री और हेमन्त बाबू दोनों के लिए अजनबी, अव्याख्येय और रहस्यमय होता जा रहा था।

उन्हीं दिनों की एक सुबह। ग्यारह बजे का समय।

"तुम अभी तक नहाए क्यों नहीं ? ब्रश भी नहीं किया ?...हे भगवान, कोई भी काम तुम्हारा समय पर नहीं होता, चलो नहाने।"

"नहीं, अभी नहीं नहाऊँगा।"

"पर क्यों ?"

"मर जाऊँगा...अभी बहुत ठंड है।"

"ठंड ! दिमाग सही है तुम्हारा। मैं पसीने से भीगी जा रही हूँ और तुम्हें ठंड लग रही है।"

अबकी ध्यान से देखा हेमन्त बाबू ने उसका चेहरा। चढ़ी-चढ़ी आँखें...बहती नाक। पीला पड़ा चेहरा।

हेमन्त बाबू ने आगे बढ़कर मोर्चा सँभाला और लगभग ठेलते हुए वनश्री को अपने कमरे में ले गए और उसके गुस्से पर ठंडे पानी के छींटे डालते हुए उससे ज्यादा स्वयं को समझाने लगे—"पेट की चिन्ता कैंसर बन इन युवकों के उल्लास, उत्साह और ताजगी पर हावी होती जा रही है, इनके सपने छिनते जा रहे हैं...पर तुम चिन्ता मत करो, मैं आजकल में उसे समझाऊँगा...अरे इतना क्या घबड़ाना, जहाँ ईश्वर ने चिड़िया बनाई, वहीं चुग्गा भी दिया। शेर को शिकार के लिए नुकीले पंजे और जबड़े दिए तो हिरण को आत्मरक्षा के लिए दौड़ने की ताकत भी दी। सबको अपना प्राप्य मिल ही जाता है...।"

लेकिन बहुत शीघ्र ही स्थितियाँ इस कदर विकट होने लगी थीं कि पुत्र से सार्थक संवाद बनना तो दूर, सम्बन्धों की बची-खुची डोर भी तनने लगी थी। हेमन्त बाबू का सारा सोचा हुआ, सारे तर्क, सारे आश्वासन धरे-के-धरे ही रह गए। पुत्र दिन पर दिन समय और रुटीन के घेरे से बाहर जाता जा रहा था।

दिन से रात बनता जा रहा था।

शिव से शव बनता जा रहा था।

और उसकी सारी अन्तर्शक्ति अब नशा और विद्ड्राअल से जूझने में चुकती जा

रही थी। घर, कॉलेज, पढ़ाई, वनश्री...हेमन्त बाबू, अब सब हाशिए पर थे।

शुरुआती महीनों में जहाँ वह कॉलेज के लिए ठीक साढ़े-छह बजे निकलकर दोपहर बारह-साढ़े बारह बजे तक घर आ जाता था, वहीं अब उसकी रुटीन इस बात से तय होती थी कि वह विद्ड्राअल में है या नहीं। डेढ़ से दो महीने तक बिना शारीरिक ऐंठन के शौकिया ड्रग लेने के बाद अब उसका वह दौर शुरू हो गया था कि उसे हर दिन अमूमन नशे की एक डोज लेनी पड़ती थी, अपने को सामान्य रखने के लिए।

उसके सामने अब नशे की एक नई दुनिया थी जिसकी कई समस्याएँ थीं–(1) ड्रग लेने के लिए जगह का जुगाड़, (2) ड्रग कहाँ से खरीदा जाए, (3) ड्रग के लिए पैसों का जुगाड़, (4) यथार्थ और नशा–इन दोनों दुनिया को समानान्तर कैसे चलाया जाए ?

अभी पिछले महीने तक 'मिलन घर' उसके लिए ठीक था। वह कॉलेज से ही देवांशु या किसी के साथ वहाँ जाकर पत्ता ले लेता...पर जैसे-जैसे वह ड्रग के साए में लिपटता जा रहा था और ड्रग उसकी दैनिक आवश्यकता बनने लगी थी, 'मिलन घर' को साधना उसके लिए दुश्वार होता जा रहा था। एक तो घर से दूर, फिर आने-जाने का भाड़ा और सबसे बढ़कर पुलिस का डर। फिर विद्ड्राअल होते न होते वहाँ तक पहुँचा नहीं जा सकता था। इस कारण पिछली बार उसने चौकन्ना होकर घर के बाथरूम में ही सभी खिड़कियों को बन्द कर पत्ता लिया था। बची हुई मोमबत्ती, माचिस, पाउडर का पैकेट, अधजली पन्नी जैसे सभी सामान को वह एक पोलिथिन पैकेट में बन्द कर कॉलेज जाते वक्त किसी नाले को समर्पित कर देता।

स्थान की समस्या के हल होने के बाद जब उसने समस्या नम्बर दो पर गौर किया तो इस नई दुनिया के और भी भयावह सत्य सामने आए। देवांशु से पत्ता खरीदने में यद्यपि खतरा शून्य था, पर उसने अपने दाम डेढ़े कर दिए थे। ठेक पर जो पुड़िया आराम से दस रुपए में मिल जाती, देवांशु उसके लिए चौदह-पन्द्रह रुपए ऐंठने लगा था। हर दिन का 30-40 रुपयों का खर्च। और जिस प्रकार विद्ड्राअल जल्दी-जल्दी होने लगा था वह समझ रहा था कि उसकी बॉडी का इम्युन सिस्टम धीरे-धीरे ध्वस्त होता जा रहा था...कि दो खुराक के बीच की अवधि जिसमें वह नार्मल रहता है अब बीतते समय के साथ तेजी से घट रही थी जिसके चलते उसे नशा अब जल्दी-जल्दी लेना पड़ रहा था। उसे याद आया देवांशु हर चार घंटे के बाद पत्ता लेता था...हे भगवान, यदि वैसी ही नौबत आ गई तो...? आँधी में उड़ते पत्ते की तरह वह काँप उठा कि तभी उसने सुना वनश्री के पर्स से चालीस रुपए गायब थे और इस बात को लेकर काम करनेवाली दईया से जिरह करते हुए उसने सारा घर सिर पर उठा रखा था...।

रात वनश्री के सो जाने के बाद उसने फ्रिज के ऊपर रखे उसके पर्स से दस-दस के चार नोट चुरा लिए थे, यह उसकी फौजदारी दुनिया में प्रवेश का पहला कदम था...यद्यपि उसके लिए उसे बाद में बेहद आत्म-ग्लानि भी हुई थी...पर विद्ड्राअल की छटपटाहट ने उसकी आत्मा और संवेदना तंत्र पर हल्के-हल्के जाले डालने शुरू कर दिए थे।

इससे पहले कि वनश्री की शक की सूई उस पर आकर टिके, वह घर से चुपके से खिसक पड़ा था।

और जब उस संक्षिप्त आशा-काल का भी पूरी तरह अवसान हुआ कि नशे के उस सागर में वह अज्ञानतावश कूद तो गया है लेकिन अब उसे तैरकर नहीं पार कर सकता—तो उसने कुछ ऐसे ठिकानों को ढूँढ़ने की चेष्टा की जहाँ नशा उसे किफायती दरों पर मिल सके। और बहुत ही शीघ्र यह अँधेरी दुनिया परत-दर-परत उसकी आँखों के सामने खुलती गई।

इस दुनिया में कुछ ड्रग बेचनेवाले थे और कुछ खरीदनेवाले। खुदरा बेचनेवालों को पेडलर कहा जाता था। थोक में बेचनेवालों को महाजन। खरीदनेवाले दो तरह के होते थे, एक जो उच्चवर्ग से सम्बन्ध रखते थे और एक वह जो समाज की एकदम निचली सतहों से आते थे। और जहाँ ये सारा अवैध लेन-देन होता, उस जगह को ठेक कहा जाता था। वहाँ पर ब्राउन शुगर और हेरोइन की हर वजन की पुड़िया उपलब्ध रहती थी। कलकत्ता और उसके आसपास में ऐसे कई ठेक थे। कस्बा, टोपसिया, मेंहदी बगान, अलीमुद्दीन स्ट्रीट, दक्खिन धारी, खिदिरपुर, गोलाघाट, घुसियारी शरीफ जैसे मुस्लिम इलाकों के भीतर गहरे सन्नाटों और अँधेरों में जहाँ कई पेडलरों और महाजनों की एकसाथ पैठ थी, वहीं बिकता था चोरी-छिपे सबकुछ...हर वजन का।

नाम, चेहरे...।

कलकत्ते के ही उल्टाडाँगा ब्रीज के आगे गोलाघाटा स्टॉपेज के बाएँ गहरे जाकर एक पुराना-सा स्कूल है...वहीं जाकर आदित्य उस नाम और चेहरे को ढूँढ़ने लगा, जिससे उसका परिचय करवा दिया गया था। इन इलाकों में कोई भी अनजान व्यक्ति पॉकेट में पैसा रहने पर भी ड्रग नहीं खरीद सकता था...क्योंकि पेडलर कभी भी अनजान व्यक्ति को बेचने का खतरा नहीं उठाते थे, कौन जाने सादे वेश में कब कौन पुलिस वाला ही निकल जाए।

काफी देर तक गली का कोना-कोना छान लेने के बाद भी जब पेडलर दानिश बेग उसे नजर नहीं आया तो वह लौटने को हुआ। और जैसे ही उल्टा मुड़कर स्टेशन की ओर बढ़ने लगा, दानिश पानवाले की दुकान पर खड़ा हुआ मिला। वह थोड़ा घबड़ाया हुआ था।

"आज पुलिस की रेड पड़ी थी, मैं तो बच निकला...मुझे पहले ही खबर लग गई थी...सारा माल मैंने ब्रीज के पास एक फलवाले के बगल में पड़े बड़े-से पत्थर के नीचे दबाकर रख दिया था...मैं भाग खड़ा हुआ था...पर कुछेक पकड़े गए थे..." फुसफुसी आवाज में बता रहा था वह।

"लेकिन तुम पकड़े भी तो जा सकते थे..."

"माल साथ में नहीं हो तो पकड़े जाने से भी विशेष कुछ नहीं होता...जो पकड़ा गया, माल उसकी जेब में ही रह गया था...सबसे जरूरी है माल को तुरन्त बिना मोह-

माया के अपने से अलग कर देना...नए-नए आए छोकरों से यही नहीं हो पाता..."

"अब क्या होगा उसका... ?"

"कह नहीं सकता...लेकिन अधिक डर की बात इसलिए नहीं है कि ये लोकल पुलिस वालों की रेड थी...यदि नारकोटिक कन्ट्रोल ब्यूरोवालों की होती या कलकत्ता डिटेक्टिव डिपार्टमेंट की होती तो छुट्टी हो जाती...लोकल पुलिसवालों की प्रायः महाजन के साथ गोटी फिट रहती है...दिखाने को रेड मारा...पकड़ा...।"

"लेकिन तुम्हारी ठेक (डेन) तो बन्द हो ही गई।"

"फर्क क्या पड़ता है...एक ठेक बन्द हुई तो दूसरी तो कई हैं...यहाँ नहीं, तो आकरा है, सन्तोषपुर है, हावड़ा है, टोपसिया है, वहाँ जाकर माल बेचेंगे। भैया लगता है नए-नए हो...पूरे कलकत्ते में इने-गिने ड्रग डॉन हैं...जिनकी जगह-जगह ठेक है...एक बन्द हुई तो महाजन अपना सेन्टर शिफ्ट कर लेता है। कारोबार कभी बन्द नहीं होता...शो चालू रहता है।"

ध्यान से देखा आदित्य ने...लम्बा, छरहरा, साधारण पेंट-शर्ट, मुहासों से भरा उतना ही पका चेहरा, जितनी पकी हुई उसकी बातें।

अब आया दानिश असली मुद्दे पर।

"कितना माल चाहिए ? ले लो, खास लालगोला से आया एकदम प्योर माल है। गलेगा तब देखना, एकदम कचरा ऊपर नहीं आएगा...।"

वहाँ से माल लेकर और मौका देखकर बाथरूम में जाकर जब उसने पन्नी के नीचे मोमबत्ती छुआई तो वह भौंचक्क। पाउडर पिघला ही नहीं...वह पसीने-पसीने हो गया... अल्युमिनियम की वह पन्नी तक जल गई...हिश...नकली माल धूपकाठी का पाउडर ! उसने एक हैवीवेट गाली उस पेडलर को दी और वाणबिद्ध पक्षी-सा छटपटाता रहा।

साक्षात काल-सी बीती वह रात !

शरीर की मारक यंत्रणा और उड़नछू नींद !

बड़ी रात तक वह ऊँट की तरह गर्दन उचका-उचकाकर देखता रहा कि कब वनश्री सोने जाए और कब वह हेमन्त बाबू की पॉकेट पर हाथ साफ करे, जिससे अगले दिन के 'आक्सीजन' का जुगाड़ कर सके।

दूसरी सुबह उसने कलकत्ते की खासी बड़ी ठेक टोपसिया की ओर राह पकड़ी। अली अजगर सनवार वाला...वहाँ का छुटभैया पेडलर। देवांशु ने ही मिलाया था उसे अली से। वह उसे अलीबाबा कहता था।

गली के भीतर खूब गहरी बस्तियों के बीच...कचरे के छोटे-मोटे हिमालय के पास बनी एक कबाड़ी की दुकान के पास ही खड़ा मिल गया था उसे अलीबाबा। माल उसकी जेब में ही था...वहीं खुलेआम ही उसने पकड़ा दी थी उसे पुड़िया।

आदित्य को थोड़ा आश्चर्य हुआ। दानिश बेग जितना चौकन्ना था वह उतना ही लापरवाह।

"कब से हो इस धन्धे में ?" जाते-जाते वह पूछ बैठा था।

"पाँच साल से..."

"डर नहीं लगता तुम्हें ?"

"क्या हरामी सवाल पूछा है तूने भी," गुटका खाए काले-काले दाँत निपोरते हुए हँस पड़ा वह।

"पाँच साल तक बेकारी और भूख का डर झेल लेने के बाद जिन्दगी का सारा डर निकल गया, क्या बुरा है यह धन्धा, कभी-कभार जमीर जोर भी मारता है तो समझा लेता हूँ...नसीब में यही लिखा था...अब आदमी हूँ, कोई पीर-फकीर तो नहीं कि भूखे पेट जी लूँ..."

"कितना कमा लेते हो ?"

"असली मलाई तो महाजन को मिलती है—पूरी पाँच सौ प्रतिशत प्रोफिट और वह भी नकद-नारायण। फिर भी दिन भर में घंटे-दो घंटे काम करके भी हड्डी तोड़ नौकरी से तो बहुत अच्छा कमा लेता हूँ...महीने का आठ-दस हजार खींचतान के हो ही जाते हैं...हाँ, पकड़ा-धकड़ी का डर जरूर साए की तरह लगा रहता है...कलकत्ता पुलिस तो फिर भी हाथ आ जाती है पर नारकोटिक कन्ट्रोल ब्यूरोवाले पूरे हरामी होते हैं...खैर, अब तो मैं भी उन्हें लाख सादे वेश में हों, दूर से ही सूँघ लेता हूँ।"

अलीबाबा अपने डेरे की तरफ मुड़ने को हुआ कि तभी आदित्य के मुँह से अनायास निकल गया—"कहीं यह माल भी नकली तो नहीं निकल जाएगा—धूपकाठी का पाउडर ! मर जाऊँगा। अब और विद्ड्राअल सहन करने की कूबत नहीं रही।"

"नकली माल ? पूरी टोपसिया में इज्जत है...अपनी।"

"दानिश बेग भी ऐसा ही कहता था... ?"

"कौन दानिश बेग... ? खैर छोड़ उस माँ के...की बात। एक काम कर पाँच रुपए अधिक लगेंगे...तू यहीं ले ले, तेरा इन्तजाम यहीं कर देता हूँ। वैसे भी तेरी हालत ठीक नहीं दिख रही... ।"

"क्या...क्या बोल रहा है तू ? क्या ऐसा भी सम्भव है ?"

"हाँ...क्यों नहीं...यहाँ पीछे में एक कतार में खोलाबाड़ियाँ हैं, किसी भी खोला बाड़ी में घुसा दूँगा...सब इन्तजाम मिल जाएगा, बस पाँच रुपए भाड़ा देना पड़ेगा।"

डूबते हुए आदित्य को जैसे एक अदद साँस मिली। वह यहीं नशा लेना चाहता था जिससे घर आत्मविश्वास के साथ जा सके। यूँ भी घर में अब उसे आसार ठीक नजर नहीं आ रहे थे। पिछली बार ड्रग लेने के बाद उत्तेजित होकर वह लगातार जोर-जोर से बोलता ही जा रहा था, कृत्रिम उपायों से आई ऊर्जा निष्कासन का मार्ग खोज रही थी। वह चाक-चौबन्द हुआ जब वनश्री ने ध्यान से देखते हुए उससे पूछा था—'तुम ठीक तो हो ? तुम्हारी आँखें क्यों लाल हैं ?'

बहरहाल, जब टोपसिया की किसी खोलाबाड़ी में अलीबाबा ने उसे घुसाया तो भीतर जाकर नशा लेने की हड़बड़ी में उसने कुछ भी ध्यान नहीं दिया, कब दरवाजे के बाहर टँगा पैबन्द लगा टाट का पर्दा गिर गया और कब एक झाड़ू जैसे उलझे बालों

एवं धूल सने गन्दे पैरोंवाले लगभग नौ-दस वर्ष के एक बच्चे ने उसे ब्लेड, माचिस, मोमबत्ती और पन्नी पकड़ाई।

रफ्ता-रफ्ता वह उस धुएँ को भीतर टानता रहा...

अपने संस्कार के विरुद्ध !

अपने आपके खिलाफ !

और नशा लेकर सामान्य होकर जब उसने आसपास के माहौल पर गौर किया तो आत्मग्लानि की एक तीव्र लहर ने उसे अधमरा कर डाला—हिश, जिन्दगी कितनी तेजी से बदसूरत होती जा रही है ! एक नादान बच्चे को नशे की दुनिया में धकेलने में उसने योगदान दिया।

अपनी अधोगति पर वह तब तक रोता रहा जब तक पूरे बारह घंटे बाद उसका विद्ड्राअल नहीं शुरू हो गया। और विद्ड्राअल शुरू होने के साथ ही जहाँ आत्मग्लानि ने उसको मुक्त किया, शारीरिक यंत्रणा का दौर शुरू हो गया।

आत्मग्लानि और शारीरिक यंत्रणा—इन दो के चक्रव्यूह में फँसे आदित्य के लिए अब सारे रिश्ते...सारी ऋतुएँ, सारे मौसम एक जैसे हो रहे थे। अपने ही घर में वह अब चौबीसों घंटे चोर की तरह घात लगाए रहता...रुपयों की चोरी से अब वह घर की छोटी-मोटी चीजों की चोरी पर उतर आया था...अपनी घड़ी वह बेच चुका था और कॉलेज की किताबों को बेचने का सिलसिला भी चालू हो चुका था। रॉकेट की स्पीड से बढ़ती इस नशे की बीमारी ने चार-साढ़े चार महीने के भीतर ही उसे इस तरह अपने जबड़े में कस लिया था कि वह अपना आपा भी खो चुका था। नशे के लक्षण अब उसके व्यवहार और शरीर पर भी प्रकट होने लगे थे। उगते सूरज-सा दमकता चेहरा पतला और पीला पड़ता जा रहा था। भूख मरने लगी थी। वजन घटने लगा था। आँखें चढ़ी रहतीं। वह दिन पर दिन एकान्तप्रिय होता जा रहा था, कोई उसके एकान्त में खलल डालता तो वह बुरी तरह झल्ला पड़ता। एक सुबह बिना मुँह-हाथ धोए अस्त-व्यस्त हालत में किसी स्लीप वाकर की तरह बाहर जाते देख हेमन्त बाबू ने जब उसे टोका तो वह बेकाबू साँड़ की तरह बिफर पड़ा—आप दोनों क्यों हमेशा मेरे पीछे पड़े रहते हैं। उसकी लटपटाती आवाज, खाली-खाली खूँखार आँखें और हल्की-हल्की कँपकँपाती देह को देख हेमन्त बाबू की चेतना को साँप सूँघ गया—नहीं, यह पढ़ाई और कैरियर की चिन्ता नहीं...हे भगवान, क्या यह वही शान्त सन्त जैसा उनका पुत्र है ! क्या पुत्र को वे बिल्कुल ही समझ नहीं पाए ? उन्हें तो लगने लगा था कि उन्होंने पुत्र की आत्मा का संस्पर्श कर लिया है। हे भगवान ! माथे पर हाथ रखे वे जाने कब तक सिर झुकाए बैठे रहे...वे अनन्त काल तक वैसे ही बैठे रहते यदि इसी बीच वनश्री फिर उन पर बरस नहीं पड़ती, "पर्स से फिर पचास रुपए गायब हैं...और शो केस पर रखी पीतल की गणेशजी की मूर्ति भी नहीं मिल रही है।"

"क्या...?" कान खड़े हो गए हेमन्त बाबू के...ध्यान आया पिछले एकाध महीने

से स्वयं उनके पर्स से कई बार रुपए उनके अनुमान से कम निकले...ध्यान नहीं रहा होगा, किसी में खर्च हो गए होंगे...सोचकर उन्होंने अपने भोले मन को भुलावा दे दिया था। पर अब तो पानी खतरे की सीमा पार कर गया था।

ओह नो, ईश्वर...पुत्र पर यह इल्जाम न लगे...वनश्री के सामने पुत्र का इतना बड़ा अपमान ! उन्हें लगा, पुत्र से नहीं हारे हैं...वे उस लड़ाई और उस विश्वास से भी हार गए हैं जिसके बूते पिछले कई सालों से वे वनश्री से पुत्र के अधिकारों के लिए लड़ रहे थे।

वनश्री फिर झंझोड़ रही थी।

"बाई को धमका चुकी हूँ, पर वह कबूल करने को तैयार नहीं। इतनी भारी गणेशजी की मूर्ति...तीन-चार सौ से कम की नहीं होगी।"

"ड्राइंग रूम का दरवाजा खुला रह गया होगा, शो-केस में ताला लगा दो, कोई भी बाहर का आदमी उठा सकता है—अखबारवाला, दूधवाला, इस्त्रीवाला...इतने तो आते हैं। कोई भी उठा सकता है...सिर्फ बाई को कहकर क्या होगा ?"

"माना शो-केस ड्राइंग रूम में है पर पर्स तो मेरे बेडरूम में था...वहाँ तक कौन आ सकता है ? मुझे आजकल...आदित्य के आसार भी ठीक नहीं लगते..." दबी आवाज में फूँ-फाँ की भाषा में कहा उसने।

हेमन्त बाबू पहले सकपकाए...फिर कमजोर व्यक्ति की तरह एकदम उबल पड़े। "बस...अब आगे एक लफ्ज भी नहीं कहना, जब तक कि पक्का प्रमाण नहीं मिल जाए। याद है एक बार वह घर से भाग चुका है...मैं इसी डर के मारे उसे कुछ भी कहने से बचता हूँ...पढ़ा नहीं...कल ही एक बच्चे को उसकी माँ ने टी.वी. देखने से रोका...तो उसने बाथरूम में जाकर खुदकुशी कर ली...यह समय बड़ा नाजुक है...और वह वैसे भी बहुत टची है, तुम मुझ पर सबकुछ छोड़ दो...।"

"तुम पर छोड़ा तभी तो उसके पर उग आए हैं...पहले कितना शान्त रहता था...आजकल तो पूरा आतंकवादी हो रहा है। बेटा है, कोई बाप तो नहीं है, जो आप इतना डरते हैं।" पंजे निकाल-निकाल झाग उगलती वनश्री को देख खिन्न हुए हेमन्त बाबू तीर की तरह बाहर निकल गए।

मन मनका-मनका बिखर गया—यह गृहस्थी है या जी का जंजाल। पुत्र, पत्नी... सब जोंक की तरह खून चूसने में लगे हैं। इस रोज-रोज की कॉव-कॉव गृहस्थी से तो कहीं अच्छा था कि अपने दोस्त ओमप्रकाश की तरह आदिवासियों की सेवा के लिए निकल जाते...ओफ, आधी उम्र धुँआ हुई...पर न परिवार के हो पाए और न ही समाज के। पहले पत्नी ने मारा, अब रही-सही कसर पुत्र पूरी कर देगा।

एकाएक अपने व्यर्थताबोध और तुरन्त उगे अवसाद से उनकी आँखें छलछला आईं। अतीत के गलियारे से झाँक गई माँ। स्मृतियों के ताप से भीतर कुछ जोरों से पिघला और उनका रोम-रोम रो पड़ा...गालों पर आँसू टप-टप गिरने लगे। कोई उन्हें रोते हुए देख न ले...इस डर से आँसुओं को बिना पोंछे ही किसी सँकरी पतली गली में घुस गए वे और तब तक उन अनजान गलियों और सूने मन की भूलभुलैयों में एक

साथ भटकते रहे...जब तक इस प्रकार निरुद्देश्य भटकने का उदास सम्मोहन बना रहा।

पुत्र को लाइन पर लाना ही होगा—उन्होंने निश्चय किया। पर कहाँ और कैसे ? उन्होंने तय किया कि सुबह वे तब तक ऑफिस के लिए नहीं निकलेंगे जब तक पुत्र से बात न कर लें। पर तभी ध्यान आया कि आजकल तो पुत्र के कॉलेज के समय का कोई ठिकाना ही नहीं रहता है। कई बार देखा था उन्होंने कि उनके उठते-न-उठते पुत्र निकल जाता है। कोई चूक न हो इस कारण उन्होंने सोचा, वे भोर पाँच बजे ही उठ जाएँगे। पर यदि नींद ही नहीं टूटी तो ? इस 'तो' के जवाब के लिए उन्होंने सोचा, वे अलार्म लगाकर सोएँगे। शो-केस में सजी अलार्म घड़ी को लेने गए तो फिर एक झटका लगा—अलार्म घड़ी भी अज्ञातवास पर थी और उसकी जगह विराजमान थी—पुरी से खरीदी हुई जगन्नाथ भगवान की माटी की मूर्ति।

"हे भगवान ! क्या हो रहा है इस घर में...यह घर है या सरकारी ऑफिस"—घबड़ाहट में उन्होंने पूरा शो-केस छान मारा, पर उस घड़ी के दुर्लभ दर्शन नहीं हो पाए।

आखिर...क्लान्त होकर, स्वयं से हारकर, थकी तवायफ की तरह स्वयं को बिस्तर पर छोड़ दिया उन्होंने और सोने की चेष्टा करने लगे...पर मन के जाने किन अज्ञात कोनों से निकलकर दूर पहाड़ी प्रदेशों के कुहरे की तरह कोई अज्ञात भय—उनकी आत्मा पर छा गया और उस रात की उनकी समूची नींद को ले उड़ा।

गहराती रात में उठ-उठकर घड़ी देखते रहे वे और सोचते रहे अपने दुःख के बारे में। उन्हें लगा जैसे युग-युग से जन्म-जन्म का दुःख उनके आज के दुःख के साथ मिलकर किसी रसायन की तरह उनके अणु-अणु में घुल गया है और चाहकर भी अब वे कभी जी नहीं पाएँगे। अपनी जवानी के अलमस्त दिनों की तरह ठहाका नहीं लगा पाएँगे।

मैं खुशियों की खोज में था, पापा

अन्ततः सुबह। जिन्दगी की लय-ताल तोड़ती एक उदास सुबह।

नित्यकर्म से फटाफट निवृत्त होकर एक पिता से चाक-चौबन्द चीता बने हेमन्त बाबू। आदित्य को शक नहीं हो इस कारण आँखों के आगे अखबार फैला लिया और अनदेखी आँखों से देखने लगे सारी गतिविधियाँ। लोथ की तरह सोया था आदित्य। एक नजर बाहर से ही उस पर डालकर और उसके उठने में खासी देर जानकर चाय बनाने के लिए चौके में घुसे। भगौना को गैस पर चढ़ाकर गैस को जलाने के लिए माचिस ढूँढ़ी तो माचिस नदारद ! बुरी तरह झल्ला गए वे। माथे पर शिकन पड़ गई...यह घर है कि भूत का डेरा, जो खोजो वही नदारत ! घड़ी देखी, पाँच बजकर पैंतीस मिनट यानी हिसाब से आदित्य के उठने में कुछ नहीं तो भी आध घंटे की देरी। जब करने को कुछ नहीं मिला तो दबे पाँव उसके कमरे में पहुँचे। उसका तकिया ठीक किया। सिकुड़े हुए पाँवों को फैलाया। बिस्तर पर ही पड़ी बेल्ट को अलमारी में रखा और जैसे ही अलमारी बन्द

करने को हुए तो काठ मार गया...सामने पड़ी थी जहाज छाप माचिस की पेटी। क्या उसने फिर से सिगरेट...। क्षण के क्षणांश में माथा घूम गया...पर तभी ध्यान आया कि वे तो बीच-बीच में उसके करीब बैठकर उसकी साँसों को महसूसते रहे हैं...नहीं, वे धोखा नहीं खा सकते। वह सिगरेट नहीं पीता है।

तो फिर ?

सोचते-सोचते माचिस खोली तो फिर माथा चकराया। माचिस के अन्दर एक पुड़िया। देखने में एकदम होमियोपैथिक पुड़िया-सी। क्या कोई दवाई ले रहा है वह ? पर दवाई की पुड़िया इस प्रकार माचिस में ? सशंकित दिमाग से पुड़िया को खोला उन्होंने। फिर सूँघा तो मुँह का जायका बिगड़ गया—केमिकल की अजीब गन्ध।

नहीं, यह होमियोपैथी की पुड़िया नहीं हो सकती।

तो फिर ?

और तभी दिमाग में हथौड़ा चला...क्या यह ड्रग है ? ओह नो ! माथा घूमने लगा...किसी प्रकार खुद को सँभालते हुए वापस कुर्सी में धँस गए। और बुत की तरह निस्पन्द हो गए...वे सम्भवतः सदियों तक इसी प्रकार अडोल बैठे रहते यदि पुत्र को वापस लाइन पर लाने की तीव्र चेतना ने उनके मस्तिष्क को पूरी तरह संज्ञाविहीन होने से बचा न लिया होता।

तेजी से आदित्य उस मुकाम पर आ पहुँचा था जब उसे जिन्दगी को हाँकने के लिए दिन में दो बार ड्रग लेने की जरूरत पड़ने लगी थी। इस कारण पिछली रात के मध्याह्न में ही जब उसे लगा कि उसका विड्ड्राअल शुरू होने लगा है...तो उसने बाथरूम में ही एक पत्ता ले लिया था। लगातार ड्रग ने उसकी स्मरण शक्ति को क्षीण कर दिया था। इस कारण ड्रग के बाद उसे ख्याल ही नहीं रहा कि बची हुई पुड़िया निकालकर वह माचिस को यथास्थान रख दे। अधजली पन्नी को उसने बाथरूम की खिड़की से ही दूसरे कागज में डालकर बाहर उछाल दिया था...मोमबत्ती को पॉकेट के हवाले कर दिया था...लेकिन उसके बाद उसका बल्ब फ्यूज हो गया था और ड्रग की खुमारी में उनींदा-सा वह माचिस को अपने ही कमरे में ले गया।

सुबह बाथरूम में उसे ध्यान आया—शिट्, माचिस तो अलमारी में ही रह गई, अब ? सुबह चाय बनाने के लिए पापा माचिस ढूँढ़ेंगे तो सारा भाँड़ा फूट जाएगा और उन्हीं क्षणों दिमाग में कौंधा कि बचा हुआ माल भी उसने माचिस में ही छोड़ दिया था...। बाथरूम से निकला तो सामने ही डाइनिंग टेबुल पर छापा मारते अधिकारी की तरह कुण्डली मारकर बैठे पिता ! रही-सही सिट्टी-पिट्टी भी गुम। हड़बड़ाकर वह वापस अपने कमरे में आया, अलमारी तक पहुँचा तो वहाँ भी माचिस गुम ! दिमाग पर जोर डाला उसने—माचिस कहाँ रखी थी ? वह फिर चौके में गया कि शायद माचिस उसने चौके में ही रख दी हो। करीब बारह-तेरह मिनट तक जमूरे की तरह आँख-मिचौनी खेलता रहा वह।

और उन्हीं विकल-व्याकुल क्षणों में हेमन्त बाबू ने पास बुलाया और माचिस दिखाते हुए पूछा, "क्या इसी माचिस को खोज रहे हो तुम ?"

आदित्य भौंचक्का ! क्षण भर के लिए धड़कन रुक गई और जब लौटी तो जगर-मगर करने लगा कि तभी उन्होंने माचिस से पुड़िया निकाली और सीधे मुद्दे पर आ गए—"अच्छा तो तुम अब नशा भी करने लगे हो ?"

पिता के दर्दभरे वाक्य से पुत्र के श्रीमुख पर उपजी इबारत की नग्नता ने सारी सच्चाई बयाँ कर दी थी, फिर भी अपनी लाज से ज्यादा पिता को आकस्मिक धक्के से बचाने के लिए उसने मरियल-सा बहाना बनाया—"यह पुड़िया मेरी नहीं, किसी दोस्त ने टिपा दी है मुझे।"

पुत्र को अनसुना करते हुए धीमे-धीमे उन्होंने कहा, "ठीक है, अब तुम्हारे साथ मैं भी नशा लूँगा..." काँपते खँडहर-सी उनकी आवाज की कम्पन आदित्य तक पहुँचे उससे पूर्व ही उन्होंने पुड़िया को होम्योपैथिक पुड़िया की तरह ही फाँक लिया।

और करीब दस मिनट के भीतर ही उन्हें उल्टियाँ होने लगीं। फेन-फेन की सफेद उल्टियाँ।

भयभीत आदित्य ने उन्हें सँभाला...मुँह धुलवाया। बुशर्ट बदलना चाहा...पर बड़ी देर तक शक्तिहीन-से वे बाथरूम के फर्श पर ही माथा पकड़े उकड़ूँ बैठे रहे।

घबड़ाया आदित्य जब डॉक्टर को फोन मिलाने लगा तो हाथों के इशारे से उन्होंने रोक दिया उसे—"अब मुझे नहीं जीना...किसके लिए जीना..." पेड़ से झड़ती पत्ती की तरह कँपकँपाती आवाज...आँखों से ढुलकने को बेताब दो बड़े-बड़े आँसू। आदित्य तड़प उठा...जैसे दुनिया के सबसे बड़े दर्द को जन्मते देख रहा था वह—अपने ही अंश के आदमी न बन पाने का दुःख।

"मुझे माफ कर दें पापा, जिस समय मैंने पहली बार इसे लिया, मैं नहीं जानता था कि यह चीज इतनी विनाशकारी है...मैं...मैं...खुशियों की खोज में था पापा...बिना यह जाने के खुशी क्या होती है...मैं...मुझे अपनी रोजमर्रा की जिन्दगी उबाऊ लगती। मेरे दोस्त ने मुझे यह रास्ता दिखाया—जिन्दगी की किक और मस्ती का। पर मैं नहीं जानता था कि यह चीज इतनी भयानक है...मैं तो बस अपनी जिन्दगी में रंग भरना चाहता था। मेरा यकीन करें पापा, यह आत्मबोध तो मुझे अब जाकर हुआ है कि जिन्दगी में रंग इस प्रकार नहीं भरे जा सकते हैं—"

पुत्र के भोलेपन ने उनके जख्म पर मलहम-सा लगाया—कोई कारण नहीं नजर आया उस पर अविश्वास करने का...और सबसे बड़ी बात...पुत्र की आत्मस्वीकृति में फिर उन्हें आशा का सूर्य चमकता दिखा...उसे समझाते हुए वे कहने लगे, रुक-रुककर, आहिस्ता-आहिस्ता, "नशे में रहना तो स्वयं को डिनाई करना है बेटा, जिन्दगी में आनन्द खोजना ही चाहिए, पर उच्चकोटि का निरन्तर और शाश्वत आनन्द। और उसके लिए जरूरी है कि स्वयं पर आस्था रखते हुए अपने हिस्से का कर्म करते जाना। अब देखो एक आनन्द दाद खुजलाने में भी आता है...पर सोचो उसके बाद स्थिति क्या होती है !

जानते हो कभी स्वामी विवेकानन्द ने कहा था, जिस अनुपात में आप शरीर के माध्यम से आनन्द पाते हैं, उस अनुपात तक आप जानवर बन जाते हैं...। तो पुत्र...यह तो जानवर बनना है...तुम वादा करो...नहीं, मेरे सिर पर हाथ रखकर कसम खाओ कि तुम आज के बाद से कभी इसकी तरफ ताकोगे भी नहीं...देखो, मैं तुम्हें लौटा दूँगा तुम्हारा भविष्य।"

बोलते-बोलते वे फिर जोर से छाती मलने लगे...जी अभी भी मिचला रहा था। फिर एक जोरदार कै...।

पोंछा-पाछी। सिर पकड़कर थोड़ी देर शक्ति संचित करते रहे वे। आदित्य ने जब फिर डॉक्टर को फोन मिलाना शुरू किया तो फिर उन्होंने इशारे से मना किया—"नहीं, जब तक तुम मेरे सिर पर हाथ रखकर प्रतिज्ञा नहीं करोगे, मैं डॉक्टर को नहीं दिखाऊँगा..."

कलेजा मुँह को आ गया आदित्य का—"काश, मैं ऐसा कर पाता। पापा, अब मैं इस ड्रग को एकदम से इस प्रकार नहीं छोड़ सकता, यदि मैंने छोड़ दिया तो मैं मर जाऊँगा...इसे छुड़वाने के लिए आपको पहले मेरा ट्रीटमेंट करवाना होगा...इसे डि-टोक्सीफिकेशन कहते हैं...उसके बाद मेरी बॉडी का सिस्टम वापस नार्मल हो जाएगा...तभी मैं इसे छोड़ पाऊँगा—यही कारण है पापा, मैं आपको न बता पाया...और न ही इसे छोड़ पाया...।" बोलते-बोलते वह फफक पड़ा था।

स्तब्ध रह गए हेमन्त बाबू। नशे के बारे में इतना कुछ नहीं जानते थे वे, विशेषकर हेरोइन एवं ब्राउन शुगर के बारे में। पुत्र की बातें, उसके हाव-भाव, उसका डर, चेहरे पर छाए गहरे गाढ़े दुःख के भाव—पुत्र पर लाड़ और तरस एक साथ आया—हिश, कैसा अभागा पुत्र, जाने कैसी असुरक्षा की भावना बचपन से ही घर कर गई है इसमें...शायद इसी का नतीजा...। लगा, जैसे पुत्र को नशे की ओर धकेलने में कहीं न कहीं वनश्री और उनका भी हाथ है।

बहरहाल, पुत्र के अपराध स्वीकृति से फिर उम्मीद की धूप थोड़ी खिली...और फुसफुसी आवाज में कुछ शब्द गिरे—'डॉक्टर को बुलाओ।'

सदी का सत्य

मनोरोग विशेषज्ञ डॉ. सरोज कोठारी के लिए वे पल बड़े ही जानलेवा साबित हुए जिस समय वनश्री ने अपना पहला प्रश्न उनके सामने रखा—"पर ये युवक ड्रग लेते ही क्यों हैं ?"

क्या कहें डॉ. कोठारी ?

मन में उमड़-घुमड़ चल रही है। कह दें—कि यह सिर्फ आपके बेटे का ही नहीं, इस सदी का सत्य है जिसे चन्द लोगों ने अपने स्वार्थों के लिए बेहद एकाकी, भविष्यहीन,

उदास और ऊब भरी सदी बना दिया है। एक ऐसी सुविधापूर्ण, सभ्य और विकसित सदी जिसने जिन्दगी के जादू को खत्म कर उसकी गली-गली और कूचे-कूचे में ऊब और उदासीनता भर दी...जहाँ सूखी सफलता तो हासिल होती है पर जिन्दगी हाथ से निकल जाती है।

—कि यहाँ हर कोई अकेले रहने को अभिशप्त है...पाँच वर्ष के बालक से लेकर पिचासी वर्ष का वृद्ध तक।

—कि आठ सौ वर्षों की गुलामी ने इस देश के युवकों की स्वाभाविकता, तेजस्विता और मौलिकता को छीन उन्हें हीन-भाव से ग्रस्त कर पश्चिम का अन्धा नकलची 'साला मैं तो साहब बन गया' बना डाला है।

पर प्रत्यक्षतः वे कुछ नहीं कहते। कुछ देर पहले तक चस्पाँ, वह असहाय-सी मुस्कुराहट भी अब दम तोड़ने लगती है। गम्भीर होकर समझाने लगते हैं वे, "देखिए, हर समस्या की जड़ मन से शुरू होती है। अब आप स्वयं को ही देख लीजिए—बीस वर्ष से उसी वातावरण में रह रहे हैं आप—वही पत्नी रोज आपका दरवाजा खोलती है। उन्हीं के हाथों का बना भोजन आप रोज करते हैं। वही फ्लैट...वही फ्रिज...वही टी.वी....वही सबकुछ...पर आपको जिन्दगी से कभी ऊब महसूस नहीं होती। आपको कभी नशे की आवश्यकता नहीं पड़ती...क्योंकि आपको जिन्दगी अपने आपमें सुन्दर लगती है। आप इसे कृत्रिम उपायों से सुन्दर बनाने की चेष्टा नहीं करते। जीवन के प्रति एक सहज स्वीकार भाव आपके जीवन की जड़ों को सींचता है, वह आज की पीढ़ी में हाईब्रिड फूलों की खुशबू की तरह उड़ता जा रहा है। कारण भी है। पहले जीवन में प्रकृति थी, संगीत था, नृत्य था, नाटक थे, किताबें थीं, किस्से-कहानियाँ...रामलीला थी, संयुक्त परिवार थे, हर परिवार में दादी-नानी की कहानियों के साथ बच्चों की किलकारियाँ भी थीं। हर दूसरे घर में हारमोनियम-ढोलकी मिल जाता था...तो ये चीजें अप्रत्यक्ष रूप से मन के सूने कोनों को भरती थीं...और जीने की ताकत देती थीं। आज की पीढ़ी के पास दिल बहलाने के लिए सिर्फ एक चीज रह गई है, टी.वी. जो समय तो चाहे भर दे पर मन को नहीं भर पाती...। इसलिए आज की पीढ़ी जीने की ताकत खोती जा रही है। मेरा अपना साला है...वह हर रात नींद की गोलियों की शीशी जेब में रखकर सोता है...। मैंने समझाया तो कहने लगा, 'मैं लूँ या नहीं, पर शीशी मेरे पास रहनी चाहिए। यदि शीशी पास में नहीं हो तो मारे डर के मुझे नींद नहीं आएगी...कि रात कैसे कटेगी ?' तो यह है आज की पीढ़ी की अन्तर्शक्ति।"

बात पूरी भी नहीं कर पाए थे डॉ. कोठारी कि बीच में ही व्याकुल हो उठे हेमन्त बाबू।

"तो क्या यह चूक आदित्य के केस में हमसे हुई है ?"

फिर धर्मसंकट में पड़ जाते हैं डॉ. कोठारी। कहें...नहीं कहें के क्षणिक द्वन्द्व के बाद आखिर कहना ही पड़ता है उन्हें, "देखिए...हर बच्चे के जीवन में परिवार की बहुत अहम भूमिका होती है...माँ-बाप का गहरा प्यार अँधेरे-से-अँधेरे तहखानों में भी उजाला भर

देता है।"

वनश्री बीच में ही पूछ बैठती है—

"यह ठीक तो हो जाएगा न..."

"लुक, इसका इलाज दो स्तर पर होगा...यह ध्यान रखिए कि अब वह नशा मस्ती के लिए नहीं वरन् विड्ड्राअल यानी नशे के अभाव में होनेवाली तकलीफों को कम करने के लिए लेता है। तो इसकी बॉडी से नशे के प्रभाव को मिटाने के लिए उसे बाऊल मन नर्सिंग होम में भर्ती करवा दीजिए...खैर वह काम तो हम कर लेंगे पर इस बीच परिवार की भी अहम् भूमिका है। अब आप इसे एक रोगी समझिए और यह ध्यान रखिए कि आपकी तरफ से धिक्कार, जिल्लत, अपमान या उपेक्षा का हल्का-सा भाव भी उसे वापस अँधेरे, आई मीन नशे की ओर लौटा सकता है। विड्ड्राअल की यातना इतनी भयानक होती है कि उस दौरान साक्षात हेमामालिनी भी नशेबाज के सामने आ जाए तो वह कहेगा—नो, पहले ड्रग—मेरे यहाँ तो हर दिन कोई-न-कोई केस आता है।

"नशे की खुराक के लिए नशेबाज कुछ भी कर सकता है...डकैती, चोरी...ताला तोड़ना...वह भूखे जानवर की तरह खूँखार हो जाता है। वह अपने ही बच्चे का दूध का डब्बा बेच सकता है। रोगी की दवाइयाँ बेच सकता है...वह सबकुछ कर सकता है जो उसकी पहुँच में है। एक एडिक्ट था, जो खून बेचकर ड्रग लेता था। दरअसल उस समय वह इंसानियत के दर्जे से नीचे गिरकर नशे की डुगडुगी पर नाचनेवाला बन्दर बन जाता है। क्या बताऊँ...बम्बई से आई यह बीमारी। और देखते-देखते सभी महानगरों में फैल गई है—अकेले कलकत्ता में चालीस प्रतिशत युवा गाँजा, हेरोइन, ब्राउन...मतलब किसी-न-किसी नशे के शिकार हैं।"

अपने ही प्रवाह में बहते जा रहे हैं डॉ. कोठारी। पर उनके हर वाक्य के साथ दिल बैठा जा रहा है हेमन्त बाबू और वनश्री का। वनश्री लगभग रो पड़ती है...हेमन्त बाबू की तरफ देखती है...हेमन्त बाबू कन्धा पकड़ उसे दिलासा देते हैं।

दो दुःख एक हो जाते हैं।

"लेकिन इतनी जल्दी यह सब हो गया—और हमें भनक तक नहीं पड़ी...हाँ, उसका व्यवहार जरूर डेढ़-दो महीने से हमें परेशान कर रहा था—लेकिन बिना उसे चेक किए आप कैसे कह सकते हैं—नशा तो लोग हमेशा से करते आए हैं।"

"हाँ मैडम, नस्सी, चिलम, ताड़ी, हड़िया (आदिवासियों के बीच प्रचलित) भाँग, गाँजा, धतूरा-जैसे नशों से कई गुना अधिक भयानक होता है यह नशा। बाकी नशे तैंतीस की स्पीड से बढ़ते हैं तो यह ब्राउन शुगर, हेरोइन, मॉरफिन, अफीम जैसे नारकीय ड्रग 300 की स्पीड से। देखिए 'नारको' शब्द ग्रीक भाषा से आया है जिसका मतलब है नम्ब, यानी सुन्न हो जाना।" बेहद कोमल-कोमल शब्दों में समझाते हैं डॉ. कोठारी। "चेकअप की इसमें जरूरत नहीं है, इसके लिए सबसे जरूरी है उसका डि-टोक्सीफिकेशन करना...उसके लिए आपको उसे तुरन्त किसी नर्सिंग होम में भर्ती करना पड़ेगा।"

"किसने मुँह लगाई यह जानलेवा चीज उसे..." किसी घायल पक्षी की तरह छटपटा

जाते हैं हेमन्त बाबू।

डॉ. कोठारी के चेहरे पर भी दर्द की एक परत छा जाती है—गहरी साँस ले कहने लगते हैं वे।

"क्या बताऊँ...मेरा एक दोस्त कैलिफोर्निया से अभी हाल ही में कलकत्ता आया था...वह दंग रह गया, मुझसे बोला, यहाँ कलकत्ते में तो ड्रग की समस्या अमेरिका से भयावह है क्योंकि यहाँ पर तो गली-गली में यह उपलब्ध है और वह भी इतना सस्ता ! जैसे दुनिया में कहीं भी एक रुपए में चाय का कुल्हड़ नहीं मिलेगा, डेढ़ रुपए में बस कई किलोमीटर नहीं पहुँचाएगी सिवाय कलकत्ते के, वैसे ही कहीं दस रुपए में एक पत्ता नहीं मिलेगा..."

बोलते-बोलते रुक जाते हैं डॉ. कोठारी। पानी के कुछ घूँट लेते हुए फिर रौ में आ जाते हैं—"शायद यही वजह है कि आज ड्रग के शिकार संजय दत्त से लेकर फुटपाथिए तक हो गए हैं...।"

घबड़ाई हुई वनश्री फिर आहत शब्दों में पूछ बैठती है, "यह पूरी तरह ठीक तो हो जाएगा न... ?"

सोच-सोचकर जवाब देते हैं वे—"देखिए, डॉक्टर तो सिर्फ शारीरिक स्तर पर इसे ठीक करने की गारंटी दे सकता है...पर खतरा उसके बाद शुरू होता है। क्योंकि मन के अवचेतन में पड़े किसी भूत की तरह नशा कभी भी उस पर आक्रमण कर सकता है...सबसे जरूरी है कि नशे की तरफ वह वापस नहीं लौटे। नशा उसकी मानसिक आवश्यकता न बने इसके लिए नशेबाज में भीतरी ताकत का होना बहुत जरूरी है... नशे से जो पहली किक मिलती है...उसकी स्मृति बार-बार नशेबाज को अपनी तरफ किसी प्रेयसी की तरह खींचती है...आओ, आओ..। इस स्मृति को यदि आप देहरी के बाहर कर सकें ...तो फिर कोई खतरा नहीं...पर क्या अपने हाथ में है स्मृतियों को मिटा पाना...? अवचेतन में दबी वह लालसा किसी अनुकूल क्षण की प्रतीक्षा में ही रहती है।"

"क्या कह रहे हैं...डॉ. कोठारी ?" वनश्री के भीतर जोरों से कुछ हिलने लगता है। जिसे वह एक साधारण घटना मात्र समझ रही थी, और जिसका इलाज उसके अनुसार...एक जोरदार पिटाई और ठुकाई थी...वह इतनी जानलेवा बीमारी निकलेगी... हर आनेवाले क्षण के साथ होश फाख्ता हो रहे थे उसके। हेमन्त बाबू की चेतना में भी चिन्ता के मेघ-खंड एकत्रित होने लगे थे। जिन्दगी ने उन्हें आज सबसे बड़ी शिकस्त दे डाली थी...। जिनकी लगभग अनपढ़ माँ ने उनके कण-कण में जिन्दगी की ताकत भर दी थी...कि जिन्दगी में आए सभी झंझावतों को उन्होंने पूरी गरिमा के साथ झेला था। उन्हीं का पुत्र भीतर से इतना खोखला ? क्या इसी प्रकार हारना था उन्हें जिन्दगी का दाँव। कहाँ तो सपना देखा था एक अच्छा समाज-सेवी बनने का...गाँव-गाँव जाकर लोगों को जगाने का...जनान्दोलनों से जुड़ने का...हर आँसू को पोंछ देने का। और कहाँ एक अच्छा पिता तक नहीं बन सके ?

अपने भीतर बहने लगे वे।

दूर कहीं आकाश में...सोना रंग सूरज का आलोक...पीपल पत्तों के झुरमुटों से छन-छनकर आ रहा था उन तक। एकटक देखते रहे हेमन्त बाबू...पत्ता-पत्ता डूबा मन...कभी यही डूबता सूरज उन्हें अन्तरात्मा में झाँकने को बाध्य करता था पर आज उन लम्हों में भीतर-बाहर सब एक हो गया था...रह गई थी सिर्फ एक पीड़ा...मन की गहन वेदना...जीवन का हलाहल...उसी के साथ विराट के समक्ष निःशब्द आँसू बहाते रहे वे...जैसे शिशु पिता के सामने और महाकाल के उस लघु खंड में अपना सबकुछ उसे समर्पित कर धीरे-धीरे घर लौटने लगे वे...आकाश में लौटते परिन्दों की ही तरह।

अब्राहिम लिंकन से किसी ने पूछा था—'आपकी सफलता का रहस्य क्या है ?' उसने जवाब दिया—"मेरा मानसिक नियन्त्रण। जब कभी दुश्चिन्ताएँ घेर लेती हैं, मैं सुखद कल्पनाएँ करने लगता हूँ।'

जाने-अनजाने हेमन्त बाबू ने भी अब तक अपनी सुखद कल्पनाओं के सहारे ही अपनी अन्तर्शक्ति को बचाए रखा था...। पर आज पहली बार डॉ. कोठारी के यहाँ से लौट आने के बाद उन्हें लगा...उनकी अन्तर्शक्ति चुकती जा रही है कि कोई उम्मीद, कोई स्वप्न...कोई चीज आज अन्तिम रूप से टूट गई थी।

डॉ. कोठारी से हुए संवाद...संवादों की गूँज...अन्तःध्वनि...दिशा-दिशा से आकर उन्हें विचलित और बेचैन कर रही थी। रह-रहकर याद आ रहे थे डॉ. कोठारी के शब्द...खतरा उसके बाद शुरू होता है...कि अवचेतन में बसा नशे का प्रेत कभी भी उस पर आक्रमण कर सकता है...। हे भगवान्...! क्या पुत्र को अपने स्वाभाविक रूप में वे फिर कभी नहीं पा सकेंगे ? इन दिनों ऑफिस में...अपने परिचय के वृत्त में हर एक से यही पूछते...क्या नशा असाध्य बीमारी है...? जाने किस सिरफिरे ने कह दिया, "वन्स एन एडिक्ट इज ऑलवेज एन एडिक्ट..." सुनते ही खून जम गया था उनका...। जब भी अकेले होते जाने किन-किन कोनों-अँतरों से आ-आकर प्रश्नों के प्रेत धावा बोल देते उन पर, कब से लेना शुरू किया ? क्यों लिया ? और ऐसा ही क्यों होता उनके साथ कि जब-जब वे सोचते, सबकुछ ठीक चल रहा है...तभी जिन्दगी की सारी लय-ताल गति टूट जाती है। रात सो नहीं पाते वे...जरा-सी आँख लगती कि स्वप्न में नशे में धुत्त पुत्र को किसी नाली में तो कभी किसी अस्पताल में पड़ा देखते। भीतर की गहराई से कोई जीवित पीड़ा पंख फड़फड़ाती और उनकी नींद उचट जाती। हाथ जुड़ जाते, प्रार्थना में माथा झुक जाता...हे ईश्वर ! हे करुणा के सागर ! मेरे पुत्र को कुछ न हो !

बाऊल मन नर्सिंग होम में पूरे तीन दिनों बाद मिलने दिया गया हेमन्त बाबू को आदित्य से।

तीन युगों से बीते इन तीन दिनों में जब-जब झाँकते हेमन्त बाबू उसके बेड की तरफ, उसे मूर्च्छा या अर्द्धमूर्च्छा में पाते। जब-जब हेमन्त बाबू चिन्ता व्यक्त करते, आश्वस्त कर देते डॉ. कोठारी—"अस्सी प्रतिशत इम्युन सिस्टम डैमेज हो चुका है। इस

कारण समय तो लगेगा ही। नींद और अर्द्धमूर्च्छा में इस कारण रखा जा रहा है कि बिना इस प्रकार रखे, वह विदड्राअल की तकलीफों को झेल नहीं पाएगा, पर आप चिन्ता न करें, जहाँ हम उसे नशे से दूर रख रहे हैं, वहीं पर्याप्त मात्रा में विटामिन एवं पेन किलर भी दे रहे हैं...आप देखिए, ड्रग को पूरी तरह बॉडी से बाहर निकालने में बहत्तर घंटे से सात दिन तक लग जाते हैं।"

तीन दिन के बाद भी आदित्य पिता से कुछ विशेष संवाद नहीं कर पाया था, क्योंकि उसकी जुबान पूरी तरह लॉक हो गई थी।

दूसरी मुलाकात हुई, पन्द्रह दिन बाद।

लड़खड़ाती आवाज में पहली बात यही कही आदित्य ने—"मुझे यहाँ से अभी निकालिए...जनरल वार्ड में लोग जहाँ-तहाँ पेशाब कर देते हैं—मेरा दम घुट रहा है यहाँ...।"

घुटन तो हेमन्त बाबू को भी हो रही थी, इस स्थिति से उपराम होने का उन्होंने आदित्य को भी वही मंत्र दिया, जिसे वे स्वयं इन दिनों साध रहे थे।

"बेटा, तुम इसे डि-टोक्सीफिकेशन की तरह ले रहे हो, इस कारण तुम्हें इतनी तकलीफ हो रही है, तुम इसे आन्तरिक शुद्धिकरण की प्रक्रिया की तरह लो...देखो, तब तुम्हें तकलीफ नहीं होगी। मैं तो इसे इसी रूप में ले रहा हूँ कि कहीं हम चूक गए थे, इस कारण तुम इन रास्तों पर निकले...।"

मिलने का समय समाप्त हो गया था। हेमन्त बाबू डॉ. कोठारी से बात करने के लिए उनके पीछे-पीछे हो लिए थे।

पूरे अठाईस दिन नर्सिंग होम में रखा गया था उसे और हर दिन का खर्च एक सौ अस्सी रुपया—घर का बिगड़ता बजट और आगे भी इलाज का बढ़ता खर्च—हेमन्त बाबू ने फिर परामर्श लिया डॉ. कोठारी से—अब जबकि शारीरिक रूप से वह बिल्कुल फिट है, तो भी क्या जरूरी है उसे रिहेबिलिटेशन सेन्टर में भेजना...और वह भी पूरे चार महीनों के लिए...यानी बारह हजार का और खर्च और पढ़ाई की बर्बादी।

परेशानी और झुंझलाहट की एक हल्की परत चढ़ गई डॉ. कोठारी के चेहरे पर—"मैं आपको पहले ही सबकुछ समझा चुका हूँ...देखिए आप समझने की चेष्टा कीजिए...अभी तक वह एक फैन्टेसी की दुनिया में रह रहा था...और अब उसके सामने है, जिन्दगी का कडुवा यथार्थ। दस में से सात केस में यही होता है कि एडिक्ट, आई मीन रिकवरिंग एडिक्ट वापस नशे की दुनिया में चला जाता है...क्योंकि अवचेतन में पड़ा नशे का आस्वाद उसे सदैव आमन्त्रित करता रहता है। पी.सी. सरकार के वॉटर ऑफ इण्डिया की तरह नशे का जादू रुक-रुककर एडिक्ट के सिर चढ़कर बोलने लगता है। इस जड़ को उखाड़ फेंकने के लिए उसे स्पिरिचुएल टाइप की ट्रेनिंग दी जाएगी जिससे कि उसे मानसिक रूप से शक्तिशाली बनाया जा सके। इसे आप हल्के रूप में मत लीजिए, प्लीज।"

सफर अंतराग्राम की ओर।

कलकत्ते से एक सौ किलोमीटर दूर। प्राकृतिक छटा से भरपूर। करीब 52 एकड़ में फैला ईसाई मिशनरियों द्वारा स्थापित अर्द्ध चैरिटेबल अंतराग्राम रिहेबिलिटेशन सेन्टर। एक दोपहर भारी मन से हेमन्त बाबू आदित्य को हार्डकोर एडिक्ट के लिए बने इस रमणीय सेन्टर में भर्ती करवा आए।

पर कलेजे में कटार-सी धँस गई—सारी जिन्दगी जिसकी वेदान्त, गीता, योग एवं श्रीअरविन्द, पार्थ सारथी, चिन्मयानन्द जैसे दार्शनिकों को पढ़ने में गुजरी, उन्हें अपने ही बेटे को तीन हजार रुपए महीने के खर्च पर मन की ताकत दिलाने यहाँ भर्ती करवाना पड़ा ? धधकते मन में आड़ी-तिरछी रेखाएँ खिंचती रहीं—कैसे दी जाती होगी मन की ताकत—योग द्वारा ? कठिन श्रम द्वारा ? चिन्तन द्वारा ? दृष्टान्तों द्वारा ? या फिर महापुरुषों की जीवनियों द्वारा ?

और यह जानकर तो उनकी व्यथा की सीमा ही नहीं रही जब देखा उन्होंने कि राँची के मानसिक अस्पताल-सा ही वह एक विशाल मेंटल अस्पताल था—सभी तरह के मनोरोगों—पैरेनोइया, स्क्रीजोफ्रिनिया, हेल्युसिनेशन...आदि के लिए भी। तो क्या आदित्य भी मानसिक रोगी है ?

ओह, नो !

अपने लहूलुहान पितृत्व के साथ पूरे सप्ताह एक डिपार्टमेंट से दूसरे डिपार्टमेंट, एक वार्ड से दूसरे वार्ड का चक्कर लगाते रहे वे। कभी आउटडोर पेशेन्ट डिपार्टमेंट, कभी साइकियरेटी ओ.पी.डी., कभी केमिकल डिपेंडेंसी, कभी काउंसिलिंग एंड गाइडैंस क्लिनिक, कभी वोकेशनल ट्रेनिंग—तो कभी ड्रग एडिक्शन एंड अल्को होलिज्म...अबोध शिशु की-सी विस्मयता के साथ घूम-घूमकर देखते रहे वे।

एक ऐसे भीतरी संसार की दुनिया—जो कोलम्बस की खोज से कम रोमांचक, कम जटिल और दुर्गम नहीं थी—खुलते थान की तरह खुलती जा रही थी उनके समक्ष और जिसे देख उनके सारे देवता भाग गए थे। मनुष्य का मन, अन्तर्मन—रहस्यमय है...जटिल है...कि इसकी थाह पाना मुश्किल, यह जानते थे हेमन्त बाबू। लेकिन इतने सारे मनोरोग ! फूलों से ज्यादा विविधता मनोरोगों की ? कि सारे उत्पातों की जड़ यही मन। इस सौरमंडल के भीतर इतना अँधेरा...? इतने गह्वर...? इतने दूह...? झाड़ झंखाड़ ? जाले, गुफाएँ...घाटियाँ, खंदक, खाइयाँ कि एक प्रतिकूल झटका, मन गड़बड़ाया-पगलाया कि चावल-चावल बिखर गईं सारी उपलब्धियाँ। सारे समीकरण। सारे गणित।

ओफ ! सारा संसार ही मनोरोगी।

सारी प्रगति, सारे विकास...सारी चकमक...सारी रोशनियों को ठेंगा दिखाती भीतर की अँधेरी दुनिया। पहले अँधेरे से उनका परिचय हुआ...3 अगस्त, 1990 की एक शाम जब सेन्ट्रल इंस्टीट्यूट ऑफ साईकियाट्री युनिट के आउटडोर चाइल्ड डिपार्टमेंट में वे एकाएक घूमते-घूमते पहुँच गए थे। वहीं पर देखा उन्होंने—एक ग्यारह-बारह वर्षीय किशोर के दोनों हाथों और पैरों को उसके पलंग के दोनों सिरों से बाँध दिया गया था।

उसे विजिटिंग ऑफिस में भी इसीलिए रखा गया था कि वह लगातार डॉक्टर और वार्डन की निगाह में रहे। उसे देख यूँ ही मन भर आया था हेमन्त बाबू का और जब उस किशोर ने लगातार होंठ बजाते हुए पा...पा कहना शुरू किया...तो वे विचलित हो गए। वार्डन से कहा–'यह बच्चा पानी माँग रहा है।'

वार्डन ने सिर्फ मुंडकी हिला दी और सींक से दाँत कुरेदता हुआ अपने काम में लगा रहा। हेमन्त बाबू ने जब दुबारा-तिबारा वार्डन का ध्यान उस लड़के की तरफ आकर्षित किया तो वह थोड़ी रुखाई से पेश आया–''आप अपना काम कीजिए, इस लड़के का पिता यहीं है, जरूरत होगी तो वह खुद मुझे कह देगा...''

हेमन्त बाबू भौंचक्क ! वे मुड़ने को हुए कि सामने से आते एक अधेड़ से युवक ने उन्हें रोक दिया–''आप शायद पहली बार आए हैं यहाँ ?''

बिना जवाब दिए पूछ बैठे हेमन्त बाबू।

"क्या यह आपका पुत्र...।"

"हाँ...जब बीच-बीच में बहुत वॉयलेन्ट (उग्र) हो जाता है तब उसे वार्ड से उठाकर यहाँ रखना पड़ता है। बाँधकर। परेशान होने की कोई बात नहीं है...तीन-चार घंटों बाद शान्त हो जाएगा...।"

"क्या मनोरोग है उसे...?"

सोच में पड़ जाते हैं अरुण बाबू। बात को कहाँ से शुरू करें। चेहरे पर दुःख की छाया घिर आती है।...दूर अन्तरिक्ष की ओर देखते हुए बताने लगते हैं–

"इसके मनोरोग ने कब जड़ पकड़ी, यह तो ठीक से मैं भी नहीं बता सकता। हमने तो तब ध्यान दिया...जब यह बेकाबू होने लगा। लगभग डेढ़ वर्ष पूर्व की बात है, वह पीले धब्बों को देखकर ही डर जाता था। किसी कपड़े में जरा-सा भी पीला रंग हो तो वह उसे नहीं पहनता। शुरू में तो न मैंने और न ही इसकी माँ ने गौर किया...लेकिन एक बार मैंने इसके लिए पीले रंग की एक जर्सी खरीदी तो उसने गुस्से में उसे फाड़ दिया। पीले रंग की मेरी फाइल को अपनी टेबिल पर नहीं रखने दिया तब जाकर मेरा माथा ठनका। हम उसे आब्जर्ब करने लगे। और तभी मैंने इस बात पर भी गौर किया कि न केवल पीला रंग वरन् किसी भी प्रकार के धब्बों...यहाँ तक कि कमीज पर बरसात का भी धब्बा लगा हो तो वह उसे नहीं पहनता था। उसे गन्दगी से बेहद घृणा थी...दरवाजे के हैंडिल पर जरा-सी धूल भी गिरी हो तो वह उसे नहीं छूता।"

"लेकिन यह तो कोई खास बात नहीं..." हेमन्त बाबू के मुँह से अचानक निकल गया।

"खास बात है...आप देखिए, छोटे बच्चे गन्दगी से उतनी घिन नहीं करते...वे धूल में लोटना, बरसात में भीगना, कीचड़ से लिथड़ना, माटी के घर बनाना बहुत पसन्द करते हैं क्योंकि उनके भीतर सौन्दर्य की नदी लहराती रहती है। यदि कोई आठ-नौ वर्ष का बच्चा, गन्दगी, धूल, धब्बों से इतनी घिन...इतनी नफरत करे तो समझ जाइए कि जरूर इसका भीतरी सौन्दर्य मर गया है। देखिए, यह मैं नहीं कह रहा, ये शब्द सुप्रसिद्ध

बाल-मनोवैज्ञानिक डॉ. जावेरी के हैं। हाँ, तो उन दिनों डॉ. जावेरी मुझसे बार-बार पूछते—इसका बचपन कैसा था ? बचपन की कोई असामान्य घटना ? कोई भावनात्मक असुरक्षा ? मैं बार-बार इनकार करता रहा। हमने तो स्वप्न में भी नहीं सोचा था कि इन पीले धब्बों से उसकी चिढ़ का राज उसके झुलसे हुए बचपन से जुड़ा होगा।"

जेब से रूमाल निकाल उसे मुँह पर फेरा अरुण बाबू ने। हेमन्त बाबू को वहीं प्रतीक्षा करने को कहकर एक बार फिर जाकर देख आए अपने पुत्र को।

"हाँ...अब सो गया है..." इंजेक्शन देकर एक बार शान्त कर देते हैं—"फिर कल काउंसिलिंग होगी..."

"फिर क्या हुआ ?"

"हाँ, तो मैं बता रहा था कि हम तो सोच भी नहीं सकते थे कि मेरे ही घर में मेरे ही बेटे के साथ क्या-क्या होता रहा और मैं अँधेरे में रहा। दरअसल डॉ. जावेरी और उनकी पूरी जूनियर साइकियाट्रिस्ट की टीम ने सबसे पहले चिकू (उसका घरेलू नाम) को उसके स्तर पर सेक्स एजूकेशन दी...और भगवान जाने...कैसे बच्चे के मुँह से ही उसके जख्म खाया बचपन उधड़वाया। अजी, गलती मेरी ही थी, मेरे मामाजी का लड़का था। गाँव में पढ़ने-लिखने में एकदम दिल नहीं लगता था, सो मामाजी ने यहाँ भेज दिया कि हमारे साथ रहेगा तो आदमी बन जाएगा, दुकानदारी सीख लेगा। वो आदमी तो क्या बना...हमें ही तबाह कर गया। चिकू तब मुश्किल से पाँच-छह साल का रहा होगा। वह दिन भर चिकू के साथ रहता...उसी के साथ खाता-पीता-जागता और सोता। मेरी पत्नी के पास एक और छोटी बेटी...सो वह उसी में मस्त। मैं रात दस-दस बजे तक दुकान बढ़ाकर घर लौटता। मैं क्या जानता था कि वह हरामी चिकू के साथ क्या गुल खिला रहा है...वह चिकू को फिजिकली एब्जूज करता...और उस दौरान...उसे वही पीले धब्बे दिखाता था...क्या बताऊँ आपको, एक अररो तक चिकू को पीलेपन से भयंकर वितृष्णा रही। बाद में मनोवैज्ञानिक ट्रीटमेंट से उगते सूरज को पीले रंग से पेंट कर...नींबू के पेड़ों में पीला रंग भरवाकर...सरसों के खेत की तस्वीर बनवा-बनवाकर उसके मन से पीले रंग के प्रति घिन तो हटा दी...एबर्सन तो खत्म हुआ लेकिन बीच-बीच में अभी भी वह काफी उद्दंड हो जाता है। डॉ. जावेरी कहते हैं—पूरी तरह सामान्य होने में अभी समय लगेगा...उस कच्ची उम्र के आघात ने भीतर काफी कुछ प्रतिघात किया है। बचपन में यदि बच्चा भावनात्मक रूप से जरा-सा भी असुरक्षित हो जाता है या जीवन की स्वाभाविक लय-ताल टूट जाती है तो उसके मस्तिष्क की कोशिकाएँ बिखर जाती हैं और फिर एक लम्बा समय लग जाता है...उन्हें सँवारने में...और कई बार तो वे सँवर तक नहीं पातीं।"

बातचीत का प्रवाह कुछ देर के लिए फिर थमा। महिला विभाग से एकाएक किसी के बहुत जोर से रोने की आवाज। किसी महिला को जँगले से बाँधा जा रहा था, वार्ड में किसी की पिटाई कर दी थी उसने...बँधते-बँधते वह जोर-जोर से चिल्ला रही थी।

वहीं अटक गए हेमन्त बाबू।

"यह तो यहाँ का हर दिन का नजारा है...धीरे-धीरे आप भी अभ्यस्त हो जाएँगे।" अपने सफेद पड़ती मूँछों पर उँगलियाँ फिराते हुए कहा उन्होंने।

खामोश हेमन्त बाबू चिकू के बारे में सोचते-सोचते अचानक ही उसकी तुलना आदित्य से करने लगे। दोनों का ही बचपन स्वाभाविक नहीं रहा...तो क्या सब मनोरोगों की जड़ बचपन की माटी में ही जीवाणु पकड़ती है।

उनके चेहरे पर प्रश्नों की एक दुखद झिल्ली चढ़ गई कि अरुण बाबू फिर उनका ध्यान अपनी तरफ खींचने लगे—

"आप देखेंगे भाई साहब...कि आज की तारीख में सबसे अधिक मनोरोगी अमेरिका में हैं...और देखिए कि सबसे अधिक टूटे परिवार भी वहीं हैं...जानते हैं वहाँ इसे चुनावी मुद्दा तक बनाया जाता है। ईश्वर सबकुछ दे दे, दमा, हैजा...टी.बी. पर मानसिक रोग से बचाए रखे। बड़ा मुश्किल है, ऐसे रोगियों को सँभालना।"

टाइम और स्पेस के अन्तराल को पार कर हेमन्त बाबू का सोच फिर उसी बिन्दु पर ठिठक गया था...बचपन !

अरुण बाबू से बात कर अपनी ही वैचारिक उद्विग्नता की रस्सी में गँसे जा रहे थे हेमन्त बाबू—क्या आदित्य भी मानसिक रोगी है ? एक मन कहता, नहीं, उसे सिर्फ नशे की लत है, जिसे छुड़ाया जा सकता...है। पर तभी दूसरा मन आगे बढ़ जाता, नहीं, यदि मन स्वस्थ और सशक्त होता तो उसे इस सहारे की आवश्यकता ही क्यों पड़ती ? और फिर यह रोग, मानसिक रोग के आसपास नहीं होता तो फिर इस पूरे अस्पताल का नाम ही क्यों होता—मेंटल हॉस्पिटल ?

और जिधर देखते वे उन्हें ड्रग एडिक्ट से ज्यादा मानसिक रोगी दिखाई देते।

जिस उदास शाम हेमन्त बाबू ने आदित्य को अन्तराग्राम के इन पेशेंट डिपार्टमेंट के ड्रग एंड अलकोहोलिज्म वार्ड में भर्ती करवाया था, उसी शाम उसके साथ एक और नवयुवक को उसका बड़ा भाई लेकर आया था। जिसकी कंचे-सी चमकती आँखों की झील-सी गहराई को हेमन्त बाबू एक अरसे तक भुला नहीं पाए थे। उनके लिए यह पचा पाना नामुमकिन था कि वह नवयुवक ब्राउन शुगर, मार्फिन या हेरोइन का शिकार था। पूरा परिवार सुसंस्कृत, शिक्षित एवं उष्ण आत्मीयता से गमकता हुआ। भाई-बहन तो भाई-बहन, बहनोई तक उसे छोड़ने आए थे वहाँ। सामान्य जिज्ञासा से ही पता चल गया था हेमन्त बाबू को कि वह नवयुवक विश्वख्याति प्राप्त लन्दन स्कूल ऑफ इकॉनोमिक्स का छात्र रह चुका था। ऐसे होनहार नवयुवक को भी अपने को नकारने के लिए नशे की आवश्यकता पड़ गई ? जरूर प्रेम-वेम का कोई चक्कर होगा...सोचते हुए हेमन्त बाबू थोड़ी और गहराई में उतरे तो एक दूसरी ही सच्चाई उनके सामने थी।

नाम—विवेक सक्सेना। गोहाटी से एम.ए. (अर्थशास्त्र) फिर लन्दन स्कूल ऑफ इकॉनोमिक्स से डबल एम.ए.। गोहाटी विश्वविद्यालय में लेक्चरर। झूम झूम झूमता

जीवन। खुशहाल एवं महत्त्वाकांक्षी युवक। वहीं पर रहते-रहते ग्रामीण अर्थव्यवस्था और बैंकिंग विषय पर शोध किया। जिस प्रोफेसर के अन्तर्गत शोध किया उनका वह परम प्रिय शिष्य। अपने गुरु पर उतना ही विश्वास जितना आसमाँ के सितारों पर। दिन-रात एक करके लाइब्रेरी-लाइब्रेरी की खाक छान गाँव-गाँव, देहरी-देहरी घूम-घूमकर शोध ग्रन्थ पूरा किया और अब जबकि सिद्धि के क्षण करीब आ रहे थे...महत्त्वाकांक्षा का एक बिरवा भीतर की जमीन पर फलने-फूलने लगा था...एक अविश्वसनीय विश्वासघात ने जो पटखनी दी कि वह हिमालय के शिखरों से सीधे जमीन के लूलेपन में जा गिरा।

" शोध-पत्र छपकर आया पर शोधकर्ता की जगह नाम उसके प्रोफेसर का दिपदिपा रहा था।" बोलते-बोलते विवेक सक्सेना के बड़े भाई ऊपर देखने लगे, जैसे अन्तरिक्ष में लिखी अतीत की कोई इबारत पढ़ रहे हों। भीगी आँखों से भीगे-भीगे स्वर गिरने लगे—

"क्या बताऊँ...अपनी पूरी अन्तर्शक्ति के बावजूद वह इसे सह नहीं पाया...जब तक केस चलता रहा...हवा में मुट्ठी भींचना, बाल नोचना, दाँत किटकिटाना, गुस्साना...कमरे में भूखे शेर की तरह चक्कर काटना भी चला कुछ दिन...पर जब से केस हारा...वह प्रतिरोध भी खत्म हुआ...फिर कोई स्वप्न नहीं देखा उन आँखों ने। बस टूटे स्वप्न की किरचें रह-रहकर चुभतीं, जब-जब उस प्रोफेसर को उसके शोध ग्रन्थ के चलते तालियाँ लेते और माला पहनते देखता...उसकी नसें तड़कने लगतीं...वह बेकाबू हो जाता। ऐसे ही आवेश में एक-दो बार उसने आत्महत्या की चेष्टा की थी...कई दिनों तक उसकी जुबान भी बन्द हो गई...फिर पता नहीं कैसे इस ब्राउन शुगर के संसार में चला गया वह।"

"लेकिन पांडुलिपि तो होगी उसके पास...फिर वह केस हारा कैसे ?" हेमन्त बाबू अपनी उत्कंठा को रोक नहीं पा रहे थे।

"बेशक ! पांडुलिपि थी और उसने उसे कोर्ट में पेश भी किया था...पर किसी ने उसके लिए गवाही नहीं दी। उन दिनों गोहाटी में उल्फा उग्रवादियों का आन्दोलन जोरों पर था। हिन्दू होने के कारण वह अलग-थलग पड़ गया था। ऐसे में अदालत ने पांडुलिपि को पूर्ण प्रमाण नहीं माना। वह केस हार गया...अजी, केस क्या हारा, जिन्दगी और मूल्यों पर से आस्था ही उठ गई उसकी। हम सभी समझाते-समझाते हार गए, चाहे तो अभी भी सबकुछ दोबारा अर्जित कर सकता है, पर कहें किससे...वह तो जैसे सभी मानवीय रिश्तों और अहसासों से ही दूर जा चुका है। दिन भर अपनी ब्राउन शुगर की दुनिया में मौन-स्तब्ध एवं जड़ पड़ा रहता है। देख लीजिए, कैसे एक चमकता जीवन अँधेरी सुरंगों में बर्बाद हो रहा है...और हम कुछ भी नहीं कर पा रहे हैं। डॉ. कहते हैं यदि हम इसे गुस्सा दिला सकें तो यह उसके लिए अच्छा होगा...पर गुस्सा दिलाएँ कैसे...इसने तो अपनी भावनाएँ ही मार ली हैं। और तो और, पिताजी की मृत्यु पर भी वह नहीं रोया। अरे क्या बताऊँ...एक बार मैंने उसे पूरे दिन खाना नहीं दिया कि वह गुस्सा हो...पर गुस्सा होना तो दूर उसने तो मेरी तरफ ताका तक नहीं और

बचपन में यही सोनू मेरी टेबिल के पास बैठा टकटकी लगाए मेरी ओर देखता रहता था कि कब मैं पढ़ाई खत्म करूँ और कब उसके साथ कैरमबोर्ड खेलूँ।

"मुझसे सात वर्ष छोटा...फिर भी मुझसे चिपका रहता। जब कभी सार्वजनिक पूजा वगैरह होती तो मैं उसे गोदी में उठा-उठाकर मूर्ति दिखाता। कई बार तो मैं उससे छुपकर निकलता। बड़ा होने पर भी वह लन्दन में नहीं बसा...यहीं वापस आ गया परिवार के मोह में। वही सोनू मेरा इकलौता भाई, अब तो जैसे बोलना ही भूल गया है....महीनों हो जाते हैं, भाई की आवाज सुने। सब खत्म हो गया...रूह मर गई ? बस मुर्दा माटी बची है।" बोलते-बोलते उनके चेहरे पर ऐंठन उभरी। होंठ कँपकँपाए, चेहरे की खाल काँपी। रूमाल निकाला उन्होंने और उसके कोने से अपनी भरी हुई आँखों को पोंछने लगे।

दि ग्रेट ऑपियम वार ऑफ 1839

वे चले गए थे, बेचैन हेमन्त बाबू की बेचैनी और भी बढ़ा गए थे। इतना तो समझ रहे थे हेमन्त बाबू कि अकेले की मुक्ति असम्भव है। खुद आदित्य की केस हिस्ट्री उनके सामने थी। माना उन्होंने एक बार आदित्य को बचा भी लिया तो क्या, कॉलेज-कॉलेज, गली-गली में धड़ल्ले से मिलता ड्रग...क्या फिर उसे अपनी गुंजलक में नहीं जकड़ लेगा ? इस महाबीमारी से यदि उन्हें अपने बच्चे को बचाना है तो उन्हें इसकी गंगोत्री ही खत्म करनी होगी। उन्हें संसार से नशे को हटाना होगा।

पर कैसे ? पुत्र के नशे और भीतरी तकलीफ से उपजे आत्मज्ञान ने तत्त्वदर्शी बना डाला था उन्हें।

इसीलिए सबसे पहले उन्हें अपने प्रश्नों के जवाब चाहिए...।

इन दिनों जहाँ आदित्य मन की ताकत के लिए छहसूत्री आध्यात्मिक ट्रेनिंग ले रहा था, हेमन्त बाबू ज्ञान की ताकत के लिए प्रायः हर दूसरे-तीसरे दिन पहुँच जाते अन्तराग्राम और जो मिलता है उससे यही पूछने लगते। अब वे जीवन नहीं, नशे की खोज में थे। उनकी मानसिकता लगभग उस तीर्थयात्री की-सी होती जा रही थी जो ईश्वर की खोज में तीर्थ-तीर्थ घूमता है।

इसी मानसिकता और ज्ञान की खोज में भटकते किसी ज्ञानयोगी की-सी तल्लीनता ने एक दिन उन्हें पहुँचा दिया—अन्तराग्राम के ही परिसर में बनी एक विशाल लाइब्रेरी में। दंग रह जाते हैं हेमन्त बाबू—मनोरोगियों के लिए, नशेबाजों के लिए...डॉक्टरों के लिए, शोधकर्ताओं के लिए हजारों किताबें। अध्यात्म से लेकर नशे के इतिहास तक पूरी ज्ञानराशि का संचित कोष वहाँ उपलब्ध !

टटोलते-टटोलते एक ऐसी किताब उनके हाथ लगी जिसने उन्हें वर्तमान से काटकर इतिहास के उस काल खंड में पहुँचा दिया था, जहाँ ड्रग को रोकने के लिए नहीं वरन्

एक पूरे राष्ट्र को ही अफीमची बनाने के लिए युद्ध हुआ था।

प्राणों के भीतर रो पड़े थे वे। ज्ञान इतना दुःखद भी हो सकता है ! मनुष्य की सभ्यता का यह इतिहास ? कहाँ तो वे बसा रहे थे स्वप्नों की एक ऐसी दुनिया जिसमें नशा एकदम विलुप्त हो जाए और कहाँ दि ग्रेट ऑपियम वार ऑफ 1839 की कड़ुवी सच्चाई ?

आनेवाली कई सुबह शीर्षासन, श्वासन, मेडिटेशन और ओम-ओम का जाप कर स्वयं को साधे रखा था उन्होंने। कुछ देर चित्त शान्त रहता, जैसे स्थिरता का कोई आधार बिन्दु मिल गया हो उन्हें...पर घंटे-दो घंटे बीते न बीते कि फिर वही फड़फड़ाहट, वही बेचैनी...। तड़-तड़ तड़कने लगतीं नसें। आँखें मूँदते कि वही काल खंड। वही काला पृष्ठ।

इंग्लैण्ड एक सभ्य देश। पहली दुनिया की अग्रिम पंक्ति का देश ! इतना विस्तार हुआ जिसके साम्राज्य का कि कभी सूरज तक नहीं डूबा...उसी महान इंग्लैण्ड का इतना अमानवीय चेहरा ! शायद आज के अमेरिका की तरह तब के इंग्लैण्ड के लिए भी मानवता, समानता और भाईचारे का मतलब सिर्फ यूरोपीय समुदाय तक ही सीमित था—तभी न किस-किसको नहीं रौंदा उसने ? तभी न 19वीं शताब्दी के पूर्वाह्न में विलायत ने चीन से सिर्फ इसलिए युद्ध किया कि चीन का तत्कालीन राजा अफीम के दुष्प्रभावों को देखते हुए नहीं चाहता था कि सर्वनाशी नशे की यह खपत उसके देश में दिन-प्रतिदिन बढ़ती रहे और चीनी जनता अफीम के नशे में डूबी रहे।

ईसा के जन्म के 6000 वर्ष पूर्व अफीम का इस्तेमाल मिडिल ईस्ट में किया जाता था। अरब के व्यापारी इसे चीन और भारत में लाए। एकदम शुरू में चीनियों ने इसे औषधि के रूप में इस्तेमाल किया। लेकिन यूरोप के व्यापारियों ने 1600वीं शताब्दी के पूर्वाह्न में अफीम की नशीली सिगरेट को चीन में निर्यात करना शुरू किया। चीन की सरकार ने 1729 में इसे अवैधानिक घोषित कर दिया। लेकिन यूरोपियन व्यापारी लगातार चीनी सिल्क, चाय और दूसरे चीनी उत्पादों के बदले चीन में अफीम का स्मगलिंग करते रहे। सत्तरहवीं शताब्दी के उत्तरार्द्ध में अफीम चीन का एक सर्वव्यापक दुर्व्यसन बन गया। देश की चांदी का विशाल भण्डार अफीम की कीमत चुकाने में देश के बाहर खाली होता रहा। अर्थव्यवस्था चरमराने लगी।

मार्च 1839 में चीन के एक तेजस्वी और नैतिक अफसर LIN-TSE-LISU (लीन-त्से-लिसु) ने अफीम के खतरे को देखते हुए, इस अवैधानिक व्यापार को रोकने के लिए कई व्यापारियों को गिरफ्तार किया और अफीम की 20 हजार चेष्ट को Guang Zhae में जब्त कर लिया और कड़ी चेतावनी दी कि यह अवैध व्यापार अगर बन्द नहीं हुआ तो वह इंग्लैण्ड से व्यापार बन्द कर देगा और सभी अंग्रेज व्यापारियों को चीन से निकाल बाहर करेगा।

यही नहीं, उसने महारानी विक्टोरिया को भी एक पत्र लिखा था कि ब्रिटेन

मानवहित में अपना नशे का सारा कारोबार बन्द कर दे। उसने यह तर्क भी दिया कि ब्रिटेन ने जब अपने देश में अफीम के घातक दुष्प्रभावों को नजर रखते हुए इसे अवैधानिक घोषित कर दिया है तो इसे दूसरे देशों में भी निर्यात नहीं करना चाहिए क्योंकि जो नशा इंग्लैण्ड के लिए घातक है, वह दूसरे देशों के लिए हितकारी कैसे हो सकता है ? इसका उपयोग नशे के रूप में नहीं वरन् सिर्फ औषधि के रूप में ही होना चाहिए।

लिन के पत्र का जवाब देना तो दूर, चीन के इस कदम से बौखलाए इंग्लैण्ड ने चीन पर आक्रमण कर दिया। अपने पुराने मॉडल के हथियारों के साथ चीन इंग्लैण्ड के आधुनिकतम एवं उच्चकोटि की तकनीकी तोपों का मुकाबला नहीं कर सका। पराजित और अपमानित चीन को 1842 में घुटने टेकने पड़े और नांकिंग की सन्धि पर हस्ताक्षर करने पड़े जिसकी सभी शर्तें ब्रिटेन के हित में थीं, जिसके अन्तर्गत चीन को विदेशी व्यापार के लिए बिछ जाना पड़ा और जिसके दुष्परिणामस्वरूप अफीम का धन्धा आनेवाले तीन दशकों तक दुगुने से ज्यादा उछल गया।

लिन को जलील किया गया और उसे तुर्किस्थान भेज दिया गया। लेकिन फिर भी बार-बार वह अपनी इम्पीरियल सरकार को चेतावनी देता रहा कि हमें स्वयं को बचाने के लिए नई तकनीकी, आधुनिक शिक्षा और नए हथियारों को अपनाना चाहिए।

लिन के बारे में सोचते-सोचते वे फिर बेचैन हो गए। क्या इसी प्रकार हर अच्छाई का अन्त बुराई में होता रहेगा ? क्या अच्छाई कभी नहीं जीतेगी ? मन में सीमेन्ट की तरह दृढ़ता से जमा एक विश्वास हिलने-हिलने को हुआ...गहरे दुःख के अहसास में मन डूबने लगा...कि तभी एक वृहत्तर सत्य उनके भीतर उतरने लगा...चतुर्दिक फैले प्राकृतिक सौन्दर्य और शीतल मन्द मदिर पवन ने उनकी चेतना और अन्तरात्मा को सहलाया। वे फिर सोचने के काबिल हुए...दृष्टि लघु कालखंड से हटकर दूर तक गई। कहाँ आज का चीन—विश्व रंगमंच पर न केवल एक परम शक्तिशाली एवं स्वाभिमानी राष्ट्र वरन् आम आदमी की गरिमा एवं मुक्ति के लिए लड़ाई लड़नेवाले राष्ट्रों के लिए भी एक आदर्श। एक मिसाल ! एक ऐसा राष्ट्र जिसकी संस्कृति के केन्द्र में हैं—कर्म, संघर्ष और राष्ट्रीयता।

और कहाँ आज का इंग्लैण्ड ! एक हवसवाला राक्षस ! कहाँ जा रही है उसकी आज की पीढ़ी—खुले पब, खुली वेश्यावृत्ति और नशेखोरी की तरफ। कुछ दिन पूर्व ही पढ़ी थी उन्होंने सितारवादक रविशंकर की डायरी। कुछ ऐसे रुग्ण और विकृत अनुभव हुए थे रविशंकर को कि उस आलेख का नाम ही उन्होंने दिया था—इट वाज ए हॉस्पिटल एक्सपीयरेंस। अन्ततः वहाँ के युवक-युवतियों से कहना पड़ गया था उन्हें—"आप संगीत पर ध्यान दीजिए और मेरे संगीत को सेक्स और ड्रग के साथ मिश्रित मत कीजिए। मेरे लिए संगीत बहुत पवित्र चीज है और यह आप लोगों को भी सिर्फ अपने बल पर ऊँचा आनन्द दे सकता है। उसके लिए आपको बाहरी उत्तेजक पदार्थों की आवश्यकता नहीं है। कृपया मुझे एक चांस दें, जिससे मैं इसे प्रमाणित कर सकूँ।"

मन एक बार फिर ताजे फूल की तरह खिल गया। हेमन्त बाबू मुस्कुरा पड़े—नहीं, जिन्दगी पर मेरी राय बदली नहीं है, बल्कि और मजबूत हुई है कि व्यक्ति हो या राष्ट्र, दूसरे की तबाही पर कोई सुदीर्घ समय तक पनप नहीं सकता। मुक्ति यदि सम्भव है तो सत्य और सौन्दर्य में। मूल्य आधारित जीवन व्यवस्था में—यही है प्रकृति का नियम।

गंगा की तरह बहती चिन्तनधारा पर अब विराम लग गया था। अब वे शान्त थे, किसी ऋषि की तरह।

अन्तराग्राम रिहेबिलिटेशन सेन्टर में जीवन शैली एकदम ही बदल दी गई थी आदित्य की। सप्ताह में एक दिन उसकी आध्यात्मिक ट्रेनिंग क्लास लगती और बाकी दिन उससे जबर्दस्त फील्ड वर्क करवाया जाता। उसे जो टी.डी.ए. (थेरेपिक ड्यूटी एसाइन्मेंट) मिला, वह उसे ताँगे के घोड़े की तरह हमेशा काम में जुटाए रखनेवाला था। अन्तराग्राम रिहेबिलिटेशन केन्द्र के पीछे करीब साढ़े चार एकड़ जमीन थी। आदित्य को उस पर बने खेत में कुदाल चलाना पड़ता था। पानी भरना पड़ता था। सभी रोगियों और डॉक्टरों का भोजन सामूहिक बनता था, आदित्य और उसके साथियों को बारी-बारी से आटा गूँथना पड़ता था। शुरू-शुरू में आदित्य यह सब बड़े अनमने भाव से करता, पर धीरे-धीरे पिता के प्यार एवं साथी सहकर्मियों के सहयोग ने उससे सबकुछ करवा लिया। और एक दिन उसने आश्चर्य से देखा कि उसे बिना नशे के भी नींद आने लगी थी। खूब गहरी और मीठी नींद। एक मजदूर की-सी नींद।

यहाँ उसे प्रतिदिन हनुमानछाप बीड़ी का एक पुडक्का मिलता था जिसमें आठ बीड़ियाँ रहती थीं। श्रम और बीड़ी के सुख के साथ-साथ उसे बहुत ही व्यवस्थित एवं सलीकेपूर्ण ढंग से नशे की मानसिक तलब से बेदखल किया जा रहा था। इसके अलावा एक और चीज जो नशेबाजों को कुछ समय के लिए ही सही, लौकिक से पारलौकिक बनाती थी वह थी जीवन आग्रही प्रकृति का अनिंद्य सौन्दर्य...ठौर-ठौर पर लगे पेड़ और बड़े-बड़े खूबसूरत गमले। डूबते और उगते सूरज की लालिमा जब इन पंक्ति में रखे पेड़ों और गमलों से टकराती तो पत्ता-पत्ता जैसे सात्विक हो उठता था।

और इन सबके साथ करवाई जा रही थी सिक्स प्वाइंट स्पीरिचुएल ट्रेनिंग क्लासेज़।

हाथी, जंजीर और कंडीशंड माइंड

आध्यात्मिक प्रशिक्षण कोर्स की आज पहली क्लास।

पन्द्रह बाई बारह स्क्वायर फीट का छोटा-सा क्लास रूम। सुसज्जित एवं व्यंवस्थित। व्याख्याता—प्रो. रामकृष्ण शास्त्री। कक्षा में 28 नशेबाज...सभी लगभग 18 से 38 की उम्र के बीच के। एक-एक की केस हिस्ट्री मुखस्थ है प्रो. शास्त्री को। सब

पर एक करुणा में लिपटी स्नेहिल दृष्टि डालते थे वे...कुछ खामोश पल...।

सब जानते हैं कि हर नई कक्षा को शुरू करने के पूर्व घंटे भर तक समाधिस्थ रहते हैं वे, फिर जितने लड़के कक्षा में उतने ही फूल ईश्वर को समर्पित कर उनकी खुश-कामना एवं सार्थक जीवन के लिए प्रार्थना करते हैं वे और किसी ईसाई पादरी की तरह ही प्रार्थना से शक्ति और मानसिक पवित्रता हासिल कर अपने मिशन पर आते हैं।

अपना अलग ही अन्दाज है प्रो. रामकृष्ण का।

आज भी बड़े ही आत्मीय एवं दोस्ताना लहजे में रखी उन्होंने अपनी बात—

"उगते हुए सूर्य को कभी देखा है आपने ?"

"हाँ..." एक समवेत स्वर।

"तो क्या कभी आपने सोचा कि काश यह उगता हुआ सूरज थोड़ा और लाल होता...नहीं, क्योंकि वह स्वयं में सम्पूर्ण सुन्दरता है। वैसा ही है आपका अन्तर्मन—उतना ही पूर्ण और खूबसूरत, जितना उगता हुआ सूरज, बस हम अपनी जरा-सी असावधानी से उस लालिमा को कालिमा में बदल देते हैं...मेरा विनम्र प्रयास...आपकी लालिमा आपको वापस मिले।"

फिर एक सावधान और टटोलती निगाह। सब खामोश एवं तल्लीन होकर सुन रहे हैं उन्हें। सन्तोष की एक झीनी-सी परत चढ़ जाती है उनके चेहरे पर। वे फिर आगे बढ़ते हैं।

"आप जैसा सोचते हैं, आपके दिमाग की केमिस्ट्री वैसा ही काम करती है। आप देखेंगे कि आप जब मानसिक रूप से उदास हैं तो आपकी बॉडी भी सुस्त और शिथिल पड़ जाती है क्योंकि आपकी मानसिक उदासी को आपकी बॉडी ज्यों-की-त्यों स्वीकार कर लेती है। आपको एक अद्‌भुत एवं रहस्यमयी बात बताता हूँ। आपको जानकर आश्चर्य होगा कि हाथी का बच्चा जब छोटा रहता है तो उसका ट्रेनर उसे खासी मजबूत जंजीर से बाँधकर रखता है। हाथी का बच्चा उछलता है, कूदता है। उस कड़ी पर बार-बार आघात करता है कि उसे तोड़ फेंके, पर बार-बार असफल होता है। बार-बार असफल होने पर वह जंजीर को ही अपनी नियति मान उसे स्वीकार कर लेता है। फिर हाथी का बच्चा बड़ा होता जाता है। जंजीर पतली होती जाती है, इस हद तक कि जब वह पूर्ण विकसित हाथी बन जाता है, तो भी जंजीर वैसी-की-वैसी रहती है। अब यदि हाथी चाहे तो उसे एक झटके में तोड़ सकता है, पर वह उसकी चेष्टा भी नहीं करता, क्योंकि उसका दिमाग कंडीशंड है। वहीं-का-वहीं। वास्तव में जंजीर पतली हो गई है। पर अवचेतन में बैठी है वही अभेद्य जंजीर।

"पर इसीलिए वह हाथी है, इंसान नहीं। अब सुनिए इंसान की कथा। एक बच्चा शिक्षक से हर दिन डाँट-फटकार, मार खाता रहा, उसे कुछ समझ में नहीं आता कि शिक्षक क्या कहते हैं। एक बार शिक्षक ने कहा, हाथ फैलाओ। डरते हुए बच्चे ने हथेली सामने कर दी। बेंत से उसे मारते वक्त शिक्षक ने बच्चे की हस्त-रेखा देखी तो उसे गले लगा लिया—मुझसे बड़ी भूल हुई वत्स, तुम्हारे हाथों में तो विद्या की रेखा ही नहीं

है। मैं व्यर्थ ही तुम्हें नहीं पढ़ने के लिए पीटता रहा। बच्चे ने पूछा, विद्या की रेखा कहाँ होती है। शिक्षक ने बताया—यहाँ होती है। बच्चा बाहर गया, ब्लेड से उसने उस जगह को चीर दिया और अपनी लहूलुहान हथेली के साथ वापस आया, गुरुवर ! अब आप मुझे शिक्षा दीजिए, मैंने अपनी हथेली पर विद्या की रेखा खींच दी है। जानते हो, यही बच्चा आगे चलकर संस्कृत का प्रकाण्ड पंडित—महर्षि पाणिनी बना। आप स्वयं को शिव समझें। आप शिव हैं। आप स्वयं को शव समझें, आप शव हैं। आप स्वयं को ड्रग पर निर्भर समझें आप ड्रग एडिक्ट हैं। जैसी मनसा वैसी दशा। आप ठान लें कि आपको ड्रग पर निर्भर नहीं रहना है, आप क्लीन हैं। याद रखिए जिन्दगी उसी की है जो जीना जानता है। आकाश उसी का, जो उड़ना जानता है।"

प्रो. शास्त्री ने घंटे भर के व्याख्यान के बाद फिर एक गहरी दृष्टि उन युवकों पर डाली थी...सबके चेहरे पर एक महीन उदासी में लिपटी सन्तोष की झिल्ली चमक रही थी।

"किसी को कुछ पूछना...?"

कुछेक छात्रों की इक्की-दुक्की जिज्ञासाओं को शान्त कर वे बाहर निकल आए थे।

बाँधो न नाव इस ठाँव बन्धु

अलविदा ब्राउन...अलविदा हेरोइन !

पूरे सप्ताह बाद शुरू हुई दूसरी क्लास।

कई बार केमिकल डिपेन्डेंट (प्रो. शास्त्री नशेबाजों के लिए ड्रग एडिक्ट शब्द से बचते हैं। यह शब्द उन्हें अपमानजनक लगता है, इस कारण वे सदैव—इनके लिए 'केमिकल डिपेन्डेंट' शब्द का प्रयोग करते हैं) अपने बचाव में तर्क रखते हैं—'यह मेरी जिन्दगी है, जो चाहूँ सो करूँ। कभी सोचा है आपने कि, आपकी जिन्दगी में किन-किन का योगदान है ? और किस-किसका कर्ज चुकाना है आपको ! हमारे शास्त्रों के अनुसार पिता पुत्र की कामना इस कारण नहीं करता कि उसकी वंश-वृद्धि हो, वरन् इस कारण करता है कि पुत्र उसके अधूरे कार्यों को पूर्ण करे। जिन्दगी पर सिर्फ आपका अधिकार नहीं। मिलिट्री अकादमी में जब एक फौजी डिग्री लेता है तो साथ में वह एक शपथ भी लेता है—मेरा अपना हित अन्त में। हमारा देश किसानों का देश है। आज भी एक किसान जब अपने घर का बजट बनाता है तो उसमें पहला भाग वे मवेशी, ढोर, चारागाह के लिए निकालता है। बजट का कुछ हिस्सा वह प्यासों के प्याऊ और कबूतरों के दाने के लिए भी निकालता है...कई जगह मन्दिर बनवाने के लिए भी निकालता है। मेरी माँ पढ़ी-लिखी नहीं थी लेकिन जब वह खाना बनाती थी तो पहली रोटी गाय और अन्तिम रोटी कुत्ते के लिए निकालती थी...यात्रा के समय रास्ते में यदि नदी पड़ती तो पैसे डालती कि नदी सदैव भरी-पूरी रहे...। उठते ही तुलसी के पौधे में पानी डालती। कहने का

मतलब कि वह स्वयं को पेड़-पौधों, जानवरों, नदी-नालों, परिवार...सबसे जोड़कर देखती. ..। इसमें उसी का फायदा था, उसकी आत्मशक्ति बढ़ती गई। वह नहीं कहती थी, मेरी जिन्दगी मेरी है।

" व्यक्तिगत स्वातन्त्र्य लोकहित से जुड़कर ही सुन्दर बनता है। मेरे पिता उठते ही सूर्य को प्रणाम करते, इसमें सूर्य का नहीं उनका ही कल्याण था कि उनकी 'स्व' की दुनिया निरन्तर बड़ी होती गई। मदर टेरेसा को कभी नशे की जरूरत नहीं पड़ी क्योंकि उनकी दुनिया में 'मैं' कहीं था ही नहीं। शास्त्रों में कहा गया है—न अल्पे सुखम् अस्ति...। यानी अल्प में सुख नहीं है। आपने अपनी जिन्दगी को सिर्फ अपने तक ही सीमित रखा, अपनी दुनिया का विस्तार नहीं किया इसलिए आपको बड़ा सुख...असली सुख नहीं मिला। आपने अपनी आत्मा को अनाथ बना दिया। इसलिए आपको कृत्रिम सुख के लिए कृत्रिम केमिकल की जरूरत पड़ी।

" पूरी ईमानदारी के साथ, यदि आप महसूस करते हैं कि आपको अपनी जिन्दगी को स्वाभाविकता के साथ झरने की तरह बहते देने के लिए किसी नशे की जरूरत नहीं तो आइए मेरे साथ कहिए 'अलविदा ब्राउन...अलविदा हेरोइन।' "

सभी छात्रों ने एकसाथ कहा—"अलविदा !"

प्रो. शास्त्री फिर मुस्कुराए—"याद रखिएगा...आपने वादा किया है—अलविदा ब्राउन...और जिनकी बात एक, उसका बाप एक।"

संगीत, चोर और आत्मा की आवाज

तीसरी क्लास दस दिन बाद हुई थी, क्योंकि बीच में दो छुट्टियाँ पड़ गई थीं।

क्लास की शुरुआत में प्रो. रामकृष्ण ने नशेबाजों को अमेरिका की माइन्ड पॉवर रिसर्च इंस्टीच्यूट की एक दिलचस्प खोज के बारे में बताया। अमेरिका के एक डिपार्टमेंटल स्टोर ने अपने यहाँ गाने की एक कैसेट लगा दी थी, इस विश्वास के साथ कि व्यक्ति के भीतर अच्छे विचार भरे रहें, इसके लिए जरूरी है कि नियमित रूप से दिमाग में आध्यात्मिक मूल्य भेजे जाएँ। फिर धीरे-धीरे दिमाग स्वतः ही उसी दिशा में लग जाएगा। आप भी हर वक्त...

एक लड़के ने बीच में उठकर पूछा—"आध्यात्मिक का मतलब क्या है।"

"आध्यात्मिक का मतलब है आत्मिक उत्थान। "

"हाँ, तो उस डिपार्टमेंटल स्टोर ने अपने यहाँ गाने की कैसेट लगा दी थी, जो कुछ इस प्रकार थी कि यदि मैं चोरी करूँगा तो मुझे जेल भी हो सकती है। इस कैसेट के बाद उस दुकान की चोरी 37 प्रतिशत कम हो गई थी।"

एक लड़के ने फिर उठकर पूछा था—"लेकिन यह किस प्रकार व्यावहारिक है...घर में तो इस प्रकार हर वक्त कैसेट चलाकर रखी नहीं जा सकती है कि मैं ड्रग लूँगा...तो

मेरा सर्वनाश...।"

"हर रात सोते वक्त आप अपने एकाउन्ट को चेक कीजिए। ठीक जिस प्रकार एक फोटोग्राफर अपने डार्क रूम में दिन भर के नेगेटिव की जाँच करता है। एक बात और...अपनी खामियों और कमजोरियों को किसी तीसरे व्यक्ति या किसी ईश्वरीय सत्ता के समक्ष स्वीकार करें और आज के लेखे-जोखे को आज ही समाप्त कर दें। अपराध-बोध के अनावश्यक बोझ को अपने साथ लेकर नहीं चलें।"

प्रो. शास्त्री अपनी बात पूरी भी नहीं कर पाए थे कि पीछे कुछ खलबली-सी मची...। एक लड़का चिल्ला पड़ा—"आपकी सारी बातें बकवास हैं प्रोफेसर...क्योंकि आपने नस-नस को चटका देनेवाला वह धोखा...वह ठगी...वह मजबूरी...वह विश्वासघात नहीं भोगा। वह रोम-रोम में सुलगनेवाली यातना नहीं भोगी...उस समय सिर्फ एक ही इच्छा जोर मारती है कि या तो खुद को नकार दे...गोली मार दे या इस दोगली क्रूर दुनिया को...और उसके लिए नशे से बढ़कर निदान क्या हो सकता है ! आपके यह सारे स्पिरिचुअल फार्मूले सिर्फ उन पर लागू हो सकते हैं जिन्होंने शौकिया ड्रग लिया हो...मुझ पर नहीं।" बोलते-बोलते उसकी आँखों से लपटें उठने लगी थीं।

प्रो. शास्त्री पछाड़ खाती लहर की तरह तड़पे। नहीं चाहते थे वे अपनी जिन्दगी का डार्करूम किसी को दिखाना...पर यह छात्र...इसने तो विवश ही कर दिया था उन्हें।

अपने भीतर बहने लगे वे और उस बिन्दु पर पहुँचे जहाँ जिन्दगी ने एक ही झटके में सबकुछ छीन लिया था उनका।

धीरे-धीरे कहने लगे वे—"मैं लन्दन में था...चार वर्षों तक। वहीं पर ताँबे के तार बनानेवाली एक फैक्ट्री में मजदूर था। एक-एक पैसा मैंने वहाँ पर पसीना नहीं, खून बहाकर बचाया था। दो-दो शिफ्ट में काम करता, रविवार को भी ओवर टाइम करता। कम-से-कम में गुजारा हो, इसके लिए सदैव पेइंग गेस्ट बनकर रहा। कभी कोई विलासिता नहीं पाली, कभी किसी पब या होटल में नहीं गया...बस एक ही मकसद... अधिक-से-अधिक पौंड बचाकर परिवार को खुशहाल कर दूँ। और अनुबन्ध खत्म होने पर पत्नी और बच्चों के लिए ढेर सारे उपहार खरीदकर उनको चकित कर देने के इरादे से एक शाम जब स्वदेश अपने घर अचानक वापस लौटा तो जानते हो मैंने क्या देखा...मैंने देखा कि मेरी पत्नी मेरे दोस्त के साथ सो रही थी।

"उन क्षणों मुझे लगा कि या तो मैं पागल हो जाऊँगा या हत्यारा। मैं इंसान से एक जलता हुआ आग का गोला बन चुका था...जिस घर की ईंट-ईंट पर मेरा नाम जड़ा था...उस घर में अब एक रात भी मैं रह नहीं सका।

"मैं भटकता रहा...महीनों। उस औरत ने मेरे सात साल के बेटे को भी मेरे खिलाफ कर दिया था। और तभी मैं स्वामी चिन्मयानन्द जी के सम्पर्क में आया। उनसे मैंने काफी बात की। महीनों उनके पास रहा और वहीं मैं आस्तिक हुआ। मेरी पीड़ा के गहराते बादल छँटे। उन्होंने ही मुझे यह मंत्र दिया कि कोई भी दुःख और दुर्भाग्य इंसानी हौसले और साहस से बड़ा नहीं होता। मेरे पिता की ताई थीं, जिनके चौदह बच्चे हुए, पर

एक भी जिन्दा नहीं बचा और वह स्वयं पैंतालीस वर्ष में विधवा हो गईं...पर उन्होंने ड्रग की शरण नहीं ली, क्योंकि वह जीवन का आदर करती थीं।

" मेरे गाँव में कई ऐसी महिलाएँ थीं, जो पति का मुँह देखने के पूर्व ही विधवा हो गई थीं और उसी के नाम पर उन्होंने अपनी पूरी जिन्दगी बिता दी।

"दोस्तो, पूरी सृष्टि में मनुष्य ही एकमात्र ऐसा जीव है जो मन के जोर से शून्य में से ब्रह्मांड निकालने की ताकत रखता है। उसी मन ने वाल्मीकि को डाकू बनाया और वही मन जब सही दिशा में दौड़ा तो वे महाकवि बन गए...।"

वही लड़का फिर एकाएक चीख पड़ा—"नहीं, यह सत्य नहीं। यदि ऐसा होता तो आदमी पर इतना अन्याय, इतना जुल्म नहीं होता...इस प्रकार वह दास बनाकर बाजारों में नहीं बेचा जाता...जहाजों में जानवरों की तरह ठूँसकर अफ्रीका नहीं भेजा जाता।..."

"सृष्टि का निहायत कमजोर, अधूरा, निरीह और बेबस जीव है आदमी क्योंकि उसके पास बेचैन मन और तड़पती आत्मा है। स्मृतियों के दंश और स्वप्नों की टूटन है, जो उसे भटकाती है और जीने नहीं देती है। जानवर उससे बेहतर हैं क्योंकि उन्हें स्मृतियाँ दंश नहीं मारतीं, स्वप्न नहीं भटकाते ! आत्मा नहीं कचोटती।"

परकटे पक्षी-सा वह युवक काफी देर तक फड़फड़ाता रहा था।

प्रो. शास्त्री को उसे देख अपना अतीत याद आ गया था...स्वयं वे भी कभी इसी प्रकार टूट चुके थे।

युवक को शान्त करने के लिए वे धीरे-धीरे उसकी पीठ थपथपाने लगे।

"हाँ, तुम भी सत्य ही कह रहे हो नवयुवक...पर यह सत्य का एक अंश है, जिसे तुमने देखा है। यह सम्पूर्ण और अन्तिम सत्य नहीं है।"

"तो फिर क्या है सत्य का दूसरा अंश..."

"जिस प्रकार यह सत्य तुमने पाया है वैसे ही दूसरा सत्य भी स्वयं तुम्हीं अनुभव करोगे..."

और फिर वे मौन हो गए थे।

अपने अधूरे वृत्त को पूरा करें

आज के पाठ के सूत्र प्रो. शास्त्री ने कई ऐसी संस्थाओं की रिपोर्ट एवं शोध के आधार पर तैयार किए थे जो मानवीय सम्बन्धों की दिशा में काम कर रही थीं।

बहुत ही मुलायम-मुलायम शब्दों में रखी उन्होंने अपनी बात—"अपनी जिन्दगी की तस्वीर को रिबाइंड करके आप फिर-फिर देखिए...कहीं किसी के ऋणी तो नहीं रह गए ? कुछ देना तो नहीं बाकी रह गया...कोई अपराध तो नहीं हो गया आपसे ? कोई अपनी ममता का अमूल्य खजाना आप पर लुटाता रहा हो और आप उसे हवा में उड़ाते रहे

हों !...देखिए, अवचेतन में पड़ी अपराध-बोध की लाठी भी कई बार आदमी का आजीवन पीछा करती है—एक बार इसी कक्षा में एक लड़के ने कबूल किया था कि उसकी बड़ी बहन ने अपनी शादी के लिए रखे जेवरात को बेचकर उसे पढ़ाया, विदेश भेजा...विदेश जाकर वह सबकुछ भूल गया। वहीं बस गया, शादी भी कर ली...बाद में वर्षों बाद जब वह वापस लौटा तो बहन के बाल सफेद हो चले थे। गहन पश्चात्ताप बोध के कारण वह बाद में कभी शान्ति से जी नहीं सका...एक ही गुहार थी उसकी...बहन का कर्जा कैसे चुकाऊँ...उसकी तरुणाई कैसे लौटाऊँ, कहीं आपके साथ ऐसा न हो। जब तक आपका एकाउन्ट डेबिट है, आपका वृत्त अधूरा है। इसलिए जिसका जो देय है, समय रहते ही उसे दे दीजिए।

" उत्तर प्रदेश के आजमगढ़ गाँव में एक जमींदार परिवार था। राय। सदियों तक उसकी जमींदारी में आदिवासियों और गरीब किसानों की चमड़ी उधड़ती रही...परिवार ऐश करता रहा। उसी परिवार के एक वारिस को जब यह चेतना हुई कि उनके परिवार ने किस प्रकार मानवता को कुचल डाला...उसने परिवार में दुबारा पैर नहीं रखा—मुझे अपने पुरखों का प्रायश्चित करना ही पड़ेगा...वह झारखंड के आदिवासी इलाकों में चला गया और हमेशा-हमेशा के लिए आदिवासी बन गया...उन्हीं की वेश-भूषा और संस्कृति अपना ली।

" कहीं ऐसा न हो कि आपके आज के कुकृत्यों का प्रायश्चित आपके किसी आगामी वंशज को करना पड़े।

" देखिए, बड़ी खुशी... आई मीन असली खुशी उसी को मिलती है, जिसकी चादर में कोई दाग नहीं हो।

" देखिए, इस कोर्स को शुरू करने के पूर्व ही मैंने आप सबको गोपनीयता की शपथ दिलवाई थी। आप किसी भी अपराध-बोध के साथ न जीएँ...और अपने सारे अपराधों को यहीं कबूल कर लें...शायद कोई रास्ता निकल आए...और आपका अवचेतन अनावश्यक बोझ से मुक्त हो जाए।"

लड़के पूरी तल्लीनता के साथ सुन रहे थे। सबकी आत्मा में हलचल होने लगी थी। प्रो. शास्त्री ने करीब पैंतीस मिनट उन्हें अपने बीते हुए जीवन पर सोचने के लिए दिया था।

उन पिघलते क्षणों में कइयों ने आगे बढ़कर अपने कई भेद खोले, सामूहिक विवेचन हुआ...। कक्षा की समाप्ति पर जब प्रो. शास्त्री बाहर निकलने लगे तो उनके साथ-साथ एक छात्र भी बाहर निकला।

प्रो. शास्त्री की अनुभवी आँखें ताड़ गई थीं जरूर कोई कन्फेशन (अपराध स्वीकृति) का मामला है।

"कहो अजय, क्या कहना चाहते हो ?"

"सर, मुझे आपसे एकान्त में कुछ कहना है।"

दोनों प्रो. शास्त्री के चैम्बर में।

"सर, आपने कहा था कि हम अपने अधूरे वृत्त को पूरा करें...पर यदि अनजाने ही कुछ ऐसा हो जाए जिसे लौटाया नहीं जा सके...तो फिर कैसे वृत्त पूरा किया जाए... आपने मुझे उद्वेलित कर दिया है...आप असम्भव को सम्भव करने के लिए कह रहे हैं।"

ध्यान से देखने लगते हैं प्रो. शास्त्री। घनीभूत उदासी और बेचैनी के भाव भादो के बादल की तरह चेहरे पर छाए हुए।

"सर, मेरा अतीत एक भयानक नरक है। आज आपने फिर मुझे उसमें धकेल दिया है...मुझसे एक घृणित अपराध हो चुका है।" थूक निगलते हुए एकसाथ बोल पड़ता है—"सर मैंने एक की हत्या कर दी थी।"

"क्या...?" अविश्वास से मुँह खुला का खुला रह गया। 'हत्यारे' शब्द ने जाने कितनी बार जाने कितने बिम्ब उनकी कल्पना में बनाए थे...पर कोई भी बिम्ब सामने खड़े इस सुदर्शन, लम्बे और दुबले-पतले युवक के बिम्ब से मेल नहीं खा रहे थे। लेकिन अविश्वास का कारण भी नहीं था...युवक की बेचैनी, पश्चात्ताप, उसकी आँखें सौ-सौ मुख से कह रही थीं कि जो भी कहा जा रहा है वह सिर्फ सत्य है, सत्य के सिवा कुछ नहीं।

अजय ने कहना शुरू किया, खूब आहिस्ता-आहिस्ता। एक पवित्र पश्चात्ताप का भाव उदासी में लिपटा उसके चेहरे पर छाता जा रहा था...प्रकम्पित आवाज...थरथराते होंठ—"सर, घर में मैं और सिर्फ मेरी माँ रहते थे। माँ की पेंशन से घर चलता था। मैं नशे में डूबा रहता था और नशे का खर्चा रंगदारी से वसूलता था। हमारा एक गिरोह था। छोटे-छोटे व्यापारी, मकान के ठेकेदार से लेकर चाय की दुकानवालों तक से हम हफ्ता वसूलते थे।...बाद में हम लोगों ने रास्ता बनाने के लिए सरकारी टेंडर लेने की सोची। हम पाँच लोगों ने मिलकर एक इंजीनियर्स की को-ऑपरेटिव बनाई। इसमें दो सचमुच के इंजीनियर थे। दो इन्वेस्टर भी मिल गए थे। मेरे पास लगाने को कुछ भी नहीं था, क्योंकि मेरे पास जो भी पैसा आता वह नशे में उड़ जाता। इसलिए मुझे काम सौंपा गया—टेंडर पास करवाने का। ऐसे ही पाँच किलोमीटर रास्ता बनाने का एक टेंडर था। मैं पहले ही सामनेवाली पार्टी को डरा देता जिससे कोई ज्यादा बोली नहीं बोलता। कई बार मैंने मसल पॉवर का भी प्रयोग किया। एक बार सामनेवाली पार्टी भी अपने साथ मसल पॉवर लेकर उतरी। आप नहीं जानते सर, टेंडर ड्रापिंग में मसल पॉवर ही मुख्य होती है। हाँ तो, मैं उस समय नशे में था। मैंने छुरा चला दिया...वह मर गया। नहीं, कोई भी गवाह नहीं था क्योंकि वह झगड़ा जंगल में हुआ था...मैं पन्द्रह दिन बाहर रहा...। उस हत्या के बाद से मेरे ग्रुप में मेरी इज्जत तो बहुत बढ़ी...लेकिन बाद में मेरे बढ़ते हुए अहं के चलते मेरी उनसे भी नहीं निभ पाई...।"

एक गहरी साँस ले वह फिर कहने लगा—"मैं जिन्दगी में सबकुछ खो चुका हूँ... इंसानियत...प्रेम...दया...मेरी माँ भी इसी दुःख में चल बसी...। इस नशे ने मेरा सबकुछ छीन लिया...सर, मैंने तो उस समय यह भी जानने की चेष्टा नहीं की कि जिसे मैंने मार डाला वह कौन था, कहाँ का रहनेवाला था...मेरे लिए तो वह बस मेरे रास्ते का रोड़ा था जिसे मुझे हटाना था...आप बताइए सर, मैं इस अपराध-बोध से कैसे ऊपर उठूँ...जब से

आपने कहा है...अपना वृत्त पूरा करें...जाने कहाँ से निकलकर वह चेहरा मुझमें खौफ जगाने लगा है..हिसाब माँगने लगा है मुझसे...” कहते-कहते उस युवक ने अपना मुँह अपने दोनों हाथों से ढाँप लिया था।

एक बेचैन खामोशी...।

एकाएक कुछ सोच नहीं पाते हैं प्रो. शास्त्री। कैसे सांत्वना दें इस साक्षात पश्चात्ताप को...क्या कहें—खुद के पुत्र की सूरत आँखों के आगे घूम गई थी...दूर अन्तरिक्ष में डूबते सूरज की ओर देखते हुए कहने लगे, “देखो, सूरज का डूबना भी सत्य है, उसका उदित होना भी सत्य है। अनेक परतें हैं सत्य की। एक सत्य यह भी है कि भविष्य हर उस व्यक्ति के पास है जिसके मनुष्य होने की शुरुआत हो चुकी है। तुम्हारे पश्चात्ताप के आँसू बता रहे हैं कि वह शुरुआत हो चुकी है...बस आवश्यकता इस बात की है कि यह शुरुआत...यह प्रवाह अब रुके नहीं, क्योंकि सत्य सदैव प्रवाह में है। नशे ने तुम्हें एक सोचहीन एवं रुका हुआ इंसान बना डाला था। रुका हुआ जल सड़ने लगता है...इस कारण तुम्हारा मनुष्यत्व भी सड़ने लगा था। अब तुमको इस प्रवाह को बनाए रखना है।”

पाँचवीं क्लास के शुरुआत में प्रो. शास्त्री ने सभी छात्रों को दुनिया के उन आठ व्यक्तियों की सूची दी जो अपने समय के शहंशाह थे...सूबेदार थे, पर उनका अन्त आत्महत्या में हुआ था या विक्षिप्त में...कारण ?

मूल्यहीन जीवन—एक जवाब।

अत्यधिक आत्मविश्वास—पीछे से कोई बोला।

कोई बड़ा धोखा...विश्वासघात ? कोई और बोला।

नहीं।

इसका एकमात्र जवाब यही है कि उनकी जिन्दगी सफल थी, पर सार्थक नहीं। सफल और सार्थक में क्या अन्तर है ? एक प्रश्न।

सार्थक जीवन वह जीवन है जो बेस्ट एट रिपेइंग है। यानी जो संसार से न्यूनतम लेकर उसे अधिकतम लौटाता है। पैगम्बर मुहम्मद मृत्यु शैय्या पर लेटे थे। शिष्य ने पूछा, ‘सबसे अच्छा व्यक्ति कौन है।’

जवाब आया, “वही जो बेस्ट एट रिपेइंग है।”

गाय को क्यों पूजा गया है क्योंकि वह कितनी थोड़ी-सी घास खाकर कितना अधिक संसार को वापस लौटा देती है।

“इन आठ व्यक्तियों की जो सूची मैं आपको दे रहा हूँ...इन उपलब्ध सत्यों को आप अपने एकान्त में मनन करें...ये भी कभी नशे में जीते थे...पैसे का नशा...महान दिखने का नशा...दुनिया को मुट्ठी में करने का नशा। इन सभी महानुभावों की यात्रा ‘सबकुछ’ से विद्ड्राअल की ‘कुछ नहीं’ की यात्रा है। मूल्यविहीन, आत्मकेन्द्रित एवं अध्यात्मविहीन जीवन का अन्त इसी प्रकार होता है। हाँ, तो वह सूची इस प्रकार है—

1. वॉल स्ट्रीट के सबसे बड़े सट्टेबाज–जेसी लिवरमोर ने आत्महत्या की।
2. संसार के सबसे बड़े मॉनोपोली मार्केट के अध्यक्ष–ईवान क्रूजर को आत्महत्या करनी पड़ी।
3. बैंक ऑफ इन्टरनेशनल सेटलमेंट के अध्यक्ष–लियॉन फ्रेजर के अध्यक्ष ने भी आत्महत्या की।
4. दुनिया की सबसे बड़ी गैस कम्पनी का प्रेसीडेन्ट हावर्ड हब्सन पागल हुआ।
5. न्यूयार्क स्टॉक एक्सचेंज के अध्यक्ष रिचर्ड विटनी को जेल जाना पड़ा।
6. अमेरिकन राष्ट्रपति के कैबिनेट मेम्बर अलबर्ट फॉल को जेल से इसलिए निकाल दिया गया ताकि वे अपने जीवन के अन्तिम दिन घर में बिता सकें।
7. यश, ख्याति और पैसों के पहाड़ों पर लेटी ग्लेमर की दुनिया की शहजादी सुप्रसिद्ध अमेरिकन अभिनेत्री मर्लिन मनरो ने आत्महत्या की।

एक पत्रकार ने उससे साक्षात्कार में पूछा था–'आपके पास सबकुछ है, अब कोई ख्वाहिश है आपके दिल में।'

उसने जवाब दिया था–'हाँ, मुझे चाहिए एक मीठी नींद।' "

तुम्हीं सत्य हो

अन्तिम पाठ : आज की इस कक्षा में प्रो. शास्त्री ने अपना सबकुछ, अपना सारा...ज्ञान, भाव विचार...अपने छात्रों पर उँड़ेल दिया था।

प्रो. शास्त्री यहाँ अवैतनिक थे। उनके बारे में कहा जाता है कि पत्नी के बदचलन होने पर पुत्र से भी उनका सम्बन्ध कई वर्षों तक नहीं हो पाया था। बाद में बहुत वर्षों बाद जब पुत्र से उनकी मुलाकात हुई तब तक वह एक हार्ड कोर एडिक्ट में बदल चुका था। न सिर्फ नशेबाज वरन् नशे का धन्धेबाज भी और अभी वह दिल्ली की तिहाड़ जेल में नारकोटिक ड्रग एंड साइकोथ्रेपिक सब्सेशन्स एक्ट कानून के अन्तर्गत दस वर्षों की सजा पर था। और उसके बाद से उनके एकरंगी जीवन का एक ही धर्म-कर्म और ध्येय रह गया था–उद्भ्रान्त युवकों को इंसान बनाना।

पिछले आठ-नौ वर्षों की भीतरी पीड़ा के फलस्वरूप रोशनी के जो छोटे-छोटे वृत्त इकट्ठे होने लगे थे उनके भीतर...उन्हीं सबको शब्दाकार में ढालते हुए कहना शुरू किया उन्होंने, "आप सब पढ़े-लिखे हैं...आप जानते हैं कि आधुनिक तकनीक से भरपूर कम्प्यूटर सिस्टम भी तभी तक आपके लिए उपयोगी है, जब तक उसमें वाइरस नहीं लग जाता...एक बार उसमें वाइरस लगा नहीं कि सिस्टम डाउन हुआ...पहले उसकी गति धीमे होने लगती है और धीरे-धीरे एक समय ऐसा आता है कि बिना उसे क्लीन किए आप कुछ भी नहीं कर पाते...आप जानते होंगे कि कम्प्यूटर की परिकल्पना मानव मस्तिष्क एवं शरीर को ध्यान में रखकर ही की गई थी...ठीक वैसा ही आपका सिस्टम

है। आप ब्रह्मांड की सर्वश्रेष्ठ कृति...जिसके लिए शास्त्रों में कहा गया है—तत् + त्वम् + असि। यानी आप स्वयं ब्रह्म हैं। उर्दू जुबान में इसके लिए कहा गया है—अनल हक। याद रखिए...आप स्वयं सत्य हैं...और सारी शक्तियाँ आपके भीतर हैं...खुशियों के सारे स्रोत आपके भीतर हैं...बस उसमें वाइरस लग गया है...नशे का वाइरस। इसी कारण आपका सिस्टम चरमरा गया है। इसके लिए जरूरी है कि आप अपने भीतर के बिरवे को रोज सींचिए। महान विचारों की खाद से, महान पुरुषों के दृष्टान्तों की रोशनी से और सत्कर्मों के जल से। देखिए खुशियाँ कैसे उगती हैं आपके भीतर—याद रखिए बाहर की हरियाली भी आपको तभी लुभाती है, जब आपके भीतर हरियाली हो...आप चाहें तो क्या नहीं कर सकते। बस जरूरत है स्वयं को पहचानकर अपनी सम्पूर्ण आन्तरिक शक्तियों के साथ उठ खड़े होने की। ध्यान रखिए, बिजली तभी बनती है जब सम्पूर्ण जल-राशि को संचित कर पूरे वेग के साथ टरवाइन पर फेंका जाता है।

"जो हो चुका उस पर सोच-सोचकर आप अपनी शक्तियों को बिखरने न दें क्योंकि अन्ततः जीवन अपूर्णता से पूर्णता की ओर सतत प्रवाहमान एक यात्रा ही है। एक बात और...अपनी अन्तःशक्ति को आप जब तक बिखरने देंगे, बिजली पैदा नहीं होगी।"

और अन्तिम वक्तव्य। जुड़े हुए हाथ। शब्द-शब्द पीड़ा, आग्रह, अनुरोध और प्रार्थना से भरपूर।

"अपने पिछले दस-बारह वर्षों के अनुभव में मैंने पाया है कि सत्तर प्रतिशत केमिकल डिपेन्डेट छह-सात वर्षों तक क्लीन रहने के बाद भी फिर केमिकल की ओर लौट जाते हैं। मैंने उनकी केस हिस्ट्री बहुत ध्यान से पढ़ी है...। जैसे-जैसे वे इस सिक्स पाइंट स्पीरिचुएल ट्रेनिंग के लिट्रेचर से धीरे-धीरे दूर होते जाते हैं, जैसे-जैसे नशे से उत्पन्न होनेवाली भयावह कठिनाइयों की स्मृति धूमिल पड़ती जाती है...नशे का शैतानी पंजा फिर उन्हें अपनी गिरफ्त में धीरे-धीरे लेने लगता है। लार्ड टेनिसन की कविता की उस लेडी ऑफ शैलोट की तरह जो भूल जाती है कि उसे बाहर नहीं झाँकना है। और जैसे ही वह बाहर झाँकती है, दर्पण चूर-चूर हो जाता है, और वह अभिशाप उसे दबोच लेता है। आप भूल जाएँगे कि ड्रग के चलते आपका घर छूट गया था, पत्नी छूट गई थी। आप सड़क पर आ गए थे। एक भिखारी को देखा था मैंने—ह्वील चेयर पर आता...ठेक पर। अपने सहायक के साथ। ड्रग के चलते भिखारी बन गया...पर ड्रग नहीं छूटी। इसलिए आपको सिर्फ इतना करना है कि हर सुबह स्वयं को ईश्वर के हवाले कर देना है...और इस छह सूत्री साहित्य को दोहरा लेना है...इसे आप गीता समझें...मेरी गारंटी है कि जब तक आप इसके साथ रहेंगे...ब्राउन, हेरोइन, मार्फिया...आपका बाल भी बाँका नहीं कर सकेगा।"

घर वापसी आदित्य की।

वनश्री उसे सबसे पहले अपने ठाकुर-गृह में ले गई—लगभग उसी भाव से जिस

भाव से नव-वधू का पैर-पूजन करवा के गृह-प्रवेश करवाया जाता है। ठाकुर-गृह में मुहल्ले के पीर से मँगवाकर रखा ताबीज उसकी बाँह में पहनाया वनश्री ने और देवी दुर्गा के दरबार में माथा नवाया—हे देवी, अब इस भटकैया का मन और नहीं भटके।

पिता आज लगभग खामोश थे। लगभग दो घंटे के रास्ते में भी उन्होंने आदित्य को कुछ भी उपदेश नहीं दिया था।

ठाकुर-गृह से जब वह अपने कमरे में आया तो मन सुखद आश्चर्य से भर गया। उसकी पढ़ने की ऐतिहासिक टेबुल पर सिन्थेसाइजर रखा हुआ था—वह अभिभूत ! माथा फिर इस परम स्नेहिल पिता के समक्ष झुक गया।

"पापा, अभी तो इतना खर्च मेरे इलाज में हो चुका है...फिर आपने यह नया खर्च क्यों किया... ?"

हेमन्त बाबू मुस्कुरा पड़े—"याद है, मैंने तुमसे वादा किया था, कि तुम कॉलेज में आ जाओ तो तुम्हारे संगीत की व्यवस्था करवा दूँगा...।" फिर कुछ सोचकर गमगीन हो उठे वे, "मानता हूँ बेटा, मुझसे भूल हुई, देरी हुई, तुम्हें संगीत से उस प्रकार नहीं जुड़ा पाया...पर मैं भी क्या करता, मैं तुम्हें सुरक्षित देखना चाहता था...इस देश की परिस्थितियाँ ऐसी हैं कि नाचनेवाले मोर की टाँगें तोड़ दी जाती हैं...कूकनेवाली कोयल की गरदन मरोड़ दी जाती है...मैं तुम्हें असफल नहीं देख सकता था...खैर, कई पते हैं मेरे पास, तुम कहीं भी जाकर सिन्थेसाइजर बजाना सीख लेना...। खर्चे की चिन्ता तुम मत करो...पिता के लिए पुत्र सबसे बड़ा धन होता है—पूत सपूत तो का धन संचय, पूत कपूत तो का धन संचय।"

हेमन्त बाबू पुत्र की आँखों में चमक देख आश्वस्त होकर चले गए थे। लेकिन उनकी उपस्थिति को आदित्य कमरे की ईंट-ईंट पर महसूस कर रहा था। बड़ी आत्मीयता से उसने सिन्थेसाइजर को छुआ तो लगा, जैसे पिता का वजूद फैल गया है पूरे कमरे में...आकाशदीप से उसकी जिन्दगी को रोशन करते पिता...और कितना बौना है वह उनके सम्मुख...सचमुच !

इन दिनों घर में और भी कई सूक्ष्म परिवर्तन हो गए थे। घर में अध्यात्म की धूपबत्ती जलने लगी थी। आदित्य ने यह भी नोट किया था, वनश्री का कायांतरण ही हो गया था...'एक चुप सौ सुख' के रहस्य को आत्मसात कर अब वह लगभग मौन रहने लगी थी। पूरी सुबह घर में दार्शनिक टाइप कैसेट चलती रहती...कभी कबीर की, कभी तुलसी...तो कभी मीरा। और सबसे ऊपर...रक्षा कवच की तरह हेमन्त बाबू हरसम्भव कोशिश करते पारिवारिक जिन्दगी में हर रंग भर देने की।

घर के स्वाभाविक आत्मीय एवं उष्ण माहौल में वह स्वयं को डुबो देना चाहता...चाहता कि वह राजा बेटा बन स्वयं को अध्ययन में खपा दे...पूरे संकल्प के साथ वह पढ़ने बैठ भी जाता...कुछ घंटे पढ़ता भी...पर जाने किन अज्ञात एवं अदृश्य कोनों से रहस्यमय ढंग से बिल्ली की तरह हौले-हौले पैरों से निकलकर उदासी आती और उसे दबोच लेती। उस अकुलाहट...उदासी...और प्यास को बुझाने के लिए घंटों

किताबों की दुनिया में वह डूबा रहता, पर वह पाता कि किताबों की इस दुनिया में उसकी प्यास का कोई सरोकार नहीं था। 'मैं क्या हूँ...और मुझे क्या होना चाहिए' का जवाब उसे पाठ्यक्रम की कोई पुस्तक नहीं दे पाती। और परिणामतः वह और भी आकुल-व्याकुल होकर बाहर निकल पड़ता लेकिन बहुत शीघ्र ही उसने गौर किया कि मुहल्ले में उसके ड्रग एडिक्ट होने की बात भी रफ्ता-रफ्ता सब तक पहुँच चुकी थी। मुहल्ले के अच्छे लड़के उसे अजूबा की तरह देखने लगे थे और उससे कन्नी काटने लगे थे क्योंकि उनके माँ-बाप अब उसे प्लेग के चूहे की तरह खतरनाक मानने लगे थे। एक बार तो यहाँ तक हुआ कि उसका दोस्त घर में ही था, खुद उसने सीढ़ियाँ चढ़ते उसकी आवाज सुनी थी, पर दरवाजा खोलते ही उसकी माँ ने उसे ढेला मार दिया था—'वह नहीं है।' और जब उसने आहत होकर कहा—'लेकिन अभी तो मैंने उसकी आवाज सुनी थी', तो वह बरस पड़ी थी—'सुनी थी तो सुनी थी...वह तुम जैसों के लिए नहीं है।'

उस दिन भीतर की शून्यता, कसक, खलबली, छटपटाहट, भटकन...उदासी...सबकुछ को उसने संगीत के सुरों में डुबो देना चाहा था।...वह डूबा भी कुछ देर तक...पर जाने क्यों सतह पर बार-बार तैर आती कोई चेतावनी, कोई उदासी कि अब वह समय चला गया जब संगीत मुख्यधारा बन सकती थी उसके जीवन की...अब तो कैरियर, कम्पीटिशन, टेस्ट बैंक एक्जाम...एम्पलॉयमेंट एक्सचेंज के कोलाहल ही उसकी नियति हैं।

ओफ ! कैसे पाई जाए जिन्दगी, इंसान और दोस्ती ?

और ऐसे में उसे याद आती अपनी स्पिरिचुएल ट्रेनिंग-क्लास...प्रो. शास्त्री के शब्द—'अपने 'स्व' के भाव को पहचानिए...उस तरंग को खोजिए जिसके लिए आप इस धरती पर आए हैं...और अपने भीतर का सारा सौन्दर्य, सारी संचित ऊर्जा उस पर उँड़ेल दीजिए।'

पर क्या है उसके भीतर का सत्य ?

वह समझ नहीं पाता। उसे लगता—भीतर का सत्य, कला-संस्कृति...की सारी बातें फिजूल हैं...यह सब सिर्फ उन लोगों का सत्य है जिनके पास सुरक्षित नौकरी है या पिता का जमा-जमाया व्यापार है।

रफ्ता-रफ्ता उसके दिन हेमन्त बाबू की चौकसी, जिन्दगी की थकान, ऊब, आकुलता, व्याकुलता के बीच बीत रहे थे कि एक शाम जिन्दगी उस पर अपनी सम्पूर्णता के साथ मुस्कुरा दी। जिन्दगी की सबसे हसीन कविता लिख गई थी उस शाम उसके नाम।

वह थी 12 फरवरी, 1993 की एक सुहानी शाम। कॉलेज में था कोई उत्सव। नृत्य और संगीत के कुछ हल्के-फुल्के शुरुआती कार्यक्रम के बाद आदित्य को अपना गाना प्रस्तुत करना था। बसन्ती हवा की खुनक और उस अकेले तड़पते मन के दर्द ने मिलकर जाने कैसी कशिश उसकी आवाज में भर दी थी कि उस पहर का उसका गाना उपस्थित जन-समूह के लिए जानलेवा पुकार बन गया था। श्रोताओं की आत्मा के असीम कुहासे और मौन को भेदता हुआ उसका गाना दिशा-दिशा में पंख फैलाकर बह रहा था...उन्हें

पुकार रहा था...कुछ इस कदर कि सभी इंसानी आवाजें खामोश हो गई थीं। तय कार्यक्रम के अनुसार उसे एक ही गाना पेश करना था...पर उस शाम जैसे कला ने अध्यात्म को छू दिया था...श्रोताओं के 'वन्स मोर', 'वन्स मोर' की भारी माँग के आगे उसे पाँच एकल गाने प्रस्तुत करने पड़े थे।

यद्यपि यह आयोजन सिर्फ विद्यार्थियों के लिए ही था...पर चौथे-पाँचवें गाने तक क्या प्रोफेसर और क्या छात्र, सभी उसके गाने की अतीन्द्रियता में डूब गए थे।

और वह एकाएक प्रसिद्धि के एवरेस्ट पर नूरे नजर। आयोजन की समाप्ति पर मुग्ध श्रोताओं की शुभकामनाओं और बधाइयों का ताँता लग गया था। उसी भीड़-भाड़ में दूर खड़ी एक अकेली लड़की उसे ईर्ष्या मिश्रित हसरत से देखे जा रही थी। किसी शान्त तपोवन में बैठे ऋषि-सा खिला आदित्य का व्यक्तित्व...गाने का जादू...वातावरण की अद्‌भुतता और इस सब पर छाया चाँदनी रात का झिलमिलाता जादुई अँधेरा। इस आयोजन में उस लड़की ने भी एक नृत्य प्रस्तुत किया था। लेकिन उसे लगा कि कला का जो भीतरी आलोक होता है, वह सिर्फ उसी के गाने में था। और इसी कारण एक जानलेवा बौनेपन के अहसास के साथ वह लोगों से छिटकी अकेली गमगीन खड़ी थी कि उसने देखा...कि आज के दिन का स्टार स्वयं चलकर उसके पास आ रहा है–

वह चकित !

कृतकृत्य !

मिश्री-मिश्री मुस्कान बिखेरते हुए कहा आदित्य ने–"तूमि अपूर्व नृत्य कोरे छिले (तुमने अपूर्व नृत्य किया था।)"

"क्या...?" वह वीरबहूटि !

यह उस दिन का प्रथम प्रशंसा पत्र था, जो उस शख्स के हाथों मिला था उसे जिसने उस दिन की सारी तालियाँ और वाहवाही बटोर ली थी।

बधाई के उस कला क्षण में जिसे दोनों किसी कलाकार की हैसियत से जी रहे थे, आदित्य ने उसको यानी राशि को उसके सारे बौनेपन के अहसास से मुक्त कर दिया था।

कृतज्ञ और अभिभूत होकर फिर देखा उसने आदित्य की ओर–उन आँखों के क्षितिज में झिलमिलाते चाहत भरे भाव को देख एक सिहरन देह के आर-पार हो गई थी। युवती होने के बाद पहली बार देखा था किसी ने उसे इस कदर।

एक रुका हुआ झरना बहने लगा दोनों के भीतर।

ओतो भालोवासा भालो नी (इतना प्यार अच्छा नहीं।)

विश्वविख्यात वायलिनवादक येहूदी मेन्यूहिन का संगीत सुनकर आइंस्टीन ने कहा था–'तुमने मुझे संगीत से ईश्वर में विश्वास जगा दिया।' कुछ इसी प्रकार का

आत्मविश्वास आदित्य ने भी राशि में जगा दिया था। वह अचानक बदलने लगी थी। स्वप्न देखने लगी थी। सारी रात अधसोई–अधजगी मुस्कुराती रही थी।

दूसरे दिन कॉलेज में छुट्टी थी।

तीसरे दिन उसकी आँखें उसे ही ढूँढ़ रही थीं...दिशा-दिशा, ठौर-ठौर से जैसे वह आवाज पीछा कर रही थी–आपनी अपूर्व नृत्य कोरे छिलेन। पत्ते-पत्ते में डोल रहा था उसका चेहरा।

कैन्टीन...कॉमन रूम...क्लास रूम...सभी जगह अनदेखी आँखें पीछा करती रहीं, पर वह नहीं दिखा, तो मन आकुल-व्याकुल हो उठा–जिन आँखों में इतना विश्वास... अनकही प्रीत...अपरोक्ष आमंत्रण देखा था...क्या वह असत्य था ? भ्रम मात्र था ? महज औपचारिकता थी ? पर मन मानने को तैयार नहीं...कितना भी अभिनय-कुशल हो आदमी, पर आँखें आत्मा की खिड़की होती हैं, भेद खोल ही देती हैं...। पर यदि वह धोखा नहीं था तो उसने आज मिलने की चेष्टा क्यों नहीं की ? क्या वह पहले से ही किसी के प्रेम में है ? उसकी छटपटाहट बढ़ने लगी...रेशम-रेशम-सा जो पिछली रात उगा था...मन की गीली भूमि पर...क्या वह सब ढह जाएगा ?

और तभी उसे ख्याल आया कि उसने लाइब्रेरी तो देखी ही नहीं। कौन जाने वहीं हो वह।

एक ही साँस में ऊपर लाइब्रेरी की ओर बढ़ने लगी तो जैसे बिजली पास से छूते हुए निकल गई। वह सचमुच लाइब्रेरी से उतर रहा था। उससे आँख मिली तो जाने कितनी देर वह आँखों में ही अटका रहा कि तभी उसने सुना, "अरे आपनि ?"

कुछ भी जवाब देते नहीं बना राशि से। बस लाल चुनरी बनी खड़ी रही। निगाहें झुक गईं।

पर सूरजमुखी से खिले उसके चेहरे के खूबसूरत भावों ने दिल का राज आखिर खोल ही दिया था और उसका सीधा संक्रमण हुआ था आदित्य पर। वह भी आत्म-सजग हो उठा। कान की लवें जलने लगीं। गालों पर भी आँच महसूसी उसने। उसी मुग्धावस्था में एक अनाड़ी की तरह उसके मुँह से सिर्फ यही निकला–"कि लाइब्रेरी जाच्छो ?" (क्या लाइब्रेरी जा रही हो ?)

"हाँ, मन नहीं लग रहा था...तो लाइब्रेरी चली आई।" 'मन नहीं लग रहा था' में निहित अन्तर्ध्वनि को पकड़ मन-ही-मन खुश हुआ वह। लाड़ से देखता रहा उसे थोड़ी देर फिर होंठ काटे, बालों पर हाथ फेरा और क्षणिक अन्तर्द्वन्द्व के बाद प्रेमियों के आदिम कर्तव्यों का वीरतापूर्वक निर्वाह करते हुए हौले-हौले से दिया उसे कच्चा-सा आमंत्रण।

"आमिओ बोर होच्छि...चोल बाहिरे घूमे आच्छी। मौसम भालो आच्छे।" (मैं भी ऊब रहा हूँ...चल बाहर घूम आएँ। मौसम भी अच्छा है।)

हल्के ना-नुकुर के बाद तैयार हो गई वह।

पर उस शाम कुछ भी मलाई हाथ नहीं लगी। चाहकर भी दोनों के दरम्यान दिल की बातें नहीं हो पाईं। थोड़ी बहुत होम्योपैथिक मार्का बातें...। एक-दूसरे के बायोडॉटा

की मौखिक जानकारी। भावी स्वप्न, योजनाएँ और उसके बाद...दो हिलते हाथ।

लेकिन बहुत शीघ्र ही प्यार का गियर बदला। वह और मीठा हुआ। भावनाओं का चाँद खिला और साथ ही वह ठंडी बर्फीली झिल्ली भी पिघली जिसे महीने भर के दूर-दूर के मौन प्रेम ने दोनों के बीच डाल दी थी। दोनों मुखरित हुए। मन की डाल-डाल पर बैठे प्यार के पाँखियों ने आहिस्ता-आहिस्ता चोंच खोली।

और फिर आया प्यार का वह मधुमास जिसने सारी वसुन्धरा को मदिर मधुर मधुशाला में बदल डाला था—राशि की स्वप्नभरी आँखें आदित्य को भी स्वप्न देखना और जीना सिखाने लगी थीं।

जब कभी राशि को नियत स्थान पर पहुँचने में थोड़ी-सी भी देर हो जाती तो आदित्य के प्राण आकुल-व्याकुल हो उठते। एक बार थोड़ी प्रतीक्षा के बाद जैसे ही उदित हुई प्रेम की वह मलिका—कंठ स्वरी फूट पड़ी आदित्य की—"तूमि थाको सिन्धु पारे ओ गो विदेशिनी।"

"क्या...क्या ? बाप रे, तुम रवीन्द्र गीत भी जानते हो ?" राशि के चेहरे पर सौ-सौ गुलाब खिल गए थे। "माई गॉड, तुम तो बंगाली से बढ़कर बंगाली हो...इतने रवीन्द्र गीत तो मेरे पापा को भी नहीं याद।"

और वह हँस दी थी—बिस्मिल्ला खाँ की शहनाई-सी मोहक हँसी।

"गीत चलकर मेरे पास आते हैं मैडम ! बस बुलानेवाले में सच्ची कसक होनी चाहिए...दस्तक में जोर हो तो गीत तो क्या ईश्वर भी चले आते हैं...जैसे तुम चली आईं।"

'धत्' और वह साक्षात् गजल बन गई थी। उसकी मोहक आँखों की कटाक्ष...और नारी स्पर्श की आदिम चाहत आदित्य को जब उसके और करीब ले आती...तो वह लज्जा से इमरती बन जाती। उसकी मदिर आँखों के आकाश में गुम होता आदित्य—उन आँखों की कभी हाँ...कभी ना की भाषा को सचमुच वह समझ नहीं पाता...और उस रहस्यमयी आदिम नारी की बनावटी 'ना' को अनाड़ी की तरह सचमुच की 'हाँ' समझकर तड़प उठता—

जदि वारेन करो तवे गाईवो ना
जदि शरम मुखे आनो, चाईबो ना—

(यदि मना करोगी तो नहीं गाऊँगा, यदि शर्म करोगी तो नहीं चाहूँगा)

"दुर् पगला..." और उसके मन की डाल को सूनी कर वह पाँखी-सी फुर्र उड़ बस में गायब हो जाती।

मन के वन में फाग की बाँसुरियाँ बजती रहीं इसी तरह कुछ दिन...। पर शीघ्र ही दोनों ने महसूसा कि अब कॉलेज कैम्पस उन दोनों के मिलने के लिए निरापद स्थल नहीं रह गया था। यारबाश लोगों की बढ़ती निगहबानियाँ और सुगबुगाहटें...। पिछले दिन वह

लॉन के पास खड़े-खड़े निहायत चलताऊ कायदे से ही राशि से बतिया रहा था कि किसी दिलजले ने पीछे से फब्ती उछाल दी थी—ओतो भालोबासा भालो नहीं (इतना प्रेम अच्छा नहीं) और इसके अलावा देवांशु जैसे दादा मार्का लोगों से भी डर था जिनकी नीति थी गधे पर बस नहीं चला तो गधैया की पूँछ उमेठो। वह नहीं चाहता था कि उसकी वजह से राशि पर किसी की निगाह पड़े। क्योंकि कॉलेज के उस दौर में प्रेम करनेवाली छात्राएँ शीघ्र ही फोकस में आ जाती थीं। एक डर और उसे दीमक की तरह चाटे जा रहा था—उसकी चदरिया में भी एक दाग लगा हुआ था—ड्रग एडिक्ट का। देवांशु या उसका कोई भी लगुवा-भगुवा राशि को उसके ड्रग एडिक्ट होने की बात बढ़ा-चढ़ाकर बता सकता था। समय आने पर वह स्वयं राशि से यह बात छिपाना नहीं चाहता था, पर इतनी भर मोहलत वह चाहता था कि सम्बन्धों की डोर थोड़ी मजबूत हो जाए, राशि उसके ऊपरी चोले को चीरकर उसकी चमकती आत्मा तक पहुँच जाए तो वह स्वयं उसके सिर पर हाथ रखकर शपथ ले लेगा—मुझे अब किसी नशे की जरूरत नहीं राशि, ईश्वर ने मुझे दुनिया का सबसे हसीन नशा दे दिया है।

देवांशु, राकेश जैसे कई नशेबाजों ने फिर कई बार उससे सम्पर्क साधना चाहा था, लेकिन इस बार उसका पिछला अनुभव काम आया था। उसने स्वयं को उनके वृत्त से ही बाहर रखा था—पिता की चेतावनी—जिस गाँव जाना नहीं, उसका रास्ता ही क्यों पूछना। और रामचरितमानस के दृष्टान्त के साथ पिता की बुझावन सदैव उसके साथ रहती—जानते हो राम ने बाली का वध उससे दूर रहकर पीछे से क्यों किया ? इसका निहितार्थ सिर्फ यही है कि राम ने स्वयं को उस वातावरण से असंपृक्त रखकर उसके विरुद्ध मोर्चा लिया।

और इसीलिए उसने तय किया कि इस सप्ताह का महान मिलन वह कॉलेज कैम्पस के बाहर किसी रेस्तराँ, सिनेमाघर, मार्केटिंग कॉम्पलेक्स, सार्वजनिक पार्क जैसी खुली और चलताऊ जगह पर नहीं रखकर किसी अपेक्षाकृत शान्त, निर्जन, ऐतिहासिक एवं गरिमामय जगह पर रखेगा, जो उन दोनों की परिष्कृत एवं कलाकार रुचियों के अनुकूल हो, जहाँ मन स्वतः सौन्दर्य और कविता को छूने लगे। इसके लिए उसने चुना श्री रामकृष्ण का आध्यात्मिक स्थल दक्षिणेश्वर का मन्दिर।

पोर-पोर उमगे दोनों जब शाम पाँच बजे के लगभग मिले गंगा तीर पर तो हैरानी से दोनों की आँखें कपाल तक चढ़ गईं—बाप रे, एक कतार में बैठे प्रेमी-प्रेमिका ! आसपास बिखरी गन्दगी, सूखे पत्ते, कचरे...आइसक्रीम के खाली कप, फलों के छिलके, मूँगफली के छिलके, ठोंगे, चाय के सकोरे...सबसे बेखबर ! निरपेक्ष...अपनी ही दुनिया में आत्मलीन !

यहाँ भी भीड़-भाड़—राशि फिर असहज। प्रेम की गोपनीयता...उसका दबा-ढँका रहना ही उसकी मानसिकता के अनुकूल पड़ता था। खुद आदित्य भी परेशान, झुंझलाया और ठगा हुआ अनुभव कर रहा था। प्रेम जैसी निहायत व्यक्तिगत भावना का खुला प्रदर्शन उसके मध्यवर्गीय संस्कारी एवं सुरुचिसम्पन्न व्यक्तित्व को रुचिकर नहीं लगता था।

और थके पाँवों के बैठने की गुहार को लगातार अनसुनी करते वे घंटे भर इधर-उधर घूमते रहे। मन पर थाप देती कल-कल बहती गंगा की पुकार को अनुसनी करते रहे। पर चाहकर भी उन कतारबद्ध प्रेमियों की कतार में स्वयं को दर्ज नहीं करा पाए।

और शाम जब गंगा तीर पर डूबते सूरज की स्वर्णिम लालिमा गुलमोहर के पेड़ से छनकर राशि के पानीदार चेहरे को आलोकित करती हुई उन लम्हों उसे विश्व की सर्वश्रेष्ठ सुन्दरी बना रही थी तब एक अदम्य और बेकाबू इच्छा आदित्य के भीतर जोर मारने लगी—काश, कल-कल बहती गंगा और डूबते सूरज की साक्षी में अपनी हथेलियों में भर वह इस दिव्य-दिव्य-सी प्रेमिका पर अपने अधरों की मुहर लगा पाता...बस एक बार। पर आश्चर्य ! महानगर के उस मन्दिर में प्रेम के प्रतीक राधा-कृष्ण की युगल प्रतिमाएँ ठौर-ठौर पर थीं, पर इन साक्षात् प्रेमियों के लिए कोई निरापद ठौर नहीं था।

उसका रोम-रोम मन्नत माँग रहा था कि शाम ठहर जाए...रात सिर्फ उसके लिए इतनी लम्बी हो जाए कि लोग-बाग उठकर चल दें, तो वह इस शान्त...सुरम्य एवं घुँघरुओं की झंकार से मादक एकान्त में अपनी इस अनूठी, अलबेली और दुर्लभ-सी सोनपरी को जी भर छू ले।

पर ऐसा कुछ भी न हो सका। उस रात चाँद को न निकलना था और न ही वह निकला। राशि को छूना और चूमना तो दूर, इतने खुलेपन और सार्वजनिकता के बीच वह उससे जी भरकर जी की बात तक नहीं कर सका और जो बातें हुईं वे निहायत ऐकेडिमिक टाइप रहीं।

"जानती हो, इस मन्दिर को किसने बनवाया ?"

"रामकृष्ण...और किसने ?"

"नहीं, यद्यपि सब यही कहते हैं...पर वास्तव में इसे बनवाया था रानी रासमणि ने अपने पति के निधन के बाद। जब मन्दिर बनकर तैयार हुआ तो कोलकाता के प्रतिष्ठित ब्राह्मणों ने मूर्ति में प्राण-प्रतिष्ठा से इनकार कर दिया था, क्योंकि रानी रासमणि का जन्म ऊँची जाति में नहीं हुआ था, अरे भई रानी तो उसे आम लोग सम्मान से कहते थे। हाँ, तो फिर रामकृष्ण के बड़े भाई पं. रामकुमार चट्टोपाध्याय ने मन्दिर में प्राण-प्रतिष्ठा करने में रानी की मदद की और वे इस मन्दिर के पहले पुजारी बने। कहते हैं कि रामकृष्ण काली के पुजारी नहीं वरन् भक्त थे और बिना लोकाचार की परवाह किए वे अपनी भक्ति में लीन रहते थे। एक बार रानी रासमणि मन्दिर में काली की आराधना कर रही थी, पर चेहरे पर सांसारिक जगत की चिन्ता की सिलवटें पड़ी हुई थीं। तब रामकृष्ण ने क्रोधित होकर रानी को पूजा-गृह से बाहर कर दिया था। लोग निश्चिन्त थे कि इस धृष्टता के बाद अब रामकृष्ण पुजारी पद पर नहीं बने रह सकेंगे पर रानी निर्विकार रही और रामकृष्ण पुजारी बने रहे।"

अपने ही प्रवाह में बहता रहा आदित्य...सामने बैठी भोली-सी मासूम राशि उसे रानी रासमणि में रूपांतरित होती दिखती रही।

यह ऐतिहासिक जानकारी यद्यपि राशि को भी बुरी नहीं लगी...पर भीतर बहुत कुछ

खदबदाने लगा...बाहर निकलने को।

जी भर जी पाने को।

अनकहे और अनजिए स्वप्न !

अनबोला—अनबरसा सावन।

असंख्य गीतों और लोकगीतों में समाई गंगा, 'ओ गंगा मइया तोहे पियरी चढ़इबै, सैयाँ से कर दे मिलनवा'-जैसे भोजपुरी प्रेम गीतों की प्रणेता गंगा, प्रेमियों को मिलानेवाली गंगा के तीर से भी दोनों अतृप्त और अधूरे ही वापस लौट आए।

एरिया ऑफ लव बनाम एरिया ऑफ हॉरर

और जिस प्रकार आदित्य ने कभी ड्रग के नित्य नए ठेक खोज निकाले थे वैसे ही इन दिनों वह मिलने के लिए नित्य नए मिलन स्थल खोजने में लगा था। लेकिन हर बार ऐसी जगहों को खोजने और उसे आजमाने के बाद वह अन्ततः दो निष्कर्षों पर पहुँचा—(1) महानगर में प्रेम बहुत महँगा है, लगभग हाथी पालने-जैसा। (2) प्रेमिका फिर भी भाग्य से मिल जाए पर ऐसी जगह का मिलना जहाँ जीवन-जगत को भूल सिर्फ प्रेमिका की आँखों के आकाश में उड़ान भरी जाए—लगभग अप्राप्य है।

तो फिर क्या करें महानगर के प्रेमी ? शुरुआती जोश में वह नलबन, निक्को पार्क, साइन्स सिटी-जैसी महँगी जगहों पर भी गया, जहाँ घुसने भर के लिए उसे प्रवेश शुल्क देना पड़ता था। फिर भी वांछित एकान्त नहीं मिल पाता। वही भीड़ ! हर जगह आदमी। हर कोने में भीड़। हाँ, ये जगहें न केवल शहर से थोड़ी दूर थीं वरन् व्यवस्थित थीं, साफ-सुथरी थीं, अभिजात्य-बोध से सम्पन्न थीं। यहाँ जान-पहचानवालों के मिलने का खतरा भी न्यूनतम था, लेकिन यहाँ एक दिन की मुलाकात का बजट ही इतना भारी पड़ता कि बाकी सारे महीने का बजट गड़बड़ा जाता।

इस बार भी महीने भर के प्रेम में ही नंगाझोली हो गई थी आदित्य की। आगे कैसे निभेगा ? यह प्रेम तो नशे जितना ही खर्चीला...लेकिन वह भी क्या करे ! अब प्रेमिका से मिलने कोलकाता की भीड़ भरी बस में झूलते जाओ तो आधी ऊर्जा तो दर्शन-स्थल तक पहुँचने में ही गई...कपड़े की कड़क, सर्फ एक्सल धुली सफेदी और मूड की ताजगी...सब प्रथम दर्शन के पूर्व ही उड़नछूँ। बचा-खुचा दमखम इन जगहों की एंट्री फी देने में खत्म। उसने गड़बड़ाए गणित को सुधारना चाहा। दस-दस रुपए (ऑटो, बस सब मिलाकर) आने-जाने में, दोनों का मिलाकर दस रुपए एंट्री फीस में और बीच में गले में तरावट लाने के लिए...आठ-नौ रुपए कोल्ड ड्रिंक में उड़ गए...यानी दर्शन पूर्व ही तीस रुपए फुर्र...।

खुदाया...पहली बार लगा, फिल्मों में दिखाए जाते लुभावने प्रेम-दृश्य और किताबों में वर्णित प्रेम प्रसंग सब बकवास है। यथार्थ है—हेदुआ, गोल तालाब और देशबन्धु-जैसे

सार्वजनिक पार्क। जहाँ किसी कोने में खड़े-खड़े या बैठे-बैठे लगातार आते-जाते लोगों की आँखों को झेलते हुए दिन भर के पहने कपड़ों में सूखी पत्तियों के ढेर...ठोंगों, सिगरेट के टोटे, मूँगफली के छिलकों, सस्ती आइसक्रीम के खाली गिलासों एवं चाय के टूटे सिकोरों के बीच किसी टूटी-फूटी टेबुल या सीमेंट की पाटी या तालाब के किनारे की मेंड़ पर अधबैठे या खड़े होकर (कई शर्मीली प्रेमिकाएँ लोगों की सीधी निगाहों से बचने के लिए उल्टी खड़ी होकर) प्रेम करते युवक-युवती—यही मध्यवर्गीय सच्चा प्रेम है। इन प्रेमियों के जिगरे की पहली परीक्षा तो यही है कि बिना किसी नफासत, निजता और परिष्कृति के ऐसे भीड़ भरे कचरा माहौल में मच्छरों को भगाते और खुजलाते हुए भी मिलने और दो मीठे बोलों की इतनी तलब ! बिना उचित वातावरण और खाद-पानी के भी यदि प्रेम यहाँ इतने धड़ल्ले से पनप रहा है तो इसे प्रेमियों और प्रेमिकाओं की शेरदिली ही कहनी होगी। उसके होंठों पर एक भूली-बिसरी फिल्मी गजल उदास धुन में उभरने लगी—'कह दो कोई न करे यहाँ प्यार...।'

उन दिनों हर दिन उसका एक नई खोजवाला दिन होता।

उसने पाया कि राधा-कृष्ण, शीरी-फरहाद, लैला-मजनूँ, मीराबाई के बसन्तोत्सव और मदनोत्सव मनानेवाले इस देश में पूरी दुनिया ही प्रेम के खिलाफ लामबन्द होकर खड़ी है। एक बार तो हद ही हो गई जब पुलिस ने उसे धर दबोचा। उसे पता नहीं था कि विक्टोरिया का पृष्ठ भाग जिसे वह बस की खिड़की से कबूतर-कबूतरी के जोड़ों की तरह प्रेम करते युवक-युवती को देख 'एरिया ऑफ लव' कहा करता था, उसके लिए अनजाने ही 'एरिया ऑफ हॉरर' में बदल जाएगा क्योंकि पुलिस के रिकार्ड में वह 'एरिया ऑफ इम्मॉरिलिटी' था। क्या साँझ के गहराते ही प्रेम की दुनिया पाप की दुनिया में बदल जाती है ? उसने पुलिस से जिरह करनी चाही थी, पर साथ में राशि...भयंकर बदनामी का डर। ले-देकर लम्बे-लम्बे डग भरते दोनों घर वापिस। उस रात साक्षात् अलाउद्दीन का जिन भी उसके सामने आ खड़ा होता तो भी वह उससे और कुछ न माँगकर, अपने प्यार के लिए आकाश का एक सुरक्षित कोना भर माँग लेता, घड़ी भर अपनी प्रेमिका को जी-भर निहार लेने के लिए।

लेकिन इन सब काँटों के बावजूद दोनों यूँ खुश थे जैसे दोनों ने अपने-अपने सौरमण्डल में एक नया नक्षत्र खोज डाला हो। जब भी वे मिलते धरती का वह साधारण-सा टुकड़ा भी अतीन्द्रिय-अद्भुत लोक बन जाता, जो अनायास ही दोनों की कलाकार आत्मा को आसमान की ऊँचाइयों तक उठा देता। जहाँ न अतीत था, न भविष्य, न समस्याएँ...न दुःख। न धरती की धूल-धक्कड़ न गर्द-गुबार...था बस एक अतीन्द्रिय सम्मोहन...एक अद्भुत समर्पण।

"हो एक सेर शराब मुझे। आध सेर कबाब हो
सारी सल्तनत नूरजहाँ की। खूब हो या खराब हो।"

प्रेम में साक्षात् वाग्देवता बना आदित्य अपने शेरो-शायरी, गजल-नज्मों और गानों का अक्षय कोष पूरी उदारता से प्रेमिका पर लुटा देता।

लेकिन इस सबके बावजूद एक ललक, एक लालसा दोनों की अधूरी थी। काश ! कहीं बैठकर हाथों में हाथ लिए जी भर जी की कर पाते। दोनों के प्रेम का पचास प्रतिशत कोटा चलते-चलते ही पूरा हुआ था। दोनों के सुरुचि-सम्पन्न मन को कभी-कभार रेस्तराँ के अलावा जी भर बैठने के लिए कोई भी जगह मिल ही नहीं पाई थी। हर दिन का रेस्तराँ एक तो उसके बजट के बाहर पड़ता और दूसरा उसमें खतरे का तत्त्व सर्वाधिक था—समय पूर्व वह राशि का पत्ता अपने पिता के सामने खोलना नहीं चाहता था। फिर रेस्तराँ की झीनी-झीनी रोशनी उसके रोमानी स्वभाव से मेल जरूर खाती पर उसकी बेताबी...राशि को चूमने और बाँहों में लेने की आकांक्षा को बेइंतहा बढ़ा भी देती थी।

प्यार में भी तनाव होता है यह उसने पहली बार जाना था। यद्यपि उसके प्रेम में देह बहुत कम थी, लगभग नगण्य। वे सिर्फ भावनाओं, कल्पनाओं, सौन्दर्य और स्वप्नों के संसार में उड़ रहे थे लेकिन तो भी वह तूफान इतना वेगवान था कि उन दिनों उसने अपने भविष्य, अतीत...अपने अध्ययन सबको देश निकाला दे दिया था... इस कारण देखते-देखते तीन महीने गुजर गए। फिर भी एक कामना मन में कसमसाकर रह गई कि काश, राशि को वह करीब से महसूस कर पाता। पर वह कामना कभी बेचैनी नहीं बन पाई क्योंकि उसके प्रेम में गहराई थी...राशि इन दिनों उसकी महाचेतना बन गई थी...जिसने उसकी जिन्दगी को जिन्दगी से मिलवाया था। जिसे नशे ने दूर धकेल उसे स्वयं से ही अजनबी बना डाला था। राशि के होने मात्र से जिन्दगी में पूनम का चाँद उतर आया था, जिसकी चाँदनी में पहली बार उसने स्वयं में और जिन्दगी में आस्था महसूसी।

वह स्वयं कृष्ण नहीं था, पर राशि उसके लिए राधा थी। ओस की बूँदों-सी पवित्र राधा !

"यदि मैं कभी पश्चिम बंगाल का मुख्यमंत्री बना तो प्रेमियों के लिए, और सिर्फ प्रेमियों के लिए एक बस और एक पार्क जरूर बनवाऊँगा जहाँ घड़ी-दो घड़ी प्रेमी-युगल सुकून से बैठ सकें। कितना आश्चर्य...हीर-राँझा और राधा-कृष्ण के इस देश में चोर-उचक्के इज्जत से बैठ सकते हैं, साधु इज्जत से बैठ सकता है पर प्रेमी जोड़े को देखते ही पुलिस की भृकुटी चढ़ जाती है। मैं प्रेम के अधिकार के लिए लड़ूँगा।" संवाद की शुरुआत।

"अपनी जवानी में शायद ज्योति बाबू भी ऐसा ही सोचते रहे होंगे। इस कारण तुम्हें जो भी करना हो जवानी में ही कर डालना...मुख्यमंत्री की उम्र तक पहुँचते-पहुँचते तुम भी ऐसे खूसट में बदल जाओगे कि तुम्हें भी हर जोड़ा चुटकुला ही नजर आएगा।"

आँखों से फाल्गुन उड़ाती, पोर-पोर उमगी राशि ने फिर मीठा कटाक्ष मारा—"और

कौन जाने मुख्यमंत्री बनने के बाद तुम मुझे भी भूल जाओ।"

जीवन की लय को संगीत की लय में विलीन करते हुए जवाब आया—

पुरानो सेई दिनेर कथा, भूलवी की रे हाय ओ सेई।
चोखेर देखा, प्राणेर कथा, सेई कि भूला जाए।

(अब पुराने दिनों की कथा क्या भुलाई जा सकती है ? वह आँखों से देखी, प्राणों से महसूस की हुई कथा...)

और राशि ने आश्चर्य से देखा, आदित्य की आँखें कुछ-कुछ पनीली होने लगी थीं। और आँखों के उस पानी में, उस ठिठके हुए क्षण में सिर्फ एक ही रंग था—गहरे प्रेम, व्याकुल, आहत और महान समर्पण का रंग।

वह थोड़ा डर गई—कान की लवों पर गरमाहट महसूसी उसने। वह...उसका भोला मृगछौना-सा प्रेमी तो सचमुच उसे कहानियोंवाला प्रेम करने लगा था। कुछ पल उसे ताकती रही वह...टुकुर-टुकुर। फिर अपनी सम्पूर्ण प्रेम भावना के साथ उसने प्यार से उसके सिर पर हाथ फेरा—'बोका छेले।' (पागल लड़के)

और उस बूँदभर स्पर्श ने ही जाने कितने स्वप्नों को जगा दिया था। सारी शाम पक्षियों-सा चहकता रहा था वह। घर आने पर भी उसी अनुभूति में तिरता रहा था...और उसी के साथ घर का पत्ता-पत्ता उसके साथ चहका था...आश्चर्य ! वही माँ...वही घर...वही हेमन्त बाबू...वही फर्नीचर...लेकिन सबकुछ कितना मोहक ! कितना मादक ! कितना दिव्य ! कितना नवीन—सिर्फ एक व्यक्तित्व भर के आ जाने से।

रात फिर रवीन्द्र बाबू की प्रेम-पंक्तियों के साथ सोया था वह—

तूमि रवे, निरवे हृदये मम
निविरो, निर्भितो पूर्णिमा
निशिथिनि—सम
मम जीवन यौवन मम
अखिल भूवने, तूमि भरिवे गौरवे

(तुम रहोगी...मेरे हृदय में रहोगी...निडर पूर्णिमा की तरह। मेरे जीवन में यौवन... समस्त भुवन में तुम गौरव भरोगी...।)

खरगोश के रोओं की तरह कोमल-कोमल दिन !

बैजू बाबरा के संगीत की तरह।

बिस्मिल्ला खाँ की शहनाई की तरह।

इन दिनों ने एक बार फिर रंगत बदल दी आदित्य की। एक विलक्षण खुशी, जिसे वह लगातार अपनी जिन्दगी में तलाशता रहा था और जो बराबर उससे दूर भागती रही थी, अब जाकर मिली थी उसे। छोटी-छोटी खुशियों और कहकहों से घर एक बार फिर गूँजा। हेमन्त बाबू ने जिन्दगी में फिर सुकून महसूसा—बेटा जिन्दगी में दिलचस्पी ले रहा है। वनश्री ने दो-एक जगह पार्ट टाइम नौकरी के लिए फिर अर्जी दी। घर का मकान

बनाने की ख्वाहिश जो आदित्य की नशेबाजी के कारण कुम्हला गई थी, अब फिर फुदकने लगी थी। हेमन्त बाबू आदित्य में अचानक आई इस तब्दीली के सूत्र अन्तराग्राम में हुई आध्यात्मिक ट्रेनिंग से जोड़ते थे, जबकि ज्यादा व्यावहारिक वनश्री उसे 'कन्या-दर्शन' एवं अभिसार से जोड़ती थी। दो-एक बार ऐसा हुआ भी कि फोन उसी ने उठाया था। यह भी उसने लक्ष्य किया था कि शाम के समय आदित्य या तो बाहर रहता या फोन पर। और बहुत कम ही ऐसा होता कि भूले-भटके फोन वनश्री के हाथों में आता। फोन आने के पहले दो बार चेतावनी घंटी देता फिर कुछ क्षण चुप रहकर फिर बजता। इस अन्तराल में अक्सर उसने लक्ष्य किया था कि आदित्य फोन के इर्द-गिर्द ही मँडराता रहता और घंटी बजते न बजते चीते की तरह उस पर झपट पड़ता। आदित्य के इस रंग-ढंग पर वह तड़प उठती। जिसके पिता ने कभी उसे यह रोमांटिक सुख नहीं दिया...और जिसे वह आनुवांशिक अवगुण समझकर सन्तोष कर बैठी थी उसी के पुत्र में ऐसी बेताबी ! ऐसी रसिकता ! कहीं सारा धोखा उसी के साथ तो नहीं हुआ ?

एक शाम आड़े हाथों लिया उसने हेमन्त बाबू को—"बाप की तरह पूरा सोंठ है, ऊपर से सन्त-सन्त पर भीतर-ही-भीतर कैसी रंगीनियाँ। कैसी गुटरगूँ...। कैसी गोपियाँ...।"

हेमन्त बाबू उस समय कंघे से पीठ खुजला रहे थे। वनश्री की अपने और पुत्र के बारे में उद्घाटित की गई समानता ने उन्हें पितृ-गौरव से भर दिया था। मूँछ-ही-मूँछ में मुस्कुरा पड़े वे—"घी का लड्डू तो टेढ़ा भी भला। अब कम-से-कम जीना तो सीख रहा है...नशे से भी दूर है...पहले की तरह लुंज-पुंज-सा पड़ा भी नहीं रहता। पहले तो इंसान की गन्ध से ही परहेज हो गई थी उसे। अब सुन्दर चीजों की ओर ध्यान भी खिंच रहा है। और क्या चाहिए, जीविका की मुझे चिन्ता नहीं, पहले जीवन जीना तो सीख जाए।"

'तो फिर मुझे जीने क्यों नहीं दिया...?'

वनश्री ने कहना चाहा, पर सयाने हेमन्त बाबू ने आते झंझावात को सूँघ लिया था और अपना शामियाना उठा बाथरूम के शॉवर के नीचे खड़े हो गए थे।

उन्हीं इन्द्रधनुषी दिनों का एक स्याह दिन।

बस स्टॉप।

प्रतीक्षा में कविता बना आदित्य।

आहट-आहट का पीछा करती निगाहें। पाँच मिनट...दस...पन्द्रह...पूरा पौना घंटा...लेकिन वह नहीं दिखी। कहीं गलत तो नहीं सुन लिया उसने ? बात तो इसी स्टॉपेज पर मिलने की थी। इसी वी.आई.पी. और लेक टाउन के मुख पर। पिछली बार के चढ़ते बिलों ने मजबूर कर दिया था कि वे किसी रेस्तराँ या प्रवेश शुल्क वाले उद्यान में नहीं बैठकर वी.आई.पी. से एयरपोर्ट तक जानेवाले सुनसान और अपेक्षाकृत साफ-सुथरे रास्तों पर ही चलते-चलते प्रेम करेंगे। यहाँ दोपहर के निपाट सन्नाटे में अपनी तरह का एकान्त था—प्रेमियों का चिर आकांक्षित एकान्त ! बस दिक्कत थी तो

सिर्फ यही कि बीच रास्ते न पीने के लिए कुछ और न ही बैठने की कोई जगह। पहले ये इलाके सघन आबादी से दूर थे...पोखरों और जंगलों से भरपूर। अब बढ़ती आबादी के चलते इन पोखरों को पाटा जा रहा था...जंगलों को काटा जा रहा था लेकिन अभी वी.आई.पी. का वह रास्ता बागुईहाटी के आगे तक भी काफी सुनसान, शान्त और हरियाला था। काफी दिनों तक चप्पल चटकाने के बाद आदित्य ने इन रास्तों को अपनी प्रेमिका के लिए ईजाद किया था।

इस बीच सामने की बस से कोई स्त्री काया उतरी...आदित्य का दिल धड़का... अंग-अंग फड़का। हाथी की तरह झूमते हुए लपका उस ओर तो सारा साम्राज्य ढह गया, उसकी कद-काठी जरूर राशि-सी थी पर प्रत्यक्ष दर्शन में वह राशि की धूल बराबर भी न थी। गहरी तेज लिपस्टिक के साथ उसके चेहरे पर अलग तरह की ही आक्रामकता और शुष्कता टपक रही थी। उसे तेज लिपिस्टिक वाली लड़कियाँ बिल्कुल भी अच्छी नहीं लगती थीं। उसी समय महसूसा उसने, राशि कितनी कोमल और मोहक है ! कितनी सौम्य और शालीन ! कितना सादगी भरा उज्ज्वल उसका चेहरा ! वह एकाएक भावुक हो उठा। सहस्र-सहस्र आशंकाएँ फन उठाने लगीं।

ताजे खून की तरह टप-टप टपकते आँसू !

उन्हीं आँसुओं की टपकन में पहली बार यह आत्मबोध भी हुआ कि राशि कितना अहम हिस्सा बनती जा रही है उसके व्यक्तित्व का। ओफ ! कभी विद्ड्राअल में इसी प्रकार उसके शरीर की हड्डी-हड्डी ऐंठ गई थी...आज प्रेमिका के "विद्ड्राअल" ने उसकी आत्मा के रोम-रोम को रुला दिया था। और तभी उसे एकाएक ख्याल आया कि बहुत दिनों से उसने स्पिरिचुएल ट्रेनिंग के सूत्रों को भी नहीं पढ़ा है...पर कोई चिन्ता नहीं—बस राशि का साथ मिलता रहे...तो नशा तो क्या, उसकी छाया भी उसे छू नहीं पाएगी। क्योंकि राशि स्वयं एक नशा है, ऐसा नशा जिसका डि-टोक्सीफिकेशन केन्द्र दुनिया में कहीं नहीं।

राशि का नहीं होना उसके भीतर छोटी-छोटी रोशनियों को बिखेरते जा रहा था जिनके उजाले में उसने स्वयं को और राशि को पहली बार परखा।

राशि सिर्फ राशि ही नहीं, वह बुद्ध की सुजाता है...!

वह साक्षात् रोशनी है।

वह जीवन का बोधिसत्व है !

वह इतना कमजोर क्यों है कि उसे हमेशा जीने के लिए कोई-न-कोई सहारा चाहिए...। और यह भी सत्य है कि राशि को उसकी उतनी जरूरत नहीं, जितनी उसे राशि की है। क्या उसमें जीवन की जड़ें ही नहीं हैं जो अपने आप जीवन से खाद, पानी रोशनी खींचती रहे ? क्यों लगता है उसे कि बिना राशि के वह अपने भीतर के अँधेरों से पार नहीं पा सकेगा ?

पूरे चार महीनों तक प्रेम के तूफानी आवेग को भरपूर जी लेने के बाद उस शाम पहली बार उसने जाना क्या होता है प्रेम को खो देने का डर। जिस समय वह वहाँ से

चला, हल्की-हल्की बारिश होने लगी थी। सामने बस खड़ी थी पर बस में चढ़ने की ऊर्जा भी उसने अपने में नहीं पाई।

प्रेम को जिलाए रखने की चिन्ता में बार-बार वह अपने दरकते अकेलेपन को उस धीमी-धीमी बारिश में भिगोता रहा और अपने दुखी मन को समझा-बुझाकर जब तक वह घर पहुँचा...वनश्री और हेमन्त बाबू दरवाजे पर खड़े उसकी बाट जोह रहे थे।

यह कैसे सम्भव है कि प्रेम का तूफानी आवेग जरा भी न थमे। एक मन उसे जीवन की व्यावहारिकता की ओर खींचता, उसे समझाता कि जो वह चाह रहा है वह असम्भव है तो दूसरा मन उसमें हीनभावना भरता जा रहा था...हाँ, तूफानी आवेग थमता जरूर है पर इसका थमाव धीरे-धीरे भरते घट के-से भरेपन के अहसास की तरह होता है। पर यहाँ बात थोड़ी अलग है। पिछली मुलाकात के दौरान भी उसने महसूसा था कि राशि उससे टाइम टेबलवाला प्रेम करने लगी थी। उसकी तमाम मान-मनुहारों के बावजूद 'टाइम हो गया' की रेड़ मार वह समय से बहुत पहले ही लौट गई थी। तो क्या इसका मतलब यही कि राशि के भीतर वह अपने प्रति वैसा आकर्षण...वैसी चाहत नहीं जगा पाया जो राशि ने उसके भीतर जगाया ?

राशि के यहाँ फोन का नहीं होना, आज पहली बार उसे अखरा। बहुत अखरा। एक साधारण नौकरी-पेशा परिवार राशि का। पिता किसी प्राइवेट फर्म में कैशियर-कम-एकाउन्टेंट-कम-क्लर्क थे। राशि की एक छोटी बहन और छोटा भाई भी था। अपने व्यक्तिगत खर्च दोनों बहनें ट्यूशन से पूरा करती थीं। इस कारण जब भी फोन पर संवाद होता, वह राशि की तरफ से ही होता।

रात...देर रात तक उसकी सारी चेतना कानों में सिमटकर प्रतीक्षा करने लगी...दूर से बजती किन्हीं घंटियों की। और तभी उसे ख्याल आया कि कहीं ऐसा न हो कि फोन उसकी अनुपस्थिति में ही आ गया हो और माँ उसे बताना भूल गई हो।

पलंग से भड़भड़ाकर वह उठा...और रात ग्यारह बजे सोती हुई माँ के पास जाकर खड़ा हो गया...जगाए या नहीं का अंतर्द्वन्द्व। हेमन्त बाबू तब तक नहीं सोए थे। पूछा—"क्या बात है...तबियत ठीक नहीं क्या ?" और तभी उसे लगा, माँ को जगाने का अच्छा बहाना मिल गया। "हाँ...पेट में हल्का-सा दर्द है, पुदीन हरा कहाँ रखा है ?"

वनश्री को जगाया हेमन्त बाबू ने।

पुदीन हरा की बूँदों को पानी में मिलाते हुए सायास लापरवाही को ओढ़ते हुए पूछा आदित्य ने—"माँ, मेरा क्या कोई फोन आया था ?"

"फोन के मालिक तो आजकल तुम ही हो रहे हो...मैं क्या जानूँ ?" माँ के टके से जवाब ने उसकी निराशा और बेचैनी को और भी बढ़ा दिया था। भुनर-भुनर करता और जमाने भर को गरियाता वह अपने कमरे में आया और धम्म-से बिस्तर पर गिर पड़ा।

तभी एकाएक उसे ख्याल आया, कहीं वह बीमार तो नहीं पड़ गई...शरीर का क्या

है, कभी भी कुछ हो सकता है ! पर मन जाने क्यों इस संभावना पर विश्वास करना नहीं चाह रहा था, उसने राशि को सदैव स्वस्थ देखा था, परिश्रमी देखा था...जिस प्रकार विषम परिस्थितियों में भी अपनी जीवन-नौका को खे रही थी वह—कॉलेज की पढ़ाई, घर का काम और उस पर ट्यूशन। उसके बीमार पड़ने की संभावना बहुत कम थी।

तो फिर ! ढेरों-ढेर प्रश्नों और संभावनाओं की नोक पर लेटा वह सारी रात करवटें बदलता हुआ सही अर्थों में तारे गिनता रहा।

रात ने मासूम सुलाया...पर सुबह की ताजगी ने फिर एक स्वप्न दिखाया—कॉलेज में मुलाकात होने की सम्भावना ने फिर आदित्य के अंग-अंग में फुर्ती भर दी। फटाफट स्नान किया उसने और समय से काफी पहले ही कॉलेज फुर्र।

देखा-देखी की आस में काफी देर तक मुख्य दरवाजे पर खड़े रहने के बाद जब वह राशि की क्लास में पहुँचा तो पता चला कि वह पिछले दिन भी कॉलेज नहीं आई थी और उसके पिछले दिन भी बहुत शीघ्र ही घर लौट गई थी।

सुनते ही दिल फिर मलाई हुआ...तो जिसे वह प्रेम का ठंडा पड़ता जाना समझ रहा था, वह स्थिति तो कम-से-कम नहीं है। तब निश्चय ही किसी पारिवारिक झंझट में उलझ गई होगी। कौन जाने उसकी माँ ही बीमार पड़ गई हो, कई बार उसने राशि के मुख से सुना भी था कि उसकी माँ आजकल दिन पर दिन बहुत ढीली पड़ती जा रही है।

उसने सोचा कि कॉलेज के उपरान्त वह राशि के घर चला जाएगा, लेकिन बहुत शीघ्र ही उसने महसूसा कि इन्तजार करते-करते तो उसे लकवा मार जाएगा। उबाऊ लेक्चरों को अधबीच छोड़ पीछे के गेट से निकलकर उसने तुरन्त ऑटो पकड़ा। रास्ते भर वह स्वयं को समझाता रहा—कोई हर्ज नहीं—राशि का घर एक ऐसा सुसंस्कृत बंगाली घर है जहाँ सहपाठी युवक-युवतियों की दोस्ती को सम्मानपूर्वक देखा जाता है।

लेकिन घर तक पहुँचते-पहुँचते फिर आँखों के आगे अँधेरा छा गया—राशि के घर के बाहर झूलता बड़ा-सा अलीगढ़ी ताला उसे मुँह चिढ़ा रहा था।

हे भगवान् ! क्या है यह सब ? कहीं वह गलत जगह तो नहीं आ गया...पर कई बार उसने राशि को इसी मकान के नीचे छोड़ा था। और तभी ध्यान आया उसे कि प्रवेश द्वार पर भी उसने लेटर बॉक्स देखा था, राशि के पिता के नाम का। वह और परेशान ! हिश...कहाँ तो सोचा था उसने कि प्रेम का बोधिसत्व पा लिया है। पर इस प्रकार कहाँ उड़ गया उसका प्रेम ? बिना उसे बताए। क्या इतनी थोड़ी देर के लिए ही होनी थी इस प्रेम की बारिश ?

झिझकते हुए पड़ोसी की कॉल-बेल की ओर हाथ बढ़ाया कि तभी राशि की छोटी बहन श्यामली के दुर्लभ दर्शन हुए जो मझोले आकार के शान्तिनिकेतनी बैग के साथ आ रही थी।

"अरे बाबा, तुम..." यूँ देखा उसने श्यामली को जैसे रेगिस्तान में जल-धारा दिख गई हो।

"बाकी सब लोग कहाँ हैं ? राशि कहाँ है ?" एक साँस में ही पूछ बैठा था वह। उदास श्यामली ने अवरुद्ध कंठ से बताया उसे कि उसकी माँ को बम्बई के टाटा कैंसर हॉस्पिटल में ले जाया गया है। घर में सिर्फ वह और उसका छोटा भाई है। पिछले दो-अढाई महीनों से माँ को हल्का-हल्का बुखार रहने लगा था। डॉक्टरों ने कह दिया है—मुश्किल से साल भर निकल पाए।

"यूँ हठात..."

"तबियत तो कई महीनों से ही ढीली-ढाली चल रही थी...हम लोगों ने सोचा थकावट होगी, विशेष ध्यान नहीं दिया। पर जब एकदम ही बिस्तर पकड़ लिया माँ ने तब जाकर चेते और अच्छे डॉक्टर को दिखाया, उसने तुरन्त ढेर सारे टेस्टिंग करवाए और टेस्ट की रिपोर्ट आते ही..." बोलते-बोलते वह फिर आँसुओं में डूब गई थी।

माथा थामे कई क्षणों तक खामोश और सुन्न बैठा रहा आदित्य। जो सुना...उसे समझने में कुछ समय लगा और जब सुनने और समझने की दोनों क्रियाएँ किसी समागम बिन्दु पर टकराईं तो अचानक उसे लगा जैसे सारे देवी-देवता मिलकर उसके और राशि के विरुद्ध षड्यन्त्र रच रहे हैं।—हिश, कहाँ तो एक-एक क्षण भारी पड़ रहे थे उस पर और कहाँ अनिश्चितता की यह लम्बी अँधेरी सुरंग ! हिश ! तूफान थमा भी नहीं कि यह उल्कापात ! सारे रास्ते वह राशि और उसके परिवार पर वज्र की तरह पड़े इस नए दुःख के बारे में सोचता रहा—तीन-तीन बच्चों का भविष्य और परिवार की कमजोर आर्थिक स्थिति। और इन समस्त सोचों के बीच यह सोच लगातार उसके दिमागी आकाश के घटाटोप में बादलों की तरह छाया रहा—क्या अब दुबारा आ पाएँगे वैसे हिट क्षण उसकी जिन्दगी में ? ओफ ! क्या गुनाह किया था उस गरिमामयी मासूम-सी लड़की ने...वह तो बुरी हो ही नहीं सकती, अपने संक्षिप्त सान्निध्य में भी कितने गुलाब बो दिए थे उसने उसकी जिन्दगी में...फिर किसने काँटे बोए राशि की जिन्दगी में ?

पूरे पन्द्रह दिनों के बाद राशि अपनी माँ को लेकर वापस आ गई थी। लेकिन इन पन्द्रह दिनों ने जिंस ही बदल डाले थे राशि के। आदित्य के उफनते प्रेम ने जिस राशि को यह भुला दिया था कि जिन्दगी में मौत भी कोई चीज है, माँ की असाध्य बीमारी ने उसके अणु-अणु में यह चेतना भर दी थी कि—मौत और दुःख ही जिन्दगी की असली कहानी है।

इन पन्द्रह दिनों में बम्बई के कैंसर अस्पताल में उसकी आँखों ने बहुत कुछ देख लिया था...डॉक्टरों की अमानुषिकता...तिल-तिल भुगतती माँ की यातना...जिन्दगी से महँगे इलाज...मानवीय विवशता। जिन्दगी के इस यथार्थ ने उसे प्रेम में पलंग पर औंधी लेटी स्वप्निल सुकोमल सुकन्या से चढ़ती धूप-सी प्रखर एक ऐसी यथार्थवादी लड़की में रूपान्तरित कर दिया था जिसका एजेण्डा अब बदल चुका था, प्राथमिकताओं का क्रम उलट गया था। मृदंग, तबला, सारंगी पर थिरकनेवाली...चिड़िया-सी चहकनेवाली लड़की अब साँपों की तरह रेंगती मृत्यु की आहट सुनकर बेआवाज हो गई थी। इसी कारण

मुम्बई से वापस लौटने पर आदित्य से मुलाकात के निजी क्षणों में भी हर बार की तरह उसकी आँखों में जिन्दगी की न कोई लहर मचली...न ही कोई स्वप्न झिलमिलाया। बची रही सिर्फ एक वेदनापूर्ण पनीली दृष्टि।

चार-पाँच दिनों के बाद दुःख का प्रथम आवेग जब थम गया था...और पूरे घर ने माँ की वर्ष भर की जिन्दगी की मोहलत को अपनी नियति मान स्वीकार कर लिया था, तब राशि भी नियमित रूप से कॉलेज आने लगी थी, पर आदित्य से मुलाकातों के उस अन्तहीन सिलसिलों, नफीस मूडों और जिन्दादिल तरानों पर खंजर पड़ चुका था।

देखते-देखते आदित्य फिर अकेलेपन के अथाह समुद्र में। वह राशि के साथ एकात्म होने के लिए उससे हर दिन मिलता। आँतरे-पाँतरे उसके घर भी जाता पर वह धूप सेंकती बूढ़ी की तरह निर्विकार निर्लिप्त बनी रहती और उसे सूखा और प्यासा ही लौटा देती। मृत्यु की ओर अग्रसर होती माँ के लिए अपने बचे-खुचे दमखम के साथ वह घर को एक ऐसा तपोवन बना देना चाहती थी जिसके कोने-कोने में देवता वास करते हों और दिशा-दिशा उनकी बोली गूँजती हो। अपनी प्राण-प्रिय माँ को वह ममत्व के सभी बंधनों से उपराम कर स्थितप्रज्ञ की-सी मानसिकता के साथ अनन्त के हाथों सौंप देना चाहती थी। जाहिर था ऐसे तपोवन में रोमानियत और सांसारिक प्रेम के लिए कोई जगह न थी।

आदित्य के लिए वे बड़े ही मारक और जानलेवा दिन सिद्ध हुए। वह चाहता उसके दुःखों में साझा करके उसके अन्तर्मन तक पहुँच जाना। उसके कन्धों पर आत्मीय स्पर्श के साथ कहना—भेंगे परो ना, आमि तो आछी (टूटो मत, मैं तो हूँ।) पर जितना ही वह करीब जाना चाहता, पाता कि उसके लिए अदृश्य ताले हर कहीं लटके पड़े हैं।

'देह धरे का दंड है' के भाव से राशि की माँ हेमवती अपनी चरम यातना की घड़ियों को बूँद-बूँद पीती जा रही थी। अपनी नियति को अन्तिम रूप से स्वीकार कर लेने के बाद और अभिशप्त जीवन को ईश्वर की चौहद्दी पर समर्पित कर देने के बाद उसकी सारी सांसारिक आकांक्षाएँ एक ही बिन्दु पर सिमट गई थीं—दोनों पुत्रियों की सुरक्षा। किसी भी हिन्दुस्तानी माँ की तरह उसके लिए वह सुरक्षा कवच था विवाह—जहाँ दोनों को स्थापित कर वह परम शान्ति के साथ चिर-निद्रा में लीन हो जाना चाहती थी।

और यही वह बिन्दु था जहाँ राशि फिर एक बार विवश हुई थी उस अध्याय को खोलने के लिए जिसे उसने तत्कालीन दबावों के चलते ठंडे घर में डाल दिया था। आदित्य के प्रति उसके प्रेम में गहराई भी थी पर वह उसकी तत्काल परिणति विवाह में नहीं चाहती थी, वह जानती थी कि आदित्य अभी इस दायित्व को वहन करने में असमर्थ है। वह जानती थी कि आदित्य यथास्थिति चाहता है—उन्मुक्त निर्झर-सा बहता प्रेम। पर जीवन के यथार्थ ने आज अकस्मात् प्रेम को उस मुकाम पर पहुँचा दिया था जहाँ प्यार एक-दूसरे के व्यक्तित्व का अनुसंधान भर बन गया था। आदित्य में अतिशय भावुकता थी...पर इन बदली हुई परिस्थितियों में वह अतिशय भावुकता उसे बाढ़ के

पानी-सी व्यर्थ नजर आती। वह चाहती थी कि आदित्य उससे अपने कैरियर की बात करे...भविष्य की योजनाओं के बारे में बताए। अब वह जीवन को प्यार से ऊपर मानने लगी थी। इस कारण आदित्य को प्यार में डूबा हुआ नहीं वरन् प्यार में उठता हुआ देखना चाहती थी। आदित्य का प्यार कई बार उसको आतंकित करता, देवदास जैसे प्यार की आशंका जगाता था। आदित्य की तरह चौबीसों घंटे प्यार के खुमार में कबूतर-कबूतरी की तरह चोंच से चोंच भिड़ाए रखना उसे निठल्लों का टाइम पास करना लगता। वह प्यार की संवेदना को विचार और विवेक से समृद्ध करना चाहती थी। अपनी कई सहेलियों के प्रेम-प्रकरण ने उसे यह सीख दे दी थी कि प्यार वही सफल होता है जो जीवन के साथ आगे बढ़ता है। जीवन...कैरियर आदि को स्थगित कर किया गया बंबास्टिक प्रेम अन्ततः जीवन को ही विकलांग कर देता है।

इस कारण जब-जब हेमवती शादी का प्रसंग उठाती, वह डोल जाती। प्रेम... कर्तव्य...ईश्वर...स्वप्न...संभावनाएँ...वर्तमान...भविष्य—सब दूध-पानी की तरह घुल-मिल जाते। वह सोच नहीं पाती कि कैसे बने एक आदर्श पुत्री और साथ ही एक वफादार प्रेमिका। किसकी सुने वह ? काँपते खंडहर-सी माँ की गुहार को या भविष्य के आलोक आदित्य को ?

प्रश्न ? प्रश्न ? और प्रश्न ??

पर इन सभी सवालों से निरपेक्ष, कर्तव्य की देवी बनी हेमवती की जिन्दगी में अब सिर्फ तीन चीजें थीं—ईश्वर, प्रार्थना और बेटियों के विवाह की चिन्ता। राशि के पिता दीपंकर बाबू के सभी नाते-रिश्तेदार, सभी मित्र एवं हितैषियों की फौज युद्ध स्तर पर जुट गई थी राशि और श्यामली के लिए वर की जुगाड़ में। हर दिन तेजी से विरूपित (बिजली के झटकों के कारण बाल झड़ने लगे थे, पेट फूलने लगा था) और खंड-खंड होती माँ को वह न सहयोग दे पाती और न ही विरोध कर पाती—अब मरे हुए को क्या मारना ! दिन-रात माँ की गुहार—आमार मेयदेर जन्या भालो वर जुगाड़ कर ठाकुर...आमार सेई मुक्ति। (मेरी कन्याओं के लिए अच्छे वरों का जुगाड़ कर प्रभु...मेरी इसी में मुक्ति है) को वह परम विरक्ति के साथ सुनती और स्वयं को समझा-बुझाकर किसी प्रकार अपना सन्तुलन साधे रखती।

कई बार अकेले में वह बेहद आशावादी हो जाती—यदि आठ-नौ महीने के भीतर आदित्य बी.एस-सी. से निकलते ही कोई ठीक-ठाक नौकरी का जुगाड़ कर सके तो वह दिखा सकेगी माँ को—माँ देखो, ये ही हैं तुम्हारे दामाद। पर क्या है यह सम्भव ? क्यों नहीं ? बी.एस-सी. की परीक्षा छह महीने के भीतर होनेवाली थी...उसी के साथ-साथ यदि वह किसी कम्पीटिटिव टेस्ट में बैठ जाए...पर क्या कर पाएगी वह आदित्य को इतना प्रेरित ?

जाने कितने सूर्यास्तों के बाद मिलन-जैसा मिलन हुआ आदित्य से और मिलते ही लगा जैसे इतने दिनों के 'बन्द' के बावजूद आर-पार की आत्मीयता का प्रवाह अबाधित था।

मन के भीतर से फिर जैसे कोई आवाज उठी—यही सत्य है और ऐसा प्रेम आउट ऑफ स्टॉक है। उसे ताज्जुब हुआ, किस प्रकार माँ के गुरुत्वाकर्षण से बाहर आते ही उसके दिमाग ने खुलकर स्वतंत्र रूप से प्रेम, सौन्दर्य और सत्य का परचम लहराना शुरू कर दिया था।

बहुत ही मुलामियत और प्रगाढ़ आत्मीयता के साथ उसने आदित्य को संकेत दिया कि इन बदली हुई परिस्थितियों में प्रेम में स्थायित्व की मुहर लगाने के लिए जरूरी है कि पूरी शक्ति के साथ वह अपने पाँवों पर खड़ा हो जाए।

"हाँ...जरूर मैं एड़ी से चोटी तक जोर लगा दूँगा...पर मुझे समय तो दो।"

"समय तो मैं तुम्हें उतना ही दे सकती हूँ जब तक माँ सितारों की दुनिया से दूर है..." और वह फफक पड़ी थी।

उसे फफकते देख उसकी आँखों में तरलता उभरी जिसे भरपूर सोखने की चेष्टा की उसने। प्यार के इस पक्ष के बारे में उसने कभी सोचा भी न था। अभी तो वह प्यार के अहसास से ही नहीं उभरा था कि यह उल्कापात। और कन्धे पर कोई आत्मीय हाथ भी नहीं। पिता तो ड्रग के ट्रीटमेंट में ही नंगाझोली हो चुके थे। माँ की लगी-लगाई नौकरी भी उसके चलते छूटी और उस पर राशि का यह भार...एकाएक उसे लगा, वह बीच समुद्र में अकेला खड़ा है...और चारों तरफ तूफान ही तूफान है। ओफ, जब-जब उसे लगा जिन्दगी से कुछ मिलनेवाला है, जिन्दगी में ही कील ठुक गई। उसने एकाएक आवेग के साथ राशि की दोनों नरम-नरम हथेलियों को थाम लिया—जैसे वे हथेलियाँ नहीं उसका चिर काम्य हों...उसके अभी तक के जीवन का सार तत्त्व ! और जो बहुत शीघ्र ही उससे छूट जानेवाला हो।

कुछ खामोश पल...दो आबद्ध हथेलियाँ।

राशि ने आहिस्ता-आहिस्ता अपना हाथ पीछे खींच लिया। वह उसकी ओर ताकने लगी—संध्याकालीन आकाश की ही तरह कई रंग उन विशाल आँखों के नील गगन में—उम्मीद, चाहत, अनुराग, प्रार्थना...और बेबसी के रंग।

टप् टप् आँसू जैसे आकाश से टप् टप् टूटते तारे।

निर्निमेष ताकता रहा आदित्य—दिव्य-दिव्य-सी उस चाँदनी को। उस नन्ही ईश्वर को जिसने जीवन के जाने कितने मधुर और यादगार पल डाल दिए थे उसकी झोली में।

उसने फिर अपना हाथ बढ़ाया...उस निकटता...उस दिव्य अशरीरी स्पर्श को महसूसने के लिए।

पर तभी वह मुड़ गई—निःशब्द !

अपना-अपना प्याला

और इसी बिन्दु से शुरू हुई जिन्दगी की धुकधुकी ने आदित्य को मानसिक रूप से विखंडित करना शुरू कर दिया था। खुली हुई किताब, पर चित्त कहीं और, दृष्टि कहीं और—क्या आसमान के नायाब सितारे की तरह झिलमिलाता उसका प्रेम इतना शीघ्र फक्-से बुझ जाएगा ? क्या बचा पाएगा वह इस बुझती लौ को ? ओफ, ईश्वर पूरा सुख क्यों नहीं देता ? काश, एक बार उसे कह देती राशि कि तुम जैसे भी हो, तेज, मन्द, भले-बुरे...मैं तुम्हारी हूँ। सिर्फ तुम्हारी और सदैव रहूँगी। बस इतना भर आश्वासन फिर क्या नहीं करके दिखा देता वह ? लेकिन इस अनिश्चितता ने तो चित्त का सब सुकून और सुख-चैन ही छीन लिया है उससे।

उसकी विडम्बना थी कि वह राशि को दोष भी नहीं दे पा रहा था। राशि यदि अपनी माँ को आदित्य के लिए राजी भी कर ले, तो भी क्या इन परिस्थितियों में कर पाएगा वह राशि से विवाह ? यह तभी सम्भव है जब वह स्वयं अपने पाँवों पर खड़ा हो।

फिर मिला वह राशि से।

राशि समझ रही थी आदित्य की बादल-बादल मनःस्थिति। निहायत कोमलता और नाजुकता के साथ रेशमी-रेशमी कुछ शब्द टपके उसके अर्द्ध प्रकम्पित अधरों से—

"देखो आदित्य, माँ की बात को जाने भी दो तो भी मैं तुम्हें प्यार में उठता हुआ देखना चाहती हूँ...क्योंकि सिर्फ प्यार के लिए प्यार महज एक भ्रम है...इसकी उम्र देह के अँधेरे में जलते अलाव से ज़्यादा कुछ नहीं। तुम स्वयं सोचो, ऐसा बहुत कम समय के लिए होता है जबकि प्रेम जीवन से ऊपर उठ जाए...प्रेम शुरुआत में जीवन के ऊपर उठता भी है...पर सोचो वह समय कितने लम्हे भर का होता है। उस तूफानी वेग के गुजर जाने के बाद प्यार जीवन नहीं बनता वरन् जीवन की आत्मा बन जाता है। और आत्मा की अहमियत तभी तक है जब तक शरीर की अहमियत है और शरीर रहे इसके लिए जरूरी है कि पाँव तले कोई ठोस आधार भी रहे नहीं तो पूर्णिमा का चाँद भी झुलसी हुई रोटी ही नजर आता है। तुमने सुना होगा—

कविता तोमाय दिलाम आज के छूटी
क्षुधार राज्ये, पृथ्वी गद्यमय
पूर्णिमा चाँद जेनो झुलसानो रूटि।

" देखो आदित्य, यह हम दोनों के लिए जरूरी है कि हम जिन्दगी को जिन्दगी के चश्मे से देखना सीखें, सिर्फ भावनाओं के सहारे नहीं।"

एकदम ही बुझ जाता है आदित्य।

"मैं मेहनत तो कर रहा हूँ...पर चारों तरफ जो निराशा और हताशा का माहौल है, उसमें मेरे लिए यह विश्वास करना मुश्किल होता जा रहा है कि मुझे अपने श्रम का उचित मूल्य मिलेगा। देख रहा हूँ कि मेहनतकश बादशाहों और निखट्टू मस्तमौलाओं के

जीवन स्तर में भी विशेष अन्तर नहीं है। जानती हो, मेरे सामने जो पानवाला है न...वह मेरे पिता से कहीं अधिक कमाता है, जबकि मेरे पापा केमिस्ट्री में एम.एस-सी. हैं। पता नहीं क्यों, स्कूल और कॉलेज की पढ़ाई में मुझे कभी विश्वास नहीं रहा। मैं कुछ ऐसा करना चाहता हूँ, जिसमें मुझे सर्जक का सुख मिले, जिसमें मैं अपने भीतर का सारा सौन्दर्य उँड़ेलकर रख सकूँ। इन नीरस कम्पीटीटिव पुस्तकों से मेरा दिल उचट जाता है...मुझे यह सारी पढ़ाई ही उबाऊ और व्यर्थ लगती है...खैर, तुम्हें हासिल करने के लिए मैं सबकुछ करूँगा। मैं जो हूँ उसे नकारकर तुम्हारे आदर्श एवं स्वप्नों के अनुसार स्वयं को ढालने की चेष्टा करूँगा। तुम...बस इतना भर वादा करो कि मेरा साथ कभी नहीं छोड़ोगी... ।"

राशि चुप...समझ नहीं पाई उन नाजुक एवं अति संवेदनशील क्षणों में क्या भरोसा दे वह उसे। सामने साँप की तरह रेंगती माँ की छाया घूम गई। फिर भी कुछ कहना तो था ही अपने इस असाधारण प्रेमी से जो जाने भीतर के किन अँधेरों एवं असुरक्षा-बोध के चलते प्रेमी से एकाएक याचक में बदल गया था...मन किया बाँहों में ले उसे जी भर दुलारे...इतनी हवा भर दे उसके भीतर कि जिन्दगी भर उसे असुरक्षा की घुटन न हो।

पर पिछवाड़े से फिर झाँक गई माँ।

खुद को जब्त कर इतना भर कह सकी वह—"प्रेम तुम्हारी शक्ति बने आदित्य, बैसाखी नहीं।"

आदित्य का स्वाभिमान भीतर से कहीं दरका। आँखों में एक आदिम दर्द झिलमिलाया। एक गहरी उच्छ्वास ले उसने पाँवों से धरती को रौंदा। आगे कदम बढ़ाए, कि तभी राशि ने फिर उसे रोक दिया... । उसके हाथों को छुआ और आँखों में झाँककर कहने लगी—

"देखो आदित्य, मुझे गलत नहीं समझना...तुम अच्छे हो, बहुत अच्छे। तुममें बहुत प्रतिभा है...बस तुम धैर्य रखो...सब ठीक हो जाएगा। जानते हो, चीन में एक तरह का पेड़ होता है, बाँस का पेड़ जो शुरू के चार वर्षों तक बिल्कुल भी नहीं बढ़ता है यद्यपि किसान उसे रोज खाद, पानी से सींचता है। पर चार वर्ष के बाद वह पहले दो सप्ताह में ही एकाएक बीस फुट बढ़ जाता है फिर तीसरे सप्ताह फिर दस फुट...तो जब भी मुझे अपने किसी कार्य में वांछित सफलता नहीं मिलती, मैं स्वयं को समझा लेती हूँ कि मेरे सतत कर्म के चार वर्ष अभी पूरे नहीं हुए हैं। देर-सबेर मेहनत एवं प्रतिभा के परिणाम सामने आएँगे ही...यह प्रकृति का नियम है।"

विस्मित-विमुग्ध होकर देख रहा था आदित्य राशि के इस पुनर्जन्म को। मुग्ध प्रेमिका से रूपान्तरित होती एक प्रबुद्ध मित्र के रूप में। माँ की बीमारी और जीवन के प्रतिकूल थपेड़ों ने उसे जीवन का द्रष्टा बना दिया था। वेग से बहती इठलाती नदी से एक शान्त द्वीप में बदल डाला था। वह अवाक् था, किस प्रकार वह उसे चेतावनी और परामर्श एकसाथ देती जा रही थी। यद्यपि राशि की कोई भी बात उसे ऐसी नहीं लगी

थी जिसे किसी भी प्रकार अनुचित ठहराया जाए, फिर भी जाने क्यों उससे विदा लेते वक्त उसे लगा जैसे राशि एक कॉम्पलेक्स बन उसके सीने में जम गई है।

बाद के दिनों में राशि पूरी 'स्लो मोशन' में आ गई थी। पहले की तरह अब भी जब-तब गहरे प्यार से उसकी ओर देखता आदित्य—पर राशि अब उन अँखियों के झरोखों से उड़ते बेचैन परिन्दों की पहचान भूल गई थी। प्रेम, कर्तव्य, स्वप्न और मृत्यु की कल्पना के बीच लिथड़ती उसकी आत्मा में अब सयानापन, 'टच मी नॉट' और जीवन के प्रति वैराग्य के-से भाव आ गए थे।

उन्हीं दिनों का एक दिन।

कॉलेज में पार्ट टू की परीक्षाओं की तारीख घोषित कर दी गई थी। राशि दो-तीन दिनों से कॉलेज भी नहीं आ रही थी। राशि को परीक्षाओं की तारीख बताने एक उदास शाम जब वह पहुँचा उसके यहाँ तो मौत की खामोश पदचाप के बीच जिन्दगी को मुस्कुराता देख दंग रह गया। चौहद्दी पर पाँव रखा ही था उसने कि देखा, राशि के हास्य-विनोद मनोवृत्ति के पिता किसी बात पर हो-हो कर हँस रहे थे...पर करीब जाकर उसने महसूसा...यह उसका महज भ्रम था...यह उसके पिता का सायास प्रयास था...मौत की छाया तले साँस लेते परिवार की उदासी के काले बादलों को चमकती धूप में तब्दील करने का। पर उनकी यह चेष्टा एक दयनीय प्रयास भर रह गई क्योंकि घर अपनी ही लय-ताल-गति में मौन था। शान्त था। उदास था।

हेमवती अब पूरी तरह बिस्तर पर थी। शाम की आरती का समय। राशि माँ की जगह आरती कर रही थी। नितिन और श्यामली माँ को घेरे बैठे थे। दीपंकर बाबू ने नितिन से आदित्य के लिए चाय बनाने को कहा...पर वह उनकी बात अनसुनी करता माँ को ही घेरे बैठा रहा। दीपंकर बाबू ने नितिन को मानसिक रूप से तैयार करने के लिए मजाक के अन्दाज में कहा—"मेरी बात नहीं सुन रहा...बस माँ से चिपका बैठा है। अरे, तेरे काम तो मैं ही आऊँगा...दोनों बहनें अपने-अपने ठिकानों से लगेंगी और माँ ऊपर सितारों के बीच...इसलिए मुझसे बनाकर रख...।"

दीपंकर बाबू का इतना भर कहना था कि घर एक बार फिर आनेवाली मौत के प्रति न केवल सजग हो उठा वरन् उसकी सांय-सांय डरावनी आहट को सहमे-सहमे सुनने भी लगा।

आरती गाती राशि की आवाज लड़खड़ा गई...उसकी आँखों में अश्रुकण चमक उठे। शंख भी उस शाम अपनी पूरी शक्ति से नहीं गूँजा...राशि का संक्रमण दूने वेग से हेमवती और दोनों बच्चों पर पड़ा—बच्चों के दुःख से विगलित हेमवती नितिन और श्यामली को अंग से चिपकाए रो पड़ी—"ठाकुर, मुझे अपने बच्चों के लिए ही थोड़ी-सी जिन्दगी दे दे...कण-कण हो जाएँगे बेचारे !"

नीर भरे नयनों से दीपंकर बाबू ने पत्नी की ओर देखा। बाणविद्ध पक्षी की तरह वे छटपटाए। कलेजा जैसे शरीर से निकलने लगा। मौत को यूँ स्वीकार करना इतना

भी आसान नहीं।

तीनों सुबकते बच्चों के साथ सुबकती हेमवती को देख उन्हें महसूस हुआ—इस दुःखी परिवार को हास्य की नहीं वरन् तत्त्वज्ञान की जरूरत है।

वे फिर अपने स्वाभाविक लय में आए। कँपकँपाती आवाज में हेमवती को लक्ष्य कर आदित्य की ओर निगाहें जमाकर कहने लगे, "अब तुम्हीं समझाओ इनको, देह के दुख से कौन ऊपर उठ पाया है। स्वामी रामकृष्ण तक को कैंसर की यातना भुगतनी पड़ी...बिना दुखों से गुजरे क्या पूर्णत्व पाया जा सकता है ? हिन्दुओं की बात छोड़ भी दो तो सच्चा ईसाई भी यह मानता है कि जब तक ईशु की यातना में उसके हिस्से की यातना न जुड़ जाए, उसकी मुक्ति पूर्ण नहीं—माई सफरिंग इज नॉट कम्पलीट टिल आई एड माई सफरिंग टू हिज। अब तुम्हारी मुक्ति निश्चित समझो, क्योंकि तुमने अपने हिस्से की यातना इस रूप में भुगत ली है।

उनके चेहरे की खाल फिर एक बार काँपी...आँखों की कोर में अटके आँसुओं को अपने पूरे आत्मबल से बहने से रोका उन्होंने और धीरे-धीरे रसोई में चाय बनाने चले गए।

उस शाम राशि से कोई भी संवाद नहीं बन पाया। बस दृढ़ता से देखता रहा वह। वातावरण इतना गमगीन और भारी हो उठा था कि आदित्य की हिम्मत ही नहीं पड़ी थी उसके करीब जाने की। दीपंकर बाबू के हाथों की बनी कच्ची-सी चाय को गले के नीचे उतार अपने कंगाल होते दिल को उनके तत्त्वज्ञान की सूखी पुड़िया से ही सन्तुष्ट कर वह निकल गया और देर रात तक सड़कों पर घूमता रहा।

यही यथार्थ है। आग उगलता सूरज और उसके ताप में कोंपल-सी झुलसती प्रेम की बेल—हर सुबह आदित्य स्वयं को समझाता...पर हर तीसरे-चौथे दिन उम्मीद की जाने किस क्षीण-सी डोर में बँधा जा पहुँचता राशि के घर। बातचीत लगभग नहीं के बराबर...और इस बीच राशि बिना बताए ही माँ को लेकर फिर मुम्बई।

फिर एक मनहूस शाम।

एक पवित्र इच्छा की अपवित्र समाप्ति।

तीन-चार घंटों तक कम्पीटीटिव टेस्ट की पुस्तक के ढेर सारे प्रश्नों को हल कर माथे पर उग आए पसीने की बूँदों को पोंछ ही रहा था आदित्य कि काम करनेवाली महरी ने नीचे पोस्ट बाक्स से डाक लाकर उसके सामने धर दी। दूर से ही दमकते लाल किनारी के शादी के निमंत्रण-कार्ड को सबसे पहले उठाया तो दिल की धड़कन रुक गई, उड़ते परिन्दे एकाएक थम गए। जीवन का सर्वाधिक सनसनाता...कँपकँपाता अद्‌भुत और अभूतपूर्व क्षण ! लिफाफे पर प्रेषक के नाम दीपंकर बनर्जी पर दृष्टि पड़ते ही मस्तिष्क की सारी कोशिकाएँ एकदम झनझना उठीं। समझ गया...जिसका डर था वही हुआ...आखिर जिन्दगी से जिन्दगी छीननेवाला वह क्षण आ ही गया...

ओफ, जिसे चट्टान समझा था वह इतनी फुसफुस निकली...इतनी जल्दी घुटने

टेक दिए।

"तो इसीलिए मुझे समझाया जा रहा था कि प्रेम जीवन का अन्तिम लक्ष्य नहीं...बस लक्ष्य की ओर ले जानेवाला एक पड़ाव भर है। पर उसने तो पड़ाव की भी मर्यादा नहीं रखी...।" उफान मारते आक्रोश और अवसाद का पहला शिकार भी वह लिफाफा ही बना...गुस्से में बिना कार्ड देखे बन्द लिफाफे सहित कार्ड को चिन्दी-चिन्दी कर डाला।

देखते-देखते आँखें जवा फूल की तरह रक्तिम हो उठीं। जो ज्वालामुखी धधका भीतर कि उन सभी किताबों को हवा में उछाल दिया उसने—अब किसके लिए अच्छा बनना ?

गुस्से में बहुत देर तक होंठ चबाने, बाल नोचने और मुट्ठियों को भींचने के बाद जब वह अपनी कुर्सी से उठा तब तक उसके भीतर काफी तोड़-फोड़ हो चुकी थी—मैं उस संसार को डिनाई करता हूँ जिसमें कोई इमोशन्स नहीं।

झाड़ी-झाड़ी में दुबकी स्मृतियाँ जाने कहाँ से आ-आकर उसे चींथने लगीं।

उस पूरी शाम वह इंसान से एक चीख में बदल गया।

अँतड़ियों को फाड़कर निकली चीख।

देर रात तक जिन्दा रहने की उसकी सारी ऊर्जा, आस्था, सुकून और प्राणवत्ता जिन्दगी के छिद्रों से रिस-रिसकर बहती रही।

प्रार्थना...ईश्वर स्मरण...वार्ता...भ्रमण...कयामत की उस रात कुछ भी काम नहीं आया।

अपने होने की...मनुष्य होने के बोध की एक गहरी मर्मान्तक पीड़ा ने शरीर के अंग-अंग में दर्द की एक ऐसी मरोर पैदा कर दी थी कि वह रह-रहकर जलती रेत पर तपती मछली की तरह तड़प उठता—यदि सारा दुःख मेरे होने के कारण ही है...तो मैं अपने होने को...अपने मनुष्य होने को ही नकारता हूँ और जिन्दगी से घबड़ाकर पहली बार उसने एक ही शहर में रहते हुए भी कयामत की वह पूरी रात घर के बाहर अपने अपोरी-टपोरी टाइप दोस्तों के साथ गुजारी। आत्मा की उस अँधेरी रात में पहली बार उसने शराब को मुँह लगाया।

पहला चियर्स...उसे भुलाने के लिए।

दूसरा चियर्स...अपनी स्मृतियों...अतीत...लगाव...सम्बन्ध...काल चेतना...इंसानी ध्वनियों—सबसे मुक्त होने के लिए।

एक पैग...दो पैग...जाने कितने पैग पी डाले उसने, पर राशि की चेतना बनी रही...वह महाचेतना किसी भी प्रकार काबू नहीं आई। हर बढ़ते पैग के बाद जैसे दबी हुई आवाज भीतर से आती...'मैं हूँ' और उन्हीं हारे हुए क्षणों में अवचेतन में कुण्डली मारे बैठी वह किक...वह पिनक...वह विस्मृति याद आई जिसे उसने कभी हेरोइन की पहली टान में महसूसा था...जिसे लेते ही वह धरती के सारे दुखों से दूर हवा में उड़ने लगा था...। आज पूरे दो साल बाद फिर वही ड्रग उसे कामुक स्त्री की तरह इशारे करने

लगा—आओ, आओ, मेरे पास आओ। अवचेतन में बसी वह पहली स्मृति...और प्रेम की वह महावेदना, पंख कटे परिन्दे-सी फड़फड़ाहट...उस महाभाव को पराभव करने के लिए वह देवदास से भी आगे निकल गया—जिन्दगी में प्यार और औरत नहीं तो हेरोइन ही सही।

शुरुआत फिर एक अँधेरे सफर की।

पुनरावृत्ति फिर उसी इतिहास की।

हेरोइन की पहली टान लेते हुए उसने अपने आहत मन को थपथपाया—बस, एक बार। जिन्दगी से झगड़ने के लिए कोई हथियार भी तो चाहिए।

और 'बस एक बार' से खुला जो महाद्वार कि बस खुलता ही गया और देखते-देखते उसने अजगर की तरह आदित्य को अपनी गिरफ्त में ले लिया। उन्हीं पुनरावृत्तियों का, खूबसूरत भ्रमों का और आत्मछलनाओं का काफिला फिर चल निकला, कुछ इस तेजी से कि देखते-ही-देखते वह नशे के टॉप गियर में जा पहुँचा, जहाँ उसकी यात्रा के सिर्फ दो ही पड़ाव बचे रह गए थे—नार्मल टू पेन। पत्ता लेता तो वह नार्मल रहता और नहीं लेने पर फिर वही विदड्राअल की असह्य यातना।

आदित्य के लिए छत्र-छाया बने हेमन्त बाबू का माथा फिर ठनका। पुत्र का बेनूर होता चेहरा...चिड़चिड़ाना, गुस्साना...अकेले बैठे रहना—फिर क्या हुआ उसे ? कौन है जो कीड़े की तरह भीतर-ही-भीतर प्राण खींच रहा है उसका। उन्होंने लक्ष्य किया था कि आदित्य कई महीनों से छह सूत्री स्पिरिचुएल लेसन भी नहीं पढ़ रहा था। कई बार उन्होंने पुत्र का ध्यान उस ओर खींचने की चेष्टा भी की पर दिक्कत यह थी कि वह घर में रहता इस तरह था कि शालीनता और सद्भाव बनाए रखते हुए उसकी भीतरी बातों का पता चलना निहायत ही मुश्किल था। और इतने टची और संवेदनशील पुत्र से वे उलझना नहीं चाहते थे। इस कारण फूँक-फूँककर कदम रखते हुए भी वे निस्सहाय से पुत्र की कुछेक ऊल-जलूल हरकतों को तत्काल के लिए बाउंड्री के बाहर फेंकते रहे कि बाद में समय आने पर उन्हें उठा लिया जाएगा और उनकी पड़ताल कर ली जाएगी। लेकिन एक सुबह जब पुत्र को बिना नहाए चेहरे पर पाउडर पोतकर जाते देखा तो कलेजा धक-से रह गया। ढेर सारी आशंकाओं के बीच सर्प के चमकीले फन की तरह यह आशंका भी फन उठाने लगी कि कहीं वह फिर ड्रग...। डॉ. कोठारी के शब्द भी याद आने लगे—ड्रग एडिक्ट को होनेवाली 'कोल्ड ट्रकी'। हे भगवान ! पर भोले मन ने फिर थपथपा दिया—इतनी बर्बादी और इतना भुगतने के बाद अब पुत्र फिर उस रास्ते नहीं जाएगा।

तो फिर वह क्यों निकला ऐसे...बिना नहाए...मुँह-हाथ धोए। लेकिन एक अद्भुत बात और भी हुई...इन दिनों घर में पिछली बार की तरह खुले रुपयों की चोरी एकदम नहीं हुई थी। उन्होंने आसपास के सभी सामानों को टटोला तो वे भी सही-सलामत।

मन को फिर समझा लिया, उन्हें भ्रम हुआ होगा।

लेकिन शीघ्र ही ऐसा समय आया कि घर की पगड़ी चौक में उछलने लगी। आदित्य के पास जब बेचने को कोई किताब नहीं रही तब उसने मुहल्ले के किसी बच्चे की साइकिल को ही बेच डाला। बच्चा पड़ोस में ही रहता था। बच्चे को अपनी एटलस साइकिल में हवा भरवानी थी। साइकिल की दुकान पर बहुत भीड़ थी, बच्चा मचल रहा था, उन दिनों विश्व कप क्रिकेट का सेमी फाइनल चल रहा था। आदित्य ने उसे भरोसा दिलाया कि साइकिल में हवा भरवाके वह उसके घर पहुँचवा देगा।

तीसरे दिन जब वह बच्चा आदित्य के यहाँ साइकिल माँगने पहुँचा तो आदित्य के चेहरे पर उड़ती हवाइयों को देख हेमन्त बाबू को काठ मार गया...लोककथा के राक्षस की तरह वे कई दिनों से घर में यूँ भी मानुष गन्ध सूँघ ही रहे थे। डॉ. कोठारी के शब्द अवचेतन में घंटियाँ बजाने लगे—'नशे के लिए नशेबाज कुछ भी कर सकता है। बीबी के गहने, बच्चे का दूध यहाँ तक कि रोगी की दवाइयाँ, अपना खून, सबकुछ बेच सकता है। वह एक ऐसा रोग है जो ड्राकुला की तरह रोगी के खून की अन्तिम बूँद तक पी जाता है।'

फिर भी अद्भुत संयम से उन्होंने स्वयं को साधे रखा। अभी भी एक सूक्ष्म रेखा थी, भ्रम और यकीन के बीच। परछाईं की तरह पीछा करते रहे वे। अपने पिछले अनुभव से इतना तो वे जान ही चुके थे कि नशेबाज को नशे के लिए एक ऐसा एकान्त कोना चाहिए जहाँ हवा का भी प्रवेश न हो।

डॉ. कोठारी की हिदायतें और नशेबाज के लक्षण भी उन्हें याद थे। सोच-समझ कर इसी निर्णय पर वह पहुँचे कि यदि कोई रहस्य है तो वह निश्चित ही इस फ्लैट के बाथरूम में है—यदि आदित्य ड्रग घर में लेता है तो वह जगह बाथरूम ही हो सकती है...और वह भी या तो गहराती रात या भोर का समय।

बाथरूम का फिर एक बार सूक्ष्म मुआयना किया उन्होंने। कोने-कोने पर टार्च फेंक-फेंककर देखा...पर कहीं भी कुछ भी आपत्तिजनक बरामद नहीं हुआ। एक बार फिर उसकी अलमारी...उसकी टेबुल चेक की। वीरान-सी पड़ी अलमारी में सबकुछ खुली किताब की तरह सार्वजनिक था। आखिर सोच-सोचकर उन्होंने बाथरूम की सबसे ऊँची खिड़की पर लगे पर्दे पर टूल के सहारे चढ़कर एक उँगली बराबर छेद किया और पर्दे को वापस जैसा का तैसा लगा दिया और खुफिया पुलिस की तरह बराबर पीछा करते रहे आदित्य की गतिविधियों का।

रात साढ़े ग्यारह बजे के करीब दबे पाँव उठा आदित्य। प्रशिक्षित श्वान की तरह दमसाधे लेटे रहे हेमन्त बाबू। और जब इत्मीनान हो गया कि उसे भीतर गए डेढ़-दो मिनट हो गए तो दबे पाँव वे भी धड़कते दिल के साथ टूल पर चढ़े....मन-ही-मन आशंकित भी कि कहीं सिर्फ पेशाब या पखाना के लिए गया होगा तो कितनी भद्द होगी...क्या समझेगा अपने पिता को यदि ऐन बीच में ही निकल आए। लेकिन वे भी क्या करते, पुत्र को इस प्रकार जीते-जी तो मौत की अँधेरी सुरंग में धकेला नहीं जा सकता था। हिश, क्या दिन देखना पड़ रहा है, अपने ही युवा पुत्र के बाथरूम में यूँ

झाँका-झाँकी ! मन को किसी प्रकार मजबूत करके राम-राम करते टूल पर चढ़कर किसी प्रकार प्रकम्पित हाथों से पर्दे की चुन्नट को एक तरफ सरकाकर छिद्र में से झाँका तो गश खा गए...मृत्यु से भी भयंकर सत्य उनके सामने था—मोमबत्ती को पन्नी के नीचे घुमाता एक जवान हाथ और पन्नी पर झुका हुआ माथा। वे काँप गए...जैसे सूरज हमेशा के लिए डूब गया हो...अब आगे अँधेरा...। जैसे समय की अदृश्य शिला पर पुत्र की अस्वाभाविक मृत्यु का शिलालेख पढ़ लिया हो उन्होंने।

प्राण खींच लेनेवाला वह एक असाधारण क्षण था—अपने दरकते प्राणों के अंश-अंश से वे चीख पड़े—नहीं, नहीं, यह ठीक नहीं। यह धुआँ जहर है...कोई रोको उसे।

"सब शेष" की जानलेवा अनुभूति इस कदर गहराई कि रीढ़ की हड्डी में कम्पन होने लगा। टूल से उतरते सन्तुलन गड़बड़ाया...पाँव डोला और वे बाथरूम के पास ही धम्म-से फिसल गए। गिरे हुए भी उन्होंने उठने की चेष्टा नहीं की वरन् वहीं से ही बाथरूम के दरवाजे को पाँवों से धाँय-धाँय पीटने लगे।

दुःख से साक्षात्कार जिन्दगी के हर मोड़ पर हुआ था, पर यह दृश्य तो प्राणों को खींच लेनेवाला था...और ज्यों ही उजबक की तरह हकबकाया आदित्य बाथरूम से बाहर निकला, कटती गाय की तरह वे बिलबिलाए—'क्या कमी रह गई थी हमारे पालन-पोषण में जो तुमने फिर इस जहर को लेना शुरू कर दिया ? बोल, बोल...पिछली बार तो कहा था अनजाने इसने तुम्हें फाँस लिया पर अब...इस बार। मैंने सचमुच तुम्हें गलत समझा...जिसे जिन्दगी का उजाला समझा...वह गन्दगी का इतना बड़ा कीड़ा निकला। अरे यह तो सोचा होता कि पिछली बार तुम्हारे ट्रीटमेंट में ही मेरे प्रोविडेंट फण्ड की खासी रकम उड़ गई...तुम्हारी माँ की नौकरी भी इसलिए छुड़ाई कि तुम्हारा ध्यान रखा जाए, बताओ, क्यों किया तुमने ऐसा ?'

"अरे बोलता क्यों नहीं...।" और एक झन्नाटेदार तमाचा।

हो-हल्ला सुन वनश्री भी बाहर निकल आई और हेमन्त बाबू को रोते देख दहशत में अकड़ गई—एक पूर्ण पुरुष का रोना...कितना भयावह ! कितना कारुणिक। पर जैसे ही उसे कारण मालूम पड़ा...पूरी धरती डोलती नजर आई उसे। ढीठ पुत्र पर कई भरपूर हाथ उसने भी चला दिए—बोल, तूने ऐसा क्यों किया ?

पर आदित्य के चेहरे पर जैसे पत्थर उग आए थे। न हिलना न डुलना। शव की तरह निस्पन्द एवं अडोल मार झेलता रहा वह। अन्ततः पुत्र के इस अखंड मौन के आगे खंड-खंड खंडित, ध्वस्त और रीते-बीते पति-पत्नी उसे छोड़ अपने कमरे में लौट आए, उसके दुबारा ड्रग की ओर लौटने की वजह जान पाने की अदम्य पीड़ा और छटपटाहट के साथ।

सारी रात खिड़की के बाहर देखते रहे वे...अमावस्या की रात का वह सर्वग्रासी अँधेरा...वैसा ही अभेद्य और सर्वग्रासी अँधेरा उनके भीतर की अतल गहराइयों में भी भरता जा रहा था...पहली बार जिन्दगी से डर लगा...पास में ही सुबकती पत्नी को

थपथपाया उन्होंने—जो अनजाने में फिसल जाए उसे सँभाला जा सकता है...पर जो अपनी इच्छा से ही गिरे उसे कैसे सँभाला जाए...सच ही कहा गया है—पुत्र से बढ़कर कोई दुश्मन नहीं।

अनिष्ट जब निश्चित हो तो आदमी शान्त हो जाता है। बीतती रात के मलबे पर कुछ लम्हों के लिए आँख लगी हेमन्त बाबू की। सुबह उठे तो श्मशान से घर लौटे व्यक्ति की तरह यथार्थ को स्वीकार कर उनकी आत्मा शान्त और वीतरागी बन चुकी थी।

अब वे पिता नहीं, इंसानियत के सर्वोच्च स्थान पर बैठे स्वयं को खंगाल रहे थे—माना पुत्र का अपराध अक्षम्य था, पर स्वयं उन्होंने भी तो उसके तर्पण में कुछ भी कसर नहीं उठा रखी थी। फूल से बच्चे को रुई की तरह धुन डाला। ओफ, रात गुस्से में विवेक और संयम ने इस कदर साथ छोड़ा कि डॉ. कोठारी की चेतावनी भी भूल गए थे वे...ये रोगी होते हैं—इन्हें करुणा, ममता और गहन ममता ही बचा सकती है। भूल सूधार और पुत्र के माथे पर हाथ फेरने की पवित्र और उच्च आकांक्षा के साथ उसके कमरे में घुसे तो खाली पलंग मुँह चिढ़ाता-सा लगा...फिर मन धड़का...तो क्या बाथरूम में फिर नशे की डोज के लिए...पर बाथरूम के खुले कपाट पर नजर पड़ी तो आशंका का फन फूत्कार उठा। हे भगवान ! अब और क्या देखना बचा है। बाथरूम से उल्टे पैर फिर अपने कमरे में लौटे तो टेबुल पर पानी के गिलास के तले एक संक्षिप्त-सा पत्र दबा हुआ मिला—पुत्र के घर छोड़ने की सूचना—'अब तभी अपना मुँह दिखाऊँगा जब सही अर्थों में आदमी बन जाऊँगा—क्षमा' और अन्त में "आपका नालायक पुत्र।"

भोर के सितारे की तरह ओझल होकर पुत्र एक बार फिर मसीहा बन गया और दोनों पति-पत्नी को अपराध-बोध की जलती चिता में झोंक गया। पुत्र को लगाया एक-एक थप्पड़ घूँसा बनकर अब उनके सीने पर उतरने लगा—हिश, जवान पुत्र को भी क्या इस प्रकार मारा जाता है ! वनश्री को आवाज देनी चाही तो गले से गों-गों की निरर्थक ध्वनि के अलावा कुछ भी नहीं निकला। सिर पकड़कर वहीं ढह गए।

लुक, ए विट हायर

खाली पड़े खंडहर-से साँय-साँय करते दिन।

आनेवाले कई दिन पुत्र की खोज में बीते। देहरी-देहरी, आँगन-आँगन, कूचे-कूचे, गली-गली घूमते हेमन्त बाबू कि कहीं दिख जाए पुत्र। अखबारों में अपील छपवाई। 'लौट आओ वत्स, तुम्हारी माँ बिस्तर पर है—' पर बोतल के जिन्न की तरह गायब हो गया था पुत्र।

आठों पहर, उठते-बैठते, सोते-जागते, खाते-पीते पति-पत्नी के बीच एक ही संवाद। पुत्र था तो काम ही काम था। अब न फोन बजता, न वनश्री की आवाज गूँजती। टी.वी.

खोलते तो पिता-पुत्र के प्रेम दृश्य देख कलेजा बिंध जाता हेमन्त बाबू का। ध्यान करने बैठते तो अभिशप्त ऋषि की तरह पुत्र की चेतना बराबर बनी रहती। आँखें मूँदते ही पुत्र का शान्त सौम्य चेहरा मन की जमीन पर शिद्दत से उभर जाता। हृदय हाहाकार कर उठता, काश, डिटोक्सीफिकेशन तो करवा देते वे उसका। ईश्वर ध्यान, चिन्तन, अध्ययन, भ्रमण कुछ भी बाँध नहीं पाया उन्हें और न ही पुत्र के बिना जीना सिखा पाया। रह-रहकर एक ही प्रश्न कलेजे में कटार-सा चुभता—क्या गृहस्थी बनाकर गलती की उन्होंने ? क्या सारी जिन्दगी इसी प्रकार हाहाकार में गुजरेगी ? पुत्र तक को नहीं निभा पाए वे। कहाँ तो उन्हें गर्व था कि वे उस समृद्ध विरासत के उत्तराधिकारी हैं जहाँ के जादुई परिवेश में सिर्फ परिवार के ही सदस्य नहीं वरन् आदमी और देवता, आदमी और जानवर, आदमी और पशु-पक्षी, आदमी और पेड़-पौधे तक साथ-साथ रहते थे। क्या अपनी वर्तमान स्थिति को वे महज बेटे की नशाखोरी या युग की हताशा के खाते में डाल दें ?

पर बेटे की नशाखोरी तो परिणाम है...कारण कहीं और है।

क्या हैं वे कारण ?

वे सोचनेवाले जीव थे, इस कारण पत्नी की तरह भगवान के दरबार में भी धरना देकर नहीं बैठ सकते थे। आठों पहर, उठते-बैठते कई प्रश्न परछाईं की तरह पीछा करते उनका।

क्यों हुआ बेटा नशाखोर ? क्यों ? क्या इसी कारण कि आज उसके पास करने के लिए कोई ठोस कार्यक्रम नहीं, क्या इसी कारण कि आज इस शहर की फिजा बदल गई है। अपनी आवाज खो दी है इसने...। वह आवाज जो कभी नजरूल और गुरुदेव के गीतों में गूँजती थी...जो ताराशंकर बंद्योपाध्याय और शरतचन्द्र की संस्कृति की आवाज थी। वह आवाज जो कभी सूर्यसेन, खुदीराम बोस, सुभाषचन्द्र बोस, बाघाजतिन, और चारू बाबू के गले में बसती थी...इस शहर की आज कोई अलग आवाज की पहचान नहीं है...क्या इसी कारण इस शहर की सांस्कृतिक, वैचारिक और क्रान्तिकारी आवाज पर नशे और अपराध की आवाज छाती जा रही है ? इन्हीं प्रश्नों की मार से बचने के लिए वे ऑफिस से घर पैदल आने लगे। लगभग दो-अढाई किलोमीटर की दूरी। पैदल आते-आते वे स्वयं को इतना थका डालते कि फिर चेतना मन्द पड़ती जाती और उन्हें कुछ घंटों की नींद नसीब हो जाती।

इस प्रकार की पद-यात्राओं ने एक और दुनिया उनके आगे खोल दी। वक्त की मार से पिसती जिन्दगियों पर भी चलते-चलते नजर पड़ती जाती थी उनकी। चलते-चलते एक बार सियालदह स्टेशन के बाहर देखा एक पाँचवर्षीय बच्ची को बैसाखियों के सहारे चलते हुए। कटहल, अमरूद, आम, तरबूज और आलू के तीस-तीस किलो के बड़े-बड़े झाँकों को सिर पर ढोती हाँफती-काँपती अधेड़ महिलाएँ। एक बार देखा, एक अधेड़ा, अपने बारह-तेरहवर्षीय पोलियोग्रस्त पुत्र को अपनी ठठरी काया में ढो रही थी। एक बार देखा...एक वृद्धा छाती के बल रेंग रही थी...उसकी सारी गृहस्थी उसकी छाती

पर रखी पोटली में सिमटी थी...। एक बार देखा, एक सफेद झक दाढ़ी वाले हाथ-रिक्शावाले को जिसके रिक्शे पर तीन-तीन जवान औरतें लदी थीं और जिन्हें ढोते हुए उसकी टाँगें काँप रही थीं। ऐसे भी जीते हैं लोग, जीना सीख जाते हैं या जीवन ही सिखा देता है जीना उन्हें। मन-ही-मन सोचते आगे निकल जाते हेमन्त बाबू। 'नाना दुखिया सब संसार' कुछ क्षणों के लिए अपना दुःख उन्हें नगण्य नजर आने लगता।

तो क्या जीवन का समग्र दर्शन दुःख का ही दर्शन है। क्या दुःख भोगने के लिए ही मैं इस धरती पर हूँ ? 'सब जग जलता देखिया, अपनी-अपनी आग' लहरों की तरह प्रश्न पर प्रश्न। अपने भीतर उठते विचारों के तूफान से वे घबड़ा जाते।

सुख न सही, पर मुझे शान्ति चाहिए हे देव ! क्या करूँ...कैसे पाऊँ ? अपने भीतर का हाहाकार...पुत्र की स्मृतियाँ...वर्तमान की दुश्चिन्ताएँ डंक मारने लगतीं...थोड़ी देर के लिए आँखें लग भी जातीं तो यूँ लगता जैसे तन-बदन में आग लग गई है। वे घबड़ाकर उठ बैठते—मुझे इस अवसाद और उदासी के पार जाना ही होगा, पर कैसे ?

याद आया, महाभारत सीरियल में श्रीकृष्ण अर्जुन से कह रहे थे—'तुम्हारी चेतना का लक्ष्य आत्मनिष्ठ नहीं होना चाहिए। वह वस्तुनिष्ठ होना चाहिए। काम और मोह की अग्नि ज्ञान को नष्ट कर देती है।' और तभी जैसे उन्होंने स्वयं को समझाया—'मुझे अपने को पुत्र-मोह से ऊपर उठाना है...मैं इस धरती पर सिर्फ पिता और पति का कर्तव्य निभाने ही नहीं आया।' अतः पुत्र-मोह से ऊपर उठने के लिए हर दिन वे इतिहास की कन्दराओं, खन्दकों और गुफाओं में भटकते हुए अतीत के उपलब्ध सत्यों का एकान्त साक्षात्कार करते। और अपने चैतन्य से बतियाते हुए कुछ महत्त्वपूर्ण निर्णयों पर पहुँचते।

दशरथ को किसने मारा ?

धृतराष्ट्र की दुर्गति कैसे हुई ?

अपने समय का महान योद्धा और अपनी सेना का चीफ कमाण्डर परसिया का रुस्तम क्यों दुःख की पराकाष्ठा पर पहुँचा ?

जबकि सम्राट अशोक पूरी विश्रान्ति और चरम शान्ति से भरे थे। क्यों ? क्यों ?

क्योंकि वे पुत्र-मोह से ऊपर थे, क्योंकि उन्होंने अपने आपको अनासक्त, वीतरागी, स्थितप्रज्ञ और निस्संग बना डाला था।

मुझे भी स्वयं को निस्संग और अनासक्त बना देना है।

पर जितना अधिक वे पुत्र को अपने से निष्कासित करने की चेष्टा करते, पुत्र उतना ही अधिक उनके जीवन के गहरे में धँसता हुआ उनके जीवन का परम सत्य बनता जाता।

और इस प्रकार करीब छह महीने तक अपने आपसे लड़ते हुए, दर्शन, तत्त्वज्ञान और चिन्तन द्वारा स्वयं को किसी प्रकार साधे रखा हेमन्त बाबू ने पर उन्हें यह बराबर लगता रहा कि इस प्रकार की अनासक्ति उनके 'स्व' के भाव से मेल नहीं खाती थी। ज्ञान की आँखों से दुनिया देखना उनके वश का नहीं। भीतर एकत्रित बूँद-बूँद प्रेम बाहर आने को मचलता। उन्हें तो चाहिए कुछ ऐसा जिसे उनकी बुद्धि और मन दोनों

आत्मसात कर सकें, जहाँ ज्ञान, भाव और व्यवहार तीनों के सत्य एक अखंड सत्य बन जाएँ, जहाँ अपनी आत्मा के अन्तहीन ममत्व और स्नेह को वे उँड़ेल सकें।

इसी मानसिक ऊहापोह में जी रहे थे वे कि एक घटना ने उनके दिव्य-चक्षु खोल दिए।

वह रविवार की एक शाम थी। उनका सबसे अन्तरंग मित्र रेणुकूट से उनके यहाँ ही आया हुआ था। उसी दिन नन्दन सिनेमा हॉल में कोई ऐतिहासिक विदेशी फिल्म लगी हुई थी। मित्र मचल उठा था, रेणुकूट जैसी छोटी जगहों पर सेक्स, हिंसा और मारकाट की फिल्में चाहे लग जाएँ पर ऐसी ऐतिहासिक फिल्में अमूमन नहीं लगती थीं। मित्र की इच्छा का सम्मान करते हुए उन्हें भी जाना पड़ा। उसी फिल्म में एक दृश्य था।

महारानी विक्टोरिया चिन्तित हैं। उन्हें अपने प्रेमी को किसी जरूरी कार्यवश सागर पर इठलाते जहाज पर एक लम्बी यात्रा के लिए भेजना पड़ता है। रानी भेज तो देती हैं पर किनारे खड़े जाते जहाज को दूरबीन से देखने लगती हैं। वे देखती हैं कि उनका प्रेमी अपनी हसीन एवं युवा प्रेमिका के साथ डेक पर खड़ा है। वे परेशान। महारानी को परेशान देख उनका एक सहयात्री महारानी को कहता है—मैडम, लुक ए विट हायर !

महारानी थोड़ा और ऊपर देखती हैं तो दोनों प्रेमी-प्रेमिका से ऊपर उनके देश का झंडा लहरा रहा है। हेमन्त बाबू ने भी रानी विक्टोरिया की तरह जब “ए विट हायर” देखा तो उन्होंने देखा...उनके पुत्र-प्रेम के ऊपर भी बहुत कुछ है...एक पीड़ित बिखरी, खंडित, भूखी-नंगी दुनिया, जिन्हें उन्हें फिर से खोजना है...फिर से बनाना है...।

वही शाम उनकी सांसारिक बेचैनी, छटपटाहट और तनाव की आखिरी शाम सिद्ध हुई। लौटती बेला डूबते सूर्य के अबीरी आकाश को अपनी सभी पीड़ा और छटपटाहट समर्पित कर उन्होंने उस सात्विक लालिमा के समक्ष जैसे प्रतिज्ञा की—मैं पूरे विश्व का हूँ। पूरे विश्व की वेदना मेरी वेदना है।

और एक गहरी शान्ति उनके भीतर उतर गई।

दूसरी सुबह...फूटते उजास की प्रशान्ति...पक्षियों की चहचहाहट और पुरवैया हवा की ताजगी में पिछले दिनों की प्रतिज्ञा फिर व्यावहारिक आकार लेने लगी—मैं यथाशक्ति नशेबाजी के विरुद्ध लड़ूँगा...। और इसके साथ ही उस दिन से उनके भ्रमण में भटकन की बजाय संकल्प आ गया और कदम निश्चित आयाम के साथ आगे बढ़ने लगे। डॉ. कोठारी के शब्द अनुगूँजित होने लगे—‘नशा अब सिर्फ दौलतियों तक ही सीमित नहीं रहा, अब यह बीमारी सर्वव्यापक बन गई है। सड़क पर रहनेवाले फुटपाथी इसके सबसे भयंकर शिकार हैं।’

और सचमुच वे अवाक् रह गए थे। जोड़ागिरजा से रिपन स्ट्रीट के बीच एक कतार में बनी भूरी-सी गन्दी बस्तियों में सुबह साढ़े छह बजे कई फुटपाथियों को देखा उन्होंने—कहीं जोड़े में तो कहीं तिकड़ी में सिर-से-सिर भिड़ाए...सिर पर मैली-कुचली चद्दर डाले पन्नी के नीचे मोमबत्ती घुमाते हुए। दूर से उन्हें सन्देह-सा ही हुआ था पर

हिम्मत कर ठीक फुटपाथ पर आकर देखा तो दंग रह गए। कैमरे की आँख की तरह तीक्ष्ण आँखों ने क्षणों में ही सबकुछ समेट लिया था। नशे की पूरी दुनिया वहाँ आबाद थी। किशोर, जवान, अधेड़ और बुढ़ौती की ओर बढ़ते अधबूढ़े। हर दस कदम पर।

समाज के लिए कितना बड़ा पोटेंशियल डेंजर है—जवान नशेबाजों की पूरी की पूरी जमात। फिर विचलित और उद्वेलित हो जाते हैं हेमन्त बाबू—क्या बची रह पाएगी यह सभ्यता ? देखना एक दिन यह सभ्यता मर जाएगी...किसी बम द्वारा नहीं, वरन् विकास के इस पैटर्न और कृत्रिम जीवन शैली के चलते, जिसने आदमी के दिमाग को बेकाबू और मन को श्मशान कर दिया है।

खुद अपनी आँखों से नहीं देखते तो विश्वास ही नहीं होता—हर दस कदम पर हर हर गंगे। और वह भी सुबह उठते-न-उठते। ओफ ! हजारों-हजार हाइड्रोजन बम की शक्ति रखनेवाली यह युवा शक्ति किस प्रकार नशे की अँधेरी सुरंग में घुसी हुई है। पर कौन रूपांतरित कर रहा है अक्षय ऊर्जा के इन डायनासोरों को रेंगते कीड़ों में ? आधुनिकता का दबाव या विकास का यह घातक पैटर्न जो हर साल गाँवों से पलायन करते हजारों-हजार युवकों को शहर की झुग्गियों और बस्तियों में शरण लेने को बाध्य कर रहा है। कौन हैं ये ? कहाँ से आए हैं ?

काफी देर तक सोचते रहे हेमन्त बाबू।

थोड़ी देर बाद लगभग पन्द्रहवर्षीय एक किशोर टान लेकर फुटपाथ से सड़क पर आया तो उसके पीछे-पीछे हो लिए वे। फिर आगे जाकर उसे घेरा—"तुम कहाँ से आए हो ? कलकतिया तो नहीं लगते। नशेबाजी क्यों करते हो ?"

उसने एक बार में ही झटका कर डाला हेमन्त बाबू का—"मर्द आदमी हूँ...करता हूँ...किसी के बाप का क्या है !"

बाप रे...लताड़ खाए हेमन्त बाबू भनभनाते हुए सीधा पुलिस चौकी जा पहुँचे, जो जोड़ागिरजा से थोड़ी ही दूरी पर थी। यह जानकर दुखद आश्चर्य भी हुआ कि इतनी करीब पुलिस चौकी फिर भी नशेड़ियों में कोई डर नहीं, कोई पकड़ा-धकड़ी नहीं। इन्हीं पुलिसवालों की निष्क्रियता, जड़ता और नपुंसकता के चलते मेरा जवान लड़का नशे का शिकार हो गया...किस हद तक बढ़ गई है नशाखोरी। और आता कहाँ से है इतना ड्रग ? इतनी सहज उपलब्धि ?

एक ही साँस में सामने टेबुल पर बैठे ओ.सी. को आँखोंदेखा हाल सुना डाला और उन्हें साथ चलने के लिए प्रेरित करने लगे।

जवाब और भी ठंडा किन्तु विनम्र—"आपने जो सिविल ड्यूटी (नागरिक कर्तव्य) निभाई वह प्रशंसनीय है पर यदि मैंने इन्हें पकड़ लिया तो यहाँ पुलिस चौकी में विद्ड्राअल में ही इनकी मृत्यु हो जाएगी...इनकी यह लत इस प्रकार बिना ट्रीटमेंट के नहीं छुड़ाई जा सकती—कौन कराएगा यहाँ इनका ट्रीटमेंट ? आपको शायद अंदेशा नहीं कितनी भयानक चीज है यह ब्राउन, हेरोइन या टी.डी. जेसिक इंजेक्शन। हम खुद हेल्पलेस हैं।"

पीछे के गलियारे से फिर झाँक गया आदित्य—हे करुणामय ! रक्षा करना उसकी। किसी प्रकार स्वयं को साधकर मुखातिब हुए ओ.सी. से।

"आपने ठीक कहा है कि मैं नहीं जानता कि कितनी भयानक चीज है यह ब्राउन या हेरोइन। यह अलग बात है कि मेरा खुद का जवान पुत्र जिसने कभी ऊँची आवाज में मुझसे बात तक नहीं की, इसकी चपेट में आकर घर छोड़कर चला गया है। मैं बहुत दिनों तक नहीं जान पाया था कि किसने लगाई उसे यह लत ? कहाँ से मिलता था उसे यह सब ? पर अब देख पा रहा हूँ कि यह तो पेप्सी और कोका की तरह राजा से लेकर रंक तक सर्वव्याप्त है।"

ध्यान से देख रहा है इंस्पेक्टर इन-चार्ज दर्द से ऐंठे हेमन्त बाबू के चेहरे को। वह मानवीय हुआ। एक गहरी उच्छ्वास ले अपनी कॉस्मोपोलिटन जुबाँ में कहने लगा—"समस्या उतनी लिनियर (इकहरी) और सपाट नहीं है जितनी आप देख रहे हैं। मैंने भी जब यह वर्दी पहनी थी तो एक सपना आँखों में झिलमिलाया था—एक साफ-सुथरे शहर का, पर वह मानसिक पवित्रता कब उड़ गई और कब मैं स्वयं इस क्रूर समय का गुलाम बनकर रह गया, मैं नहीं जानता। दरअसल हमारी मेहनत कुछ भी अंजाम नहीं देनेवाली जब तक हम नशे की इस गंगोत्री को साफ नहीं करेंगे। हर दिन यहाँ किसी-न-किसी ड्रग एडिक्ट की लाश मिलती है पर हम कुछ भी नहीं कर पाते हैं। हमें सबकुछ पता है—कहाँ-कहाँ ड्रग डॉन हैं, कहाँ-कहाँ ठेक हैं...यहाँ तक कि उनके अधीन कितने डीलर्स हैं और कितने पेडलर्स हैं...उन तक की लिस्ट बन चुकी है। इस काम में नारकोटिक कन्ट्रोलवालों ने भी काफी मेहनत की है—ऐसा नहीं है कि सभी पुलिसवाले...कि सभी ऑफिसर्स हरामी होते हैं...।" बोलते-बोलते उसने पॉकेट से गोल्ड फ्लैक ब्राण्ड की एक सिगरेट निकाली, उसे सुलगाया और धुएँ के छल्ले उड़ाता फिर कहने लगा, "ये ड्रग कहाँ से आता है, इसके स्रोतों का भी पता लग चुका है। कई ड्रग डॉन को हमने गिरफ्तार भी किया—पर मुश्किल यह है कि छह महीने की अपनी टर्म खत्म कर ये वापस आ जाते हैं। इनके हाथ इतने लम्बे हैं कि इनके अश्वमेध यज्ञ का घोड़ा कभी हारता नहीं है। मुश्किल यह है कि इन सारे आपराधिक धन्धों में एक विशेष सम्प्रदाय के लोग काफी अधिक हैं और जिनके वोट बैंक को इस्तेमाल करने के लिए इन्हें सीधा संरक्षण मिलता है। कानून इस मामले में इतना कमजोर है कि पेडलर तक जमानत पर छूट जाता है। माँ-बाप में जागरूकता नहीं, उन्हें जब तक पता चलता है, उनके पुत्र हार्ड कोर एडिक्ट बन चुके रहते हैं। बहुत देरी हो चुकी रहती है। कुछ दिनों से हम अपनी रणनीति बदलने की सोच रहे हैं—अब हम सोच रहे हैं कि इनके मार्केट को ही खत्म कर दिया जाए।"

इंस्पेक्टर इन-चार्ज अपनी ही धुन में बहा जा रहा था। उधर हेमन्त बाबू अधीर हो रहे थे, उनकी रुचि इस बात को जानने में ज्यादा थी कि ड्रग आता कहाँ से है ? अतः धड़कते दिल से धड़ल्ले से पूछ बैठे—"आप कह रहे थे...इनके स्रोत का भी पता लग चुका है..."

एक हैरतभरी नजर फेंकता है इंस्पेक्टर—“जनाब, आप तो यूँ अधीर हो रहे हैं जैसे अभी तुरन्त जाकर उन पर बुलडोजर चला आएँगे। सुनेंगे तो आकाश से गिरेंगे। यहाँ की ठेक तो नशे का छोटा बाजार...एक पाउच भर। ड्रग बहुत बड़े पैमाने पर एक गोल्डन ट्राइएंगल के जरिए भारत पहुँचता है। एक तरफ बर्मा, लाओस और थाईलैण्ड के जरिए ये भारत पहुँचता है तो दूसरा गोल्डेन क्रिसेन्ट (आधा चन्द्रमा)—पाकिस्तान, अफगानिस्तान और ईरान का। भारत में सबसे अधिक मुम्बई और फिर कलकत्ते में इसकी खपत है।

“ देखिए, सब काम हो रहा है, माल भी पकड़ाई में आ रहा है, गिरफ्तारियाँ भी हो रही हैं फिर भी यह चीज नियन्त्रण में नहीं आ रही है, तो सोचिए क्यों ? पिछले दिनों हमने उस माल को पकड़ा जो जहाज द्वारा थाईलैण्ड भेजा जा रहा था। हमने उत्तर चौबीस परगना के वनगाँव में तीन एजेन्टों को पकड़ा—उनसे उगलवाया तो स्पष्ट संकेत हमें मिला कि इसके सूत्र गोल्डन ट्राइएंगल से जुड़े हैं। अब आप ही बताइए, इससे तो अन्तरराष्ट्रीय स्तर पर ही भिड़ा जा सकता है। पार्क सर्कस में हमने तीन ऐसी गुप्त प्रयोगशालाओं पर छापा मारा जहाँ यह ड्रग प्रोसेस हो रहा था। माल पकड़ा गया...पर अपराधी भाग निकला। सबके अपने-अपने गॉड फादर हैं।”

थोड़ी देर के लिए वह रुका, सिगरेट की राख झाड़ी। पफ लेते हुए फिर बोलना शुरू किया—

“हम लोगों ने तो यहाँ तक भी सोचा था कि न सही ड्रग डॉन, ड्रग एडिक्ट को समझाया जाए, इनके मार्केट को ही खत्म कर दिया जाए। इसी सोच के तहत कुछ मानवीय सोचवाले पुलिसवालों ने दक्खिन धारी में एक टूटे हुए मकान के नीचे करीब डेढ़ सौ नशेबाजों को इकट्ठा कर उनसे बातचीत की। एक ने कहा—मैं भूखा हूँ...और जैसे ही हमने उसे प्लेट दी, सब कोई उस पर टूट पड़े। बाद में उन लोगों ने कहा कि वे नशा छोड़ना चाहते हैं, पर क्या हम उनके लिए डि टोक्सीफिकेशन की व्यवस्था कर सकते हैं। हम क्या करते ? हमने अखबार में छपवा दिया कि शायद कोई एन.जी.ओ. आगे आए। अकेले व्यक्ति के बस का रोग नहीं है यह—करीब साल भर पूर्व एक स्थानीय समाजसेवी श्री दिलीप मण्डल ने एंटी ड्रग कैम्पेन की पहल की थी, युवकों की दुर्दशा देखकर—मार डाला गया।”

बोलते-बोलते उसके चेहरे का भाव बुरा-सा बन गया था, जैसे अभी तुरन्त उसने लाश का मुँह उघाड़ा हो।

घर पहुँचे तो हेमन्त बाबू के चेहरे पर नए सिरे से पुती उदासीनता और अवसाद को देख भयभीत पत्नी बिलबिला उठी—“मुँह उतरा क्यों है ? क्या आदित्य की कोई बुरी खबर ?”

हाथ के इशारे से पत्नी को सांत्वना दी उन्होंने—सब ठीक है।

आशंकित पत्नी फिर बड़बड़ाई—“कितनी बार कहा, किसी जानकार पंडित से

इसकी जन्मपत्री दिखाने को...और आप हैं कि ध्यान ही नहीं देते।"

पत्नी को सांत्वना दी उन्होंने—"किस-किसको जन्मपत्री दिखाऊँ...यहाँ तो चारों ओर बर्बादियाँ फैली हैं...इंसानी बर्बादियाँ और मैं कुछ कर नहीं पा रहा। लेकिन मुझे करना पड़ेगा...कुछ-न-कुछ।"

अब मैं नाच्यो बहुत गोपाल

एक अविवेकपूर्ण निर्णय और आवेग में अपने सारे अतीत को बैग और अटैची में भरकर घर छोड़ तो दिया आदित्य ने पर शीघ्र ही उसकी मनःस्थिति भीड़ में गुम हुए बच्चे की-सी हो गई। दो भागों में बँटा मन दस कदम आगे चलता तो बीस कदम पीछे। पर अन्त तक वह समझ नहीं पाया कि वह क्या था जिसने अन्ततः घर की ओर बढ़ते उसके कदमों पर ब्रेक लगा ही दी...जबकि उसकी अन्तरात्मा और उसके विश्वास का कण-कण चीख-चीखकर कह रहा था कि उसके पापा दुनिया के सबसे अच्छे पापा हैं...और जिस घर को छोड़कर वह आ गया है उसका महाशून्य बगैर उसके कभी नहीं भरनेवाला।

पर अपनी तत्कालीन मनोदशा में वह किसी से सहायता ले सकता था तो सिर्फ किसी नशेड़ी से ही। काफी देर तक वह उजबक की तरह सड़क की ओर देखता रहा। पूरे दो घंटे तक वहीं खड़े-खड़े वह सोचता रहा कि वह नशा करे या नहीं। एक मन ड्रग को कोसता जिसने अन्ततः उसे सड़क पर ही ला पटका था तो एक मन अपने बचाव में अपनी परिस्थितियों को लेकर तुरन्त एक वैचारिक दर्शन गढ़ लेता।

अन्ततः उसने निश्चय किया कि सड़क पर आ चुके अपने जीवन को सँभालने भर के लिए ही एक बार कम-से-कम एक बार उसे ड्रग की शरण में जाना ही पड़ेगा जिससे कि सामान्य होकर वह अपनी स्थिति के बारे में सोच सके। उसने जेबें टटोलीं, खाली जेबें। उसकी आँखों के आगे अँधेरा छा गया...उसका विद्ड्राअल शुरू होने लगा था। और पास में सिवाय कपड़ों के बेचने को कुछ भी न था। वह फफककर रो पड़ा कि तभी वहीं घूमते हुए एक घाघ पेडलर ने उसकी स्थिति सूँघ उसे सुझाया कि वह चाहे तो खून बेचकर ड्रग खरीद सकता है। दर्द से ऐंठे और अँधेरे में डूबे आदित्य को जैसे रोशनी का एक कतरा दिखा। उसने स्वयं को उस पेडलर के हवाले कर दिया—कुछ भी कर ले—खून ले ले, शरीर का मांस नोच पर कहीं से भी पत्ते का जुगाड़ कर दे। वह उसे पास ही के किसी ब्लड बैंक में ले गया जहाँ उसको एक शीशी खून के बदले कई बिचौलियों के कमीशन की काट-छाँट के बाद पैंतालीस रुपए मिले। इस खून की कमाई के साथ वह वापस टोपसिया की ठेक पर आया। वही टोपसिया जहाँ से उसकी ढलान तेजी से शुरू हुई थी...यहीं वह पहली बार मनुष्य के दर्जे से नीचे गिरा था जब उसने पाँच रुपए किराया देकर बस्तीवाले घर के अन्दर नशा लेकर घर के सबसे छोटे सात वर्ष के एक बालक से नशे के लिए जरूरी सेवाएँ लेकर घर की पवित्रता नष्ट की थी।

आज भी उसने फिर वही किया...उसी अन्तरात्मा की कचोट के साथ फिर किसी घर में जाकर पाँच रुपया किराया देकर ड्रग लिया...और आत्मग्लानि के बोझ से सड़क के एक ओर धम्म से बैठ गया कि तभी उसने आश्चर्य से देखा—बोतल से निकले जिन्न की तरह सामने से आता एक पत्ताखोर दोस्त—विश्वजीत। मन्द पड़ती उसकी चेतना में तब भी इतना ताप था कि उसे याद आ गया कि इसी ठेक में उसकी उससे मुलाकात हुई थी। बाद में कई बार उसने उससे पत्ता खरीदा था।

'घायल जाने घायल की पीड़ा' के मिशनरी भाव के साथ विश्वजीत पूरी गर्मजोशी से उससे मिला—कि खबोर...ओतो दिन परे (क्या खबर ? इतने दिनों बाद)। संक्षेप में आदित्य ने उसे अपने हालात के बारे में बताया—राशि...घर, सबकुछ।

विश्वजीत कॉलेज जीवन से ही सभी तरह के नशे का सेवन करते हुए अब हेरोइन तक पहुँच गया था और अपने नशे के चलते किसी भी अच्छी नौकरी में नहीं टिके रह पाने के कारण अब ब्राउन शुगर और हेरोइन के अवैध धन्धे में पिछले पाँच सालों से लगा हुआ था। एकदम शुरू-शुरू में वह 50-50 ग्राम और डेढ़ सौ ग्राम के पैकेट्स को गाजीपुर के महाजन से लाकर लालगोड़ा और टीटागढ़ (प. बंगाल) में बेचता था। माल बेचने के साथ वह नई खबर और नए ऑर्डर भी बनाता था। शुरू-शुरू में उसे हर ट्रिप के लिए दो-तीन हजार और अपने नशे के लिए शुद्ध माल मिल जाता था। महीने में औसतन चार ट्रिप हो जाती थीं। धीरे-धीरे महाजन का उसमें विश्वास बढ़ने लगा तो उसने अपना कार्यक्षेत्र भी बढ़ा लिया। सासाराम के महाजन से भी उसकी पहचान हुई और इन्हीं के साथ वह छिट-पुट अपना धन्धा भी करने लगा। महाजन के लिए अब वह पाँच-छह सौ ग्राम तक का 'माल' कलकत्ता, टीटागढ़, रायगाछी, दक्खिनधारी, टोपसिया, कस्बा आदि के खुदरा पेडलर को बेचता। वह महाजन और पेडलर के बीच की कड़ी था पर साल भर से उसका एक सहायक पुलिस द्वारा पकड़ लिया गया था और खुद उसका चेहरा भी पुरानी पड़ चुकी दुल्हन की तरह अब उतना अपरिचित नहीं रह गया था। इन दिनों उसे एक सहायक की बेहद जरूरत थी क्योंकि बिना सहायक उसके काम में रिस्क काफी बढ़ गया था। आदित्य में उसे अपना सहायक नजर आया, इस कारण सिर आँखों पर बैठाते हुए वह उसे अपने घर ले आया।

अपने कॉलेज के दिनों में विश्वजीत एक अच्छा अभिनेता रह चुका था। 1985-86 के उन दिनों में उसका सबसे हसीन स्वप्न यही था—एक कुशल रंगकर्मी बनने का। विमल मित्र के उपन्यास पर आधारित एक नाटक 'स्त्री' में उसके अभूतपूर्व अभिनय की इतनी प्रशंसा हुई थी कि उत्साहित होकर उसने अपनी व्यक्तिगत पूँजी लगाकर एक और नाटक का भी आयोजन कर डाला था। जगह का भाड़ा, बिजली फिटिंग, फर्नीचर, मंच, माइक वगैरह का खर्चा भी उसी ने दिया, पर टिकट ही नहीं बिके। सिनेमा, कैबरा और टी.वी. कल्चर ने बंगाली जात्राओं और नाटकों की अर्थी निकाल दी थी। उस घटना ने उसे जबर्दस्त मानसिक पटखनी दी थी। उन्हीं अनमने दिनों उसने जीवन को थ्रिल और उत्तेजना से भरना चाहा और उसके लिए गाँजा फिर पैथेड्रीन, फोर्टवीन, अविल जैसी

टेबलेटों से होते हुए ब्राउन और हेरोइन तक की अठारहवर्षीय यात्राएँ तय कीं।

अड़तीसवर्षीय विश्वजीत को बीसवर्षीय आदित्य ठीक अपने युवा दिनों की याद दिला रहा था जब जिन्दगी ने उसे भी एक निजी कोना दिया था, जो नेहा नाम की किसी सजीली कन्या को देखकर धड़का करता था। बाद में जब न नौकरी रही और न ही अभिनय तो नेहा का नेह भी उड़ गया और वह रह गया उदासियों, अस्वीकृतियों और नाकामियों से उपजी अपनी हताशा और कुण्ठा के साथ अकेला। जिन्दगी को थामने के लिए उसने क्षण भर के लिए नशे का हाथ पकड़ा तो फिर ऐसा जकड़ा कि देखते-देखते वही उसका कर्म भी बन गया।

आदित्य की कथा सुन एक उच्छ्वास लिया उसने—औरत का मारा...बेचारा। दुःख की साझा अनुभूति ने उसके घावों को भी ताजा कर दिया था। भीतर कुछ पिघला। बर्फ की तरह जमी कुछ यादें वक्त के ताप से पिघलीं। आँखें तरल हुईं, भीतर एक टीस उठी। पीड़ा से मुँहा ऐंठा—काश जिन्दगी ने एक नेहा दी होती तो क्या वह कभी जाता इन अनाम बदनाम गलियों में ? जिन्दगी उतनी भी निकृष्ट नहीं होती !

पर सामने आँसुओं में डूबे प्रकम्पित आदित्य को देखा तो फिर लगा—प्रेम जैसी विरल चीज के लिए दुःख करना बेकार है। यह बदनसीबों को नहीं मिलती। आदित्य ने उसकी शरण में आकर अनायास ही उसके गिरे हुए सेल्फ को एक उठान दे दी थी। भोगे हुए जीवन से उपजे दर्शन से एक सूत्र वाक्य निष्कर्ष की तरह पिरोकर उसने आदित्य को थमा दिया, "देख पार्टनर, जिन्दगी भावनाओं और आदर्शों से नहीं चलती है, जिन्दगी चलती है तिकड़मों से...धोखाधड़ी से...धूल झोंकने से, सच को झूठ और झूठ को सच बना देने की कला से। औरत...माना अच्छी होती है, मोरनी-सी मोहिनी होती है...पर एक बात ध्यान रख, वह बहुत सयानी भी होती है। जितनी कामिनी...उतनी कमीनी। दूर से कोलकाता के रसगुल्ले की तरह मीठी पर तीती, उसी को आबाद करती है जिस पर जिन्दगी मेहरबान है...जहाँ वह दूधों नहा और पूतों फल सके। हम जैसों की लुटी-पिटी जिन्दगी में वह झाँकने भर के लिए ही आती है...और इससे पहले कि हम भी अपने अण्डे फोड़ पाएँ, वह जिन्दगी भर के लिए अपनी मोहिनी नजर डाल हमें चूल्हे में झोंककर चली जाती है। इसलिए बुद्धिमानी इसी में है कि इस चीज के लिए भावुक नहीं हुआ जाए...आफ्टर ऑल...साली औरत है, कोई नशा तो नहीं कि छूट ही नहीं सके।

औरतों के विषय में विश्वजीत के विचार सुन आदित्य गरम तेल में डाले जीरे की तरह चटपटा उठा—"नहीं यार, राशि वैसी नहीं थी, उसकी माँ को यदि कैंसर नहीं होता तो सबकुछ ठीक ही चलता।"

विश्वजीत झेंप गया। उसे लड़ियाते हुए उसने उस दिन की वार्ता समाप्त की—"मारो गोली इन सब बातों को। जा, तू तरोताजा हो ले...नाश्ता वगैरह कर ले। मैं फिर बात करूँगा...और हाँ...धन्धे-पानी की बिल्कुल चिन्ता मत करना...एकदम भाववी ना (एकदम चिन्ता मत करो) आमार रुजगार खूब भालो...तोको ओ मध्ये ढूकिये दिबो" (मेरा धन्धा बहुत अच्छा है, तेरे को भी इसी में ढुका दूँगा।) और अपने पीले-काले

दाँतों की मैली हँसी बिखेरते हुए वह उठ खड़ा हुआ।

कभी तीन भाइयों का संयुक्त परिवार और संयुक्त जीवन था विश्वजीत का। लेकिन जैसे ही विश्वजीत के नशेड़ी होने की बात उसके दोनों भाइयों को ज्ञात हुई, उन्होंने जमकर इसका विरोध किया। पुचकार, दुलार, डाँट-फटकार से लेकर कई-कई बार डि-टोक्सीफिकेशन—पुनर्वास सभी कुछ हुआ। लेकिन जब छह-सात महीने क्लीन रहकर भी वह फिर-फिर नशे की ओर लौट जाता तो एक बार उसके बड़े भाई ने उसकी अक्ल ठिकाने लगाने की गरज से खुद स्थानीय थाने में जाकर ओ.सी. से अनुरोध किया कि वह उसके भाई को कुछ दिन के लिए हवालात में बन्द कर दे...लेकिन ओ.सी. ने इसे घरेलू झगड़ा समझकर नजरअंदाज किया।

यहाँ तक तो फिर भी गनीमत थी, लेकिन घर और मुहल्ले में होती चोरियों और उधारी (बड़े भाई के नाम पर वह जब-तब किसी दुकानदार या व्यापारी से उधार ले लेता) से जब परिवार की प्रतिष्ठा ही दाँव पर लगने लगी तब संयुक्त परिवार की ईंट दरकने लगी और रही-सही कसर नशेड़ियों के विरुद्ध बने एक शक्तिशाली कानून ने पूरी कर दी। उसी समय एक कानून संशोधित हुआ था—नारकोटिक ड्रग एंड साइकोथ्रेपिक सब्सटेन्स ऐक्ट ऑफ 1985, जिसके चैप्टर फाइव की सेक्शन 68 ए टू 68 जेड के अनुसार यदि किसी परिवार में कोई ड्रग का अवैध धन्धा करता है तो न सिर्फ नशेड़ी की वरन् संयुक्त परिवार के किसी भी व्यक्ति की सम्पत्ति को जब्त या फ्रीज किया जा सकता है क्योंकि यह मानी हुई बात है कि नशेबाज अपनी सम्पत्ति को अपने नाम पर नहीं ही रखेगा।

इस प्रकार विश्वजीत के दोनों बड़े भाई उस पुश्तैनी मकान को छोड़कर चले गए थे, पर उसकी बूढ़ी माँ में उम्मीद बनी थी कि शायद कभी वह सही रास्ते पर आ जाए। वह न तो उसे छोड़ पाई थी और न ही अपनी चिर-काम्य काशी यात्रा पर ही निकल पाई थी। पिछले बीस वर्ष उसके सिर्फ ज्योतिषियों, गण्डे-ताबीजों, झाड़-फूँक, मंत्र-तंत्र, टोनों-टोटकों एवं ग्रह-नक्षत्रों की दुनिया में ही बीते थे। पुत्र को सही रास्ते पर लाने के लिए उसने अपना सारा स्त्री धन खर्च कर डाला था। हर महीने शिवजी को बेल-पत्र, जल, दूध चढ़ाया जाता, हर मंगलवार दक्षिणेश्वर में काली पूजा कराई जाती। पर इधर साल भर से वह लगभग संज्ञाहीन, कर्महीन और दृष्टिहीन हो चुकी थी। कई बार वह आदित्य को ही अपना मँझला बेटा समझ उससे विश्वजीत का ध्यान रखने की गुहार लगाने लगती। ऐसे में आदित्य विचलित हो उठता...अपने पिता और माँ का चेहरा उसकी आँखों के आगे झूम उठता। सप्ताह भर होने आया था पर अभी भी वह यहाँ के वातावरण से समरस नहीं हो पाया था। आधी-आधी रात को हुड़क आती। हिये में हूक उठती और वह उठकर बैठ जाता, लगता, जैसे उसे कोई बुला रहा हो। आँखें खोलता तो पाता, खाली घर। न पिता, न पिता की आवाज। कई बार मन घबड़ा जाता उसका, यह सोचकर कि क्या अब इसी प्रकार रहना उसकी नियति है। उसके रहने से

यद्यपि विश्वजीत को फायदा-ही-फायदा था। अस्सी को छू रही उसकी लगभग अन्धी माँ की तरफ से वह पूरी तरह से निश्चिन्त हो चुका था। मौका देख वह आदित्य को अपने धन्धे में सहायक भी बना लेना चाहता था। लेकिन आदित्य का उदास और गमगीन चेहरा देख वह अभी थोड़ा और समय उसे देना चाहता था। वह जानता था कि आदित्य को यहाँ घड़ी भर भी चैन नहीं था। रात खाने बैठता तो मन पाँखुरी-पाँखुरी बिखर जाता आदित्य का। पिता का चेहरा कल्पना में घूम जाता। किस प्रकार जब वह घर छोड़कर पुरी भाग खड़ा हुआ था तो वापस घर लौटने पर हर शाम पिता उसके लिए अंगूर और मीठा दही लेकर हाजिर हो जाते। स्वप्न में मन पंख लगाकर उड़ने लगता। कभी आधी रात में खिले बेला फूल की महक की तरह पिता की मधुर स्मृति नींद उचटा देती तो कभी मुहल्ले का वह सार्वजनिक नल, पीपल का पेड़, गली का कुत्ता और पान की दुकान तक उसका पीछा करती राशि भी हर रात उसके सिरहाने आकर खड़ी हो जाती और एक बार तो उसने एक अजीब मीठा स्वप्न देखा—राशि के साथ वह घर के नीचे पीपल के पेड़ तले बने एक छोटे-से शिवालय में सिन्दूर से पुते शिवजी पर पुत्र की मन्नत माँगता हुआ जल चढ़ा रहा है। ओफ, स्वप्न में दुनिया कितनी भरी-भरी और उठते ही जानलेवा खालीपन। वह फिर परेशान और विचलित हो उठता। ऐसे क्षणों अपने लाल-कत्थई मसूड़ों को दिखाता हुआ विश्वजीत हें-हें हँस पड़ता—"मेरी मान तो तू भी मेरे धन्धे से लग जा। जब दिन भर काम करेगा या काम के तनाव में रहेगा तो रात को ये बेसिर-पैर के स्वप्न नहीं दिखेंगे। और चाहिए भी क्या मेरे धन्धे में—न पूँजी, न गधाखटनी, न चौबीस घंटों की यस सर, यस सर। बस बेल के शर्बत की तरह ठंडा दिमाग और जंगली जानवर-सा चौकन्नापन।"

दूसरे दिन, खाने के दौरान फिर घेरा विश्वजीत ने आदित्य को—"जानता है मेरे धन्धे में पाँच सौ प्रतिशत मुनाफा है और वह भी नकद। और काम भी क्या है बस इधर से माल लाना और उधर बाँटना। और वह भी लगभग फिक्स्ड कीमत, कोई दर-मुलाई नहीं।"

हूँ-हाँ करता रहा आदित्य। परिस्थितियों के दबाव एवं व्यक्तित्व की कमजोरी ने उसे पत्ताखोर अवश्य बना डाला था, पर उसमें यह चेतना अभी भी थी कि उसने जो भी हानि की है, अपने जीवन की की है। पर इस प्रकार घातक नशों की बिक्री में भागीदार होना ? आनेवाली पीढ़ियों को नशे की अँधेरी सुरंग में झोंककर बर्बाद कर देना ? उसकी अन्तरात्मा यह सोचकर काँप उठती थी कि कोई भी व्यक्ति दूसरों के जीवन से इस प्रकार खिलवाड़ कैसे कर सकता है ! जाने कितनी बार वह उस मनहूस घड़ी को कोस चुका था जिसमें किसी ने उसे नशे का रास्ता दिखाया। और सबसे ऊपर अपने प्रिय पिता, जिन्हें वह ऐसे ही याद करता था जैसे कोई देवता को, का वह बीज वाक्य 'लिव प्योर' अभी भी उसके हृदय की गहराइयों में किसी राष्ट्र के ध्वज की तरह लहराता था। यही कारण था कि जिस दोपहर उसने टोपसिया के किसी

बस्ती वाले घर में किराया देकर एक बच्चे के हाथ से नशे का सामान पकड़ा था, उस दोपहर विद्ड्राअल के बाद वह अपनी अधोगति पर दीवारों से सिर फोड़-फोड़कर इस कदर रोया था कि उसकी हिचकी बँध गई थी। पर विश्वजीत इन सब मानवीय पक्षों एवं तर्कों से पूरी तरह ऊपर उठकर 'स्थितप्रज्ञ' हो चुका था। समय और जीवन की भयावहता ने उसे न केवल पूरी तरह काला कर दिया था, वरन् इस काले समय को वह हर वक्त अपनी ढाल की तरह ओढ़ने भी लगा था। जब सभी भ्रष्टाचार और अपराध में डूबे हैं तो एक मेरे ही अच्छे बने रहने से क्या होनेवाला है ? कमजोर इच्छाशक्ति और अनैतिक व्यक्ति की तरह विश्वजीत भी अपने हर कुकृत्य पर मिट्टी डालनेवाला यही दर्शन गढ़ लेता था।

"देख पार्टनर, अब भूखे तो हम मर नहीं सकते। सरकार डिग्री देती है पर नौकरी नहीं। हमें तो जो भी अनुभव और जानकारी है इसी धन्धे की है। माना कि इस धन्धे में पकड़े जाने पर दस वर्ष की सजा हो सकती है, पर तू भी सोच खतरा किस धन्धे में नहीं है, इसमें थोड़ा ज्यादा है।" एक गहरी नजर आदित्य पर फेंक वह फिर उसे बरजने लगा, "कभी मैं भी तेरे ही जैसे एक शान्तिपूर्ण एवं आदर्श जीवन की बातें किया करता था, पर आज यही चीज सबसे अधिक खतरे में है। तू मेहनत कर कमाने की बात करता है, पर जानता है तू, आंध्र प्रदेश के छोटे-छोटे किसानों को किस प्रकार सामूहिक आत्महत्या करनी पड़ी ? क्या कम मेहनती जीवन था उनका ? आज बहुत मेहनत करनेवाले ही सबसे अधिक दुखी हैं। देखते नहीं, अखबार भरे रहते हैं इन खबरों से—सामूहिक पारिवारिक आत्महत्याएँ, मानव बम, आत्मदहन...। क्या यह सब यह साबित नहीं करता कि हम एक भयानक समय में रह रहे हैं।"

"नहीं, एकदम ऐसा भी नहीं है, तू सिर्फ अपने बचाव के लिए उन्हीं घटनाओं को रेखांकित कर रहा है जिससे तू अपने हगे-मूते पर मिट्टी डाल सके। मुझे तो तू एक भयानक थिंकर लगता है। हमारा यही अपराध क्या कम है कि हम ड्रग एडिक्ट हैं...।"

व्यंग्यपूर्वक हँस दिया विश्वजीत।

"अरे डॉगी, नशे पर जितना मैंने सोचा है कोई क्या सोचेगा। घंटों...रात-दिन मैंने इस पर सोचा है और इसी निष्कर्ष पर पहुँचा हूँ कि आज की दुनिया में हर पहुँचा हुआ व्यक्ति किसी-न-किसी रूप में नशेड़ी है। किसी को सत्ता का एडिक्शन है तो किसी को धर्म का तो किसी को पब्लिसिटी का तो किसी को धन का। जो जितना बड़ा आदमी उतना ही बड़ा उसका एडिक्शन और विद्ड्राअल। देखते नहीं सत्ता छिनते ही राजनेताओं का विद्ड्राअल किस प्रकार शुरू हो जाता है, क्या-क्या कुकर्म वे नहीं करते ? सरकारी तंत्र से अमीरों को पैदा करते हैं...फिर उन्हीं के पैसों से लज्जाजनक राजनीति करते हैं। मारपीट, गाली-गलौज...चरित्र हनन...लूट-खसोट...दंगा, हत्याएँ...गबन—हर दिन का इस देश का राजनैतिक चरित्र बन गया है। देखा नहीं, सत्ता छिनते ही किस प्रकार इन्दिरा गांधी ने पूरे देश पर ही इमरजेन्सी थोप दी थी। कोई धर्मान्तरण कर रहा है तो दूसरा

पक्ष धर्मान्तरित को वापस शुद्ध कर उसे हिन्दू बना रहा है। शहाबुद्दीन, ऋतंभरा, आचार्य गिरिराज किशोर, अशोक सिंहल—ये सब धर्म के एडिक्ट हैं...धर्म भी नहीं, 'हमीं श्रेष्ठ हैं' के एडिक्ट। जानता है तू इस नारकोटिक शब्द की उत्पत्ति कैसे हुई ? इसकी उत्पत्ति हुई ग्रीक शब्द नारसिसिज्म शब्द से जिसका मतलब ही है आत्म-मुग्धता। ग्रीक कथा के अनुसार एक खूबसूरत युवक था नारसिस जिसने एक बार झील में अपना प्रतिबिम्ब देखा और अपने पर रीझकर दिन-रात भूखा-प्यासा अपने में ही डूबा रहता...और एक दिन मर गया...। उसी के नाम पर उस फूल का नाम पड़ा, नारसिसस जो अफीम में रहता है। तो बेटा तुम यदि बाहर के नारकोटिक से लड़ भी लोगे तो उस नारकोटिक से कैसे लड़ोगे जो पहले से ही हमारे भीतर बैठा है। तू देख ले, क्या हिन्दू, क्या मुस्लिम और क्या ईसाई सभी इसी नारसिसिज्म प्रवृत्ति 'हमीं श्रेष्ठ हैं' के शिकार हैं। और तो और, जिसकी तू सबसे अधिक दुहाई देता है न, अरे वे ही तेरे गांधी बाबा...क्या उनको अहिंसा का एडिक्शन नहीं था ? ऐसा था उनका एडिक्शन कि वह सुभाष बोस, भगत सिंह किसी को भी सह नहीं पाता था।"

अभी तक बड़े ध्यान से सुन रहा था आदित्य विश्वजीत की बातें। विश्वजीत की बातें उसे काफी दिलचस्प लग रही थीं। पर गांधी का नाम सुनते ही वह बीच में ही बमं की तरह फूट पड़ा, "देख, गांधी जैसे महान लोगों को बीच में मत घसीट। मैन विलिव्स ह्वाट हि लब्ज टू विलीव। जिसे तू एडिक्शन कह रहा है न वह उनके जीवन का सत्य था...जिसे उन्होंने लोकहित के साथ जोड़कर देखा था...जैसे भगत सिंह और सुभाष बोस ने। देख, या तो तू खुद कन्फ्यूज्ड है या जान-बूझकर मुझे भ्रमित कर रहा है। जो व्यक्तिगत सत्य लोकहित से जुड़ जाए वह एडिक्शन नहीं वरन् परम सत्य...परम सुन्दर बन जाता है।"

अपनी वार्ता को टाँय-टाँय फिस्स होते देख घाघ विश्वजीत ने उस दिन के लिए कछुए की तरह अपने पंजे समेट लिए थे—इसे तर्क और रिजन से नहीं, तिकड़म और कौशल से ही मारा जा सकता है।

सप्ताह भर बाद फिर विनम्रता से पूँछ हिलाते पिल्ले की तरह उसके सामने आ खड़ा हुआ विश्वजीत।

"आज के आमी भीषोण व्यस्तो (आज मैं खूब व्यस्त हूँ)। तुझे मेरा एक काम करना होगा। अरे अधिक कुछ नहीं, बस मेरे साथ लालगोड़ा तक चलना होगा। वहाँ मैं दूर से ही तुझे एक आदमी को दिखा दूँगा, तू बस उससे थोड़ी दूरी बनाकर उसके पीछे-पीछे रहना। थोड़ी देर में ही ट्रेन आएगी। वह आदमी किसी एक बोगी में चढ़ेगा और वहाँ किसी एक परिवार के सामान के साथ अपनी अटैची घुसा देगा...तुझे बस इतना करना है कि उस अटैची पर निगाहें बीच-बीच में डालते रहना है...पाँच स्टेशन बाद एक दूसरा आदमी तुम्हारे पास आ जाएगा, तुझे उस आदमी को दूर से ही उस अटैची को दिखाकर उतर जाना है...फिर वह आदमी चार्ज ले लेगा।"

"मैं समझा नहीं...।"

"समझने को अधिक है भी नहीं...देख, तू खामख्वाह इतना डरता है...आखिर है तो धन्धा, कोई औरत तो है नहीं जो तू इतना डरता है।"

"मतलब की बात कर," आदित्य झल्ला पड़ा था।

"तूने उस दिन कहा था कि पकड़े जाने पर दस वर्ष का कारावास है...जबकि इस लाइन में काम इतनी सावधानी से होता है कि पकड़ा जाना लगभग इम्पॉसिबल है। सबसे बड़ी सावधानी तो हमारी यही रहती है कि माल हम कभी अपने पास नहीं रखते क्योंकि महाजन का यह स्पष्ट निर्देश रहता है कि भले ही माल पकड़ा जाए पर लाइनमैन कभी भी नहीं पकड़ा जाए...दम निकल जाता है एक-एक लाइनमैन को बनाने में।"

इस धन्धे में एकदम अनभिज्ञ आदित्य के सामने फिर जैसे एक नई दुनिया खुल रही थी। उसकी जिज्ञासा चरम पर थी।

"माल क्या उस अटैची के भीतर है ?"

"हाँ, लेकिन कोई भी समझ नहीं पाए इस प्रकार रखा जाता है माल को। छोटा-मोटा माल तो कभी बोर्नबीटा की बोतल में तो कभी फ्लास्क के भीतर की कैविटी (बोतल और प्लास्टिक की दीवार की खाली जगह) के भीतर। पुलिस फ्लास्क खोलेगी तो उसे कोकाकोला ही दिखाई देगा।"

"क्या लालगोड़ा में माल थोक में मिलता है ?"

"दरअसल, गाजीपुर, सासाराम और लालगोड़ा जैसी छोटी जगहों में ड्रग प्रोसेस होता है...वहीं लेबोरेटरी होती है—इतने सघन निर्जन में कि किसी को पता तक नहीं चले। शुरुआत तो मैंने डेढ़ सौ ग्राम से की थी, अब तो पाँच सौ, छह सौ ग्राम तक ले आता हूँ। सावधानी हर कदम पर बरतनी पड़ती है। हम कभी भी एक ट्रांसपोर्ट से आवाजाही नहीं करते और न ही एक अकेला आदमी पूरा माल एक जगह से दूसरी जगह पहुँचाता है। जब तू लालगोड़ा से ट्रेन पर चढ़ेगा न तो तेरे पीछे भी एक और लाइनमैन रहेगा। जब तू उतर जाएगा तो उसी स्टेशन से दूसरा लाइनमैन चढ़ जाएगा और चार्ज ले लेगा जिससे बीच में यदि लगे भी कि कोई खतरा है या पुलिस को भनक पड़ गई तो हम माल को वहीं छोड़कर उतर जाते हैं। एक बार तो पुलिस ने चेकिंग की, माल पकड़ा गया। मैं उतर नहीं पाया पर माल मेरे पास नहीं था, जैसे सबने कहा, उन्हें नहीं पता, वैसे ही मैंने भी कह दिया—आमि किछू जानी ना (मैं कुछ नहीं जानता)। अब तू ही बता कहाँ है खतरा, न एक ट्रांसपोर्ट और न ही एक लाइनमैन।"

"लेकिन अन्तिम व्यक्ति को तो माल उतारना ही पड़ेगा...वह तो माल के साथ पकड़ा ही जाएगा।"

हँस दिया विश्वजीत। किसी सर्वज्ञ की तरह।

"उसका भी उपाय है। देख, यदि उतरते वक्त जरा भी खटका लगे तो हम माल भी नहीं उतारते। क्योंकि हम जानते हैं कि असली चेकिंग स्टेशन पर ही होती है। यदि भारी माल हो तो हम ट्रेन की बोगी में टॉयलेट के ऊपर सनमाइका की जो प्लेट होती

है उसी के नट-बोल्ड को स्क्रू ड्राइवर से खोलकर माल को उसके अन्दर रखकर बाहर की प्लेट को वापस वैसे-का-वैसे ही फिट कर देते हैं। नहीं, लोकल पुलिस का कोई डर नहीं रहता। असली हरामी होते हैं नारकोटिक कन्ट्रोल या डिटेक्टिव डिपार्टमेंट वाले। बहरहाल...चेकिंग में उनके कुछ भी हाथ नहीं आएगा...पर जब ट्रेन धुलने के लिए कारशेड में पहुँचती है तो वहाँ से महाजन का आदमी अपना माल उठवा लेता है। समझे पार्टनर, खासा ब्रेन लगाना पड़ता है..." अपने धारीदार पायजामा पर हाथ रगड़ते हुए कहा उसने।

एकाएक आदित्य पूछ बैठा—

"मैं तुम्हारे महाजन से मिलना चाहता हूँ...क्या वह ठेक पर आता है... ?"

"क्या कहा ? महाजन से मिलना ? पार्टनर, होश तो ठिकाने हैं तेरे। महाजन बहुत सुपरमैन है, वह तो सिर्फ रिमोट चलाता है। ठेक पर तो वह कभी आता ही नहीं...बस उसके पिल्ले ही मँडराते हैं वहाँ...। कलकत्ते में यदि महाजन से मिलना हुआ तो किसी रेस्तराँ वगैरह में मिल लेता हूँ। उसका घर...लेबोरेटरी...मैंने कुछ नहीं देखी...बस सुना भर है।"

"लगता है तू उसका सबसे लाड़ला पिल्ला है," धीमें से बोलते हुए मुस्कुरा दिया आदित्य।

विश्वजीत पूरी तरह समझ नहीं पाया। 'पिल्ला' शब्द उसके कानों से टकराया तो भृकुटि तन गई उसकी। आँखें तरेरकर बोला, "क्या कहा ?"

"नहीं, कुछ नहीं, तेरे पायजामे का नाड़ा लटक रहा है ?...उसे अन्दर कर ले—यही कहा था।"

विश्वजीत ताड़ गया, उसकी जीवन-शैली पर कुछ तीखी चुटकी ली गई थी पर बात पूरी तरह पल्ले नहीं पड़ी थी। इस कारण किसी अनाड़ी लाला की तरह फूँ-फाँ कर वह फिर सोचने को बाध्य हुआ कि कैसे तुक-तान बिठाई जाए। उसका विश्वास था कि एक बार आदित्य समझ जाए कि इस काम में उतना भी खतरा नहीं तो फिर मैच का सेमी फाइनल उसकी झोली में। अनैतिकता, अमानवीयता, नीच कर्म जैसी बातें उसे हवाई लगतीं...चाँदी के सामने झुकनेवाली लगतीं। पर आज के संवाद ने फिर उसके ताजिए ठंडे कर दिए थे।

अपनी लेनिन टाइप छोटी-सी दाढ़ी पर हाथ फेरते हुए वह निकल गया था। चार-पाँच दिनों के बाद ही पूरी तैयारी के साथ विश्वजीत फिर आया उसे टटोलने। उसे विश्वास था कि नैतिकता जैसा मुद्दा वह सिर्फ मुँह छिपाने के लिए कर रहा है, उसकी अड़चन है उसके भीतर का डर...दस साल की सजा का डर !

"तो कब मिला दूँ तुझे महाजन से ?"

"क्या ?" मुँह उठाया तो आदित्य अवाक्। उसने अपनी लेनिन टाइप दाढ़ी सफाचट कर ली थी।

"यह क्या ? दाढ़ी क्यों मुँड़ा ली ? तेरे चेहरे पर फबती थी।"

"यार, इस धन्धे में चेहरा, स्वाँग बदलते रहना पड़ता है। सचमुच में है यह हिम्मतवालों की लाइन। पुलिस, डिटेक्टिव डिपार्टमेंट सबके साथ आँखमिचौनी खेलना। इसीलिए तो कहता हूँ कि तू भी जवाँ मर्द बन, चूहे की तरह बिल में घुसा रहेगा तो क्या समझेगा दुनिया क्या है !"

"मैंने तुझे एक बार कह दिया, तू बार-बार क्यों यही बात लेकर आता है। जानता है तू...मैं उस परिवार से हूँ जिसके परदादा ने सड़क पर उछलते गाय के बछड़े को बचाने में अपनी जान गँवा दी थी...अपने नशे के लिए तो फिर भी यह सोचकर खुद को समझा लेता हूँ कि घटनाएँ मुझसे बड़ी थीं। मैं राशि को भुला देना चाहता था...। खैर...अपना जमीर नहीं मानता–अपने पेट के लिए लोगों का सर्वनाश करना।"

"हूँ...जैसे तेरे एक के रुकने से रुक जाएगी नारकोटिक की यह बाढ़...। जानता है आज पूरा अफगानिस्तान ड्रग पर पल रहा है। जब अफगानिस्तानी सभ्यता मलबे में बदलती जा रही थी और जब देश में गृहयुद्ध की स्थिति थी तो ऐसे में सी.आई.ए. ने बाकायदा फरमान जारी किया कि वे अफीम की खेती करें जिससे क्रान्ति के लिए धन मुहैया कराया जा सके। यही नहीं, इसी दौरान सी.आई.ए. ने सौ से अधिक ऐसी प्रयोगशालाएँ अफगानिस्तान में लगवाईं जहाँ हेरोइन की टेस्टिंग होती रहे। तू कूपमंडूक है और इसीलिए बस जमीर-जमीर की रट लगाए हुए है। तू तो यह भी नहीं जानता कि जिस पाकिस्तान में सी.आई.ए. के आने के पहले अफीम का बहुत छोटा-सा बाजार था, वहाँ उनके आने के बाद यानी 1979 से 1985 के बीच अफीमचियों की संख्या बढ़कर पन्द्रह लाख तक पहुँच गई है। तू अकेला क्या पहाड़ से भिड़ पाएगा ? अफगानिस्तान में गायों को पोलिथिन बैग में ब्राउन या हेरोइन रखकर खिला दिया जाता है और यहाँ लाकर उन्हें काट डाला जाता है। पार्टनर, सब ऊपरवाले लोग लगे हुए हैं इस धन्धे में। जब उन्होंने ही अपना जमीर बेच खाया है तो मेरे और तुम्हारे लिए तो यह जमीर का कीड़ा महज विलासिता ही है। हम तो फिर भी यह सब पेट की रोटी के लिए कर रहे हैं जबकि उन्हें तो सिर्फ अपने रुतबे की पड़ी है। हम तो प्यारे, इस सभ्यता...विकास और इस तेज रफ्तारवाली जिन्दगी के सिर्फ बाई प्रोडेक्ट हैं।"

इतना कहकर विश्वजीत ने फिर एक आशावादी निगाह उस पर फेंकी।

आदित्य मूक ! मौन।

फिर झंझोड़ा विश्वजीत ने उसे।

जवाब आया–

"मैं फिर कहूँगा...तुम एक खतरनाक थिंकर हो, तुम एक डर्टी माइंड हो पर मैंने मनुष्य रूप में अभी तक स्वयं को बचाए रखा है और बचाए रखूँगा.."

"हूँ...दूसरों के टुकड़े पर पलनेवाला...और यह हेकड़ी। अब देखता हूँ...कौन देता है तुझे...।" मन-ही-मन एक भद्दी-सी हैवीवेट गाली दी विश्वजीत ने उसे और दाँत पीसते हुए चल दिया। वह तीन-चार कदम भर चला कि पीछे से फिर आदित्य ने उसे टोका, "मुझे एक बात और कह लेने दो। देख, तू मेरा दोस्त है इसीलिए फिर कह रहा

हूँ कि तेरे सोचने की धुरी ही गलत है। तू वही कर रहा है जो हर बड़ा अपराधी करता है, अपने पाप को भी अपनी कुबुद्धि और कुतर्क से जस्टीफाई करना...उसके लिए कोई फिलोसफी गढ़ना और फिर उस फिलोसफी की टकसाल में अपने को सही साबित करना। माना, समय खराब है...लेकिन इसका मतलब यह तो नहीं कि हम इसे ढाल की तरह लें। मेरे दोस्त, यह सिर्फ आज का ही सत्य नहीं है। सभ्यता इसी प्रकार हर युग में खतरनाक, अमानवीय और ऊबड़-खाबड़ पड़ावों से होते हुए यहाँ तक पहुँची है। आज भी यदि वह बची हुई है तो इसीलिए कि अच्छे लोग बचे हुए हैं...और एक बात का ध्यान रखना...कि गलत आधार पर खड़ा किया हुआ जीवन कभी लम्बा नहीं टिकता। मेरे ननिहाल नलहटी में मेरे मामाजी थे—कपड़े के एक बड़े व्यापारी। जिन्दगी भर भूखे-नंगे ग्रामीणों और आदिवासियों को ठगते रहे। एक गज के कपड़े को चारों कोनों से नापकर चार गज बताकर बेचते। एक किलो लवंग के बदले एक किलो नमक दे-देकर लखपति बन गए। बेटा दवाई की दुकान में...आफत के मारे अनपढ़ अनजान लोगों को दवाई चौगुने दाम में बेचता...किसी के बेटे को अचानक डायरिया हो गया...कोई मर रहा है...बस ऐसे समय जी भर दाम बढ़ाकर उन्हें लूटता। किसी के पास पैसा नहीं है तो उसकी घड़ी, अँगूठी, बर्तन जैसे सामान ही गिरवी रखवा लेता। मेरे पिताजी ने एक बार मामाजी को कहा—चोरी का धन मोरी में, देखना तुम सबका सर्वनाश होगा...पिता फिर कभी ससुराल नहीं गए। पर उनकी बात सत्य निकली। मामाजी का जवान बेटा सड़क दुर्घटना में मरा। कलकत्ते से माल लेकर जा रहा था...खबर भी पाँच दिन बाद मिली। उनके पोते को साँप ने काट खाया। कहते हैं कि किसी आदिवासी ने ही उस पर जहरीला तीर चला दिया था। लाखों की सम्पत्ति को कोई खानेवाला ही नहीं रहा...और स्वयं वे नेत्रहीन होकर मरे।"

"मुझको मत डरा...मैं मानता हूँ कि जो भाग्य में होगा वही होगा।"

"वाह, क्या बात," विद्रूपता से हँस पड़ा आदित्य।

"हमारे साथ दिक्कत यही है कि हम एकसाथ कई युगों की पालकियाँ ढो रहे हैं और सुविधानुसार अपनी पालकी बदलते रहते हैं। जब हमें अपने अपराधों को जायज ठहराना होता है तो हम आधुनिक समय की भयावहता की दुहाई देते हुए उस पर जल चढ़ाने लगते हैं, पर साथ ही इस वैज्ञानिक समय की सारी सुख-सुविधाओं को भी हड़पने में नहीं सकुचाते। और जब जरूरत हुई तो हम जड़ संस्कारों, रूढ़ियों, अन्धविश्वासों और भाग्य की दुनिया में चले जाते हैं।"

"बस कर...बस, तू तो मेरा बपतिस्मा ही कर डालेगा।"

और विश्वजीत वहाँ से खिसक गया—पराजित, लज्जित और परास्त।

उसके बाद सप्ताह भर तक विश्वजीत की आदित्य के साथ फिर कोई बात नहीं हुई थी। विश्वजीत की लगभग अन्धी माँ को आदित्य के होने से बहुत राहत मिली थी। ठाकुर जी की पूजा-पाठ से जब मन उकता जाता तो वह आदित्य के पास आकर बैठ जाती...आदित्य अपने सुरीले कंठ से उसे कुछ भजन वगैरह सुना देता तो वह परम तृप्त

हो उसे आशीषने लगती।

उन्हीं दिनों विश्वजीत एक बार पूरे दो दिन और दो रात तक घर नहीं लौटा था, उसी दौरान विश्वजीत की माँ का रह-रहकर कलपना, निःशब्द रोते रहना...दरवाजे पर ही बैठे रहना...डरे हुए जानवर की तरह कँपकँपाना...इन सबको काफी नजदीक से देखा था आदित्य ने। और इस सबके बीच भी उसकी माँ की रेगिस्तानी आँखों में जब-तब कोई धूमिल-सा स्वप्न अँखुआ उठता...होंठों पर कोई प्रार्थना आकार लेने लगती...ठाकुर उसका घर बस जाए...

स्वयं उसकी आँखें भर जातीं। वह अपने भीतर की उस यातना-गृह में पहुँच जाता जहाँ राशि, पिता का लाड़ और घर का चेहरा उसकी आँखों के आगे झूम जाता...और रात की प्रशान्ति में वह फिर एक कमजोर-सा संकल्प लेता कि वह शीघ्र ही अपने घरवालों से सम्पर्क करेगा...पर दिन के उजाले में वही संकल्प फिर दम तोड़ देता। भीतर कशिश उठती पर वह किसी अंजाम तक पहुँचने के पहले ही दम तोड़ देती।

बहरहाल...पूरे दो दिन और दो रात के बाद भी जब विश्वजीत नहीं लौटा तो उसे भी चिन्ता होने लगी। वह 'माल' लेने बाहर जाता है...इतना उसे पता था...पर कहाँ ? किससे ? वह पूरे अन्धकार में था। मन में यह डर भी समाने लगा कि कहीं उसकी माँ का भार भी उस पर न पड़ जाए...या कि विश्वजीत की खोज में लगी पुलिस कहीं उसे ही पकड़ अन्दर न कर ले।

तीसरी सुबह। भोर-भोर लौटा विश्वजीत। सासाराम से महाजन के 'माल' को लेकर टोपसिया पहुँचाना था उसे। दर्जनों बार वह ऐसा कर चुका था, पर इस बार थोड़ी गड़बड़ हो गई थी। पुराने महाजन से उसकी खटपट हो गई थी और अब चूँकि विश्वजीत भी इस लाइन का सूरमा था, इस कारण उसने भी अपने तेवर दिखाए और सासाराम गाँव के ही किसी दूसरे महाजन के लिए कूरियर का काम करने लगा। लेकिन विश्वजीत नहीं भाँप पाया कि इस लाइन में महाजन लाइनमैन का लाइफमैन बन जाता है।

पहलेवाले महाजन के किसी चम्पू ने अज्ञात नाम से पुलिस को खबर कर दी थी इस कारण जैसे ही वह ट्रेन में बैठा उसे लगा कि कुछ गड़बड़ है। अपने दूसरे लाइनमैन को बिना बताए ही वह ट्रेन से उतर गया था...माल दूसरे लाइनमैन के पास था।

किसी भी प्रकार के खतरे के मद्देनजर वह उल्टी ट्रेन में बैठ गया था...। एक-दो स्टेशन बाद वह उतरा, महाजन को उस माल के बारे में बताया तो महाजन ने दूसरे माल की जिम्मेदारी उस पर डाल दी जिसे बाद में बस की रूट से यात्रा करके उसने आधी दूर तक पहुँचाया और हावड़ा स्टेशन से महज तीन स्टेशन पूर्व दूसरे लाइनमैन को चार्ज देकर वह उतर गया था।

"पर तुझे क्या पता कि माल सही जगह पहुँच गया।" आदित्य उसकी गोलमोल बात को समझने की चेष्टा कर रहा था।

"अरे डॉगी...यह सब तो फोन पर ही बता दिया जाता है।"

"क्या ? फोन पर...इसमें तो बहुत खतरा है, कोई भी सुन सकता है।"

"नहीं, इसे हर कोई नहीं समझ सकता...मसलन पिछली बार मैंने फोन पर महाजन को कहा फोर एस एस बी एच...अब बता तू क्या मतलब समझा इसका ? नहीं समझा न...इसका मतलब है एस फोर बोगी के सेकेण्ड बाथरूम में माल है।"

"पर बाथरूम से तो माल कोई पार कर सकता है ?"

"अरे नहीं, माल कभी भी खुला नहीं रखा जाता है। देख, पिछली बार महाजन का आदमी 'माल' को बाथरूम के अन्दर रख गया। मौका देखकर मैं अन्दर घुस गया...बन्द बाथरूम की दीवार की किसी भी एक मेटल की प्लेट के नट-बोल्ड को स्क्रू ड्राइवर से खोल दिया...अरे यार, कभी ट्रेन को देखा है ध्यान से ? बाहर की मेटल की प्लेट के भीतर प्लाईवुड रहती है...उसी में बिस्कुट के पॉकेट के भीतर रखे माल को टिका दिया...बाहर से फिर मेटल की प्लेट लगा दी। यह सब करके मैं उतर गया। और महाजन को फोन पर बता दिया—फोर एस एस बी एच। अब जब ट्रेन धुलने के लिए कारशेड जाएगी तो महाजन का आदमी माल उठवा लेगा।"

बाप रे ! आदित्य की आँखें फैल गई थीं। उसे अनायास स्कूल के दिनों में पढ़े वे किस्से याद आ गए जब स्वतंत्रता सेनानी इसी प्रकार पुलिस को चकमा देकर उसकी नाक के नीचे से निकल जाया करते थे।

उन क्षणों दोनों कलन्दर सोच रहे थे।

आदित्य सोच रहा था, काश यह बुद्धि, यह तिकड़म...साहस किसी अच्छे कार्य में लगता। विश्वजीत सोच रहा था...छोकरा दिलचस्पी ले रहा है...देर-सवेर बपतिस्मा भी हो ही जाएगा इसका।

ये काली-काली आँखें...

मस्ती में फड़कता विश्वजीत खाने की टेबिल पर ही तान पर तान दे गा रहा था।

"क्या बात है, आज तो बड़ा उड़ रहा है ?"

"तू बाल ब्रह्मचारी, जाकर हनुमान चालीसा पढ़। क्या करेगा तू जानकर...मर्द बच्चा हूँ...ऐश करता हूँ... ।"

अपने ही रंग में रँग डालने के लिए मौका पा विश्वजीत ने फिर उसे अपनी रंगीन जिन्दगी का आईना दिखाना चाहा, पर जाने क्यों उन क्षणों उस पूरे माहौल के प्रति वह वितृष्णा व्यापी कि आदित्य का मन किया यहाँ से भाग खड़ा हो। यहाँ रहकर वह अपने पाप के खातों को और बढ़ाना नहीं चाहता था। वह उठकर जाने लगा कि तभी विश्वजीत ने फिर उसे रोक लिया। वह अपने उस सुख को उसके साथ साझा कर उसे ललचाना चाहता था जिसे वह अभी कुछ लम्हों पूर्व ही भोगकर आया था।

नेपोलियन बोनापार्ट की तरह अपनी गर्दन को एक विशेष कोण से तानते हुए गर्व से कहा उसने, "जानता है...कहाँ से आ रहा हूँ मैं... ?"

"कहाँ से..."

"उस काली-काली आँखोंवाली के यहाँ से।"

"कोई लफड़ा चला रखा है क्या...।"

लफड़ा ? और उसकी बत्तीसी चमक गई—"देख पार्टनर, औरत को देखते ही अपुन की पहली इच्छा यही होती है कि उसे खा जाऊँ...लफड़े तक इन्तजार कौन करे ? यूँ भी अपुन के लिए सब औरत एक जाति की। चाहे घरवाली हो या कोठेवाली। असली चीज तो वही एक है। फर्क सिर्फ इतना है कि जो खानदानी होती है...वे शादी-वादी के ताम-झाम और नखरों के बाद उस बिन्दु पर आती है, और उसके बाद भी प्यार और विश्वास के वास्ते दे-देकर उसे गरमाना पड़ता है जबकि बाजारवाली सीधा वहीं से शुरू करती है। जैसा चाहो मसलो...कोई शिकायत नहीं...पूरी ईमानदारी से साथ देती है। जानता है, डोज लेकर मैं चला गया था एक बार कोठेवाली के पास...शो लम्बा खिंचता ही गया। नो...। बेचारी ने भरपूर साथ निभाया...आखिर हारकर आधा घंटे के बाद मुझे पैसे तक उसने वापस लौटा दिए यह कहकर—'अब और 'अमारे' बस का नहीं'—ऐसी ईमानदार होती हैं वे।"

उसकी बात पूरी होने के पहले ही वितृष्णा से भरा चल दिया आदित्य। साला, औरत को देखते ही कुत्ता बन जाता है। और तभी विषाद के घटाटोप के बीच बिजली-सा आलोकित हुआ राशि का चेहरा...और वह दृश्य जब पहली बार हल्के नीम अँधेरे में हल्के से कनपटी पर चूमा था उसने राशि को।

दो दिन बाद हठात आदित्य ने देखा कि उसके पास अगली डोज के जितना भी पत्ता नहीं बचा है। विश्वजीत के साथ रहने के कारण ड्रग की सहज प्राप्यता के चलते वह इस ओर से एकदम लापरवाह हो गया था।

विश्वजीत उसी समय सोकर उठा था।

"एक-दो पत्ता दे दे।"

"मेरे पास तो नहीं है।"

"मजाक मत कर, मेरा विद्ड्राअल शुरू हो गया है।"

"गॉड प्रामिस, मेरे पास आज तो मेरे जितना भी नहीं है।"

"ठीक है, डोज न सही पर तूने बताया था न कि तू परसों रात किसी मिडनाइट पार्टी में गया था...वहीं पर तूने खरीदी थी...क्या सुन्दर-सुन्दर नाम थे...वैम्पायर... इकोज...स्माइली...लाफिंग बुद्ध...तो फिलहाल उनमें से कोई भी एल.एस.डी. की एक टेबलेट दे दे, कुछ तो राहत मिलेगी...उसके बाद मैं अपना जुगाड़ खुद कर लूँगा।"

"अरे वे तो बहुत महँगी थीं...मैंने खरीदी थोड़े ही थीं, मैंने तो तेरे से यूँ ही मजाक किया था।" टाँगें हिलाते हुए उसने जवाब दिया।

विश्वजीत के बदले हुए सुर और रंगत को देख वह थोड़ा आशंकित हो करीब आया।

"क्या बात है...तेरे पास है फिर भी तू नहीं दे रहा...तू तो जानता है कि बिना पत्ते के मैं न तो सो सकता हूँ न बैठ सकता हूँ...मैं तो पूरी तरह जॉम्बी ही बन जाता हूँ।"

"जॉम्बी ? वह क्या ?"

"जॉम्बी...यानी वॉकिंग डेड...बिना आत्मा और दिमाग का व्यक्ति। हर नशेड़ी विद्ड्रालल में जॉम्बी ही तो हो जाता है।"

आदित्य को किसी जन्तु की तरह देखा उसने और कहा, "पर तू कहाँ जॉम्बी हुआ है...तू तो विद्ड्राअल में भी बड़ी-बड़ी हाँक रहा है...वरना लोगों का तो पायजामा ढीला हो जाता है।"

"क्योंकि मेरा विद्ड्राअल अभी होना शुरू ही हुआ है।"

"उसी पल का तो इन्तजार है जब तुम्हें भी जॉम्बी बनाया जा सके," विश्वजीत ने धीरे से कहा।

"क्या कहा ?"

"कुछ नहीं।" और विश्वजीत खूँटा तुड़ाकर भागते बछड़े की तरह जाने लगा।

जाते हुए विश्वजीत को फिर रोका आदित्य ने–"तो तू सचमुच नहीं देगा।"

विश्वजीत अब तक पूरी तरह एक धूर्त लोमड़ी में तब्दील हो चुका था, मक्कारी उसकी आँखों से टपकने लगी थी।

"देख, जब तू मेरा ध्यान नहीं रखता तो मैं ही क्यों तेरी चम्पी करता रहूँ।"

"क्या मतलब ?"

"मतलब तू भी उतर जा मेरे धन्धे में। न रोज डोज खरीदने का झंझट, न नकली माल की फिक्र...कमाई ऊपर से।" अपनी ठुड्डी पर उग आई फुंसी को कुरेदते हुए कहा उसने।

"क्या ?" आदित्य के चेहरे की मांसपेशियाँ खिंच गईं। आँखें मिचमिचाने लगीं।

"तो तू भी डालडा ही निकला।"

"जमाना ही डालडा का है।"

"मनुष्य के दर्जे से नीचे गिरने से तो कहीं अच्छा है कि मैं विद्ड्राअल में ही मर जाऊँ।"

फिर उसके बाद कुछ भी संवाद नहीं किया आदित्य ने। लेकिन विद्ड्राअल की पीड़ा को वह सह भी नहीं पाया...। जेठ के प्यासे की तरह एक टान के लिए तड़प गया वह। उसने घड़ी देखी...रात आठ बजकर तैंतीस मिनट। वह टोपसिया की ठेक पर गया। वहाँ जाकर पता चला कि टोपसिया की ठेक उन दिनों पुलिस की छापामारी के बाद से ही बन्द थी।

उसकी कँपकँपी शुरू हो गई थी–जीभ तालू से चिपकने लगी थी...शरीर का जोड़-जोड़ दर्द से ऐंठने लगा था...और ज्यों-ज्यों समय निकलता जा रहा था, उसकी यंत्रणा बढ़ती जा रही थी...और एकाएक वह इस डर से काँप गया कि कहीं वह विद्ड्राअल में ही नहीं मर जाए। बाघ के खुले मुँह की तरह डरावना विद्ड्राअल। सड़क पर चलते-चलते उसकी टाँगें काँपने लगीं। वह डगमगाने लगा। उसकी आँखों से आँसू बहने लगे और उन्हीं असाध्य क्षणों अन्तर्मन की अँधेरी गुफा में फिर एक जोड़ी आँखें

चमकीं—राशि की आँखें। क्या अब फिर कभी वह देख पाएगा उन आँखों की झिलमिल को ?

एक अधूरी प्रेम कहानी अपनी सम्पूर्ण पीड़ा के साथ तड़प उठी।

टोपसिया से वह घुटियारी शरीफ की ठेक पर पहुँचा। वहाँ पर उसे एक पेडलर मिला—सैयद अली, जिसे देख उसकी बत्तीसी चमकी, जैसे साक्षात संकटमोचन हनुमान को देख लिया हो। सैयद अली से वह पहले भी कई बार पत्ता खरीद चुका था। उसने कहा कि वह उसे पत्ता तो नहीं दे सकता क्योंकि टोपसिया की ठेक बन्द होने से उसके पास माल आ नहीं सका, हाँ, वह उसे एक ऐसा इंजेक्शन दे सकता है जो उसे हेरोइन से बढ़कर किक दे सकेगा।

“कुछ भी कर...भले ही मार डाल...पर इस जानलेवा पीड़ा से तो छुटकारा दिला।”

आदित्य जानता था...यह इंजेक्शन सबसे भयंकर किस्म का नशा होता है। इसकी सिरिंज संक्रामक कीटाणुओं से भरी होती है पर उस क्षण उस पर विद्ड्राअल की यंत्रणा हावी थी। उन क्षणों सैयद अली उसके लिए आकाश से उतरा कोई देवदूत जैसा ही था, जो उसके लिए अपनी छह बाई चार फुट की खोलाबाड़ी में एक मिलीग्राम टी.डी.जेसिक, एक मि. ग्राम पैक्सम, एक मिलीग्राम एविल और एक मिलीग्राम फैलेरगन को मिलाकर उनका एक कॉकटेल बनाकर एक सिरिंज के जरिए उसकी देह में पहुँचा रहा था।

इंजेक्शन का प्रभाव हेरोइन से तेज था इस कारण बहुत शीघ्र ही वह सामान्य होने लगा था। और सामान्य होने के साथ ही साथ उसकी चेतना में उभरा—सीलन और बदबू से भरी उस बस्ती में भी एक मानवीय ताजगी थी—दस-ग्यारह वर्षीय एक बालक था जिसने सिरिंज को धोने के लिए अल्युमिनियम का एक बड़ा-सा कटोरा सैयद अली को पकड़ाया था। वह फिर दुखी हुआ, पर इस बार कचोट उतनी गहरी नहीं थी जो पहली बार उसे हुई थी जब इसी प्रकार एक बालक ने उसे पन्नी, ब्लेड और माचिस पकड़ाई थी।

सामान्य होने पर अपनी बीमार, बेकाबू और तड़पती आत्मा पर काबू पाया। उसने और अपनी गिरी हुई आत्मा और मलबे होते शरीर के साथ उसने निश्चय किया कि वह जल्द-से-जल्द विश्वजीत का घर छोड़ देगा। अब और पाप नहीं। लौटते वक्त मन फिर अपनी अधोगति पर छटपटाया—किस घर का अन्न खा रहा है वह। आँखों के आगे फिर लहराया। पिता को दिया अपना बचन—‘आई विल लिव प्योर।’ एक गहरी उच्छ्वास प्राणों के भीतर से निकली...और वहीं फुटपाथ पर ही वह ढह गया—ओ माँ...माँगो।

काफी रात गए जब वह घुसा विश्वजीत के यहाँ तो विश्वजीत सो चुका था।

अपने कमरे में आकर अपनी स्थिति पर फिर सोचा उसने। एक अजीब डर उसके भीतर बैठा जा रहा था—खुद के निरन्तर स्खलित होते चले जाने का डर। सोचते-सोचते वह जाने कब सो गया। स्वप्न में उसने देखा कि ड्रग के लिए उसने एक बूढ़े का गला घोंट दिया है...वह चीख मारकर जागा तो उसने पाया कि वह टेबिल पर बैठे-बैठे ही सो गया था। टी.डी. जैसिक इंजेक्शन का प्रभाव काफी तेज था। उसे अपनी आँखों को

पूरी तरह खोलने में पाँच-छह मिनट लग गए। उसके दोनों पैर सुन्न थे। एक घुटने को दूसरे से अलग करने में उसे दस मिनट लग गए।

पन्द्रह-बीस मिनट की मशक्कत के बाद उसने अपने को कुर्सी पर बैठाया—दिमाग को खटखटाया, अपनी स्थिति पर फिर सोचा, अपने निर्णय को फिर दुहराया और इस डर से कि विदड्राअल शुरू होने पर कहीं वह कच्चा पड़कर अपने निर्णय से पीछे न हट जाए, बिना देरी किए उसने एक पत्र लिखना शुरू किया विश्वजीत को—

प्रिय विश्वजीत,

यदि मैं जानता कि तुम नशे के धन्धे में हो तो विश्वास करो मैं हर्गिज तुम्हारे घर का अन्न नहीं खाता...मुझे बहुत पहले ही यहाँ से चल देना था और अपना रास्ता स्वयं खोजना था। खैर, अब मैं और अधिक तुम्हारी पाप भरी बैसाखियों के सहारे नहीं जीना चाहता। मैं यदि अपना रास्ता स्वयं ईजाद नहीं कर पाया तो स्वयं को ही समाप्त कर दूँगा...। जानते हो, युद्ध क्षेत्र में ढेरों शवों के बीच दोनों टूटी जंघाओं के साथ लहूलुहान पड़े दुर्योधन से किसी ने पूछा था—'आप अपनी वर्तमान स्थिति तक कैसे पहुँचे।'

दुर्योधन ने जवाब दिया—'मैं सत्य को जानता था, पर उस पर चल नहीं सका। मैं धर्म को जानता था, पर उस पर आचरण नहीं कर सका।'

मेरा आशय तुम समझ गए होगे...अलविदा दोस्त !

तुम्हारा आदित्य

पुनश्च : फिर एक बार दोस्त और शुभचिन्तक की हैसियत से लिख रहा हूँ कि अपराध जगत में आदमी कितना भी सर्वशक्तिमान क्यों न हो, बड़ा-से-बड़ा खुदा ही क्यों न हो, कभी-न-कभी वह अपने प्रतिद्वंद्वी द्वारा ही मार दिया जाता है। इतिहास उठा कर देख लो, गलत पालकी ढोनेवाला कभी भी अपनी मंजिल तक नहीं पहुँच पाता और अपराधी कभी भी अपनी पूरी उम्र नहीं जी पाते...यदि ऐसा नहीं होता तो यह पृथ्वी रहने लायक नहीं रहती। कौन जाने मैं स्वयं ही तुम्हारी सूचना पुलिस को दे दूँ।

तुम्हारा आदित्य

अन्तिम पंक्ति जान-बूझकर लिखी उसने जिससे वापस लौटने के सारे रास्ते बन्द हो जाएँ...सोलहवीं-सत्रहवीं शताब्दी के उन समुद्री योद्धाओं की तरह जो किसी द्वीप पर कब्जा करने के लिए उसके किनारे पहुँचकर अपने ही हाथों अपनी नौका को तोड़ डालते थे।

पत्र को डाइनिंग टेबुल के बीचोंबीच रखा। उस पर ऐश-ट्रे धर दी। और अपने सारे टाल-टंपाल के साथ वह अपने दूसरे अज्ञातवास की खोज में निकल पड़ा।

अनिकेत आदित्य एक बार फिर खुले आकाश के नीचे।

'मैं खुद बर्बाद हुआ पर दूसरों को नहीं करूँगा' के संकल्प के साथ वह प्रतिपल

अपनी दरकती आत्मा और कच्चे पड़े मन को सँभालता रैनबसेरे के लिए सियालदह स्टेशन के भीतर चला गया। पहली रात तो वहाँ की रेलवे पुलिस ने उसके ढंग के कपड़े के चलते उसे यात्री समझा और कुछ नहीं कहा। पर मच्छरों और भूमि की कठोरता ने नरम बिस्तर पर सोने की आदी उसकी काया को नींद के करीब फटकने भी नहीं दिया।

दूसरी रात तो और भी दुर्गति हुई। एक रेलवे पुलिस ने अपनी बन्दूक के कुन्दे से कोंचते हुए उठा दिया था उसे—चल उठ, डेरा डाल के धँसा है...यह क्या तेरे बाप की धर्मशाला है ? अधटूटी नींद, टूटता बदन और अपमान की एक तीव्र लहर के साथ वह बाहर किसी दुकान के खाली चबूतरे पर बैठ गया। अंग-अंग अंगारे की तरह दहकने लगा...आत्मा से धुँआ उठने लगा...किस प्रकार कुत्ते की तरह दुत्कार दिया गया था वह। गांधी को भी दक्षिण अफ्रीका में अपमान की वैसी तीखी अनुभूति क्या हुई होगी। उसके मित्र ने बताया था कि विदेशी (भारतीय) होने के बावजूद उसे इंग्लैंड में जब तक नौकरी नहीं मिली, बेकारी भत्ता मिलता रहा था। कहाँ इंग्लैण्ड और कहाँ यह सांस्कृतिक देश भारत ! आदमी की कुत्ते-बिल्ली जैसी औकात ! एक प्रचंड आक्रोश भाप बनकर आँख, नाक, कान...हर जगह से निकलता रहा...गुस्से में होंठ चबाता, मुट्ठी भींचता वह उसी जगह पर तब तक प्रहार करता रहा जब तक कि हथेलियाँ जख्मी नहीं हो गईं उसकी। कई घंटे बाद उस सँकरी-सी जगह में घुटने को पेट में घुसेड़ वह कब झपकियाँ लेने लगा, उसे खुद नहीं पता...सुबह खिलती धूप के साथ फिर किसी ने उसे ठेला—"चल उठ, देखता नहीं दुकान खोलनी है।"

तीसरी रात छह फीट की जमीन की तलाश में वह सियालदह स्टेशन के आस-पास के सभी छोटे-छोटे दबड़ेनुमा होटलों पर चक्कर लगाता रहा कि कहीं कम भाड़े की डॉमिटरी में जगह मिल जाए तो एक रात वह जी भर सो ले, पर सभी होटल क्षमता से ज्यादा आबाद थे।

'मैं क्या था और क्या हो गया' के घटाटोप के बीच वह बार-बार स्वयं को समझाता रहा कि इस जीवन का उसने स्वेच्छा से वरण किया है स्वयं को यथा-सम्भव मनुष्य रूप में बचाने के लिए। यह सोच मन को कुछ क्षण के लिए थामे रखता...पर यथार्थ की आँधी इतनी काली और भयावह होती जा रही थी कि हर पल आत्महत्या का विचार उसे किसी प्रेयसी-सा लुभाने लगता। इसी खंडित और ध्वस्त मनःस्थिति में अपने जीवन को बट्टे-खाते लिखकर और चन्द रातों की मोहलत देकर एक रात वह ए.पी.सी. रोड से शुरू हुई सियालहद और मौलाली के फुटपाथों से गुजर रहा था कि उसने देखा—बस्तियाँ ही बस्तियाँ ! खुली, गँधाती, बजबजाती भरी-भरी गृहस्थियाँ ! कुछ ईंट, दो बाँस, उपयोग की हुई बैटरी और पोलिथिन के सहारे फुटपाथों पर ही बनी खुली भूरी काली गृहस्थियाँ—मोबाइल और फोल्डिंग गृहस्थियाँ ! बरसात हुई तो दो बाँसों के ऊपर गहरे नीले और काले रंग का पोलिथिन डाल दिया गया अन्यथा धरती ही बिछौना और आसमान ही ओढ़ना ! सामान के नाम पर अल्युमिनियम के बर्तन, एकाध बाल्टी।

प्लास्टिक की पानी की बोतलें। एकाध पोटलियाँ। कई जगह चटाई और मैला-सा कम्बल। एकाध टीन का बक्सा या कार्टून। कई जगह सिलबट्टा भी। वहीं सड़क पर ही दो-दो ईंट को जोड़कर बीच में लकड़ी जलाकर चूल्हा बना लिया जाता और कड़ाही में चावल के साथ ही तीन-चार सब्जियाँ डालीं और भोजन तैयार।

उस रात जब उसे कोई भी ठौर नहीं मिला तो अपने थके पाँव और टूटे मन के साथ उन वहीं उन्हीं गृहस्थियों में से किसी अपेक्षाकृत साफ-सुथरी गृहस्थी के पास बैठ गया।

फाइनल एन्ट्री के लिए !

अपने अभिजात्य संस्कार के विरुद्ध !

अवसाद, टूटन, हताशा और पहचाने जाने के भय के चलते वह कई मिनट तक यूँ ही सूना बैठा रहा...घुटने में मुँह छिपाए अपने को मारता रहा। करीब आधे घंटे बाद उसे ध्यान आया कि उसके पास एक चादर है...जिसे वह बिछा सकता है। चादर बिछाते-बिछाते ही यह सत्य जैसे उसकी चेतना के कण-कण में व्याप गया कि उसकी पहलेवाली दुनिया पूरी तरह मर चुकी है। ताजे खून की तरह टप-टप टपकते आँसुओं के साथ वह चादर पर मुँह उल्टा कर लेट गया।

थोड़ी देर बाद ही उसने अपने कन्धे पर कोई स्पर्श महसूस किया। वह एकदम चौंक गया, कहीं कोई जान-पहचानवाला तो नहीं ? कहीं हेमन्त बाबू तो नहीं ? पर वह पास में ही बसे फुटपाथी परिवार का मुखिया मोहन था जो इस बाबू टाइप अपरिचित आगन्तुक को विस्मय, कौतूहल और सुखद उल्लास के साथ आँखें फाड़कर देख रहा था। वह पूर्वी बंगाल से आया परिवार था। अपनी बकरा दाढ़ी में हाथ फँसाते हुए कुछ औपचारिक बातचीत के बाद उसने बताया, "शुरू में हम सड़क पर नहीं रहते थे। हमारे पास भी बागुईहाटी के पास एक खोलाबाड़ी थी, लेकिन पत्नी की 'डिलैवरी' के दौरान वह भी बिक गई । और उसके बाद हमने पहला डेरा उत्तर कलकत्ता में हेदुआ तालाब के पास डाला था। वहाँ अधिक खुलापन था...इतनी भीड़-भाड़ भी नहीं थी, पर फुटपाथ के दुकानदार और फ्लैटों में रहनेवाले...सालों की फटने लगी...सबने मिलकर वहाँ से खदेड़ दिया, कि हम गन्दगी फैला रहे हैं कि हम लोगों से चोरी का डर है। फिर भी जब हम नहीं भागे तो एक दोपहरिया पाड़े के कुछ रईसों ने भाड़े के गुंडों और मजदूरों को बुलाकर हमारी खोलाबाड़ियों को उखाड़कर आधी फुट जमीन को जगह-जगह से खोदकर वहाँ पौधे रोप दिए...जिससे हम दुबारा नहीं बस सकें।...तब से हम यहीं हैं।" वह आदित्य को अपनी आपबीती, अपने भव्य अतीत के बारे में गर्व से बता रहा था कि तभी पास की ही एक गृहस्थी से हो-हल्ला की आवाज आई, आदित्य भौंचक्का हो उधर देखने लगा...। एक जवान औरत ने एक हट्टे-कट्टे मर्द को कसकर थप्पड़ जड़ दिया था। और एक नन्हे से बच्चे को उसके बाप की ओर ठेल रही थी—तूमि आमार छेले नोय (तुम मेरे बेटे नहीं हो)। आदित्य का ध्यान फिर अपनी ओर खींचते हुए वह कहने लगा—"यह कोई नई बात नहीं है...जब-जब इसका घरवाला दारू पीकर आता

है, वह इसी प्रकार पीटती है।"

पर इस घटना को पचाने में समय लगा आदित्य को। पहली बार उसने इस प्रकार किसी औरत को खुलकर किसी मर्द पर हाथ उठाते देखा था।

आदित्य लगातार उधर ही ताके जा रहा था। दिमाग में फिर बजने लगा तूमि आमार छेले नोय...कि तभी फिर उस मुखिया ने आदित्य का ध्यान अपनी ओर खींचा—"यहाँ, इस बस्ती में सभी दुखी हैं। मुझे खाने-पीने की इतनी चिन्ता नहीं, मेरी सबसे बड़ी चिन्ता यह जवान होती बेटी है। इसको सड़क पर ऐसे शराबियों के बीच सुलाना खतरे से खाली नहीं...रात में उठ-उठकर मैं इसकी चौकीदारी करता हूँ।"

बात करते-करते भी उसकी निगाह अपनी बेटी पर थी।

एक गहरी उच्छ्वास ले वह फिर अपनी रौ में बहने लगा।

आदित्य ने गर्दन घुमाकर देखा—लैम्प पोस्ट की रोशनी में ही वह अपना होमवर्क कर रही थी। और उसी के पार्श्व में एक छोटी-सी बच्ची बैठी उसकी कॉपी खींच रही थी। आदित्य को थोड़ी हैरानी-सी हुई—क्या तुम्हारी दूसरी बेटी भी है ? मुखिया फिर उदास हँसी बिखेरते हुए कहने लगा, "इसके जन्म के चलते ही तो बिकी हमारी खोलाबाड़ी...क्या बताऊँ, यह भी पौने तीन वर्ष की होने आई, पर उसके पैर आम बच्चों से काफी कमजोर हैं। वह अभी तक पाँव भी नहीं उठा पाती है। फुटपाथ पर रहने के कारण हमारी 'बाइफ' उसे अधिक समय तक सुलाकर ही रखती थी। हमारे मन में यह डर बना रहता कि यदि वह फटाफट चलने लगी तो कहीं 'धियान' चूकते ही 'टिराम' बस के नीचे न कुचल जाए। लेकिन अब यह डर खाए जा रहा है कि यदि उसे नहीं चलाया जाए तो कहीं पाँव ही कमजोर न रह जाए...।

" भगवान कुछ न दे...पर एक कोठरी भर दे दे सिर छुपाने को। पर अभी तो यही डर खाए जा रहा है कि कहीं यहाँ से भी न खदेड़ दिया जाए। जिस प्रकार इन दिनों सरकार का शहर को साफ और चमकाकर रखने का दिखावा बढ़ता जा रहा है।"

और तभी आदित्य बोल उठा—"जानते हो कुछ दिनों पूर्व ही बागुईहाटी में बाकायदा बुलडोजर चलाकर वहाँ के स्लम्स वगैरह को गिरवा दिया गया था।"

उसका चेहरा दर्द से ऐंठा। गहरी साँस ले उसने कहा—"हाँ, चेष्टा तो यहाँ भी हुई थी। हमसे कहा गया था...भाग जाने को। पर यहाँ की फुटपाथी औरतों में बहुत दम है...कई तो तीन-तीन पीढ़ी से यहीं रह रही हैं—शादी-ब्याह तक यहीं किया। सब मिल कर भिड़ गईं, कहा—'गाँड़ में गू है तो खदेड़कर दिखा...कह दे सरकार को कि दे हमें 10-20 हजार...खोलाबाड़ी बनाने को'।"

मोहन कलकत्ता के मछुआ बाजार से थोक भाव में सब्जी-फल खरीदकर उन्हें उल्टाडाँगा के बाजार में खुदरा बेचता था। उसकी कमाई उतनी बुरी नहीं थी, पर उनके साथ सबसे बड़ी दिक्कत थी कि बचे हुए पैसों को हिफाजत से कैसे रखें ? कोई ठौर नहीं होने के कारण वह बैंक खाता भी नहीं खुलवा सकता था...न राशन कार्ड बनवा सकता था। उसका एक भाई अभी भी बांग्लादेश में था, पर उससे पत्र-व्यवहार नहीं

कर पाता था, पत्र मँगवाए तो किस पते पर ?

इस बीच आदित्य ने देखा, उसकी दुबली-पतली साँवली-सी लड़की पढ़ाई छोड़ उत्सुकता से वहीं आकर बैठ गई थी। आदित्य ने उससे पूछा—"तुम बड़ी होकर क्या बनोगी ?"

"मदर टेरेसा बनूँगी।"

बच्ची से संवाद करते-करते आदित्य के भीतर का खौफ भी आहिस्ता-आहिस्ता हल्का पड़ता जा रहा था। लेकिन बीच-बीच में हवा के साथ आते बदबू के भभके से जी मिचला उठता उसका। बहुत तीखी..तेजाबी गन्ध। पसीना, पेशाब और सड़े हुए कचरे की मिली-जुली गन्ध।

अपने मोटे काले होंठों के बीच दबी बीड़ी का सुट्टा मारते हुए मोहन ने बताया—"अब तो गन्ध फिर भी पहले से बहुत कम हो गई है...पहले तो स्टॉपेज करीब होने से हर बस से उतरने-चढ़नेवाला यहाँ पेशाब कर देता था। बाद में हम लोगों ने दीवार पर 'पेशाब करना मना' चिपकाया... जब उससे भी काम नहीं बना तो फिर दीवार पर देवी-देवताओं की तस्वीरें चिपका दीं..।"

इस बार आदित्य ने कुछ उत्सुकता से, रास्ता जहाँ मुड़ता है उसकी दीवार पर गौर फरमाया...उस हालत में भी उसे हँसी आ गई। ऊपर हनुमानजी, श्रीराम और शिवजी की तस्वीरें चिपकी थीं...और उसके नीचे लिखा था--यहाँ 'प्रसव' करना मना है।

इस बीच रसोई तैयार हो चुकी थी—चार ईंटों से बने चूल्हे पर कड़ाही में खिचड़ीनुमा खाद्य मोहन ने अल्युमिनियम की थाली में डालकर आदित्य को भी दिया। आदित्य ने अपने केले और मूड़ी उसे दिए और वितृष्णा के साथ उसके आतिथ्य का मान रखते हुए उस थाली से एक-दो कौर निगले।

और उसके बाद किसी ढीली बँधी गठरी-सा मोहन वहीं अपनी मैली-सी कथरी पर चित्त लेट गया। पास ही फसर-फसर-सी उनींदी पत्नी भी बोरा बिछाकर उस पर पतली साड़ी डालकर लेट गई और तभी आदित्य ने मार्क किया कि पत्नी के साथ चुहिया-सी मरियल खड़े-खड़े बालोंवाली, सींकिया हाथ और फूले पेटवाली करीब दो-अढाई वर्ष की लड़की भी लेटी थी। उसकी दूसरी बेटी होगी उसने मन ही मन सोचा...पर वहाँ की दुर्गन्ध, मच्छरों और मक्खियों की भनभनाहट, खुजली उसे सोने नहीं दे रही थी...देर रात तक वह करवटें बदलता रहा...नींद को बुलाता रहा। जाने कब उसकी आँख लगी। झपकी आई कि वह घबड़ाकर उठ बैठा... उसे लगा कि कोई कुत्ता मुँह चाट रहा है।

उसने मुँह धोना चाहा तो आसपास कहीं पानी की एक बूँद नहीं। थोड़ी देर बैठने के बाद अंग-अंग टूटते बदन को राहत देने के लिए फिर पसर गया वह...मुँह को धरती में गड़ाकर। थकावट के चलते आँख लगी कि वह उछलकर बैठ गया और कूदने लगा। कोई छोटी-सी चुहिया उसके पेंट के अन्दर घुस गई थी। ओह नो...पहली बार जाना उसने...क्या होता है फुटपाथ पर सोना। एक बार वह पूरी तरह उठ बैठा...अब और नहीं सोना।

आधी रात के आसपास मोहन की अढाईवर्षीय बच्ची ने चीं-चीं कर कपड़े में ही पाखाना कर दिया था...बदबू से माथा भिनभिना गया उसका। मोहन की पत्नी ने बच्ची को धोने के लिए बोतल टटोली...तो बोतल खाली थी। उसने बड़े स्वाभाविक रूप से पास पड़े कागज के टुकड़े से बच्ची को पोंछा...अपने भरे हुए हाथ पोंछे और बच्ची की फ्राक को ऊँचा कर बिना हाथ धोए ही खुद भी गुड़ी मुड़ी बन वैसे ही सो गई। और यह सब उसने बड़ी सहजता से किया जैसे हर रात की रुटीन हो।

भयंकर उबकाई और वितृष्णा की लहर आदित्य के भीतर उठी, उसे हल्की-सी उल्टी हो गई...यह सोचकर कि रात उसने जो खाना खाया...वह भी ऐसे ही हाथों का बना हुआ था। और तभी उसे यह भी ध्यान आया कि किनले ब्रान्ड की जिस बोतल को उस स्त्री ने उठाया था, वही बोतल तो पीने के लिए भी उसे दी गई थी। हे भगवान, एक ही बोतल ! वही पीने के लिए और वही धोने के लिए भी ! कैसा दुष्चक्र अभावों का ? पहली बार समझा, क्या होता है घर की पवित्रता का अर्थ।

एक परम शुद्धतावादी वैष्णव परिवार में पले-बढ़े आदित्य के लिए यह सब किसी भयानक हादसे से कम नहीं था। उसे लगा, जैसे स्वयं उसकी देह एक जीती-जागती नरक बन गई है और अपनी उसी बेचैनी की आँधी को थामने के लिए वह वहाँ से खड़ा हुआ और वहीं सड़क पर चहलकदमी करने लगा। और तभी उसने देखा, ठीक सामने की दीवार पर कलकत्ता नगर निगम का एक आकर्षक नारा, 'क्लीन कलकत्ता, ग्रीन कलकत्ता'।

उसके होंठ विद्रूपता से वक्र हो गए—हूँ, प्रहसनों के देश का एक और प्रहसन ! खाने को भात नहीं, सोने को खाट नहीं, नहाने को घाट नहीं, पीने को जल नहीं और बात करते हैं हरियाली की !

भुनर-भुनर करता रात दो-ढाई बजे वह वापस लौटा। टूटे मन और थके तन को ठंडी हवा के झोंकों ने सहलाया...कुछ समय के लिए उसकी आँख लगी। दो-अढाई घंटों के बाद सड़क पर होनेवाली चिल्लपों से आँखें खुलीं...चेतना में फिर कौंधा, वह खुली सड़क पर है। आलस्य तोड़ने के लिए उसने अँगड़ाई लेते हुए दोनों बाँहों को फैलाया तो बाईं हथेली पर कुछ गीला-सा महसूस हुआ...झटके से चेहरा घुमाया तो फिर एक हादसा...उसकी चादर के कोने पर ही गली के किसी श्वान ने अपने प्राकृतिक आह्वान का जबाव दे दिया। था।

गू भरे हाथ, बासी मुँह और सूखे कंठ के साथ इधर-उधर भटकने लगा वह। उसे लगा जैसे एक रात में ही आदमी से गन्दगी में लोटनेवाला कॉकरोच बन गया है वह। उस समय एक बोतल जल की प्राप्ति मोक्ष की प्राप्ति से कम नहीं थी। उसने आस-पास नजर घुमाई, मोहन नहीं दिखा।

उसकी पुत्री से मोहन के लिए पूछा तो पता चला, मोहन मुँह अँधेरे ही गंगा घाट की ओर निकल गया है नहान के लिए। कई दिनों से खाने की गड़बड़ी ने उसके पेट का हाजमा भी खराब कर डाला था...उसने मोहन की पुत्री से जब आसपास किसी

टॉयलेट के बारे में जानना चाहा तो वह शरमाकर हँस दी–"बस्ती के बाकी लोग तो मुँहअँधेरे ही किसी गली-कूचे की नाली पर बैठ जाते हैं।"

"क्या...?" जिन्दगी ने एक रात में ही अपनी भयावहता की इतनी परतें एक साथ ही इस कदर खोल दी थीं उसके सामने कि वह काँप उठा था। लगा, जैसे उसका वजूद ही एक भयंकर बदबू में बदल गया है। जीता-जागता वीभत्स रस !

ओफ ! जीना कितना मुश्किल ! जिन्दगी की दशहत उसकी समस्त इन्द्रियों में व्याप गई थी।

भीतर तमस इतना गहराया कि जीने की सारी ख्वाहिश मिट गई।

बस आज ही आखिरी दिन !

जिन्दगी की स्लेट पर भूल से लिखे अपने नाम को उसे मिटा देना है...और आज ही...।

और जब जिन्दगी सभी कुछ छीनने पर उतारू हो जाए और जीना मौत से ज्यादा डरावना हो जाए तो फिर क्यों ढोया जाए बोझ जिन्दगी का। और वह बिना उस परिवार को अन्तिम सलाम किए ही वहाँ से निकल पड़ा जिन्दगी को अलविदा करने के लिए।

आज नहीं, कल मरूँगा

मौत ! मौत ! और मौत !

और जब से आत्महत्या का निर्णय लिया, उसे अपने चहुँओर रेंगती, रिसती, कुलबुलाती जिन्दगियाँ नजर आने लगीं। जिन्दगी का भार ढोती अधजली, अपाहिज जिन्दगियाँ। उसने देखा...पीठ पर बोझ का हिमालय ढोते–झुकी कमरवाले मजदूर जो अपने स्वाभाविक कद से दो-तीन फुट बौने दिख रहे थे...। उसने देखा, खून बेचकर जीते झाका मुटियावाले..। उसने देखा, सफेद दाढ़ीवाले हाथ-रिक्शावाले।

नहीं–अब जिन्दगी को अन्तिम सलाम !

"दिल को सुकून, रूह को आराम आ गया / मौत आ गई कि दोस्त का पैगाम आ गया"–वह शीघ्रातिशीघ्र मौत से हाथ मिलाना चाहने लगा।

और अब उसके सामने सबसे विकट समस्या थी–स्वयं को समाप्त करने की यह प्रक्रिया कैसी हो ? और तभी उसे यह दुखद बोध हुआ कि जिन्दगी की तरह वह मौत के आगे भी बेबस है। फुटपाथी के लिए पंखे से लटककर प्राण देना या किसी ऊँची इमारत से कूदना भी महज एक विलासिता ही है–हिश, काश कोई सार्वजनिक फाँसी घर होता या किसी सजायाफ्ता कैदी के बदले ही वह झूल जाता। जो भी हो–प्राण निकलते वक्त वह स्वप्न देखते हुए मृत्यु का वरण करेगा...उसकी जिन्दगी का सबसे हसीन स्वप्न–वह राशि को बाँहों में भरते हुए मरेगा। या फिर पिता को प्रणाम करते हुए...वह अपनी आत्महत्या के क्षणों को भी सौन्दर्य के क्षणों में परिवर्तित कर देगा।

लेकिन यह तभी संभव है जब आत्महत्या पूरी शान्ति के साथ अकेले में की जाए। जबकि यथार्थ यह है कि उसे तो मौत को भी सींगों से ही पकड़ना होगा। क्या करे वह ? उन दिनों नयी बनी मेट्रो रेल खुदकुशी करनेवालों के लिए मक्का-मदीना थी। तुरन्त मृत्यु...एकदम त्वरित मृत्यु। हाँ, एक रास्ता और था उसके पास—गंगा में कूद जाने का। पर जाने क्या सोच वह आहिस्ता-आहिस्ता एस्प्लानेड मेट्रो स्टेशन की ओर बढ़ने लगा। और बढ़ते-बढ़ते सोचने लगा कि उसे किस प्रकार एकदम चीते की-सी फुर्ती से तूफान की गति से आती ट्रेन के सामने कूद पड़ना होगा। उसने किसी अपेक्षाकृत सुनसान गली में जाकर अभ्यास के लिए एक-दो उछाल भी मारी। पर उसे लगा कि फुर्तीली उछाल के लिए उसे नशे की डोज फिर लेनी पड़ेगी। बिना उसके बहुत सम्भव है उसकी टाँगें काँपने लगें...या वह ठीक पटरी के बीच नहीं पड़के इधर-उधर ही गिर पड़े। नहीं, उसे कोई चांस नहीं लेनी है। वह मरने की पूरी गारंटी चाहता था। इसलिए उसने निश्चय किया कि वह एक डोज अवश्य ही लेगा जिससे पूरी सफलता के साथ वह आत्महत्या कर सके। और अब जब उसे अपनी जिन्दगी की आखिरी डोज ही लेनी है तो क्यों न वह वही डोज ले जिसकी पिनक...जिसकी किक सबसे जानदार और सुदीर्घ समय तक खिंचनेवाली हो। उसके दिमाग में फिर वही टी.डी. जेसिक इंजेक्शन का कॉकटेल धूम मचाने लगा...। उसने अपनी दिशा पलटी। वह मध्य कलकत्ता के आर.जी.कर हॉस्पीटल की ओर मुड़ा। वहाँ के स्वीपर से उसका पूर्व परिचय था। वह अस्पताल के कूड़ेदान से आधे उपयोग किए टी.डी. जेसिक इंजेक्शन, सिरिंज वगैरह नशेड़ियों एवं पेडलर को औने-पौने दाम में बेचता था।

आर.जी.कर मेडिकल कॉलेज और हास्पिटल के आउटडोर में खड़े-खड़े वह अपने उसी परिचित स्वीपर का इंतजार करने लगा और वहीं उसने पूरे होश-हवास में अपने माँ-बाप को मानसिक नमन किया और राशि को फिर चूमा। अपनी पूरी मानसिक तैयारी के साथ वह खड़ा था कि तभी उसने देखा, एक बीस-बाईसवर्षीय लड़की को...जो बदहवास-सी, चीते की-सी फुर्ती से सीढ़ियाँ चढ़ रही थी। दो-दो सीढ़ियाँ एकसाथ और हाथ में फ्लास्क। उसे ताज्जुब हुआ, लिफ्ट होते हुए भी वह सीढ़ियाँ चढ़ रही थी। उसे एक वैचारिक झटका लगा—क्या इसके पास समय की इतनी कमी है कि लिफ्ट के आने तक की प्रतीक्षा नहीं कर पाई यह लड़की ? हिश, कहाँ वह समय का अथाह सागर और करने को कुछ नहीं...और कहाँ वह लड़की, समय की इतनी किल्लत कि लिफ्ट तक के इन्तजार का समय नहीं !

काश, इस दुनिया में इतनी विसंगति और वैषम्य नहीं होता ! लड़की जैसे ही दृश्यातीत हुई कि उसकी नजरें फिर स्वीपर को ढूँढ़ने लगीं। हिसाब से तो शाम छह बजे ड्यूटी बदलाव के समय उसे वहीं आउटडोर में ही रहना चाहिए था। इधर-उधर नजरें दौड़ाईं तो दूर से सुट्टा मारता दिखाई पड़ा वह। करीब पहुँचने पर स्वीपर ने उसे आधा घंटा इन्तजार करने को कहा। और उसी आधे घंटे के दौरान अवचेतन में फिर एक मरियल-सी इच्छा उगने लगी—काश, उस पीले फ्लास्कवाली लड़की को फिर एक नजर

भर देख पाता वह। कौन बीमार था उसका, जिसके लिए पूरे प्राणों के जोर के साथ दौड़ रही थी वह ? और तभी उसने सुना... कुछ रोने की आवाजें...भाग-दौड़।

किसी अस्पताल के नीचे खड़े रहकर ही शायद समझा जा सकता है जीवन का मर्म। एकाएक किसी दार्शनिक की तरह वह जीवन-मृत्यु, पाप-पुण्य, ईश्वर, कर्म और भाग्यफल आदि पर विचार करने लगा...उसकी माँ ने जाने कितनी बार उसकी जन्मपत्री पंडितों को दिखाई, पर उसे तो ध्यान नहीं कि किसी ने बताया हो कि उसकी जीवन रेखा इतनी छोटी है...कि वह आत्महत्या भी कर सकता है। क्या भाग्य सचमुच कुछ होता है ? क्या सबकुछ पूर्व निश्चित है ?

लेकिन अब जबकि उसने जीवन को समाप्त करने की ठान ही ली है तो इन सब पर सोचने से क्या फायदा ? उसने फिर सिर को झटका दिया... दिमाग को ठोका—भाई थोड़ा काबू।...पर यह क्या ? जोर-जोर से रोने की कुछ हृदयविदारक आवाजें उसके एकदम करीब आती जा रही थीं और हैरान होकर उसने देखा कि वही सफेद-पीले फ्लास्क वाली लड़की प्रचंड हाहाकार मचाती, हाथ-पैर पटकती बेतहाशा रोती महाकाल के उस लघुखंड में एकाएक दृश्य-पटल पर उदित हो गई थी। और कई हाथ उस बेकाबू होती थरथराती काया को घेरे हुए थे।

आती-जाती आवाजें।

एक-एक क्षण की लड़ाई लड़ते मर गया इस बेचारी का आदमी।

....

देखो, कैसे छाती पीट रही है !

कोई उम्र थी जाने की !

जिन्दगी ! जिन्दगी ! जिन्दगी !

महाकाल का अट्टहास !

मौत के हाहाकार में तुरन्त बाण खाए पंछी की तरह छटपटाती प्राणांतक चीखें मारती वह बेकाबू लड़की ! और जिन्दगी के लिए रोते-बिलखते उसके आत्मीय स्वजन।

उसकी आत्महत्या की खबर पाकर उसके माँ-बाप भी इसी प्रकार चीखेंगे...प्राणों के भीतर से कलपेंगे—उसे देख आदित्य उद्वेलित हुआ...और तभी वह स्वीपर फिर बताने लगा, "इसके आदमी की अन्तिम इच्छा थी, घर की बनी एक कप चाय पीने की, इसे ही पूरा करने यह बेतहाशा दौड़ी थी—एकदम नंगे पैर। पर घर से जब तक फ्लास्क में चाय लेकर आई...वह जा चुका था, बस दो मिनट पहले...यूँ तो यह महीने भर से ही जानती थी कि यह बच नहीं पाएगा, दोनों किडनी खराब हो चुकी थीं उसकी, लीवर भी डैमेज हो चुका था...ओफ, दो मिनट की मोहलत भी नहीं दी मालिक ने उसे।"

"क्या...?" उसकी अन्तिम इच्छा भी पूरी नहीं हो सकी ? और एकाएक उसी शाश्वत क्षण आदित्य को जैसे अपने होने—अपने जीवित होने का चमत्कारिक बोध हुआ। ओफ ! कितना हाहाकार एक जीवन के लिए ! ! इसी जीवन को खत्म करना चाहता है वह ?

वह जिन्दगी को कभी समझ नहीं सका और सदैव एक धुंध से घिरा रहा।

और आज जब वह मरने की राह पर जा रहा है तो भी वह अपने द्वन्द्वों, भ्रान्तियों और धुंध से कहाँ मुक्त हो पाया है !

समझो, मेरे भाई, यही है जिन्दगी !

और जीवन वही जीवन है, जिसमें सत्य और सौन्दर्य है—उसने अभी-अभी देखा, मरते पति की अन्तिम चाह को पूरा करने की पत्नी की बेताबी ! उसने आज फिर एक बार अपनी अन्तरात्मा में झाँका—क्या उसका जीवन सचमुच सत्य और सौन्दर्य से रिक्त है ? नहीं, जिन्दगी की कितनी खूबसूरत चीजें थीं उसके पास। अवचेतन में फिर झाँक गए—रसगुल्ले की हँडिया हाथ में लिए पिता और भोजन के लिए प्रतीक्षा करती माँ। राशि का आग्रह...मनुहार और आकुल-व्याकुल उसकी चितवन। उसने अभी-अभी देखा था मृत्युपथगामी व्यक्ति की आखिरी इच्छा उसके आत्मीय जनों के लिए कितनी पवित्र हो जाती है...तो फिर राशि का भी क्या दोष..आज पहली बार उसके भीतर का सारा कडुआपन मर गया था और पूरे अन्तःकरण से राशि को क्षमा कर दिया था उसने। राशि नहीं, स्वयं मैंने ही अपने जीवन के सत्य, प्रेम और सौन्दर्य का गला घोंटा दिया है... मैं ही स्वयं का सबसे बड़ा दुश्मन हूँ।

हैरान होकर देखा उसने...वह मौत के जोन से निःशब्द निकलकर नो मेंस लैंड में आ गया था।

कहते हैं कि फिनिक्स पक्षी—अपनी ही राख से पैदा होता है। जब उसे अपनी मृत्यु का अहसास होने लगता है तो वह आसपास के वृक्षों की टहनियों को एकत्र कर उस पर बैठकर गाने लगता है। उसके गाने के तेज से जो आग पैदा होती है वह उसी में जल जाता है और उसी राख से एक नया फिनिक्स पक्षी जन्म लेता है।

आदित्य का जीवन भी अब उसी बिन्दु पर पहुँच गया था और अब वह अपनी ही मानसिक मृत्यु की राख से पैदा हुआ आदित्य था। हर रात भूख...बेरोजगारी, प्यास...नींद उस पर धावा बोलती, और वह कच्चा पड़ता जाता। हिश...एक छोटे आदमी के लिए कितना मुश्किल है, जिन्दगी का बोझ ढोना ! हर सुबह अपने को वह दिन भर की और मोहलत देता—बस आज भर और...यदि कल भी जिन्दगी इतनी ही दुश्वार, कुरूप और बर्दाश्त के बाहर हुई तो अपनी मौत का इन्तजाम मैं स्वयं कर लूँगा...। और इसी 'आज भर और' के दर्शन में जीने के प्रति जो अदृश्य आशा और जिजीविषा छिपी थी, उसने उन ऊबड़-खाबड़ इलाकों में भी उसके जीवन को सह्य बनाकर उसके मृतप्राय सिस्टम को रि-स्टार्ट कर दिया और हैरान-सा वह अपना ही अन्वेषण करता हर दिन नए रास्तों का अन्वेषक बनता रहा।

और यही अन्वेषण की प्रक्रिया एक दिन उसे जिन्दगी के मुख्य द्वार से नहीं वरन् पिछले दरवाजों से मोहनबगान लेन की एक भूतपूर्व खटाल में ले गई।

दूसरा भाग

एक समय मध्य कोलकाता में केलाबगान, मोहनबगान, हाथीबगान-जैसे इलाके खटालों के इलाके थे, पर बढ़ती आबादी और प्रदूषण की समस्याओं ने जब से कोलकाता की खटालों पर प्रतिबन्ध लगाया, और गायों-भैंसों को शहर से देश-निकाला दिया गया, ये खटाल अब बजाय गायों-भैंसों के आदमियों और गाड़ियों के लिए रैन-बसेरा बनने लगीं। मोहनबागान लेन की वह खटाल भी आस-पास के राज्यों, विशेषकर बिहार, यूपी और उड़ीसा से आए हाथ-रिक्शेवालों और दूसरे श्रमजीवियों के लिए रहने का डेरा बन गई थी। हर हाथ-रिक्शाचालक महीने का 54 रुपये देकर रात भर के लिए इतनी जगह पा लेता था कि वह स्वयं को बैठने और सोने के बीच की स्थिति में पा सके।

अब थोड़ा भूगोल मोहनबगान लेन का।

जैसे बड़े देशों के उपनिवेश छोटे देश, वैसे ही अभिजात इलाके की उपनिवेश—यह छोटी गली।

उत्तर कोलकाता की सभी बड़ी-बड़ी गलियों की तरह मोहनबगान लेन एक तरफ भव्य अट्टालिकाओं और दूसरी तरफ एक ईंट की दीवार और टीन या खपरैल की छत से बनी खोलाबाड़ियों का मिला-जुला रूप प्रस्तुत करती थी। इन बस्तियों की अधिकांश महिलाएँ इन्हीं गलियों एवं आसपास की अट्टालिकाओं में महरी का काम करती थीं। पुरुषों के रोजगार की रेंज कहीं व्यापक थी। कुछ पास के गाँवों से आए किसानों में तब्दील हुए मजदूर थे, जो कृषि के ऑफ सीजन में किसी भी महानगर में झाका, मुटियागिरी, रिक्शा चलाने से लेकर ईंट ढोने, माल ढोने, ठेलागाड़ी चलाने तक कोई भी काम कर लेते। कुछ यहीं के स्थायी बाशिन्दे थे, जिनका काम ऋतु के अनुसार बदलता था, जो चुनाव के दिनों में दीवारों पर पोस्टर चिपकाने, नारे लिखने से लेकर ड्राइवरी करने, आटो चलाने से लेकर आलू-मटर, छोले एवं पुचका के खोमचे तक लगाने की काबलियत रखते थे। इसके अलावा कोई राजमिस्त्री था, कोई नल मिस्त्री तो कोई किसी कारखाने में ठोका-पीटी करनेवाला। कोई सत्तू का शरबत बेचता तो किसी की चौकीनुमा चाय की दुकान थी...तो कोई छोटा-मोटा दर्जी था...और इस सबके अलावा वहाँ एक अच्छी संख्या उन हरिजनों की थी जो कलकत्ता कारपोरेशन में स्थायी या अस्थायी स्वीपर थे। बस्ती का अपेक्षाकृत समृद्ध और साफ-सुथरा भाग यही था, क्योंकि यहाँ एक निश्चित मासिक आमदनी थी और सरकारी खोलियाँ थीं।

कम से कम यहाँ कुत्ते-बिल्ली के मुँह पर हगने का डर और मुँह-अँधेरे ट्रकों से कुचले जाने की आशंका से नींद तो उड़ी नहीं रहेगी, उस खटाल का बाशिन्दा बनने के लिए इतना भर सोच ही काफी था, आदित्य के लिए।

सुबह चार बजे से ही यह गली गुलजार हो उठती। जीवन उद्दाम वेग से बहने लगता। दस-बारह घरों के बीच नगर निगम का एक सार्वजनिक नल। इस कारण साढ़े तीन बजे से ही नल पर लोग मंजन करने, नहाने, पानी भरने और कपड़ा धोने के लिए

आना शुरू कर देते। साढ़े-पाँच छह बजे तक वहाँ अच्छी खासी भीड़ जमा हो जाती। इसके साथ ही अखबार बेचनेवालों की 'प्रभात फेरी', कूड़े की गाड़ी ढोते सफाई कर्मचारी, बड़े लोगों की बड़ी-बड़ी गाड़ियाँ चमकाते बस्ती के छोकरे, दैनिक मजदूरी पर निकलने वाले मिस्त्री, ठेला चालक, रिक्शा चालक, मुटिया, फेरीवाले, सब्जी बेचनेवाले, रद्दी बेचनेवाले, कागज बटोरनेवाले, नीम और सत्तू का शर्बत बेचनेवाले एवं काम पर निकलनेवालों के लिए फुटपाथिया टी स्टॉल और चौकीनुमा भोजनालय—यानी खटर-पटर करती एवं धमाल मचाती, 'हाय घोड़ा, दिन थोड़ा', वाली एक पूरी आबाद दुनिया। जिस सघन और खौफनाक सन्नाटे की यातना आदित्य ने अपने पिछवाड़े के फ्लैट में रहते हुए अपने बचपन और किशोरावस्था के दिनों में भोगी थी, वह यहाँ सिरे से नदारद थी।

नदी की तरह कल-कल बहती इस जिन्दगी को वह उसी हैरानी और विस्मयबोध के साथ देखता रहता, जिस प्रकार बचपन में कभी नीले आकाश में उड़ते हवाई जहाज को देखा करता था। बाप रे, मरियल-सी बहती नल...कितनों की जिन्दगी को हाँक रही है—कोई बन्दरछाप काला दन्त मंजन रगड़ता दिखता, तो कोई नीम के टुकड़े को दाएँ-बाएँ घुमाता हुआ तो कोई दो-दो अधकटे कनस्तर या बाल्टी या घड़े के साथ अपनी बारी का इन्तजार करते नजर आता, तो कोई वहीं पर बनी पथरीली धोबीघाट पर दनादन कपड़ा पीटता तो कोई एक पतले लाल गमछे में अपनी विराट देह को समेटे परम मुस्तैदी से जहाँ-तहाँ साबुन घिसता दिखाई देता। अपनी ही लय-ताल एवं गति में सह-जीवन जीते हुए लोगों की इतनी सघन आबादी—उसे जाने क्यों वह परिवेश बहुत हैरान कर देनेवाला...समग्र और पवित्र-सा लगा।

अपनी व्यक्तिगत धुरी में घूमते हुए भी सबसे जुड़े हुए लोग। सबके साथ जीवन को साझा करते हुए !

यहाँ उसने वह सब देखा जो उसकी अपनी कॉलोनी में डायनासोर की तरह विलुप्त होता जा रहा था। यहाँ उसने हर घर का दरवाजा खुला देखा, वहाँ बिना रोक-टोक अन्दर जाया जा सकता था। उसने यहाँ बुढ़िया के बाल बेचनेवाले को देखा। सड़क पर लोगों की दाढ़ी बनाते हुए हज्जाम को देखा। टी.वी. के साथ ही साथ हर तीसरे घर में बजते रेडियो को देखा। दिलखुश मटकीवाली कुल्फी, गोले का बर्फ, सँपेरे की बीन, नम्बरों का खेल...माटी के खिलौने, चीनी के खिलौने, बन्दर का नाच...बन्द बक्से के भीतर दुनिया की सैर कराता बाईस्कोप, कोयले की दुकान...छतरी ठीक करनेवाला...कान का मैल निकालनेवाला, बिस्तर-रजाई बनानेवाला धुनिया...यानी सत्तर-अस्सी वर्ष पहले की एक प्राचीन-सी दुनिया यहाँ पूरी तरह जीवन्त थी।

एक दृश्य देखकर तो उसे कलाकार की-सी अनुभूति हुई। वह मिठाई की दुकान के भीतर खड़ा था। बाहर सामने फुटपाथ पर फैली बस्तियों में एक गृहस्वामिनी ने कड़कड़ाती ठंड में अपने दो बच्चों को कथरी ओढ़ाई...पास ही ठंड से अकड़ा हुआ कुत्ते का बच्चा भी लेटा हुआ था, उसने एक छोटी-सी कथरी उसे भी ओढ़ा दी।

वाह क्या बात ! इस गली में आदमियों के साथ-साथ पशु-पक्षी भी निर्भीक होकर शान्ति के साथ बसेरा करते हैं। कुछ पल ठिठककर उसने इस दृश्य को भरपूर आँखों देखा—मन को जाने कैसा तो सुकून मिला...जैसे हृदय का रिक्त कोना भर उठा हो...एक सघन तृप्ति लिए वह आगे बढ़ा।

मुझे इन जिन्दगियों का भेद जानना है। मुझे इनकी धड़कनों के राज तक पहुँचना है। इतने अभावों के बीच इतना जीवन ? इतनी गतिशीलता ? पर साथ ही आत्मसंयमित ठहराव भी। अपने युग की सुपरफास्ट जिन्दगी को ठेंगा दिखाते हुए घंटा-घंटा खड़ा रहकर कोई कैसे एक घड़े भर पानी के लिए अपनी बारी का शान्तिपूर्वक इन्तजार कर सकता है ? यहाँ जिन्दगी अपनी बारी के इन्तजार का दूसरा नाम थी। सुबह से ही प्रतीक्षा...शौच के लिए क्यू...राशन के लिए लम्बी कतार...किरासिन तेल के लिए कतार, फिर बस के लिए प्रतीक्षा। बस्तियों के एक बिस्तरवाले घरों के सदस्यों के बीच सोने के लिए अपनी बारी का इन्तजार। अस्पताल में कतार।

अपनी नवजात जिज्ञासा को पुष्पित-पल्लवित करने के लिए शुरुआती दिनों में वह पूरी बस्ती में चहलकदमी करता रहता था, जहाँ सौन्दर्यमूलक अनुभव के साथ-साथ वह उस चीज के भी करीब पहुँचने लगा था जिसे कहा जाता है, जिन्दगी की प्राणवत्ता या मर्म।

एक आधी अँधेरी सुबह उसने देखा—बस्ती की ही कई औरतें और किशोरियाँ अपने यौवन को ढाँपे खुले नल पर ही इस प्रकार नहा रही थीं कि मजाल है शरीर का कोई अंग दिख जाए। दो-तीन किशोरियाँ भीगे चिपके कपड़ों में ही घर लौट रही थीं। पास में कई युवा पुरुष अपनी-अपनी बस्तियों से बाहर पड़ी खटिया पर अलसाए लेटे थे, या मंजन कर रहे थे। पर ताज्जुब किसी में भी उन भीगी...अधखुली...अधढँकी नारियों के प्रति उसने किसी प्रकार के कामुक भाव का उद्रेक होते नहीं देखा...शायद सह-जीवन से उपजी स्वस्थ जीवन दृष्टि के चलते। उसे याद आया, प्रो. रामकृष्ण ने ही शायद एक बार कहा था, कि आदिवासी समाज में बलात्कार जैसा कोई शब्द ही नहीं है क्योंकि वहाँ स्त्री-पुरुष दोनों ही श्रमजीवी होते हैं, इस प्रकार एक स्वाभाविक आदर की दृष्टि है दोनों में दोनों के प्रति।

आज इन गलियों से गुजरते हुए प्रो. शास्त्री के शब्द-शब्द उसे सही लग रहे थे। 'यह जीवन हर दिन मुझमें आन्तरिक शक्ति भर रहा है।' उसने सोचा और आगे बढ़ गया। थोड़ी ही देर बाद उसकी मुलाकात हुई रिक्शा-चालक सहदेव से। घुटने तक चारखाने की मैली, सिलवट भरी लुंगी और बिना बाँह का बनियान पहने सहदेव गली में ही बने चलताऊ 'फटाफट टी स्टाल' से चाय पीकर आ रहा था। बिखरे बाल, बढ़ी दाढ़ी। हाथों की उभरी नसें। सामने के दो टूटे दाँत। भद्दे बेडौल पैर। मोहनबगान के इस छोटे से सूबे का सूबेदार सहदेव जिसकी आत्मा में इतनी चमक थी कि बस्ती का हर कोना उजाले से भर जाता था। हरेक के सुख-दुख में साथ निभानेवाला सहदेव इन बस्तीवालों के लिए खुदा के आसपास था। उसके साथ उसका चचेरा भाई इतवारिया

भी था जिसे वह अपने रिक्शे के मालिक शीतल सहाय के यहाँ ले जा रहा था, भाड़े पर रिक्शागाड़ी दिलाने के लिए।

इतवारी हाड़ुप गाँव से आया था। उसके परिवार के पास गाँव में ज़ितनी जमीन थी, उस पर कभी चावल कभी मड़ुवा तो कभी मक्का को मिलाकर एक बेला खाना-पीना तो किसी प्रकार हो जाता था पर कपड़े वगैरह के लिए नकद पैसे का जुगाड़ नहीं होने के क़ारण उसे रिक्शा टानने कलकत्ता आना पड़ा था।

सहदेव ने आज दोपहर की शिफ्ट के लिए रिक्शागाड़ी भाड़े पर ली थी। यूँ आमतौर पर वह सुबह की शिफ्ट पर ही रिक्शा भाड़े पर लेता था, सिवाय बरसात एवं दुर्गापूजा जैसे सीजन के कुछ खुशनसीब महीनों के जब दोनों पारी में भी उसे भरपूर सवारियाँ मिल जाती थीं।

जीवन की खोज में लगे किसी अन्वेषी यायावर की तरह आदित्य भी सहदेव के साथ हो लिया। उसे यह जानकर बेहद ताज्जुब हुआ कि कलकत्ते में जो इतने सारे हाथ-रिक्शावाले थे उन्हें एक रिक्शे को चलाने के लिए पूरे दिन का 24 रुपया सिर्फ किराया दे देना पड़ता था। अभी तक वह यही समझता था कि ये रिक्शे उनके अपने होते हैं। पर ये सभी रिक्शे शीतल बाबू के थे जिन्हें वे भाड़े पर चलवाते थे जबकि उनके पास लाइसेंस कुछ ही रिक्शों का था। और जिस प्रकार कड़ुए तेल से चिपके उनके बाल रहते वैसे ही चिकनी-चुपड़ी उनकी बात रहती पर रिक्शेवालों की हड्डी से गूदा और रूह से जिन्दगी खींच लेने में उन्हें कोई संकोच नहीं होता था। रिक्शेवाले को यदि एक भी सवारी नहीं मिले तो भी अपना भाड़ा कड़ाई से वसूलने में वे कोई कोताही नहीं बरतते थे। लगभग अँगूठाछाप और शीतला के हल्के-हल्के दागों से भरे चेहरेवाले शीतल बाबू अपने दो सौ अस्सी रिक्शों को भाड़े पर देकर कई कोठियाँ बनवा चुके थे। लेकिन दिन-रात इस बस्तीवालों से कहते नहीं थकते थे, मैं तो बाज आया ई धन्धे से, मार खिच-खिच। सोचा, बन्द कर दूँ ई धन्धा...पर लाखों बेरोजगार यहाँ, अब यदि हाथ-रिक्शे भी बन्द हो जाएँ तो करीब पचास हजार रिक्शेवाले भूखे मर जाएँगे, यही सोचकर चला रहा हूँ गाड़ी।

हर नए आए रिक्शेवाले को रिक्शा देने के पहले वे उसकी देह को ठकठकाकर पूरी तरह मुआयना करते कि कहीं उसकी टाँगें रिक्शे को टानते काँप न जाएँ। रिक्शे का कैम्पस हाथ से छूट न जाए। आज से करीब पन्द्रह वर्ष पूर्व गाँव से ताजा टटके आए सहदेव को देखकर भी उन्होंने पहली मर्तबा अपनी मटकी-सी खोपड़ी को स्प्रिंग के खिलौने की तरह हिला दिया था–"अरे, ई की देही में एको बूँद खून नईखे, हैइ का रिक्शा टानी। ई तो कम्पसवा ही ना धर सकी।" तब सहदेव के जाति भाई गोपाल ने आश्वासन दिया था–"मालिक गाँव में सूखा पड़ा रहा, हेकर कारण अभी कमजोर होगिल बाटे..इहाँ रहि तो खाई-पीकै ठीक हो जाई।"

"कहीं गाड़ीवाड़ी ना गिरा दे।"

"हमार गरान्टी है मालिक, हम हर्जाना देई..."

"ससुरा कहीं भाग जाई।"

"मालिक, ई के सिर के ऊपर कटल के निशान बाटे। रऊवा देख ली। ई तो सौ रिक्शावालन के बीच पहिचान ले जाई। गाँव से आए के मुटियागिरी करत रहल। लेकिन बोझ बहुत रहल। बोझा उठा न सकल एई गिर गैइल। पत्थर से कपार फूट गईल।"

अपने जाति भाई गोपाल को बहुत ही कृतज्ञतापूर्वक याद करते हुए सहदेव का चेहरा एक पवित्र उदासी से भर गया था। आँखों में आई तरलता को जबरन सोखते हुए कहने लगा वह, "ई परदेसवा में इन लोगन के पिरेम के भरोसे ही जी लेत बानी।"

और एक गहरी उच्छ्वास लेते हुए उसने मोदीखाने की दुकान से 25 पैसे में चम्मच भर सरसों का तेल खरीदा और अपने खिचड़ी बालों पर चपोड़ते हुए आगे बढ़ने लगा। "कितनी कमाई हो जात बाटे भैया, ई रिक्शवा से ?" इतवारी के स्वर में उल्लास चिड़िया की तरह चहचहा रहा था यह सोचकर कि रिक्शा हाथ में आते ही वह आधी भुखमरी और फटेहाली की कगार पर खड़े अपने परिवार को कुछ राहत दे पाएगा।

"कमाई का भैया...बस यही समझ लो कि पेट का गड्ढा भर जात है। पहिले तो फिर भी ई धन्धे में जान रहिल पर जब से थ्री ह्वीलर, टेम्पूवा निकलल हमार तो धन्धा ही डूब गेल बाटे। अब ऊ पेट्रोल से चलनेवाली गाड़ी, ई खून से खिंचनेवाली...हम का करि !"

"पहली बार कैसा लगा था बाबा ?" सहानुभूति में भीगते हुए बड़े ही कोमल-कोमल स्वर में पूछा था आदित्य ने।

मोदी की दुकान के बाहर टूल पर बैठकर कपड़े धोनेवाले साबुन को सामने बहती गंगा कल में भिगोकर और गालों पर पोत-पोतकर बिना रेजर के सिर्फ घिसी हुई ब्लेड के सहारे ही दाढ़ी बना रहा था सहदेव। आदित्य की बात सुन हाथ रुक गए। होंठों पर फिर उदास मुस्कान बिछ गई। इस धरती पर गुजरे विगत पन्द्रह वर्षों के सारे सुख-दुःख आँसू की दो बूँद बन आँखों में उमड़ पड़े।

स्मृतियों की लहरों में डूबता-उतराता दूर कहीं देखता हुआ कहने लगा सहदेव, "का बताई भैया...बड़ा रोए रहे हम। पहली मर्तबा जाना परदेसवा का होई। कि भूखे पेट में कितना जोर होता है भैया। ई जानलेवा गाड़ी पेट की आग से ही टनती है। माई-बाबा ने कभी हाथ नहीं लगाया...बबुआ-बबुआ कहते मुँह नहीं सूखता था उनका पर इहाँ हर दिन गाली सुनते...पहली मर्तबा जब 'नो इंट्री' में ढुक गए तो पुलिसवा का डंडा खाकर माई-बाबा को याद कर रोए रहे। शुरू-शुरू में तो टाँग ही काँपने लगती...कम्पस अब छूटा—तब छूटा। तब हमार भैया ने कहा कि स्कूली बच्चों की हल्की सवारी लो। का बताई भैया...पहिला दिन तो मन किया कि भाग जाएँ इहाँ से। बहुत डरते-डरते, धीमे-धीमे दो स्कूली बच्चों को पहुँचा आए उनके डेरे तक। कुल दो सवारी मिली रही उ दिन। सवारी टानते-टानते बार-बार जी धुकधुक करता कि कहीं किसी से भिड़ न जाए। एक बार चक्का गड्ढे में धँस गया...एक बार एक लड़की सामने आ गई—खैर, सवारी को हम उनके ठिकाने पहुँचा आए...पर रात अंग-अंग दुखने लगा। गोड़ पिराने

लगे। छाती दुखने लगी। फिर भी हम शान्त थे, छह रुपए हमारे पास थे...पर जब भैया ने बताया कि दिन की 'शिफ्ट' का भाड़ा ही दस रुपिया है ई गाड़ी का तो हम रो पड़े...हाड़तोड़ मिहनत करके भी चार रुपया अपनी टेंट से देने पड़ गए...ई का नगरी। दर्द के मारे हम ऐंठे जा रहे थे, उस रात तो हमने सोचा, अब जिन्दगी में कबहुँ रिक्शा नहीं टान पाएँगे...पर भइया ने ऊ रात जाने कैसी 'टिबलेट' खिलाई कि हमें नींद आ गई। दूसरे दिन मन एकदम नहीं किया उठने का। तब भइया ने समझाया—बबुआ, जो अपने गाँव की देहरी पार कर ले, वह बचवा नहीं रहता। अब मर्द आदमी की तरह खटनी कर। सो भईया ऊ दिन के बाद हमने ई गाड़ी पर ही अपना माथा टेक लिया—अब ई ही हमार पालनहार बाटे। कितनी बार भूखे पेट भी सुतत बानी। कई बार सारी कमाई गाड़ी की मरम्मत और पुलिस में निकल गई...। भैया, कई बार रात को भूख की टीस कम करने के लिए पानी में नमक मिलाकर पीया...पर ई गाड़ी को नहीं छोड़ा। मुँह अँधेरे ही ई गाड़ी से माथा छुआकर काम पर निकलते-निकलते पन्द्रह साल बीत गए।"

बातचीत थोड़ी देर के लिए रुक गई थी। सहदेव लुंगी की टेंट से छोटी-सी डिबिया से खैनी निकालकर उस पर चूना मलने लगा था...तभी सामने से शीतल बाबू आते दिखाई पड़े। नए आए इतवारी को देख वे घात में बैठे शिकारी की तरह मुस्कुराए। अपने चिर-परिचित अन्दाज में उसका उसी प्रकार मुआयना करने लगे वे जैसे चकले की मालकिन नियुक्ति के लिए आई नई-नवेली वेश्या का करती है। "टाँगें कमजोर हैं...टान पाएगा गाड़ी...कहीं गाड़ी ही न गिरा दे।"

शीतल बाबू के चेहरे पर आए कठोर भाव को देखते हुए सहदेव पिलपिलाया—"याद बाटे मालिक, ठीक एही बात हमरे समय भी रऊवा कहत रहलीं...मालिक, ई हमार चचेरा भाई बाटे, सारी 'गरांटी' हमार बा।"

"ठीक है, 180 नम्बर गाड़ी ले लो, इसका चालक परसों मर गया था—एकदम नई गाड़ी है और हाँ...भाड़ा कित्ता लगेगा...सुबह की शिफ्ट कब तक है...शाम की कब तक...सब समझाई दिया तो...।"

"हाँ मालिक...आपको कोनो चिन्ता नाहीं...।"

गाड़ी पाकर इतवारी खुश था...और सहदेव गमगीन। अपनी फूली हुई पिण्डलियों को घूर रहा था वह...जिस पर कई जगह आलू की तरह बड़े-बड़े गूमर निकल आए थे। अपने हाथों के गड्ढे और ठाढ़ों को देख रहा था वह, बेडौल और घिसे हुए हाथ जिनकी सारी रेखाएँ रिक्शे के कैम्पस को खींचते-खींचते मिट गई थीं...ऐसी ही भयावह और जिल्लत भरी अँधेरी सुरंग में आज खुद उसे अपने ही चचेरे भाई को धकेलना पड़ रहा था...।

बस आज भर हँस ले...उसने मन-ही-मन कहा और फिर उसे अपने धन्धे के कई गुर बताने लगा।

"महीना भर दूर की सवारी और भारी-भारी सवारी एकदम नहीं लेना...और हाँ, रिक्शा चलाते वक्त कैम्पस को झुककर कसकर पकड़े रहना...यदि ऊँचे की तरफ कैम्पस को रखोगे तो रिक्शा उलट जाएगा...और हाँ, गली-गली से जाना और भूलकर भी किसी पुलिसवा के मुँह न लगना। एकाध डंडा बगैर कसूर के मारे तो भी मुँह न चलाना... कभी भूल-चूक हो जाए तो जो माँगे दे देना...जगर-मगर नहीं करना...नहीं तो मार डंडे के कमर तोड़ दे...।" एक बहुत गहरी उच्छ्वास ले उसने अपनी बात खत्म की—"गरीब का ई दुनिया में कोई नहीं भइया...ई नगर नहीं नरक बाटे...यहाँ कोई किसी का नहीं।"

पर इस सारी सिखावन-बुझावन के बावजूद शुरुआती दिन भयंकर खौफनाक रहे इतवारी के लिए।

पहली शाम जब वह आया तो उसका दम फूल रहा था। उसके साथ भी ठीक वही इतिहास दुबारा हुआ...पहली शिफ्ट उसने शाम की ली। पहली बार जब उसने रिक्शे की घंटी बजाई तो एक पवित्र अनुभूति हुई...जैसे रिक्शे की नहीं अन्न देवता की आरती में घंटी बजा रहा हो...। पहली सवारी उसने एक स्कूल के बच्चे और उसकी माँ की ली थी...पर रास्तों के नाम नहीं जान पाने के कारण उसे दुगुना चक्कर लगाना पड़ गया, भाड़े का भी उसे कोई इल्म नहीं था—'मालिक जो वाजिब समझें' वाली उसकी भोली इच्छा ने इस अमानवीय नगर में उसके थके पाँवों को लगभग सुन्न कर डाला...। यहाँ तक भी गनीमत थी...पर बड़ा बाजार की मुक्ताराम बाबू लेन से जैसे ही बाहर निकला, सामने से आती बस को देखकर घबड़ा गया...और उसी घबड़ाहट में हाथ से कैम्पस छूट गया...गड्ढे में पाँव धँस गया...। घर लगभग आ गया था फिर भी सवारी ने उसे पैसे नहीं दिए थे। पूरे दिन की कमाई...गाढ़ी खटनी...छिला बदन, घुटने की चोट और टेंट से लगे आठ रुपये।

देर रात तक वह कराहता रहा—परिवार और पत्नी की याद में कलपता-कसमसाता रहा। खुद सहदेव थककर चूर किसी लोथ की तरह गड्डमड्ड हुआ पड़ा था। एक जन्म जैसी एक नींद लेने के बाद वह डगमगाता हुआ उठा...उठकर इतवारी को टेबलेट दी और कड़ुवे तेल को गरम कर उसके पैरों पर मलने लगा।

दूसरा दिन भी उतना ही जानलेवा हुआ। नया आने के कारण गलत जगह से रास्ता पार करते वक्त पुलिस ने जो डंडा चलाया कि माथा घूम गया...आँख के आगे अँधेरा छा गया। वहीं बैठ गया वह । आधे घंटे तक सड़क पर ही सिर थामे बैठने के बाद वह जब सहदेव से मिला तो अपने आँसुओं की बाढ़ को रोक नहीं सका...सहदेव का भी बाँध टूट पड़ा...बुक्का फाड़ रो पड़ा—"काहे को जिन्दगी दी रे मालिक...ई दुःख से तो अच्छा है उठाई लो। अपना सहा पर ई बचवे का दुःख अब और नहीं मालिक।"

दोनों एक-दूसरे से बगलगीर हुए। परदेस में होने के अहसास के साथ दोनों दूने वेग से रो पड़े।

दुःख का प्रथम वेग थोड़ा थमा तो हिचकियों के बीच इतवारी ने गुजारिश की—"हमार लाइसेंस मालिक से दिलवा दो भइया। आज पुलिसवा को तीस रुपये देने

पड़ल।"

"क्या ? तीस रुपये देने पड़ल ?"

"का करता, ऊ तो पचास माँगत रहल...पर तब तक उतना ही भाड़ा होई रहल।"

"हे भगवान..." उसने फिर माथे पर हाथ दे मारा।

अनुभवों के नित्य नए खजाने खोलती मोहनबगान लेन की यह आधी भूखी...आधी बेरोजगार, आधी नयी, आधी पुरानी, आधी यथार्थ, आधी स्वप्निल दुनिया आदित्य को अपने ढंग से जीना सिखा रही थी।

उसे यह अहसास करा रही थी कि वह 'कार्नफिलेक्स' और 'विसलेरी' से वापस भुट्टे और पानी की प्राकृतिक, स्वाभाविक और धीमी दुनिया में लौट आया है। करीब सत्तर-अस्सी वर्ष पहले की-सी यह दुनिया...जहाँ अभावों के भयंकर दुष्चक्र के बावजूद लोग जीवन से हार नहीं मानते थे। वे इस प्रकार जीते थे मानो इन्हें जिन्दगी की कोई परवाह ही नहीं हो...जबकि उसने अपने वर्ग में समृद्ध से समृद्ध को भी आशंकाओं के तले जीते देखा था।

क्यों ?

वह स्वयं से पूछता।

वह अपने पिता से मानसिक संवाद करता।

क्या इसलिए कि ये शुद्ध वर्तमान में जीते हैं, जहाँ जिन्दगी की मूलभूत समस्याओं—रोटी और कपड़े का जाल ही इस कदर बिछा रहता है कि इनके यहाँ मानसिक समस्याओं को घुसने के लिए जगह ही नहीं मिल पाती है।

या कि सह-जीवन से उपजा सहभाव का जादू इनके भीतर के हर वैक्यूम को भर देता है और जिसके बल पर जीवन को हाँक ले जाते हैं।

हर शाम इस बस्ती में औरतों की महफिलबाजी देखना उसे बड़ा भाता। यहाँ हर समय अदृश्य दूरदर्शन पर समाचार दर्शन चलता रहता। औरतें हर उम्र की। बड़ी-बूढ़ी अपने पोते-पोतियों को अपनी गोद में बैठा-बैठाकर चंदा मामा की लोरी सुनाती हुई एवं हमउम्र वालियाँ एक-दूसरे की जुँए मारती, सब्जी काटती, चुगती-बिनती या करोसियाँ चलाती...हर घर की—लेटेस्ट घटनाओं का समभाव से चटखारा लेती रहतीं। उसे लगता कि इन बस्तियों की अखंड सहिष्णुता और जीवटता का रहस्य इन अड्डों और महफिलों में ही छुपा हुआ है। इन गप्प-गोष्ठियों में पूरा जीवन-द्रव्य मिल जाता उन्हें—निन्दा पुराण, सुख-दुःख की बतलावन। मुहल्ले के हर घर की ताजा-टटकी रिपोर्ट, फगुआ और सावन के गीतों से लेकर रवीन्द्र, नजरूल और कबीर के दार्शनिक दोहे तक। कहीं-कहीं पुरुषों की टोली भी ताश, कैरमबोर्ड और शतरंज के खेल के साथ जमा होती कबूतरों की तरह गुटरगूँ करती। वह महिलाओं की टोली की तरह नियमित नहीं होती थी।

इस मुहल्ले के जीवन से समरस एवं सर्वात्म भाव से घुल-मिल सकने के लिए आदित्य भी जब-तब इनके बीच उठने-बैठने लगा था।

इन्हीं मिली-जुली संस्कृतियों की पारदर्शी बस्ती का एक बाशिन्दा था—कालिदास नस्कर। गहरा साँवला रंग...मझोला कद। उसकी एक आँख में फूला था इस कारण बस्तीवाले उसे काना कहते थे। छह नम्बर की कोठरीवाले उस काने काली ने घरवालों से छुपकर एक वेश्या से शादी कर ली थी। उसकी शुरुआती मुलाकात एक ग्राहक के रूप में हुई थी, पर वही मुलाकात रफ्ता-रफ्ता प्रेमी-प्रेमिका के रूप में प्रस्फुटित हो गई थी। उसकी पत्नी अपने पूर्व वेश्या-जीवन में दर्जीपाड़ा में रहती थी। अधिया सिस्टम के अन्तर्गत वह जो भी कमाती उसका आधा भाग उसकी मालकिन ले लेती थी। करीब बारह वर्ष की उम्र से ही वह यह धन्धा कर रही थी। लेकिन पिछले दो-तीन वर्षों से उसे लग रहा था कि कुछ गड़बड़ है। चूँकि वह सौ से अधिक की गिनती नहीं जानती थी—इस कारण मालकिन स्वयं तो लाल होती जा रही थी पर वह नींबू की तरह निचुड़-निचुड़कर नीली पड़ती जा रही थी। ऐसे में कालिदास उसके लिए आकाश से उतरा देवदूत बनकर आया। उसने उसे समझाया कि एक दिन में जितने भी ग्राहक आते हैं वह हर ग्राहक के नाम रुपयों की अलग-अलग ढेरी बनाए तो सौ तक की गिनती से भी काम चल जाएगा। संयोग से दूसरे ही दिन उसे चार ग्राहक शार्ट रेट पर मिल गए थे। अस्सी रुपये प्रति घंटे के हिसाब से उसके हिस्से के 160 रुपए बनते थे। मालकिन ने जब उसे मात्र 100 रुपए पकड़ाए और जब उसने चारों ग्राहकों की अलग-अलग ढेरी बनाई तो प्रत्येक ग्राहक की ढेरी पचीस पर ही आकर रुक गई, जबकि हिसाब से प्रत्येक ढेरी को चालीस तक जाना था। घाघ मालकिन ने उस दिन तो उसे बचे हुए रुपए चुपचाप लौटा दिए पर शीघ्र ही वह ताड़ गई कि इस कोचिंग की गंगोत्री कहाँ है ? चार-पाँच दिन बाद जैसे ही कालिदास उस गली में घुसा, उसकी गोल-गोल गुलट्टी-सी आँखें सिकुड़ गईं...मौका पाकर उसने काली पर चोरी का इल्जाम लगाकर उसका दर्जीपाड़ा में आना दुश्वार कर दिया। लेकिन कालिदास भी कालिदास ही निकला...एक-दो बार छुपते-छुपाते मिला मिताली से, और उस दोपहर जब वह खूसट मालकिन मद में धुत्त पड़ी थी तो उसके कमरे को बाहर से बन्द कर दोनों भाग खड़े हुए और सीधे काली मन्दिर जाकर माँ काली की साक्षी में मर्द और घरवाली बन गए। उसी शाम अपनी दुल्हन बना काली उसे घर भी ले आया।

पर कालिदास के पिता ने छूटते ही वीटो लगा दिया था—यह कुतिया मुहल्ले के लड़कों को खराब कर देगी। दफा कर इस बदजात को यहाँ से। कालिदास ने तब पिता को बहुतेरा समझाया था—औरत तो नदी होती है...अब कोई इसे गंदला कर दे तो इसमें नदी का क्या दोष ? पर तब भी उन्होंने काली की एक नहीं सुनी थी। पर बाद में मिताली के मुँह से उसकी दुखभरी कथा सुन वे विह्वल हो उठे और स्वयं ही सबसे आगे बढ़कर अपनी पत्नी और घरवालों के विरुद्ध उसे पुत्र-वधू के रूप में आशीषा और इसके साथ ही विभिन्न विश्वासों, संस्कृतियों और आस्थाओं को अपने भीतर जज्ब कर लेने वाली उस गंगा-जमुनी संस्कृतिवाली उस बस्ती ने भी मिताली को अपनी बऊदी मान लिया था।

रफ्ता-रफ्ता मोहनबगान लेन की बस्ती आदित्य के सामने अपना झीना-झीना घूँघट आहिस्ता-आहिस्ता उघाड़ रही थी। यूँ भी यह चेहरा—लगभग सार्वजनिक और पारदर्शी था—आदमी के कमाने से लेकर औरत के नहाने तक। इस कारण बिना विशेष प्रयास के सहज स्वाभाविक रूप से ही एक-एक करके अजीबोगरीब चरित्र उसके सामने आ रहे थे। चरित्रों के इस इतिहास में एक और चरित्र था—लालबहादुर का—बस्ती की दुनिया का नम्बर वन शॉक एब्जार्वर। सर्वज्ञात और सर्वव्यापक लालबहादुर। गठीला ठिंगना। पहाड़ी भिण्डी जैसी मोटी-मोटी उँगलियाँ और कुम्हड़े-सा बड़ा-सा सिर। सदैव हाफ-पेंट में रहनेवाला निरीह लालबहादुर—गुस्से और प्रतिवाद की सीमा के भी बहुत पीछे जीता था। जानवरों की तरह डरा हुआ—जानवरों की ही तरह एकदम शरीर के स्तर पर रहनेवाला एक जॉम्बी मार्का जीव।

एक शाम अपने दोनों कन्धों पर दो-दो बच्चों को लादे वह सहदेव के पास आया था...माचिस माँगने। उसे देख आदित्य की आँखें कपार तक चढ़ गई थीं। चेहरा गमगीन हो उठा—"बाप रे ! कहीं कन्धे की हड्डी न खिसक जाए...कहीं बच्चे ही न गिर पड़ें।"

"अरे एक क्या, दर्जनों बच्चे इसके कन्धे पर चढ़-चढ़कर जवान हो चुके भइया, मजाल है जो कभी कोई गिरा हो...।" प्रशंसा से उसकी ओर ताकते हुए कहा सहदेव ने...।

"दर्जनों बच्चे... ? तो कब से है वह इस मोहनबगान लेन में...?"

एक गहरी उच्छ्वास छोड़ते हुए कहने लगा सहदेव—"का बताई भैया...ई दुनिया में बहुत अँधेरा बाटे। इसी लालबहादुर के गाँव का आदमी तीस वर्ष पहिले ई को यहाँ...वह देखो, ऊ सामनेवाली सात नम्बर कोठी में काम करने के लिए तलबवा वगैरह ठीक-ठाक कर और साल भर के बाद देखा करि के कह गेल रहल। होकार बाद ऊ कभी नहीं वापस आई। का जानी मरमरा गईला, का हुआ ! कोठी का मालिक फिर भी अच्छा रहल। कई बार ऊ लालबहादुरवा से होकार ठौर-ठिकानवा पूछत रहल पर ई कुछु ना बता पाई। होकार बारे में इतना भर सबको पता रहल कि नेपाल की कोनो बहुत छोटी पहाड़ी जगह का बाटे...पर बिना पता-ठिकाने कैसे जाई ? यह तो अपनी पगार तक ना उठा सकिल। एकदम अनाड़ी बाटे। रात-दिन इसी परिवार की सेवा करल...मालिक तो फिर भी ठीक-ठाक रहल, पर घर की औरतें पूरी जालिम रहल। न ढंग का खाना, न कपड़ा। और ऊपर से मार झिड़की और खिचखिच। बीड़ी तक के खातिर तरस जात बाटे। जब नया-नया आय रहा, तब तो यहाँ की बोली भी नहीं समझ पाता रहा, मालकिन कुछ काम कहती यह कुछ और कर देता। माथे पर हाथ मार-मारकर बात-बात पर मालकिन दहाड़ती। हाथ तक उठा देती। नीचे तक मालकिन की दहाड़ और इसके जोर-जोर से रोने की आवाज आती। जाने किस जन्म का कर्जा उतारल। दिन भर भूत की तरह खटना और रात बाहर चबूतरे पर पड़ा रहना—सर्दी रहल गर्मी रहल, जाड़ा रहल या पाला रहल।"

"अरे पूरी माचिस ही रख ले...नहीं तो मुँहअँधेरे फिर तू चला आएगा..." सहदेव

ने लालबहादुर के बुशर्ट की सामनेवाली पॉकेट में माचिस धर दी...और उसके साथ ही मोदी की दुकान से प्याज लाने चला गया। आदित्य ने आसमान की ओर देखा...कुछ काली बदलियाँ सूरज पर छा गई थीं।

कालिदास नस्कर की घटना के चटकारे शेष भी नहीं हुए थे कि हरिया रिक्शेवाले ने भी एक गुल खिलाकर बस्ती की दुनिया को भौंचक्का कर दिया था। यूँ लगभग हर पखवाड़े कोई-न-कोई घटना घटती ही रहती और बस्ती की दुनिया जीवन्त बनी रहती पर इन दिनों घटनाएँ कुछ ज्यादा ही सुर्ख और चुटीली होती जा रही थीं।

चार बाँस और खपरैल की सहायता से बने फटाफट टी स्टाल में चाय की चुस्कियों के बीच हरिया ही सबकी चर्चा का केन्द्र बना हुआ था।

हरिया और कालिदास कुछ समय पहले तक गहरे दोस्त थे। रिक्शा चलाने के पहले हरिया काली के साथ नाली के पाइप खोलने, चूल्हे के लिए लकड़ियाँ बटोरने, कचरे के पहाड़ से काम की चीजें बटोरने...दुकानों में चाय-पानी पहुँचाने, राज-मिस्त्रियों का सहायक मजदूर बनने जैसे छोटे-मोटे काम साथ-साथ किया करते थे और जो मिलता उससे सुबह के सत्तू का शर्बत से लेकर शाम का खाना तक साझा करते थे। कभी कुछ रुपए हाथ में होते तो उससे लिबर्टी सिनेमा के सामने से पुराने कपड़े भी अपने-अपने घरवालों के लिए खरीद लेते।

बड़े होने पर यौवन की अकुलाहट ने दोनों के यहाँ दस्तक दी। दोनों की आँखों में यौवन के सपने साथ-साथ फड़फड़ाए। पर फिर भी एक अन्तर था। हरिया की आँखों में यौवन और नारी के हसीन और हसरत भरे स्वप्नों के साथ-साथ जब-तब एक और स्वप्न फड़फड़ाया रहता था—गाँव में बन्धक रखी अपनी छह बीघा जमीन को छुड़ाने का स्वप्न। गाँव की कृषि-संस्कृति में, गाँव में अपनी धरती के एक टुकड़े की अपनी अलग ही प्रतिष्ठा ! जब से हरिया के पिता के हाथों से वह जमीन छिटक गई थी, हरिया को लगता था जैसे उसकी जिन्दगी के मोती का आब ही उतर गया है।

पन्द्रह वर्ष की उम्र से ही हरिया कलकत्ता आ गया था और शहरी जीवन का काफी कुछ सीख चुका था। उसके गाँव में अभी भी सोलह-सत्रह वर्ष की उम्र में विवाह हो जाता था, पर हरिया की एक ही जिद, एक ही टेर—जब तक ई बन्धक रखी अपनी जमीन को छुड़ा नहीं लूँगा, विवाह नहीं करूँगा।

उधर पिता उसकी शादी का अरमान लिए ही चल बसे और इधर जीवन की कठोरता ने असमय ही उसके चेहरे का नमक और रातों की नींद उड़ा दी। उस पर प्रायः बस्तियों में चलती श्वेत-श्याम टी.वी. पर विज्ञापन करती अर्द्धनग्न सुन्दरियों के चित्र और रेडियो पर प्रसारित होते सस्ते कामुक गीत उसकी यौवन सुलभ अकुलाहट को और भी हवा देने लगते, जिसके चलते उसके भीतर रह-रहकर नारी संसर्ग के लिए लहरें उठतीं। पर कालिदास की तरह वह कभी भी देह के अलाव में जलती उन गन्दी और बदनाम गलियों में नहीं जा पाया था। उसके स्वप्न कविस्वप्न थे।

गाँव में होनेवाले नटुआ नाच, सादा-सारंगा, रास आल्हा, बिदापत नाच, रामखेलिया, सीत-वसन्त आदि सांस्कृतिक नृत्यों ने उसकी मानसिकता को कहीं-कहीं सुरुचिपूर्ण एवं कवित्वपूर्ण बना डाला था...उसकी कल्पना में फूल...चाँद, कोयल, फाल्गुन, बादल और सावन-भादो—जब-तब मचल उठते...जिन्हें वह अपनी प्रेमिका पत्नी को सुनाना चाहता...। पर इस महाकाल-सी महानगरी में न कोयल की कूक थी न सावन की रिमझिम...यहाँ एक ही भाषा थी...महँगाई और सवारी। देह-राग और देह-संगीत अनबरसे सावन की तरह जब-जब जोर मारते...वह छटपटा जाता।

इस फड़फड़ाहट को परवान चढ़ाया—कालिदास के वैवाहिक जीवन ने।

मस्ती में झूलते कालिदास के जीवन में प्रेम की बाँसुरी बजते देख छुट्टे छड़ंग हरिया पर अवसाद के घने दौरे पड़ने लगे। उसकी उम्र भी अब पैंतीस को छूने लगी थी। कलमों में सफेदी झाँकने लगी थी। यार-दोस्त पहले ही पत्नियों के आँचल से बँधे हुए थे। ले-देकर अब काली बचा था, वह भी अब इठला-इठलाकर "ओ-गो, ए गो...सुनो गो, सूनछो' (सुनती हो) करने लगा था। हर दिन साबुन से नहाने और अपने कुर्ते को टीनोपॉल से चमकाने लगा था। ऐसे में एक दुःस्वप्न लगातार उसका पीछा करता कि कहीं वह रंडुआ ही चिता पर न चढ़ा दिया जाए। दिन में वह अपने स्वप्नों के दंश को काम के बोझ तले दबा देता पर रात ढलते ही अपनी मुँडेर पर चूड़ियों की खनक सुनने के स्वप्न उसका जीना हराम कर देते...और पिछले कई महीनों से एक और नई आफत ने उसे आशंकाओं की शैय्या पर लिटा दिया था—उसके स्वप्न अब दुःस्वप्न में तब्दील होने लगे थे। अब उसे फूलकुमारियों और परियों की जगह भूतनियाँ दिखलाई पड़ने लगी थीं—उसकी पत्नी बनने को आतुर भूतनी ! कोई काली कुत्ती मुझसे ब्याह दे—मोरा रंडुवा नाम मिटाई दे—और वह हड़बड़ाकर उठ बैठता। कई बार उसे भ्रम होता कि न सिर्फ उसके बाल और मूँछें पकने लगी हैं वरन् पाँच वर्ष पूर्व पुलिस की लाठी से घायल हुआ आगे की पंक्ति का उसका अधटूटा दाँत भी बाकी दाँतों के साथ हिलने लगा है।

पतझड़ की तरह झड़ता यौवन और हरे साँप की तरह हहराती वासना—वह कोई भी रात पूरी तरह सो नहीं पाता। जमीन से ऊपर और फैले आसमान के नीचे बुढ़ौती का डर ढलती तवायफ के डर की तरह उसे धर दबोचता। और सूखी टहनी-सी नींद तड़क जाती। उठते ही शीशे के टुकड़े में भिन्न-भिन्न कोणों से अपने चेहरे का वह मुआयना करता...कुढ़ता और नए-नए उगे सफेद बालों को नोंचने लगता।

इन दिनों उसका आचरण भी कुछ अजीबोगरीब होने लगा था। फुटपाथों पर बिकती अर्द्ध-नग्न सुन्दरियों के चित्रों के खुफिया हिस्सों का वह देर तक मुआयना करता रहता जब तक कि दुकानदार उसे झिड़ककर भगा नहीं देता। हर रात उसकी आँखों में नींद नहीं, ये खुफिया हिस्से ही भरे रहते। अधसोई, अधजगी रातें अब दिन में भी उसे असन्तुलित एवं बेचैन करने लगी थीं। जनाना सवारियाँ अब उसे और मीठी लगने लगी थीं। वह उन्हें एकटक घूरने लगता। उनसे मानसिक सेक्स स्थापित कर उनसे सटने की चेष्टा करता। कई बार सेक्स चिन्तन करते हुए कम पैसों में भी उन्हें बैठा लेता।

कई बार उनसे पैसे लेना तक भूल जाता। कई बार जनाना सवारियों को शार्ट-कट रास्तों की बजाय लम्बे एवं एकान्त रास्तों से ले जाता। औरत ! औरत ! औरत ! बस उसकी चेतना के आकाश में हर पल इसी नाम का अज्ञात पक्षी पंख फैलाकर उड़ता...फड़फड़ाता रहता था।

शादी के तुरन्त बाद काली ने उसे अपने घर पर बुलाया था। लाल बार्डर की ताँत की साड़ी और चटक सिन्दूरी माँग में सजी-धजी मिताली जब उससे मिलने आई तो वह सारी पारिवारिक शिष्टता को भी ताक पर रखकर उसे घूरता रहा। उसके गदराए चेहरे पर अठन्नी के आकार की सिन्दूरी टिकुली, पान से रँगे होंठ और हाथों में चटक लाल रंग की दर्जन भर चूड़ियों ने उसके होश उड़ा दिए थे। उसका पुरुषत्व कुलबुलाने लगा था और उस पर मिताली का पूर्व वेश्या-जीवन और ताड़ी का नशा—जाने कब मिताली बऊदी के बजाय 'उमराव जान' फिल्म की सोमरस पेश करनेवाली साकी बन गई। आधे होश और आधी बेहोशी के आलम में जाने कब आँखों का बिस्तर सज गया और उसकी तरफ से प्रेम संवाद शुरू हो गया और इससे पहले कि मिताली दृश्य पटल से हटती, वह उसके उफनते यौवन को एकाएक घूरने लगा और ठिठोली के बहाने उस पर गिरने-पड़ने लगा। सहृदय मिताली ने उसे क्षमा कर दिया था, पर मिताली को लेकर पहले से ही चोट खाए काली के लिए हरिया की यह हरकत बर्दाश्त से बाहर थी। उसे लगा कि हरिया उसकी पत्नी के साथ ऐसी ओछी हरकत कर सका तो सिर्फ इसी कारण कि वह आज भी उसे रंडी ही समझता है, अपनी बऊदी नहीं। उसको धकेलते हुए खौलते शब्दों में कहा उसने—"बोका चोदा, जा बाहिरे—नहीं जानता, बऊदी के साथ कैसे बतियाया जाता है।"

"रंडी रंडी ही रहती है, बऊदी नहीं बनती"—ताड़ी का नशा हरिया के सिर चढ़कर बोलने लगा।

"क्या कहा ? भड़ुए की औलाद !" काली की आँखों में जल के साथ ज्वाला भी दहक उठी थी। भीतर तक हिल गया था वह। सामने पड़े गंडासे से खून-खच्चर ही कर दिया होता उसने यदि मिताली ने ठीक समय बीच-बचाव न किया होता।

कालिदास और हरिया का यह धमाल अभी थमा भी नहीं था कि फिर एक गजब का काण्ड हो गया। रिक्शेवालों के अभी तक के इतिहास में ऐसा अभूतपूर्व काण्ड पहली बार घटा था।

पूरे मुहल्ले में तरह-तरह की प्रतिक्रिया।

"इतना सुच्चा आदमी इतना लुच्चा कैसे हो गया ?"

"उफनती नदी और चढ़ती जवानी किसी के रोके रुकी है ? अब कोई कितना मूठ मारे...।"

"औरत जब हाय बन जाए...तो ऐसा ही होता है।"

"लेकिन इत्ते साल हुए...मुहल्ले में कभी ऐसी-वैसी हरकत नहीं की।"

"हुआ क्या था ?"

"अरे होना क्या था...मंगलवार का दिन रहा। हावड़ा में हाट लगी थी। हरिया ने उस दिन जान-बूझकर अपने रिक्शे को किसी सुनसान जगह पर खड़ा कर दिया था... और आती-जाती महिलाओं को घूरता रहा था। महिलाएँ सड़क पर लगी हाट से कपड़े खरीदकर लौट रही थीं कि अचानक वह उठा...समुद्री लहरों की तरह एक कामना उसके भीतर उठी और अगले ही पल सड़क पर चलती एक अकेली औरत पर परिन्दे की तरह झपट पड़ा वह और देखते-ही-देखते उसे जमीन पर गिराकर खुद भी उस पर मिनट भर गिरा-पड़ा उसे महसूसता रहा।

" इस अजीबोगरीब अजूबे को देख कुछ क्षण तो कोई कुछ समझ ही नहीं पाया... फिर पहली प्रतिक्रिया यही हुई कि शायद गले का हार चुराने के लिए ऐसा किया हो या धूप और भूख से चक्कर खाकर गिर पड़ा हो और सड़क पर चलती महिला उसकी चपेट में आ गई हो। लेकिन पलक झपकते ही जब लोगों का हुजूम वहाँ जमा हो गया और हायतौबा मचाती महिला को देख जब लोगों ने उसको पकड़ लिया तो वह उठ खड़ा हुआ।

" लोगों ने देखा—न ही महिला के हार की चोरी हुई थी और न ही वह भूख से लथपथ था। अलबत्ता लोगों ने एक अलग ही प्रकार की हिंसक चमक जरूर देखी उसकी जलती आँखों के कड़ाहों में।

" महिला समझ गई। लोग समझ गए—वह भूख की नहीं, सेक्स की मार थी। जो अपने मनुष्य होने के अर्थ को इस प्रकार ढूँढ़ रही थी।

" वह तड़प उठी—'क्या तुम्हारे घर में कोई माँ-बहन नहीं है ?'

" नहीं, बारह वर्ष की लड़कई उम्र से ही एक ही आवाज—ई रिक्शे की घंटी की आवाज सुन रहा हूँ—नहीं जानता कि औरत क्या होती है ? कैसी होती है ? ठंडी या गर्म ? कैसा सुख देती है ?'

" वह काँप रहा था।

" ढीले पड़ते चेहरे की खाल...उसके होंठ...उसकी आवाज...सबकुछ काँप रहे थे।

" उसकी आँखों की पुतलियों पर दो आँसू ठिठके हुए थे।"

इस घटना के बाद शीतल बाबू ने हरिया से अपना रिक्शा वापस ले लिया था।

"कलकतिया रिक्शावालन का अच्छा रिकाउर्ड बाटे। आज तक ऊ लोगन ने ना कौनो सवारिन को लूटल...ना कौनो बेजा हरकत करत रहल। इहाँ अकेली औरत टैक्सी में ना बैठे पर अकेली रिक्शा में बैठ कौनो जगह चली जाई। पर तू माँ का...मांस उग आया है...में। इहाँ आकर मुटियाने लगे तो जवानी जोर मारन लगी। अरे अईसा ही था तो जा चला जाव माँ-बहिनिया के इहाँ...ऊ ठंडा करि देव तोर जवानिया के...। दफा हो इहाँ से...नहीं तो पकड़कर ऐंठ देव तोर पोतवा।"

तेजाबी शब्दों में शीतल बाबू ने सुना दिया अपना फैसला।

सम्बन्धों के सभी दरवाजे बन्द होते ही अब डाल से बिछुड़े पत्ते की तरह हरिया पीला पड़ता जा रहा था। खटाल का 54 रुपए का मासिक भाड़ा भी जब वह दे नहीं पाया तो वहाँ से भी उसके निकाले जाने की बात होने लगी। एक महीने के लिए तो सहदेव ने उसे बचा लिया...पर वह हरिया को उसके उस जानलेवा अवसाद से नहीं बचा पाया जो आत्मग्लानि के रूप में उसे घुन की तरह खाए जा रहा था। कच्चे डाव की तरह पानी से भरा वह कभी एक मासूम और स्वाभिमानी किसान था जिसे परिस्थितियों ने रिक्शाचालक बना उसकी माटी और माँ से दूर कर उसे इस अमानवीय नगरी में पटक दिया था। फिर भी कालिदास, सहदेव, रामेश्वर और जद्दू जैसे मित्रों के साथ सुख-दुःख की जी-जुड़ावन बतलावन ने उसके भीतर के समुन्दर को सूखने नहीं दिया था पर मिताली और बाद में हाटवाले दिन की घटना ने उसके अस्तित्व और व्यक्तित्व को कण-कण बिखेर दिया था।

कई बार अपने आपसे घबड़ाकर वह हिम्मत करके कालिदास के घर की तरफ कदम बढ़ाता भी तो काली के शब्द उसे बोटी-बोटी काट डालते—"असल बाप का है तो फिर कबहुँ मुँह न दिखाइब।

तोहार दोस्त मर गेल बाटे, बस...एक बार आकर होके माफी दे दो...होकार मुँह में गंगा जल डाल दो...वह कहना चाहता...पर कह नहीं पाता।

वह जीना चाहता...पर जीवन की ओर लौट नहीं पाता।

और एक दिन...अमावस्या की एक काली रात।

अपने आपसे लड़ते हुए...उल्टे लटके चमगादड़ की तरह अपनी बदसूरत जिन्दगी से घबड़ाकर...

सिरका गाँव में दूर बैठी 'मईया को बबुआ का आखिरी प्रणाम' के साथ वह 'माई का लाल' कूद पड़ा गंगा में।

बिना जिन्दगी से कोई शिकायत किए।

तीन दिनों बाद...दक्षिणेश्वर के गंगाघाट पर नोंची हुई आँखें, खाए हुए गालवाली उसकी फूली हुई विकृत देह मिली।

हरिया की आत्महत्या ने मोहनबगान लेन की उस बस्ती में कुछ दिनों तक फिर सुगबुगाहट की। कालिदास, सहदेव, जद्दू जैसे आत्मीय लोगों की आँखें फिर सावन-भादो बनीं। सहदेव फिर कलपा—"ई नगर में हमारे लड़कन का हो गए। मूठ मार-मारकर जीते रहे...जइसे गाँव में जोश भरे साँड़ की बैल बनाई देत वैसे ही ई 'सहिर' ने हम सबका बैल बना दिया...अरे ई हुगलिया नदी नहीं...हम लोग की आँसुअन की धार है..." और वह अपने तार-तार गमछे से मुँह ढाँप कर रो पड़ा।

उस रात अनजिए, अनफूँके मृतक के सम्मान में न किसी ने कुछ खाया और न ही अपनी थकान मिटाने के लिए ताड़ी पी।

पर किसी के भी पास जीवन की इतनी सहूलियतें नहीं थीं कि वे जी भर हरिया का शोक मना पाते, इस कारण शीघ्र ही जीवन फिर अपने ढर्रे पर चल निकला। जीवन और मृत्यु की खोज में लगे आदित्य ने पहली बार साँय-साँय करती मौत की संवेदना और स्त्री-प्रेम के एक छींटे के लिए तड़पते हरिया की मौत को करीब से देखा था। उसने स्वयं स्त्री संवेदना की मार ऐन अपने सीने पर झेली थी...पर हरिया की मौत ने सही अर्थों में उसे आत्म-हत्या के भाव से उबारा था। पहली बार उसे यह आत्मबोध हुआ कि सूखी मरुभूमि से स्त्रीविहीन हरिया के जीवन की तुलना में उसका जीवन कितना मालामाल था।

उस रात राशि फिर उसके एकान्त में आकर किसी घायल पक्षी की तरह फड़फड़ाई थी।

उस रात विदड्राअल की यातना सहकर भी नशा नहीं किया था उसने।

उस रात उसका शरीर फिर ऐंठा था। पर इस बार वह दृढ़ था। उसके ऐंठने में उसकी आत्मा का ऐंठन शरीर से कहीं वजनी था।

दूसरी रात उसी बस्ती की आधी बन्द और आधी खुली दुनिया की एक और भीतरी परत उसके सम्मुख खुली थी। हरिया की मौत की खबर सुनकर उसी बस्ती के अन्तिम सिरे पर जमादारों के लिए बने कोलकाता नगर निगम द्वारा आवंटित कोठरियों में रहनेवाला सोना डोमली भी सहदेव के पास आया था। मेहतरों की यह बस्ती अपेक्षाकृत समृद्ध थी क्योंकि हर परिवार का कोई-न-कोई सदस्य कलकत्ता नगर निगम या बैंक या पोस्ट ऑफिस की स्थायी नौकरी पर था। यहाँ प्रत्येक छह बाई चार की कोठरी में एक ऊँचा तख्ता और श्वेत श्याम टी.वी. भी था। हरिया प्रायः सोना के यहाँ टी.वी. देखने चला जाता था। हरिया के साथ एक बार आदित्य भी वहाँ टी.वी. देखने चला गया था और यह देखकर उसे वैसा ही आश्चर्य हुआ था जैसा सिद्धार्थ को पहली बार किसी बीमार व्यक्ति को देखकर कि उस हाथ भर की कोठरी में सोना अपनी पत्नी, दो बच्चों और माँ-बाप के साथ रहता था।

किसी भी युवा की तरह पहली बात आदित्य के मन में भी यही आई कि चिड़िया के घोंसले-सी इस कोठरी में पति-पत्नी के सम्बन्धों की गोपनीयता और निजता किस प्रकार निभती होगी।

इतने सारे लोग...असुविधा नहीं होती ? आदित्य के इस प्रश्न का किंचित शर्माते हुए जवाब देकर हतप्रभ कर डाला था उसने उसको।

"पिता बाहर खुले में और माँ दोनों बच्चों के साथ खटिया के नीचे सो जाती है।"

"और तुम दोनों...?"

"हम दोनों खटिया के ऊपर...।"

"अरे यह क्या ? माँ खटिया के नीचे...पति-पत्नी ऊपर ?"

"बत्ती बुझा देते हैं।"

बाप रे...'बत्ती बुझा देते हैं'—वाक्य हथौड़े की तरह उसकी युवा-चेतना पर पड़ा

था। वह तो लोगों की उपस्थिति में राशि से खुलकर बात तक नहीं कर पाता था...दोनों मीलों भटकते रहते थे...किसी निजी एकान्त की तलाश में। जीवन की निकृष्टता क्या इस प्रकार शर्म, घृणा जैसी सहज मानवीय अनुभूतियों को कोड़े मार-मारकर सुखा डालती है ?

लेकिन सोना को अपने जीवन से कोई विशेष शिकायत नहीं थी। वह सन्तुष्ट था कि इस भयंकर महँगाई में भी जहाँ दूसरे लोगों को उसने भूख, ठंड और गर्मी से मरते देखा था, उसे सुबह नाश्ते में जलेबी और ब्रेड मिल जाती थी। कि जहाँ उसके पुरखों को खुले संडासों के जमाने में सिर पर मैला का कनस्तर ढोना पड़ता था, आज के 'फिलेट' सिस्टम में कम-से-कम वह नौबत तो नहीं थी। अपने पिता से सुना था उसने कि गाँव में भूमिहारों के आतंक के चलते वे धोती भी नहीं पहन सकते थे। कभी शादी-ब्याह में धोती पहनते भी तो गाँव की चौहद्दी से बाहर और आते वक्त उसी चौहद्दी पर धोती उतार वापस 'पुतली' पहन लेते। पर यहाँ कोलकाता में वह पतलून पहन अकड़कर चलता है। अपनी जिन्दगी के इस बदलाव से वह सामान्यतः सन्तुष्ट था पर कभी-कभी अस्पृश्यता के चलते जो अमानवीय व्यवहार उसे फ्लैटों के शौचालयों को साफ करते मिलता था, उन क्षणों उसकी आत्मा में खरोंच अवश्य लग जाया करती थी। लेकिन वह उन्हें भाग्य और अपने कुकर्मों के खाते में डालना सीख गया था। एकदम शुरू में भारी-भरकम झाड़ से झुककर सफाई करते कमर में असह्य दर्द होने लगता था। ऊपर से हिकारत और जिल्लत। पर अब जीवन की कठोरता ने घिस-घिसकर उसे इन सबका भी आदी बना दिया था। किसी सरकारी अस्पताल, पोस्ट ऑफिस या बैंक या कॉरपोरेशन में उसे 'पलमामेन्ट' नौकरी भर मिल जाए तो जीवन की रही-सही शिकायत भी दूर हो जाए।

"क्या भौजी भी काम पर निकलती है ?" आदित्य ने देखा था, इस जमादार बस्ती के सभी सदस्य काम करते थे। इसी कारण सहज जिज्ञासावश ही उसने पूछा था पर उसके इस सवाल ने सोना को कुछ देर के लिए विचलित कर दिया था।

अढ़ाई साल पहले उसकी पत्नी ने अपनी जाति छिपाकर दूसरे मोहल्ले के घरों में बर्तन माँजने का काम पकड़ लिया था, पर जाने कैसे उसी की बस्ती की एक औरत ने उसका काम छुड़वाकर खुद धर लेने की गरज से सोना डोमली की जाति उन्हें बता दी थी। बहुत जलील करके निकाला गया था उसे वहाँ से, इस धमकी के साथ कि फिर कभी उस मुहल्ले में उसे देखा भी तो पुलिस को पकड़वा दिया जाएगा कि इसने झूठी जाति बताकर लोगों के धर्म को भ्रष्ट किया। मारे दहशत के वह कई दिनों तक घर के बाहर नहीं निकली। कई महीनों तक दिन के उजाले में शौचालय तक नहीं गई।

"क्या तुम भी डर गए थे उस धमकी से...।"

"नहीं, उतना तो नहीं डरे रहे भैया...पर हमारे बाबा ने कहा...वे बड़े लोग, पुलिस को खिला-पिला के अपने साथ कर लेंगे...पर हम क्या करेंगे...सो हम भी चुप मार गए। बड़े लोगन से भिड़ने के लिए बड़ी ताकत और बड़ा पैसा चाहिए। अब तो भैया यही

मनाते हैं कि ई जनम में अच्छे करम कर लें जिससे अगले जनम में ऊँची जाति मिले... ।" बोलते-बोलते एक अंधड़-सा उठने लगा था उसके चेहरे पर।

सोना की कोठरी से निकलकर आदित्य अपनी खटाल की ओर लौट रहा था कि रास्ते में इतवारी मिल गया था। महीने भर में ही उसके चेहरे की खाल कड़ी पड़ गई थी। रंग गहरा हो गया था। थकावट दूर करने के लिए वह ताड़ी पीने के लिए निकल गया था।

मोहनबगान लेन की गली के बीच से ही समकोण बनाती एक लम्बी सँकरी गली में पाँच-पाँच रुपए में भर गिलास देसी ताड़ी बिकती थी। आदित्य ने पहले कभी सुना था कि इन गलियों में घरों के भीतर महिलाओं द्वारा अवैध रूप से ताड़ी बेची जाती है। आज इतवारी के साथ उसने लगभग वैसा ही नजारा देखा जैसा उसने घुटियारी शरीफ में टाट के पर्दों की आड़ में घरों के भीतर किराया देकर लिया जाता ड्रग देखा था। यहाँ भी झीने से पर्दे की आड़ में घरों के भीतर गृहिणियों या गृह कन्याओं द्वारा पाँच-पाँच रुपए में बिक रही थी ताड़ी।

ताड़ी गटकने के बाद सरूर में आ गया था इतवारी।

"कैसा लग रहा है यहाँ," आदित्य ने फिर उसके जीवन में झाँकना चाहा।

"नरक है—नरक ई नगर...ताड़ी नहीं हो तो एक रात काटनी भी मुश्किल। मर्द-औरत सब हरामी इहाँ। दो-दो सवारी तक तो ठीक...पर तीन-तीन जवान सवारियाँ एकसाथ चढ़ जाएँ...और उस पर भी भाड़े को लेकर मार झिक-झिक। तलुआ झुलस गया...टिबलेट खा-खाकर रिक्शा टानना...का जिन्दगी है हम लोग की भैया। जब आए रहे तब तो इहाँ कि 'टिराम' (ट्राम) देख बड़े 'खुस' हुए, लगा जैसे छोटी-सी रेलगाड़ी हो। बस को देखकर लगा, कोनो चलती-फिरती हवेली। पर अब तो सब समय कलेजे में धुकधुकी मची रहती है, जाने ससुरी टिराम, बस कुचल न दे। तुम अच्छे हो भैया...बस तीन-चार लड़कन को धर के अन्दर बैठ के पढ़ा लेउ। न कड़ी धूप न कमरतोड़ खटनी। हमरा का न खाए के ठीक बा न नहाए के। शाम के 'शिफ्ट' खतम भइला के बाद गंगाजी में जा के नहा लीहिला। ना तऽ रास्ता में जहाँ पानी कल लउकल ओहिजा गमछा डाल दिहली। जब भूख लगल तब जहाँ सस्ता केरा-पावरोटि मिलै ओहिजा गड़हा में डाल लिहनी।"

आदित्य ने थोड़ी चुहल की—"कइसा लगा कलकतवा के रसगुला। आए रहे तब तो खूब कहे रहे कि सबसे पहिले रसगुलबा खाईब।"

वह शरमा गया—"अरे भाई खाए के तो दूर अबलैं देखें के ही ना मिलल कि कइसन होता कलकता के रसगुल्ला।"

और दोनों हँसते हुए निकल गए।

कालिदास, हरिया, लालबहादुर, सोना और अब इतवारी।

मोहनबगान लेन की हँडिया के ये थोड़े-से चावल।

हर चावल की अपनी छोटी-सी जिन्दगी की छोटी-सी कहानी।

इन्हीं कहानियों, रंगों और छोटे-छोटे सत्यों के परिप्रेक्ष्य में अपनी जिन्दगी का रंग और अपने हालातों की तस्वीरों का सत्य ढूँढ़ता आदित्य फिर अपने पिता के साथ मानसिक संवाद में उलझ गया।

पापा, जिस प्रकार यहाँ जीवन पग-पग पर दुःखों से अटा पड़ा है, वैसे ही खुशियाँ भी यहाँ कदम-कदम पर बिखरी हैं। किसी के यहाँ पुदीने की चटनी बन गई...गुड़ आ गया...बस पूरा घर खुशी से झूम पड़ा। किसी को नौकरी मिल गई...जिन्दगी में सितारे चमकने लगे। कहीं छोटी-सी टी.वी. आ गई तो मानो आसमान में पूनम का चाँद ही निकल आया। पापा, इतने भयंकर अभावों, गन्दगी और कड़े संघर्ष के बीच किसी विदेशी को रहना पड़ जाए तो वह निश्चित रूप से पागल हो जाएगा पर ये ऐसे जीवन को भी परम सन्तोष के साथ जी लेते हैं। नहीं जानता कि इसे इनकी खूबी कहूँ या खामी। पर यह निश्चित है कि ये कर्महीन नहीं हैं। इनमें जड़ता और आलस्य नहीं। कितना भ्रमपूर्ण प्रचार है कि नियतिवाद ने इन्हें जड़ और निष्क्रिय बना दिया है, जबकि सच्चाई यह है कि नियतिवाद ने इन्हें विद्रोह से दूर...परम सन्तोषी, महा सन्तोषी बना दिया है। ये सचमुच बहुत सीधे-साधे और मेहनती लोग हैं जिन्हें राशन से अच्छा गेहूँ या किरासिन तेल की लाइन में खड़े रहने के बाद अपने हिस्से का किरासिन तेल भी मिल जाए तो इनके चेहरे पर एक गाढ़ा सन्तोष दूध पर जमी मलाई की तरह तारी हो जाता है। और तो और, किसी दिन किसी रिक्शेवाले को पुलिस का डंडा भी नहीं पड़े तो वही दिन उसके लिए सबसे बड़ा यादगार दिन बन जाता है। मेरी जिन्दगी का सबसे बड़ा रोमांच यह देखना है कि किस प्रकार छोटी-छोटी चीजों से भी ये सुख खींच लेते हैं।

एक मजे की बात और है यहाँ, किसी से भी बात हो और उसकी जाति का जिक्र न हो, यह नामुमकिन है। फिर भी इस बस्ती के इतिहास में अभी तक कोई भी झगड़ा जाति-पाँति को लेकर नहीं हुआ है। क्योंकि यहाँ बाहर से चाहे आदमी अलग-अलग जातियों में बँटा है पर अपने भीतर के अण्डरग्राउण्ड में उसकी सिर्फ एक ही जाति है—गरीब जाति। और शायद इसी कारण यहाँ दोस्ती बनाने के लिए प्रयास नहीं करना पड़ता है—स्वतः ही बन जाती हैं वे।

पर ये जिन्दगियाँ कई बार मुझमें भयंकर वितृष्णा भी जगाती हैं। यहाँ का जादू-टोना, अन्धविश्वास, पत्नियों की पिटाई, दुर्व्यवहार, धर्मान्धता, चिल्लपों, गाली-गलौज, गन्दगी, हाय-तौबा, मच्छर, ताड़ी सेवन देख मन करता है तुरन्त भाग खड़ा होऊँ। मैंने यहाँ देखा है—बाँझ औरतों को बाबा के हाथों डोरा बँधवाते हुए। बीमार को मंत्र या दुआ का पानी पीते या ताबीज बँधवाते हुए। विधवा को कंठी एवं दीक्षा लेते हुए। दुश्मन के लिए मारक मंत्र का जाप करते हुए। काली माँ के स्वाँग में औरत को भीख माँगते हुए। शिवजी के स्वाँग में पुरुष को भीख माँगते हुए। यह सब देख मुझे लगता है जैसे मैं मध्ययुग की जाने किस अँधेरी दुनिया में पहुँच गया हूँ। फिर भी मैं इस दुनिया का कृतज्ञ हूँ...क्योंकि इसी दुनिया ने पहली बार मेरी ममता जगाई है। सप्ताह में एक बार

साबुन से नहाने और हर महीने की पहली तारीख को मनीऑर्डर भेजनेवाले इसी वर्ग ने मनुष्य मात्र के प्रति मेरी करुणा का बन्द कपाट खोला है। और सबसे बड़ा चमत्कार तो मेरे साथ यही हुआ कि यहाँ रहकर जिन्दगी के जिस तल से, जिस रॉक बॉटम से मेरा साबका पड़ा कि जिन्दगी का डर अब मेरे भीतर से हमेशा-हमेशा के लिए निकल गया। मैंने देखा है यहाँ डार्विन के सर्वाइवल ऑफ दि फिटेस्ट को ठेंगा दिखाता यहाँ का सह-जीवन।

यहीं आकर मैंने अपना आत्म-विश्लेषण (इन्वेन्टरी एनालिसिस) और आत्म अनुसंधान किया। यहीं आकर मैंने जाना कि इन बस्तीवालों की जिन्दगी का सारा भेद इनकी सन्तोष की शक्ति के अलावा सभी प्राणियों को समान भाव से देखने की इनकी सौन्दर्य दृष्टि में भी छिपा है।

और अन्त में, आप खुश होंगे पापा कि मेरी नशे पर निर्भरता दिन पर दिन खत्म हो रही है और मेरे इंसान बनने की शुरुआत हो चुकी है। मेरे भीतर एक ऐसे प्रकाश ने जन्म लिया है जो अब कभी भी बुझ नहीं सकेगा। याद है पापा, आपने मुझे सिन्थेसाइजर दिलवाया कि मैं संगीत में आगे बढ़ सकूँ...पर अब मुझे किसी भी सिन्थेसाइजर की जरूरत नहीं क्योंकि अब मेरे जीवन के भीतरी सुर बज उठे हैं।

क्योंकि कला के मर्म ने जीवन के मर्म के आगे घुटने टेक दिए हैं।

और इंसान बनने की शुरुआती प्रक्रिया के तहत उस रात उसने कुछ निर्णय लिए—

—उसे कुछ और बच्चों को पढ़ाने के लिए ट्यूशन पकड़ने होंगे।

—यहाँ रहते हुए वह अपने जीवन को सफल नहीं तो भी सार्थक अवश्य बना सकता है...यहाँ किसी के गाँव के लिए चिट्ठी लिखना, किसी की चिट्ठी बाँचना, किसी को छोटी-मोटी बीमारी की दवाई देना, किसी का हिसाब करना, किसी के लिए मनीऑर्डर भेजना, किसी के लिए पोस्ट ऑफिस में उसके बचे हुए रुपए जमा करवाने जैसे काम उसने शुरू कर ही दिए थे—पर इन कामों को और व्यवस्थित रूप से करते हुए इस बस्ती के सामूहिक जीवन स्तर को ऊँचा उठाने के लिए उसे इन बस्तीवालों को शिक्षित और जागृत करना होगा।

वह सहदेव के लौटकर आने की प्रतीक्षा करने लगा। सहदेव ने उसे एक बार बताया था कि एक मारवाड़ी परिवार की सेठानी के दो बच्चों को वह दस वर्षों तक अपनी रिक्शागाड़ी से स्कूल छोड़ता रहा था...उसी परिवार की सेठानी उसे बहुत मानती है, उसी को अपने जेठ के पोतों के लिए कोई अच्छा मास्टर चाहिए।

एकदम शुरू में उसने सहदेव की बात पर यकीन नहीं किया था, लेकिन बाद में इन्हीं बस्तीवालों के मुँह से उसने सहदेव और किसी सेठानी को लेकर कुछ अटपटी बातें सुनी थीं। उनके अन्दाजे बयाँ का सार तत्त्व यही था कि सहदेव का टाँका भी किसी धन्ना किन्तु पति से प्रताड़ित मेड़ो (मारवाड़ी) सेठानी पुष्पा देवी से भिड़ा हुआ है। और दोनों का एक लड़का भी है रवि। वह उसी सेठानी के यहाँ उसके नौकर के रूप में पल

रहा है। जद्दू की बातें उसके कानों में गूँज रही थीं। हाँ भैया, तुम्हीं सोचो, एक बार सहदेव भइया बहुत बीमार पड़ गए थे—पूरा महीना भर खटिया पर पड़े रहे तब वह उन्हें इहाँ देखने भी आई थी...बड़े घर की बहू—इस कारण बस्ती में घुसते ही उनकी आँखें जमीन से ऊपर नहीं उठीं...हम लोगन की तरफ ताका भी नहीं उसने। हम तो तबही सबकुछ समझ गए रहे।

आज सहदेव के लौट आने पर बस्ती से दूर किसी मकान के बाहर छोटे-से पत्थर के बने चबूतरे पर बैठकर जब आदित्य ने पुष्पा देवी और रवि का रहस्य जानना चाहा तो चेहरा एकाएक मोहक हो उठा था सहदेव का और आँखें बरसते सावन की तरह पानीदार जैसे भीतर-ही-भीतर किसी शीतल जल का झरना बहने लगा हो। जैसे यादों के पंछियों ने भीतर-ही-भीतर मीलों का सफर तय कर लिया हो। कुछ पलों की आध्यात्मिक खामोशी...एक मीठी उलझन...शुरू कहाँ से...कि इसके बाद आदित्य की आशा के विपरीत उघड़ते स्वेटर की तरह वह खुद-ब-खुद उघड़ने लगा।

'किस्सा कोताह यह कि पुष्पा देवी के दो बच्चों को स्कूल से घर और घर से स्कूल छोड़ते-छोड़ते जाने कब वह उनके घर की देहरी तक पहुँच गया उसे स्वयं भी भान नहीं हुआ—कभी बच्चे का स्कूल का भारी-भरकम बैग ऊपर पहुँचाने तो कभी रिक्शे पर बैठे बेटे को पानी की बोतल देने तो कभी स्कूल की डायरी लाने। बच्चों के प्रति सहदेव की ममता और जिम्मेदारी की भावना ने पुष्पा देवी को भी उसके प्रति सहृदय बना दिया था...उसने रिक्शेवाले के ऊपरी चोले के भीतर छिपी उसकी चमचमाती आत्मा को पहचाना। कई बार गर्मी की अन्तहीन दोपहरी में वह किसी से दो बोल बोलने को तरस जाती थी। धनाढ्य और व्यापार में दिन-दूनी रात चौगुनी प्रगति करनेवाले बदमिजाज, बिगड़ैल और लम्पट पति को अब इस पन्द्रह वर्ष पुरानी साध्वी-सी श्वेत श्याम पत्नी के चेहरे में कोई दिलचस्पी नहीं रह गई थी। और जिसे धनी नहीं माने उसे फिर जननी भी क्यों माने। सो उसकी सास की भी उसमें दिलचस्पी खत्म हो गई थी।'

अपने में ही खोया-खोया कहने लगा वह, "एक दोपहर जब बच्चों को छोड़ने ऊपर गए रहे तो सर्दी खाँसी से बेहाल बुखार में जकड़ी पुष्पा देवी को देखा तो भैया और तो हम कुछ कर नाहीं सके, उनके मकान के नीचे ही किसी बड़े डागदरबाबू का चिम्बर रहा...सो उन्हीं से हाथ-गोड़ जोड़कर ऊपर ले गए...बाद में बाजार से फल और दवाई भी हमहीं लाकर दिए।

" दोनों बच्चों ने अपनी आँखों से मुझे यह यह सब करते देखा था। उस घटना के बाद से पुष्पा देवी ने मुझे अपना छोटा भाई बना लिया। पर हम दोनों का सम्बन्ध गुप्त ही रहा...जब भी दोपहर को घर में उनकी सास नहीं रहती वे कपड़े से, खाने से...सब तरह से मेरी मदद करने लगीं...। का बताई भैया, एक बार गणेश टॉकीज में मिल गईं। तेज धूप में भी पैदल आ रही थीं, हमने लाख कहा—चलिए, छोड़ आते हैं पर वे मेरे रिक्शे पर नहीं चढ़ीं...जिसे भाई बना लिया उसके रिक्शे पर कैसे चढ़ें...सो ऐसी देवी हैं...।"

और वह रवि ?

रवि का नाम सुनते ही सहदेव ने फिर अपना वही पेटेंट जुमला अपने गमगीन चेहरे के साथ दोहराया—"का बताई भैया, ई दुनिया में बहुत अँधेरा बाटे। रवि के चलते ही हम आज तलक ऊ परिवार से जुड़े रहल...। नहीं तो ऊ दोनों बचवे तो अब खुद पिता बनने की उम्र के हैं।

" एक बार इक दुपहरी में हम सियालदह टेशन पर किसी की सब्जी पहुँचाने गए रहे वहीं पर एक इत्ते बड़े बच्चे को फूट-फूटकर रोते और फैली हथेलियों के साथ बहती नाक, सूखे पपड़ाए होंठ और बदबू मारते कपड़ों में देखा। हमने उस पर तरस खाकर जैसे ही उसकी फैली हथेलियों पर एक अठन्नी धरी कि उसने कुरते का कोना पकड़ लिया और हमें देखकर जोर-जोर से रोने लगा। माँ काली की कसम जाने क्या उसकी नजरों में था। जाने कैसी कामना और भरोसा कि उसकी शक्ल से हमें गाँव में रहते अपने बचवा की याद हो आई। बच्चे ने हमारे भीतर एक नए भरोसे को उगा दिया कि हमहूँ किसी का पालनहार बन सकत हैं। और उन्हीं क्षणों हमने सोचा, जो होगा देखा जाएगा...पर इस प्रकार कुरते का कोना पकड़े फूट-फूटकर रोते हुए बच्चे को छोड़ा नहीं जा सकता है।

" तो भैया हम उसे टेशन से बाहर ले आए। उसे कुछ खिलाया, बहलाया, फुसलाया। करीब घंटे-दो घंटे उसके साथ बिताकर जब वह थोड़ा शान्त हुआ तो हमने उसके माथे पर हाथ फेरते हुए उससे पूछा—तुम्हारे माँ-बाप कहाँ हैं ? तुम कहाँ से आए हो। भैया, उस बच्चे ने जो बताया कि हम खुद रो पड़े...पहली बार तभी लगा...ई दुनिया में इतना अँधेर, इतना दुःख, इतना 'अनियाय' क्यों है !

" बच्चा कुछ भी नहीं बताया, बस अपनी इस छोटी-सी जिन्दगी की आखिरी घटना उसकी याद में रही। उसकी एक माँ थी। एक छोटा भाई था। एक दिन उसकी माँ ने दोनों भाइयों को दिल्ली टेशन पर बिठाकर कहा—सलाउद्दीन इहाँ बैठो, हम थोड़ी देर में आते हैं। माँ फिर नहीं लौटी। दूसरे दिन जब उसका छोटा भाई बहुत रो रहा था तो वह टेशन के सामने खड़ी रेलगाड़ी में चढ़ गया, भीख माँगकर अपने छोटे भाई को कुछ खिला देने की खातिर। एक-दो मिनट बाद ही ट्रेन चल दी। वह उतर नहीं पाया। तब से वह यहीं पर था...न जाने का रास्ता जानता था—न घर का कोई ठिकाना पास में था। बाकी स्ट्रीट बच्चे की तरह वह केले के ठेले से केला, मछली के ठेले से मछली जैसी छोटी-मोटी चीजें भी नहीं चुरा पाता था, इस कारण भीख माँगकर गुजारा करता था।"

"तो क्या उसका नाम रवि नहीं था।"

अतीत में खोया सहदेव बता रहा था। आँखों के आगे झिलमिला रही थीं स्मृतियों की लहरें...कुछ अधूरी...कुछ पूरी। कभी बनतीं, कभी बिगड़ती।

"अरे नहीं भैया...यह तो हमारे दिमाग में जब आया कि क्यों न हम इसे पुष्पा देवी के इहाँ रखवा दें...घर के छोटे-मोटे काम भी करवा देगा, उनके बच्चों का उतरा कपड़ा मिल जाएगा। इहाँ खटाल में तो अकेला रहता जाने किन कुटेवों का शिकार हो जाए...

सो भैया हम उसी दुपहरी में मौका पाकर पुष्पा देवी के पास गए। रवि की कहानी सुनकर उनकी आँखें भर आईं, कहने लगीं—'भैया, यह दुनिया भी कितनी अजीब है ! वह भूख से मर रहा है और इधर हमारे बच्चे को भूख लगने के लिए टॉनिक दिया जा रहा है। खैर, जब तुम गाड़ी खींचकर इतनी हिम्मत कर सकते हो तो मैं क्या इतने बड़े घर में रहकर इसे भूखे मरने से नहीं बचा सकूँगी ? जाने कितना खाना तो यहाँ बर्बाद चला जाता है। मैं इसे भूखा नहीं मरने दूँगी...बस एक बात है भैया...मैं इसे सप्ताह भर बाद ही रख पाऊँगी। सप्ताह भर तक मैं बीमारी का बहाना कर पड़ी रहूँगी...और फिर इसे अपने छोटे-मोटे काम करवाने के बदले रख लूँगी।'

"तो भैया उन्होंने मेरे हाथ में पचास रुपया रखा जिसे मैंने लौटा दिया। सप्ताह भर में हमने इसे थोड़ा-बहुत सिखाया-पढ़ाया और तभी उसका नाम रवि रख दिया... और उसे अच्छी तरह समझा दिया कि वह भूलकर भी अपने असली नाम 'सलाउद्दीन' का जिक्र न करे। तब से आज तक सिर्फ मैं और मेरा भगवान ही जानता है कि वह हिन्दू नहीं सलाउद्दीन है, अब तो शायद रवि को भी याद नहीं कि वह क्या था।"

सहसा आदित्य को ख्याल आया...एक बार एक ड्राइवर टाइप छोकरे से बतियाते हुए देखा था उसने सहदेव को। उसके मुँह से हठात् निकल पड़ा—

"क्या वह ड्राइवर है ?"

"हाँ भैया..." बच्चों की तरह चहका सहदेव। "पर तुम कैसे जानते हो ?" फिर खुद-ब-खुद ही कहने लगा—"लगता है भैया, तुमने भी मुहल्ले के लोगन की कानाफूसी सुन ली है, का बताई भैया, जब भी वह आता है, कानाफूसी शुरू हो जाती है। मालकिन जितने अच्छे से उसे रख सकती थी, उसने रखा। हर दोपहर को पाँव दबवाने के बहाने वह उसे अपने कमरे में ले जाकर पढ़ातीं। आज वह बैंक का काम, ड्राइवरी...सब कर लेता है। दो हजार रुपए की पगार है महीने की। खाना-पीना-रहना आज भी मालकिन के इहाँ। कितनी बार मालिक ने उसका डेरा घर से हटाना चाहा, पर मालकिन और दोनों बच्चों के आगे उनकी एक नहीं चली।"

कुछ देर खामोशी।

आदित्य को समय लगा रवि की कहानी को जज्ब करने में। जिन्दगी भी कितनी अद्भुत है, वह सोचने लगा। सहदेव के बारे में और अधिक जानने की उत्कंठा उसके भीतर खदबदाने लगी। वह सहदेव के बारे में सोचने लगा। आज जो वह मोहनबगान लेन की इन बस्तियों में किसी शोध छात्र की-सी मानसिकता के साथ रम पाया सो क्या बिना उसके हो पाता सम्भव ?

एकाएक वह पूछ बैठा, "तुम अपने गाँव से यहाँ क्यों आए थे... ?"

"ई का पूछ डाला भैया !" और वह देखने लगा—दूर आसमान की ओर। स्मृतियों के जाने कितने पंछी उड़ने लगे...कुछ पकड़ाई में आए...कुछ फुर्र।

"वह 1962 का बिहार में पड़नेवाला भयानक सूखा था। फसलें खराब हो गई थीं। आज भी याद है तब अमरीका से ढेर सारा बाजरा यहाँ आ रहा था। अरे, वहाँ सूअर

खाते थे, उनके मुँह से बच गया तो यहाँ भेज दिया। मेरे बाबा तब जीवित थे, उन्होंने ही कहीं से सुना था। आज भी याद है, हमने तब तीन महीने तक सिर्फ एक ही धान का मुँह देखा रहा—बाजरा। अरे भैया, ई तो 'सहरी' लोगन का ठाठ है, कभी गेहूँ...कभी चावल, कभी अरहर तो कभी बेसन। देहात में तो जिस समय जिस धान की खेती हुई, वही चलता है। मकई का सीजन है तो मकई...मडुवा का सीजन है तो मडुवा। पर मडुवा लगातार खाने से मुझे बड़ा कष्ट होता था...बड़ा कड़ा अन्न होता है। पाखाना करते दम निकल जाता...जगह छिल जाती...खैर जब उन दिनों बाजरा भी मिलना बन्द हो गया तब भूखे मरने की नौबत आई। तब जाना कितनी कुत्ती चीज है यह भूख। क्या देस, क्या परदेस...सब बराबर कर देती है यह भूख। मैं तब बाबा के कन्धे तक आने लगा था। एक शाम गाँव के आदमी के साथ कमाने के लिए ई सिहर में आ गया। नहीं, माँ-बाप बहुत दुःखी थे...पर का करते ! बाबा ने तब घर का पता रटवा दिया, अउर किसी से उधार लेकर हमरी पसन्द की सतुवे की लिट्टी और सतुवा का चोखा हमरे साथ बाँध दिया। जब घर से निकलने लगा और माँ के पैर छुए तब माँ पछाड़ खाकर गिर पड़ी थी।" बोलते-बोलते सहदेव एकदम मौन हो गया था...आँखें व्यतीत के उसी कालखंड में स्थिर हो गई थीं।

आदित्य ने देखा—उसकी आँखों के कड़ाह में दो आँसू अटके पड़े थे।

उसने सहदेव के कन्धे पर हाथ रखा तो उसके आँसू चू पड़े। अपने कुर्ते की फटी बाँहों से अपनी आँखें पोंछीं उसने।

"बाबा, तुम कोई दूसरा धन्धा क्यों नहीं धर लेते ? गाँव वापस क्यों नहीं चले जाते...अब तुम्हारी भी उम्र होने आई...।"

वह हँस पड़ा, एक ठेठ किसानी हँसी।

"अब ई नगर में दूसरा धन्धा का करब भाई...हाँ, जब नया-नया ऑटो निकलत रहे, तब मन कईलस कि हमहूँ ई खून से चलनेवाला गाड़ी छोड़ के पेट्रोलवा के गाड़ी चलाईनी...पर जब पता चलल कि ओकार एक दिन के भाड़ा ही एक सौ बीस रुपिया बा तब हम ठंडा गईली।"

बोलते-बोलते फिर उसकी आँखों के आगे एक अधमरा सपना साँस लेने लगा।

"भाई, अब तो इह सपना बा कि हरिया की जैसे ई नगर में ना, अपना गाँव के माटी में दम निकले...अब घर की रोटी और पद्मा नदी का ठंडा पानी बहुत याद आवेला। देखो भइया, दू बैल खातिर पइसा जुगाड़ हो जाए तो गाँव जा के दूसरों के खेत में आधा-बटइया के कामकर के बाल-बच्चा के संग रहब।"

फिर लगाव से देखा आदित्य ने और पूछ बैठा, "दो बैल का कितना लग जाता है भइया।"

कान में खोंसी अधजली बीड़ी को सुलगाते हुए कहा उसने, "करीबन 3200 रुपिया...।"

"इतना तो तुम्हें रवि या पुष्पा देवी ही दे सकती हैं...तुम कहकर तो देखो...।"

"ना भइया...ऊ देवी के आगे क़बो हाथ ना पसरनी। जवन कइली तवन अपना मन के कहली।...उसने रवि के आदमी बना दिहली...ई जन्म में उनका इह करजा ढेर बा हमरा पर...अऊर रवि...ऊ तो लड़िका बा...ओकरा से का माँगे का बा..." और वह फिर हँस दिया था, मिश्री-सी हँसी।

पुष्पा देवी के यहाँ से लौट आने के बाद आदित्य खटाल के भीतर ही सोने चला गया था। पर भयंकर उमस, पार्श्व में लेटे दूसरे रिक्शेवालों की पसीने की बू, मच्छर और खटमलों के चलते उसे नींद नहीं आ पाई थी। झपकी आती कि कई बार उसका सिर दूसरे रिक्शेवाले के सिर से भिड़ जाता। आखिर झुँझलाकर वह बाहर गली में आ गया था। आसपास सभी सोने की तैयारी कर रहे थे—कोई जमीन पर चादर बिछाकर तो कोई कथरी डालकर (कतरनों से बनी दरी), कोई मूँज की खटिया पर तो कोई बोरे की पतली धोती डालकर तो कोई सिर्फ अखबार बिछाकर। एक दृश्य देखकर तो वह अवाक् रह गया। एक ने सिर के नीचे तकिए की जगह एक ईंट ही रखी हुई थी। कुछ फुटपाथी रईसों के पास अपनी लोहे की फोल्डिंग खटिया भी थी। कुछ रिक्शेवाले अपने रिक्शे में ही गड्‌मड्‌ हो पड़े थे पर रामेश्वर और शिबू के बीच एक ही रिक्शा दो शिफ्टों में बँटा था। इस कारण उन दो के बीच रिक्शे में सोने के लिए झगड़ा हो रहा था। आदित्य ने भी अपनी चादर बिछाई, पर मौलाली की उस रात का अनुभव अभी भी किसी दुःस्वप्न की तरह उसकी आत्मा से चिपका हुआ था...कहीं बिल्ली ने फिर उसकी चादर पर हग दिया या चूहा पायजामा के अन्दर घुस गया तो ? थकान के बावजूद वह नींद को रिझा नहीं पाया। और देर रात वह करवटें बदलता रहा और जाँघों को खुजलाता रहा। लोगों को नींद में लथपथ देख उसे आश्चर्य मिश्रित ईर्ष्या हुई—मच्छर, मक्खी, कुत्ते-बिल्ली, ट्रक गाड़ी—कोई भी डर, कुछ भी इनके नींद के साम्राज्य की ईंट को खिसका नहीं पाया था। युग-युग से थकी आत्माओं के इस अद्‌भुत निद्रा लोक को वह बस देखता रहा—सम्मोहित-सा।

धीरे-धीरे मुहल्ले के पक्के मकानों की बत्तियाँ भी बुझ गई थीं। बची रह गई थी... रात की निस्तब्धता में आती-जाती इन जिन्दा साँसों की आवाजें...या इस प्रशान्त खामोशी पर धावा बोलते दूर कहीं किसी कटखने कुत्ते के भौंकने की आवाज।

देर रात तक इन आवाजों को आकाश में तने चंदोवे के साथ सुनता रहा था वह कि एकाएक आधी रात में अचानक आई काल वैशाखी की बरसात ने इस सारे ताम-झाम को छिन्न-भिन्न कर दिया...'हो...हो...भागो...बारिश' की एक जोरदार सम्मिलित इंसानी आवाजों ने इन गलियों की रातों की हकीकत को उसके सामने पहली बार नंगा कर दिया था। अभी तक बारिश उसे हमेशा सुकून देती रही थी...विशेषकर रात्रि की बारिश...पर आज उसने जाना कि जिस बारिश को देखकर बचपन में वह झूम उठता था...'बरसो राम धड़ाके से, बुढ़िया मर गई फाके से' वह बारिश कई फुटपाथी जिन्दगियों पर किस कदर कहर बरपा सकती थी।

जिनके पास बस्तियों में अपनी-अपनी कोठरियाँ थीं वे कोठरी के अन्दर घुस गए थे, कई निजी मकान की दुछत्ती के नीचे, भूमि के किसी सूखे टुकड़े की तलाश में अपने को ताबड़तोड़ भींगने से बचाए रखने के प्रयास में बदहवास-से इधर-उधर भटक रहे थे। कई दो बाँस पर टिके अपने घर को बारिश से बचाने के लिए उस पर मजबूत पोलिथिन की 'छत' डाल रहे थे। देखते-देखते मई की चिलचिलाती धूप में गर्म लू के झोंकों और भूख और बदहाली से जिन्दगी का सामना करनेवाले कुछ देर पहले के श्रमवीर डरी-दुबकी चिड़िया में तब्दील हो गए थे।

जो बस्ती के अन्दर घुस गए थे उनमें से अधिकांश को सोने की खातिर जगह निकालने के लिए उन पानी भरी बाल्टियों और कनस्तरों को उलट देना पड़ा था, जिन्हें वे भोर तीन बजे उठकर भरकर लाए थे। कुछ की छतों में सुराख था...टप-टप टपकती बारिश की बूँदों ने उनकी गाढ़ी मेहनत से जुगाड़ किए कपड़ों और नाजुक सामानों को नष्ट कर दिया था। कुछ जिनमें अभी भी एक-डेढ़ किलोमीटर चलने का दम था, वे श्याम बाजार ट्राम डिपो में घुस गए थे।

फुटपाथ के एक ओर पड़ी पेचिश की मारी अशक्त बुढ़िया को बस्ती के लोगों ने उठाकर किसी मकान की छत के नीचे डाल दिया था।

करीब डेढ़ घंटे की धमाल मचाकर बारिश थम गई थी और सुबह जिन्दगी फिर रोज की तरह बह निकली थी, जैसे रात कुछ हुआ ही न हो। सब भूल-भालकर कुछ लोग एक घेरे में खड़े होकर बड़े मनोयोग से सुबह की ताजगी में बन्दर का नाच देख रहे थे...तो कुछ किरासिन तेल की लाइन में खड़े अपनी बारी का इन्तजार कर रहे थे।

दोपहर फिर बारिश हुई। आदित्य हैरान था यह देखकर कि रात को कहर बरपाने वाली यही बारिश दिन में इन रिक्शेवालों के लिए खुशी का सबसे बड़ा खजाना लाती थी। कोलकाता में जल-निकासी की व्यवस्था सुचारु नहीं होने के कारण प्रायः सभी रास्तों में पानी भर जाता था, ऐसे में गाड़ियाँ, ट्रामें, बसें, टैक्सियाँ सभी ठप्प हो जाती थीं और हरेक रिक्शेवाले का बरसात के विरुद्ध मोर्चा लेने का हौसला गगनचुम्बी हो जाता। सभी तेज वाहनों को ठेंगा दिखाता अकेला रिक्शाचालक घुटने से ऊपर तक पानी में धँसकर अपने शरीर की शक्ति को अन्तिम बूँद तक निचोड़कर दो-दो शिफ्टों में रिक्शा चलाता, जिससे इस अतिरिक्त आमदनी का कोई भी प्रयास अधूरा न रह जाए। इस दौड़ में सहदेव और जद्दू ने भी सामान्य दिनों की अपेक्षा दुगुना कमाया पर बरसात में जगह-जगह बने गड्ढों में पाँव धँस जाने के चलते उनके गोड़ भी टूट गए।

दिन भर की खटनी के बाद रात खटाल में सभी की एक ही चिन्ता...बस आज रात बारिश न हो तो जी भर सो लें जिससे अगली सुबह फिर रिक्शा दौड़ा सकें।

मेहनत के बादशाहों की इन छोटी-छोटी मुरादों, उम्मीदों और चिन्ताओं को देख आदित्य का मन भर आता और किसी दार्शनिक की मानिंद सोचने लगता वह—ये कभी खत्म नहीं होंगे—हर दुःख को हँसकर नीचा कर देने की इनकी कूबत, जीने की उमंग और जिन्दगी की साझेदारी की भावना इन्हें कभी मरने नहीं देगी।

कोई काला कौआ चुग ले...इनकी अधूरी आकांक्षाओं को

बस्ती के लोगों के साथ जीवन के अनुभवों को साझा करने की ख्वाहिश रखनेवाले आदित्य के लिए काल बैशाखी के बाद आनेवाली गर्मियाँ प्राणलेवा सिद्ध हुईं। अढाई हजार लोगों की उस बस्ती में न कोई पेड़, न पत्ती, न चिड़िया। चिलचिलाती धूप और पानी का टोटा। थोड़ा-बहुत जो पानी मिलता वह भी दूषित। उसके सारे बदन पर लाल-लाल दाने और मुँह पर फुंसियाँ निकल आईं। दिन में दो-दो बार चूरन फाँकने के बावजूद उसका पेट गड़बड़ाने लगा। उसे कभी दस्त आते तो कभी खट्टी डकार। खटाल के भीतर लोगों के पसीने की जी मिचला देनेवाली बू और बाहर खुले नाले की सड़ाँध और पेशाब की बू। पहली बार महसूसा उसने—क्या होता है गर्मी का ताप और तप्त धरती की तपिश ! पहली बार उसने जाना क्या होती है दुर्गन्ध—वह दुर्गन्ध जो उसके अंग-अंग में भर गई थी जिसे दुनिया की सारी सुगन्धि भी धो नहीं सकती थी।

और ज्यों-ज्यों तापमान का ग्राफ बढ़ता जा रहा था, बस्ती में भी चारों ओर त्राहि-त्राहि मचने लगी थी। सुबह तीन बजे से ही नल पर लाइन लगने लगती। छह बजते-बजते बेशुमार भीड़ के बीच कई बार सिर-फुटौवल की भी नौबत आ जाती। हिलमिलकर रहनेवाले लोगों में बेवजह ही चिड़चिड़ापन और एक-दूसरे के प्रति असहजता उगने लगी थी।

सबसे ज्यादा खराब हाल था इतवारी का। पसीने से चिपचिपाती उसकी जाँघों में लगातार चलते रहने से घाव रगड़ खाते और बुरी तरह जलते। फूले-फूले लाल-लाल चकत्ते। उसकी काँख, तलुआ, छाती एवं गर्दन पर भी लाल-लाल दाने निकल आए थे जो धूप में बुरी तरह जलते। रिक्शा टानने की हाड़तोड़ मेहनत और उस पर उबलती गर्मी—उसका सारा सत्व...सारी ताकत छीज गई थी। वह न तो बस्ती की नल पर लाइन दे पाता और न ही सहदेव और काली की तरह गंगाघाट जा पाता। पहले की तरह जहाँ-तहाँ रिक्शा खड़ा कर नहाने की सुविधा भी अब नहीं रही थी, क्योंकि हर सार्वजनिक नलों पर उसे भीड़ ही मिलती।

उसे लगता, उसकी आँखों से, नाक से, शरीर के अंग-अंग से गर्म-गर्म भभके उठ रहे हैं। उसे अपने गाँव की पद्मा नदी और उसका ठंडा जल याद आता। अपना घर, माँ और छोटे भाई-बहनों की स्मृति मात्र से उसकी आँखों से टप-टप कर आँसू गिरने लगते।

लगातार उबलती धूप में वह बीमार, थका और टूटा हुआ लगने लगा था। उसका गेहुँआ रंग जामुनी रंग में बदल गया था। उन्हीं दिनों बिना लाइसेंस के रिक्शा चलाने के जुर्म में उसे एक दिन के लिए हवालात में भी बन्द कर दिया गया था। बाद में शीतल बाबू ने उसे छुड़ा तो लिया था, पर तब से एक अन्तहीन डर निरन्तर उसका पीछा करता रहता...उसके विचार...आत्मा...मन-प्राण...उसका सम्पूर्ण वजूद सिर्फ दो शब्दों में सिमट गया था—डर। इस डर के साथ, जलती सड़क पर सवारी ढोते हुए अपने सूखे कंठ के

साथ जब वह दौड़ता तो उसे लगता इस शहर ने उसे आदमी से जामुनी रंग का बदहवास घोड़ा बना डाला है। और उस पर भी जब पुलिस के डंडे बरसते तो वह हताशा और चरमावस्था में पहुँच अपने चिपचिपे गमछे से मुँह ढाँप निःशब्द रोता रहता। रो-धोकर शान्त हो वह फिर कल्पना करता कि अच्छे दिन उसकी जिन्दगी में भी आ रहे हैं और एक दिन वह वापस अपने गाँव लौट रहा है।

और ऐसी ही तूफानी गर्मी बरसाती एक दोपहरी जब आकाश के सारे देवताओं ने भी धरती की इस हाय-तोबा से आँखें मूँद ली थीं...सारी बस्ती में अचानक मौत का हाहाकार गूँज उठा।

उस दिन गर्मी ने पिछले दस सालों का रिकार्ड तोड़ा था। तापमान 43.2 डिग्री सेल्सियस छू रहा था। पूरी दोपहर खाली-खाली दिखती। गर्मी के बढ़ते तापमान के कारण लोगों के चेहरों पर भी आक्रोश, अवसाद, घबराहट और बेचैनी जैसे चस्पाँ हो गई थी। ताँगे में जुते घोड़े की तरह दौड़ लगाते रिक्शेवाले अब कब्रिस्तान से ताजा निकले मुर्दे की तरह दिखने लगे। लोग बिना वजह एक-दूसरे से टकराने लगे थे। बच्चे, वृद्ध और स्त्रियाँ निरन्तर आसमान की ओर ताकतीं कि कहीं दिख जाए मेघों की कोई नीलमाला।

और ऐसी ही एक रात ट्यूशन से लौटते हुए ही खटाल की ओर जैसे ही बढ़ा आदित्य, कलेजा बैठने लगा। जी घबड़ाने लगा कि कुछ गड़बड़ है। हर वक्त चिल्लपों से गुलजार रहनेवाली खटाल उसे डरावने ढंग से सहमी-सहमी लगी। धड़कते दिल से वह आगे बढ़ा तो कोने-कोने में मौत की दहशत...हाहाकार !

उस दोपहर पंचम रिक्शेवाला मर गया था। आदित्य ने सुना तो एकाएक विश्वास नहीं हुआ। इतनी सस्ती मौत ! सुबह ही उसने पंचम को रिक्शे के कैम्पस को छूकर माथे से लगाते सवारी के लिए निकलते हुए देखा था... जैसे कोई पक्षी उड़ते-उड़ते ही नीचे आ गिरा हो। प्रचंड गर्मी की लहर ने उसे निगल लिया था।

विश्वास सहदेव को भी नहीं हो रहा था। विडन स्ट्रीट के पास ग्यारह बजे दोनों ने साथ-साथ इस तूफानी गर्मी में भी कई सवारियाँ ढोई थीं। करीब साढ़े-बारह बजे पंचम ने बार-बार अपने कंठ सूखने और दम फूलने की शिकायत सहदेव से की थी और उससे पानी माँगा था। धरती से उठती लपटों ने उसके तालुवे को झुलसा दिया था। गरमी का इतना विकराल रूप पंचम ने पहली बार देखा था। सहदेव ने उसे पानी के साथ-साथ अपनी चप्पल भी दी थी—पहिन ले बबुआ...पाँव में फफोले पड़ जाएँगे। पंचम कभी भी चप्पल नहीं पहनता था क्योंकि चप्पल पहनने से एक तो वह दौड़ नहीं पाता था और दूसरे उसके अँगूठे और पास की उँगली के बीच घाव गहरा हो जाता था। करीब डेढ़ बजते-बजते जब सहदेव की आँखों के आगे भी अँधेरा छाने लगा, सवारी टानी नहीं गई...सबकुछ भूरा-भूरा दिखने लगा तो अपनी दम तोड़ती ताकत और पस्तहाली के साथ वह भी धीरे-धीरे समय से आधा घंटा पहले ही रिक्शा जमा करवाकर बागबाजार के

गंगाघाट पर पसीने से चिनचिनाते अपने पूरे शरीर को गंगा पानी के कुछ छींटों से राहत दिलाने के लिए पहुँचा, देखा पसीने से लथपथ एवं ढीला पड़ा पंचम वहाँ गंगा घाट के पास बैठा सुस्ता रहा है। थोड़ी देर उकड़ूँ बैठकर सिर झुकाकर उसने अपना मुँह धोया और अपनी अशक्त देह के साथ जब वह पानी के ऊपर कुछ देर तक झुका ही रहा तो सहदेव ने ही उसकी पीठ पर हाथ फेरा—चल उठ...कि वह लुढ़क गया। देह का कुम्भ टूटा और पानी पानी से जा मिला। और इस तरह खत्म हुआ अतृप्त कामनाओं, न मरनेवाले स्वप्न और किसी मुकाम तक पहुँच पाने की बेताबी का एक बेहद थका हुआ और उदास सफर जो आज से दस वर्ष पूर्व शुरू हो चुका था।

कृषि संस्कृति के विनाश, परम्परागत कुटीर धन्धों के ह्रास और जंगलों के हाथ से निकल जाने के दुर्भाग्य ने पंचम को भी नागरीय संकट की इस अमानवीय नगरी में जिन्दगी की सम्भावनाएँ और स्वप्न ढूँढ़ने ला पटका था। वह भी सहदेव के गाँव का ही था, फर्क इतना था कि पंचम आदिवासी था। पंचम असुर। उसकी कई पीढ़ियों ने हेमोलाइट पत्थर से लोहा बनाने का खानदानी काम किया था, इसके अलावा वे बाँस एवं डलिया बनाने जैसे दूसरे छोटे-मोटे काम वगैरह भी करते थे। यद्यपि जिस विधि से वे लोहा बनाते थे उसकी जंग प्रतिरोधक शक्ति टिस्को के बने लोहे से भी अधिक थी, फिर भी बाजार में सस्ता लोहा मिलने के चलते उसका बना लोहा बिकना बन्द हो गया था।...और वह शिल्पी से आधा मजदूर और फिर खाँटी मजदूर बनता हुआ इस परदेस में रिक्शावाला बन गया था।

अपने पिता की इस पाँचवीं सन्तान (इसीलिए नाम पड़ा था पंचम) पंचम को सहदेव दस वर्ष पूर्व अपने साथ ही स्वप्न दिखाती इस विराट नगरी में ले आया था—'चल भैया...कुछ-न-कुछ जुगाड़ हो ही जाएगा।'

आज पंचम की मौत में हर रिक्शेवाला, ठेलावाला, फेरीवाला, हॉकर...बस्ती का हर श्रमजीवी अपनी परछाईं, पराजय और हताशा देख रहा था...अपनी मौत की आहट सुन रहा था।

कभी वे भी इस परदेस में अपने परिवार से दूर इसी प्रकार एकाएक बुझ जाएँगे।

पंचम की मौत ने सहदेव को तत्काल जेठ के आकाश की तरह भावहीन एवं बर्फ की तरह सुन्न कर दिया था। बदहवासी में ही उसने पंचम की अन्त्येष्टि कर उसे पथराई आँखों से ही अन्तिम बिदा दी थी।

पर तीसरे दिन एक गहन दुःख उसे छूने लगा था। जिबह के लिए ले जा चुके बकरे की बेबस माँ की तरह वह चीत्कार कर उठा था। एक ऐसा चीत्कार जिसने बस्ती की आत्मा में कुछ समय के लिए सूराख कर दिया था।

जब आदित्य ने करीब आकर उसके कन्धे को छुआ तो अपने तार-तार गमछे से उसने अपना मुँह ढाँप लिया था। उसके आँसुओं का बाँध टूट पड़ा था—"ऐसा बुरा वक्त

पहले कभी नहीं देखा भइया...का खबर लेकर गाँव जाइब...का कहिब।"

तीसरे दिन श्मशान से बटोरी हुई राख को थैली में भरकर और उसके बचे हुए कपड़ों को थैले में भरकर किसी डोलती हुई छाया की तरह वह अपने गाँव के लिए निकल पड़ा था। बस्ती के लोगों के साथ आदित्य भी गया था—उसे स्टेशन तक छोड़ने।

वह बिलबिला उठा था—"काका को बताई देई भैया कि होकार बचवा मर गई। होकार दुल्हिनिया विधवा हो गईल। हम फूँक आए ओके। हम होकार जीते-जागते देही लेकर आईल रहनी अब होकार राख लेके जात बानी। हम का कहिय सबके। ओके गरमी निगल गई लेकिन हम बूढ़ा के कछु ना होईल।"

आदित्य चुप रहा। दिलासा देने को कुछ था भी नहीं। होंठों तक आई एक बात होंठों तक ही रह गई। बोल नहीं पाया था वह। बस मन-ही-मन कहता रहा—'गरीबन की मौत मौत नहीं सिर्फ खबर होती है भैया। या फिर ढेर सारे अधूरे अरमान होते हैं। रास्ते में गाँव की पद्मा नदी में उसकी राख की एक चुटकी भी बहा देना सहदेव भैया जिससे उसकी आत्मा को शान्ति मिले और कोई आशा-आकांक्षा बची रही हो तो उसे नदी के काले कौए चुग लें।"

उसी शाम मोहनबगान लेन की आखिरी बस्ती का बाशिंदा राजमिस्त्री राजाराम भी गर्मी की भेंट चढ़ गया था। किसी मकान के बाहरी हिस्से की दीवारों पर पुताई कर रहा था वह। पुताई करते-करते आग बरसाती धूप में आँखें चौंधिया गई थीं...माथा घूम गया...आँखों के आगे अँधेरा छा गया। बाँस से बने ऊँचे भाड़े पर खड़े-खड़े नीचे गिर पड़ा और मर गया।

पंचम और राजाराम की मृत्यु आदित्य के लिए जीवन की वह घटना थी जिसने बड़ी बेरहमी से जिन्दगी का छिलका उतार एक ही रात में उसकी आत्मा के जाने कितने चिथड़े कर डाले थे, इस कदर कि सुबह होते न होते उसकी भीतरी केमिस्ट्री ही उलट गई थी। सूरज की पहली किरण के साथ ही उसने अपने नशे को भी अपने भीतर बहती गंगा नदी में अन्तिम रूप से विसर्जित कर दिया था—कोई काला कौआ चुग ले मेरी इस कमजोरी को भी। आक्रोश और अवसाद से धधकते अग्नि कुण्ड से निकले संकल्प इस बार इतने पके हुए थे कि डि-टोक्सीफिकेशन के लिए भी उसे किसी नर्सिंग होम की शरण नहीं लेनी पड़ी। कुछ पेन किलर और कुछ विटामिन टेबलेट के सहारे ही किया उसने अपना डि-टोक्सीफिकेशन।

और ड्रगविहीन उस पहली ही रात पिता फिर खड़े हुए उसके सिरहाने। फिर शुरू हुआ मानसिक संवाद—आप ताज्जुब करेंगे पापा कि आज मैं क्या से क्या हो गया हूँ। आपने मुझे जाने कितने महापुरुषों की जीवन कथा सुनाई। जाने कितनी आध्यात्मिक ट्रेनिंग मेरी हुई पर मैं समझ नहीं पाया कि जीवन कैसे जीया जाए। पर जीवन की इस धधकती पाठशाला में आज जो मैंने अनुभव किया है उसने मुझे राख कर डाला है, मेरे नशे के प्रेत को भी। आज मैंने समझा है जीवन का सिर्फ एक ही पासवर्ड है—

विद्रोह—हर अन्याय और अत्याचार के खिलाफ विद्रोह। आपने मुझे जाने कितने योद्धाओं के बारे में बताया पर असली योद्धाओं को मैंने देखा है अपनी जिन्दगी में। ऊपर बरसती आग और नीचे धधकती सड़क पर भूखे पेट की अग्नि से रिक्शे जैसी काल गाड़ी को जो सिर्फ इसलिए खींचे कि दो किलो सत्तू जितने पैसे वे अपने परिवार को भेज सकें उससे बढ़कर योद्धा और कौन होगा...इन्हीं योद्धाओं से प्राण वायु ली है मैंने। अपनी जवानी गलाते, जीवन से इंच-इंच लड़ते हुए जिन्दगी को दाँतों से पकड़ते ये गुमनाम अभागे योद्धा। पर जिस दिन इन्हें अपनी शक्ति मालूम पड़ जाएगी, ये जान जाएँगे कि इनके दुश्मन कौन हैं, संसार में प्रलय मच जाएगी। देखना पापा, यह प्रलय अवश्य मचेगी, ये जीतेंगे, इनका श्रम जीतेगा...एक दिन ये ही राज करेंगे।

राजाराम की मौत के बाद मोहनबगान लेन की बस्ती किसी गर्माते कामुक युवक की तरह बेकाबू हो गई थी और साक्षात् अग्नि-शिखा बन गया था आदित्य। सहदेव के वापस लौट आने पर उसने सभी श्रमजीवियों को गली में ही खड़ा कर सम्बोधित किया था—"मैं कहता हूँ...आप सभी यूनियन बनाइए, सभी रिक्शेवालों की, राजमिस्त्रियों की, हॉकरों की अपनी यूनियन हो...काम के घंटे, न्यूनतम मजदूरी...काम की दशा...श्रमिक इंश्योरेंस के अलावा आप सभी रिक्शेवाले विकल्प तलाशें...ऑटो, टैक्सी ड्राइवरी, कुटीर उद्योग जैसे कई काम हैं...हम एक कॉमन फण्ड बनाएँ...जिसमें सबके स्वास्थ्य और शिक्षा पर ध्यान दिया जाए...न्यूनतम मजदूरी तय करवाई जाएगी। यदि आप संगठित नहीं होंगे तो फिर पंचम और राजाराम की तरह मारे जाएँगे। हम अन्याय और अत्याचार सहने के आदी हो गए हैं। नून-रोटी के संघर्ष और जिन्दा रहने की जंग ने हमें ऐसे पिलपिले कद्दू में बदल डाला है कि हमारी प्रतिरोधी ताकत ही मर गई है। लोग हम पर कहर ढाहते जाएँगे और हम सोचते जाएँगे—भोला बाबा पार करेगा...सब दुखों का नाश करेगा। हमारे इसी भोले विश्वास और सन्तोष का नतीजा है कि सुबह से शाम तक हड्डी तोड़ मेहनत के बावजूद हम भूख से, गर्मी से, हैजा से, कुपोषण से, ठंड से मर रहे हैं। और हमारे बच्चे...जिनके हाथों में किताबें होनी चाहिए...उनके हाथों में झाड़ू है...चाय की केतली है...उगलती आग की भट्ठी है। सिर पर सामर्थ्य से अधिक बोझा है। इस जंगली समय में वे सारी चीजें महँगी हो रही हैं, जो हमारे काम की हैं, रोटी, चावल, सत्तू, चाय, तेल, किरासन...सिर्फ एक ही चीज दिनोंदिन सस्ती हो रही है—मजदूरी और मजदूर की जान। हमारे बचाव का एक ही रास्ता है संगठन और हम यदि संगठित नहीं हुए तो यह दुनिया हमें जीने नहीं देगी। याद रखिए...संघ ही सत्य है...संगठन ही शक्ति है। व्यक्ति शून्य है।"

शब्द-शब्द सुननेवालों की चेतना को ठकठका रहा था। वे कानों से नहीं, आँखों से भी सुन रहे थे।

"हम बनाएँगे उनियन... ।"

इन्कलाब जिन्दाबाद—समवेत स्वर में आवाज उभरी।

पहली बार आदित्य इन बस्तियों में सामूहिकता और सह-अस्तित्व की भावना जगाने में सफल हुआ था। 'श्रमिक एवं रिक्शाचालक विकास संघ' की स्थापना हुई। पहली बार ऊँचा उठने की ललक हवा-पानी की तरह वातावरण में घुलमिल रही थी जिसे लोग महसूस कर रहे थे। यही कारण था कि 'श्रमिक एवं रिक्शाचालक विकास संघ' की सदस्यता बस्ती के सभी लोगों ने ली। इसका सचिव बना आदित्य।

इस बीच ठुमक-ठुमक हवा चली। सामूहिकता के भीतरी उजाले को आत्मसात करने की प्रक्रिया ने अभी तेजी पकड़ी ही थी कि तभी घटनाओं का थमा चक्र फिर एक शाम तेजी से घूम गया। मोहनबगान लेन की बस्ती के आखिरी सिरे में कुछेक घर भंगियों के थे। उसी एक घर में मेहतरानी गीता, अपनी विधवा बड़ी बहन, उसके दो छोटे-छोटे बच्चों और अपनी विधवा माँ के साथ रहती थी। वह घर बस्ती के कुछेक घरों की तरह अभी भी लालटेन युग में ही जी रहा था। दिन में भी इतना अँधेरा रहता कि उसके घर की छत पर लालटेन हमेशा जलती रहती थी। घर में भी चूँकि सिर्फ घाघरा पलटन थी, इस कारण बस्ती के बदमाश छोकरों की यहाँ पौबारह थी। कभी कोई उनके घर की टीन की छत पर अटकी अपनी पतंग को लेने चढ़ जाता और घर की एक ईंट की दीवार को हिला सबकी नींद पर कहर ढाहता तो कभी कोई अपने बल्ले पर वह शॉट घुमाता कि उसकी गेंद बाहर खुले में खाना पकाती मीना के खिचड़ी से भरे भगौने में जा डूबती। यहाँ तक तो फिर भी गनीमत थी पर स्थिति तब एकदम असह्य हो जाती जब मीना अपने नौ-दस महीने के बेटे की कमर में डोरी बाँधकर रोजमर्रे का सौदा करने बाहर निकल जाती और गीता मुहल्ले में झाड़ू देने। इसी बीच कोई आकर बच्चे की कमर की डोरी को खोल जाता...ठुमकता-ठुमकता बच्चा बाहर आ जाता। गीता की बूढ़ी माँ उसे सँभाल नहीं पाती। एक बार तो बच्चा गाड़ी के नीचे आते-आते बचा।

लौट आने पर गीता अपनी मर्दवादी गालियों और नुकीली झाड़ू से मुहल्ले के बच्चों के पीछे दौड़ लगाती। उन पर अपना हाथ आजमाती। गीता उस घर की एकमात्र विरोधी और विद्रोही तत्त्व थी। मुहल्ले में सभी उसकी अजीबोगरीब वेशभूषा, विचित्र हरकतों, पहाड़ी मिर्च-सी उग्रता और लड़कों की-सी देययष्टि के चलते उसे पगली कहते थे। वह थी भी अजीब—साक्षात वीभत्स रस। लगभग चालीस वर्षीया। अविवाहित। चेहरा अमावस्या की काली रात और सीना सपाट। लड़कों की तरह छोटे-छोटे खिचड़ी बाल। सामने के एक लम्बे दाँत को छोड़कर सभी दाँत नदारद। उसकी ठठरी-सी सपाट काया एवं लड़कों जैसे छोटे-छोटे बालों के चलते मुहल्ले के छोटे-छोटे बच्चे अक्सर भ्रमित हो जाते कि वह लड़का है या लड़की।

गली के कई दूसरे परिवारों की तरह यह परिवार भी अपनी एक बिस्तरवाली कोठरी में कम बाहर सड़क पर ज्यादा रहता था। गर्मी में टीन की छत भट्ठी-सी तपने लगती। इसके अलावा कोठरी में इतनी समाई नहीं थी कि गृहस्थी के सारे सामान के साथ परिवार के पाँचों सदस्य भीतर सो सकें। पगली की सत्तर वर्षीय बूढ़ी माँ का एकमात्र सहारा वह फुटपाथ था जिस पर बैठकर वह दिनभर आते-जाते लोगों को देखती हुई

अपनी मृत्यु की प्रतीक्षा करती रहती थी।

एक ढलती दोपहरी पगली अपनी सत्तर वर्षीय बूढ़ी माँ के पैरों पर तेल मल रही थी कि अचानक सामने से ताँबे की छड़ों से भरा धड़धड़ाता हुआ एक ट्रक आया और उसकी माँ के पाँवों पर चढ़ गया। त्राहि-त्राहि के साथ बुढ़िया बेहोश हो गई। बस्ती वालों ने ड्राइवर को धर पकड़ा और बुढ़िया को उसी के ट्रक में बैठाकर आनन-फानन में सरकारी अस्पताल में भर्ती करवा दिया। वहीं पता चला कि उसके पैर की हड्डी टूट गई है...भीतर स्टील का रॉड लगवाना पड़ेगा। सब मिलाकर दस हजार रुपए का खर्च।

वह ट्रक उसी मोहनबगान लेन की चुनिंदा आलीशान इमारतों के बाशिंदों में से एक धनपत धानुका का था जिसकी उसी गली में अपने मकान के पार्श्व में ही बिस्कुट के बड़े-बड़े टीन के डिब्बे बनाने की फैक्टरी थी।

सब मिलकर जब धनपत के पास इलाज के खर्चे के लिए गए तो स्वयं को तपःपूत समझनेवाला तिलकधारी धनपत पहले गड़बड़ाया और फिर अपनी सिकुड़ती आँखों और उचकते कन्धों के साथ उसने ताव दिखाया—"वह सड़क पर बैठी ही क्यों थी ? सड़क क्या इसके बाप की है ? वह अपनी कोठरी में क्यों नहीं बैठी ? ऐसा कोई कानून है क्या कि गली में ट्रक नहीं चल सकता ?"

सब हक्के-बक्के रह गए। इसकी काट एकाएक किसी को भी नहीं सूझी। धनपतराय के असली घी के दमकते चेहरे की आब जब सबको निरुत्तर देख बढ़ने लगी...मूँछें मुस्कुराने लगीं कि तभी आदित्य ने मोर्चा सँभाल लिया—"अढाई हाथ की तवे-सी तपती उस टीन की कोठरी में कितनी समाई है ? रोज ही सड़क से कितनी ट्रकें गुजरती हैं...सब क्या उसके पैर पर ही चढ़ जाती हैं ? तुम्हारे ड्राइवर की सरासर लापरवाही है...सड़क यदि इसके बाप की नहीं तो क्या ये गरीबन तुम्हारे बाप के हैं...कि जब चाहा इन पर गाड़ी चला दी।"

आदित्य की वेशभूषा और भाषा देखकर वह झटका खा गया। उसने दूसरी चाल चली। सुनहरे फ्रेम के पीछे गोल-गोल गुलट्टी-सी आँखों को मिचमिचाते हुए चिकनी-चुपड़ी भाषा में परामर्श देने लगा, "तुम पढ़े-लिखे मालूम होते हो बेटा...ऊँची जाति के भी लगते हो। तुम क्यों इन भंगी-चमारों के बीच अपनी दुर्गति कर रहे हो...।"

आदित्य तमतमाया, "मुझे तो आप ही चमार मालूम देते हैं जिन्हें साक्षात इंसान नहीं दिखता, जाति दिखती है। कलियुग के काले कौओं की तरह आपको सिर्फ एक चीज आती है—अपना स्वार्थ चुगना।"

आदित्य की तनी भृकुटी को देख उसने फिर अपना पैंतरा बदला और धमकाने के अन्दाज में कहने लगा, "मैं जो भी हूँ...पर तुम तो बाहरी हो। यह हमारे मुहल्ले का भीतरी मामला है, आपस में सलट लिया जाएगा...तुम्हें इस प्रकार वानर सेना का अगुआ बनकर आने की कोई जरूरत नहीं है।"

अपनी बात पूरी भी नहीं कर पाया था धनपतराय कि तभी पुरुषों की उस मंडली

में पगली गीता एकाएक नमूराद हुई। अपनी माँ की खून से लथपथ टाँगों को देख उसकी आँखों में अंगारे उतर आए थे। अपने टूटे हिलगे दाँतों को पीसते हुए जाने कितने जन्मों का प्रतिशोध लेते हुए उसने लपलपाती नफरत से धनपतराय की तरफ देखा और पीछे से उसकी धोती खींच ली—"चूतड़ आसमान पर चढ़ गया है हरामखोर का...देता है दस हजार कि खोलूँ तेरा पोतड़ा। मादा...कहीं का, बोलता है बाहर क्यों बैठी थी...अरे तेरी माँ का ब्याह रचा रही थी। अरे, भैण...जिसको तूने आज अधमरा कर दिया है न, उसने तेरी तीन-तीन पीढ़ियों का गू धोया है...पर अब मेरी अपाहिज माँ का गू तू उठाएगा...।"

सब स्तब्ध ! जैसे बम फूट गया हो। कुछ देर तक तो किसी में इतनी चेतना भी नहीं रही कि पगली के हाथों से धनपत की धोती छुड़ा लें।

और तभी...

सदियों से रोका हुआ असहज लावा जैसे खदबदाया।

पीछे से आवाज आई—"मारो, मारो साले को...सारी मरजाद निकल जाएगी...तब समझेगा क्या होता है पाँव की हड्डी का टूटना।"

धनपतराय बिना एक शब्द भी बोले ऊपर जीने पर चढ़ गया था। पगली ने उसकी हवा निकाल दी थी। समझ गया...जमाना खराब है। कभी ये ही बस्तीवाले उसके आतंक से एक ओर हट जाते थे। बिना कहे ही उसकी गाड़ी पोंछ देते थे...ट्रक से ताँबे की छड़ें उतरवा देते थे और आज... !

वे ही लोग ?

वक्त वक्त की बात !

अब अवतार ले लें कृष्ण !

देखते-देखते यह बात दिग-दिगन्त में फैल गई कि एक हरिजन युवती ने सवर्ण धनपतराय की दस हजार रुपए की खातिर धोती खोल दी। किसी सिरफिरे स्थानीय अखबार ने चटखारे लेकर इसकी खबर भी छाप दी।

दूसरी सुबह धनपतराय का छोटा लड़का विजय सहदेव की साक्षी में गीता के हाथ दस हजार रुपए रख गया।

तीन दिनों तक धनपतराय घर से बाहर नहीं निकले।

तीन दिनों तक मोहनबगान लेन में मानवीय प्रयासों का शामिलबाजा बजता रहा।

तीन दिनों तक पगली के साथ पूरी भंगी बस्ती एक नए इतिहास को जन्म देने का जश्न झूम-झूमकर मनाती रही।

इन तीन दिनों में 'श्रमिक एवं रिक्शाचालक विकास संघ' की सदस्यता बढ़कर दुगुनी हो गई थी।

उस रात आदित्य ने फिर आग उगली।

"भाइयो, मैं आपसे वादा करता हूँ कि अब किसी जद्दू की आँखें पुलिस की लाठी से बेकार नहीं होंगी...अब किसी इतवारी पर पुलिस का डंडा नहीं बरस सकेगा...अब

कोई रिक्शावाला चालीस की उम्र तक पहुँचते-पहुँचते खराब फेफड़ों, टी.वी., दमा और खाँसी का शिकार नहीं होगा। अब किसी पंचम की प्रचंड उबलती धूप में रिक्शा चलाने से मौत नहीं होगी...मैं आपसे इतना भर वादा करता हूँ कि जब तक कलकत्ते में हाथ-रिक्शावालों को दूसरा विकल्प नहीं दे दूँगा...मैं चैन से नहीं बैठूँगा...मैं मोहनबगान की बस्ती को एक मॉडल बस्ती बनाकर पूरे कलकत्ते के सामने पेश करूँगा...। मेरा उद्देश्य है...अमानवीय श्रम का सफाया...मैं श्रम को सौन्दर्य में बदल दूँगा...ऐसा सौन्दर्य जिसमें आपका अंग-भंग नहीं होगा वरन् आपको अपनी आत्मा की उपलब्धि का अहसास होगा...। आप इस कोऑपरेटिव को अपना विस्तृत परिवार समझें।"

पुष्पा देवी ने अपनी सारी स्त्री पूँजी—साढ़े तीन लाख के अपने सारे जेवरात आदित्य को थमा दिए थे—"इन आभूषणों की इससे बढ़कर उपयोगिता और क्या होगी कि इनसे इतने जीवन जीने योग्य और सुन्दर बन जाएँगे। आभूषण तो सौन्दर्य बढ़ाने के लिए ही न होते हैं।" आदित्य की दुविधा देख उन्होंने उसे समझाना चाहा।

"लेकिन आपके घरवाले...पति...सा...जब उन्हें पता चलेगा...।"

"तुम उनकी चिन्ता मत करो भैया...इस बनिया जाति को मैं अच्छी तरह जान गई हूँ...एक पैसा इनके हाथों से नहीं निकलेगा पर कोई इनकी आँखों में धूल झोंककर लाखों लूट ले तो ये भाग्य की दुहाई देते इसे सह लेंगे। तुम क्या सोचते हो कि मैं इनसे तुम लोगों की सहायता के नाम पर हजार रुपए भी माँगूँ तो क्या मिलेगा मुझे ? 'पाणी मठियाँ माखण कद आवै ?'—पानी को कितना ही मथो, मक्खन नहीं आता। कितनी ही मैं चिरौरी करूँ इनका जी नहीं पसीजेगा। तुम क्या जानो भैया, रवि को मैंने कैसे बड़ा किया...यह तो मैंने उसे बचाने के लिए नौकरी का कवच पहना दिया...पर यदि उन्हें भनक भी पड़ जाती कि मैं उसकी सहायता कर रही हूँ तो ये उसे निकाल ही देते, अरे इन्हें तो यह भी सहन नहीं होता था कि उसे बराबरी का खाना दूँ। बेचारे को छिप-छिपकर कमरे में ले जाकर खिलाती...उसके बाल झाड़ती...उसे पढ़ाती। मेरे पीछे से कहीं उसका पत्ता ही नहीं काट दें इस डर से मैं मैके नहीं जाती...फिर भी मैं उसे अपने बेटों की तरह पढ़ा तो नहीं पाई...पर मेरा भगवान जानता है कि न मैंने उसे बेटों से कम माना और न ही उसने मुझे माँ से कम जाना।"

"पुष्पा देवी जी, रवि को पालना अलग बात थी, चाहे जिस रूप में सही, वह नाम के लिए ही सही नौकर के रूप में था...पर घर से इतनी बड़ी रकम का निकल जाना...जब आपकी सास या पति को पता चलेगा तो... ?"

"तो...तो क्या ? मुझे घर से ही न निकालेंगे...इससे अधिक क्या होगा...। निकाल दें...यहाँ रहकर ही कौन-सा सुख भोग लिया। सारी उम्र धुआँ की पर खाते में कोई भी मीठी याद नहीं। दिन-दिन मैं बीमार रही, भूखी रही। बरामदे में खड़ी-खड़ी लोगों को आते-जाते देख-देखकर, घड़ी की टिक-टिक सुन-सुन दिन निकालती कि अब वे घर आएँगे। भैया, वे तो सर्दियों के पंछी की तरह कभी-कभार ही घर आते और आते भी

तो माँ-बाप में ही रमे रहते। भाइयों से सुना था कि वहीं बम्बई में ही किसी को रख लिया....आँखों से खून के आँसू टपकते। सास अलग कड़ा बोलती, उसको क्या कहूँ...जिसको धनी नहीं माने, जनि (माँ) की क्या माने। ये तो बच्चे और रवि थे जिन्होंने घर से बाँध रखा। खैर, अब मेरे दोनों बच्चे अपने पाँवों पर खड़े हो गए हैं और तीसरा बेटा रवि भी किसी का मोहताज नहीं...इस प्रकार जानवर के बाड़े की-सी सुरक्षा से तो खुली असुरक्षा भली...और फिर तुम यह सोचते ही क्यों हो कि उनको पता चलेगा। और पता चल भी गया तो क्या...इतने बड़े घर में अढाई-तीन लाख के गहने क्या माने रखते हैं। मेरे से चौगुने गहने घर में दूसरी स्त्रियों के पास हैं...। पर तुम निश्चिन्त रहो, उन्हें भनक तक नहीं पड़ेगी क्योंकि मैं इन्हें कभी पहनती ही नहीं। मेरा मैका बेहद गरीब था इसलिए मेरे बारे में खुलेआम कहा जाता है कि मुझमें रईसों जैसे शौक की तमीज नहीं...कि गन्दगी का कीड़ा गन्दगी में ही धँसता है। एक बार रवि बहुत बीमार पड़ गया था, तब मैंने वैसे के वैसे नकली सेट बनवा लिए थे, दिमाग में तो था कि इलाज यदि लम्बा चला तो क्या होगा। घरवाले तो रवि को सीधा निकाल देंगे...पर भाग्य अच्छा था, रवि सप्ताह भर में ही सुधर गया। तो मैं वही नकली सेट लॉकर में पॉलिश करवाकर रख दूँगी। मूर्ख को मूर्ख ही रहने देना चाहिए। साल भर में एक बार सास जब लॉकर की सफाई करने जाएगी तो इन्हें देखकर अपनी आँखें सेंक लेगी। फिर अब मैं भी पहले जैसी "रामजी की गाय" कहाँ रह गई हूँ भैया। बहुत अजीबोगरीब देखा भैया, इस बड़े घर में—यहाँ साँप और गाय जैसे जानवरों को देवता मानकर पूजा जाता है और आदमी को जानवर बाड़े में डाल दिया जाता है।"

"माना आपने नकली सेट बनवा लिए...पर बात तो फिर भी खुल ही सकती है !"

"तो क्या ? कह दूँगी कि मैं गरीब-गुरबे की लड़की, नहीं जानती कि इसका मोल क्या होता है, सो दे डाला अपनी ही जातिवालों को। भैया, लगता है तुम मेरा मुँह खुलवा के ही रहोगे। तुम नहीं जानते भैया, इन गहनों ने मेरा कितना जी जलाया है।" पुष्पा देवी के चेहरे पर बीते वर्षों के काँटे उग आए थे। "मेरी सास ने मुझे मेरी पा लागनी में ये मोती के गजरे भेंट किए थे। मैं ठहरी गँवार, गावदू। बचपना भी भरपूर, सो एक-दो बार चेष्टा की पर जब कजरे की कील ही नहीं खुली तो जल्दबाजी में यूँ ही चढ़ा गई अपनी कलाई में। मेरी कलाइयाँ नरम थीं...गजरे खट से चढ़ गए और साथ ही सास की त्यौरियाँ भी। वैसे भी मेरी सास को हमेशा यह डर लगा रहता कि कहीं मैं उससे टक्कर न लेने लग जाऊँ, इस कारण मुझे जलील करने का कोई भी मौका वह हाथ से नहीं जाने देती थी। वह तो यह भी नहीं चाहती थी कि मैं इस घर की बहू बनूँ, यह तो मेरे श्वसुर ने जब मेरे गाँव के किसी मिनख से मेरे बारे में पूछ लिया तो उसने जवाब तक एक दोहे में दिया, आज तक गाँव में यह बात बताई जाती है। उसने कहा—'प्यारी पौढ़ी पिलंग पर, मुख पर चीर लगाय / जँणक झीनी बादली, चन्दलो लियो छिपाए।' सो श्वसुर जी लट्टू हो गए—लाऊँ तो इस चाँदनी को ही घर में...कि आनेवाली पीढ़ी की नस्ल बदले। मेरे सास और श्वसुर दोनों ही साँवले थे, सो दूसरी पीढ़ी पूरी

काली-कलूटी हुई। हाँ, तो खार खाई सासू ने मेरे पिता की गरीब हैसियत का मजाक उड़ाते हुए कहा—'लाडो, ये लाख-लक्खड़ के नहीं, सुच्चे बसरा मोती रा गजरा छै। लोहा उठानेवाला हाथ्या सूँ फूल नहीं उठाया करै।' सब लोग हँसने लगे। मैं झेंप गई पर उसी पल मैंने प्रण किया कि जिन गहनों ने मेरे पिता के पसीने का मजाक उड़ाया उन्हें कभी अपने अंग से नहीं लगाऊँगी। शुरू-शुरू में तो उन्हें भी डर लगा रहता कि कहीं मैं इन टुकड़ों को अपने गरीब माँ-बाप को न दे दूँ...इसलिए वे इसे अपनी हिफाजत में ही रखते थे, यह तो कलकत्ता आने के बाद मेरे और सास के नाम का लॉकर खुला, जिसकी एक डुप्लीकेट चाबी मैंने जान-बूझकर अपने पास रख ली। अब भैया तुम इनको पार लगाओ। पांणी तौ बैवतौ ई चोखौ लागै—धन हो, पानी हो, वह दूसरों की भलाई में बहता हुआ ही फबता है—यदि ये आभूषण तुम्हारे जरा भी काम आए तो मैं सोचूँगी...कि इत्ते बड़े घर में आकर भी मेरा जीवन इतना बेकार नहीं गया।"

आदित्य ने उन आभूषणों के डब्बे को ले लिया...आखिरकार। छोटे घरों में बड़ी गृहिणियाँ उसने मोहनबगान लेन में कई बार देखी थीं...पर आज पहली बार उसने बड़े घर की बड़ी गृहिणी देखी थी।

"दुनिया बची रहेगी पुष्पा देवी, क्योंकि अच्छे लोग अभी पैदा होने बन्द नहीं हुए हैं।" उसने पुष्पाजी से कहा और कृतज्ञतापूर्वक उन्हें देखते हुए निकल गया।

पुष्पा देवी के यहाँ ये लौटते वक्त फिर एक अप्रत्याशित घटना घटी। जिस बस से आ रहा था आदित्य उसी में अब्दुल रज्जाक से भेंट हो गई। अब्दुल रज्जाक टोपसिया की ठेक पर पेडलर था। उसने बताया कि विश्वजीत हवालात में है।

"क्या...? कब से ?"

"ठीक से नहीं बता सकता पर इतना पता है कि अभी तक तो प्रेसीडेन्सी जेल में ही है, पर बहुत शीघ्र ही उसे दिल्ली के तिहाड़ जेल में भेज दिया जाएगा। चिन्ता की बात यह है कि उस पर नारकोटिक ड्रग एंड साइकोथ्रेपिक सब्सटेन्स एक्ट ऑफ 1985 के अन्तर्गत केस फाइल किया गया है। कुछ भी हो सकता है...तुम्हें बहुत याद कर रहा था।"

"लेकिन पकड़ा गया कैसे...वह तो माल अपने साथ कभी रखता ही नहीं था।...बस रिमोट कन्ट्रोल ही चलाता था।"

"सुना है, महाजन से ठन गई थी उसकी। अरे, ये महाजन पूरे साँप होते हैं साँप। इनका तो उसूल ही है कि या तो इनके दुम हिलाते पिल्ले बनकर रहो या खत्म हो जाओ। जैसे साँप सात जन्मों तक अपने शत्रु की छवि को मन में बसाकर रखता है और मौका मिलते ही डँस लेता है, वैसे ही होते हैं ये।"

आदित्य की आँखों के सामने विश्वजीत का घर...उसकी बूढ़ी माँ सब घूम गईं।

"उसकी बूढ़ी लगभग अन्धी माँ...अब कौन देखेगा उसे ?"

"वह...वह तो घाट गई..."

"क्या... ? क्या मतलब ?"

"मतलब...विश्वजीत के जेल जाने के दूसरे दिन ही सीढ़ियों से गिर पड़ी थी वह। ब्रेन हेमरेज हो गया था...दो दिन कोमा में रही। तीसरे दिन मर गई।"

बहुत देर तक सामान्य नहीं हो पाया था आदित्य। स्मृति में जैसे स्थायी रूप से टँग गया था, उस ममतामयी माँ की झुर्रियों से भरा चेहरा। जिसने अन्त तक विश्वजीत का साथ नहीं छोड़ा था और जिसकी बुझती आँखों में जब-तब आशा की कोई चिंगारी कौंध जाती थी—'देख बी...एक दिन ओ ठीक होऐ जावे...और कुण्डली ते लिखा आछे—दू टा छेले।' (देखना, एक दिन ठीक हो जाएगा वह। उसके भाग्य में दो पुत्र हैं।)

अदालत परिसर में विश्वजीत को दो दिन रखा गया था। इन दो दिनों की भयावहता ने ही उसके अस्तित्व के रेशे-रेशे को बिखेर उसका दिमागी सन्तुलन गड़बड़ा दिया था। अदालत परिसर की एक छोटी-सी कोठरी में मई की भीषण गर्मी में चालीस कैदियों को ठूँस दिया गया था...पानी-पानी चिल्लाते एक कैदी ने विश्वजीत के सामने ही प्राण त्याग दिए थे...और स्वयं को सर्वशक्तिमान समझनेवाला विश्वजीत चाहकर भी कुछ नहीं कर सका था...इस दृश्याघात से उसके दिमाग की सारी कोशिकाएँ चरमरा गई थीं...और उन्हीं चरम क्षणों जो आत्मबोध हुआ उसे कि जीवन के सारे अर्थ और परिभाषाएँ ही बदल गई थीं।

यद्यपि अधिकारियों की नीचता, अमानवीयता एवं आम आदमी की दुर्दशा के प्रति उसके मन में पहली बार खौलता हुआ आक्रोश जागा और इसके साथ ही पहली बार जेल की सलाखों और दम तोड़ते कैदी की साक्षी में वह भी महसूसा उसने जिसे कहते हैं ईश्वरीय डर।

आदित्य जिस समय मिलने गया...उसे सेल में डाल दिया गया था। सलाखों के पीछे अकेले खड़े-खड़े दिन भर अतीत की बाँबियों से दुष्कर्मों के सर्प निकल निकल उसे डँसा करते...ईश्वर...मृत्यु...जन्म...पुनर्जन्म...पाप...पुण्य सब हर वक्त उसकी चेतना में छाए रहते।

आदित्य को देखते ही उसकी बुझी आँखें चिंगारी की तरह दहकीं और आत्मा की अँतड़ियों को फाड़कर क्रन्दन बह निकला।

भीतर के बवण्डर के थमने के बाद वह कुछ बोल पाया, "मैं जानता था...चाहे पुलिस को मेरी खबर कर दे, पर मुझसे मिलने अवश्य आएगा तू। ओफ, कितना समझाया था तूने मुझे।"

आदित्य का गला भर्रा गया। इन तीन महीनों ने विश्वजीत को बूढ़ा बना डाला था। कन्धे झुक गए थे...आँखें कोटर में धँस गई थीं। पकी मूँछें और बढ़ी दाढ़ी ने चेहरे को भयावह बना डाला था।

"तो तू जान गया था कि मैंने ही यह खबर पुलिस को दी थी...फिर भी मुझसे मिलना चाह रहा था तू।"

"मुझे शक था...क्योंकि तूने चिट्ठी में लिखा था। तेरा नैतिक साहस भी मैं देख चुका था। यूँ भी पहलेवाला महाजन मेरे पीछे पड़ा हुआ था ही...खैर छोड़ इन बातों को। तू तहेदिल से चाहता था कि मैं अच्छा जीवन जीऊँ। जानता है...जेल की इन दीवारों के भीतर मुझे न सूरज दिखता है और न आकाश...बस तेरा और अपनी माँ का चेहरा ही दिन-रात मेरी आँखों के सामने घूमता रहता है...काश, माँ के सामने महीने भर भी 'क्लीन' रह पाता मैं।"

आदित्य खामोश !

फिर झंझोड़ा विश्वजीत ने उसे।

"तू ही बता...यह कालापानी-सा अकेलापन...पहाड़-सा यह समय...सीने पर चट्टान-सा पड़ा अपराध-बोध...मैं तो जिन्दा ही चिता पर चढ़ गया...तू ही बता दोस्त, क्या इस जन्म में मेरी मुक्ति सम्भव है ? मुक्ति तो दूर की बात...क्या इंसान की तरह अब जी सकूँगा मैं ? साँझ घिरते ही इस अँधेरी कोठरी के कोने-कोने से दुबका हुआ डर आकर मुझे दबोच लेता है। ओफ, इंसानी आवाज और इंसानी चेहरे तक के लिए तरस जाता हूँ। पत्ता भी खड़कता है तो दौड़कर सींखचों से दूर-दूर तक नजर दौड़ाता हूँ कि दिख जाए कोई इंसानी शक्ल, पर अपनी साँस और धड़कन के सिवा कुछ सुनाई नहीं पड़ता। यहाँ के अन्तहीन अकेले में मुझे लगता है कि मैं कहीं पागल ही न हो जाऊँ। मेरे चारों ओर अँधेरा है...मेरा भविष्य तक मुझे डराता है। सोच, यहाँ अँधेरा है...पर यदि किसी चमत्कार से मैं जेल की सलाखों के बाहर भी आ गया तो महाजन के आदमी मुझे मार डालेंगे। ओफ, अब तो लगता है जैसे मैं जन्म-जन्म से इन सलाखों के पीछे कैद हूँ। कैसा जीवन...कई बार तो सन्तरी खाना लेकर आता है तो समझ में नहीं आता कि यह सुबह का खाना है या शाम का। घड़ी भर के लिए भी आँख लग जाए तो दुःस्वप्न सोने नहीं देते। आँख खुलती है तो परेशान हो जाता हूँ कि सुबह है या शाम।"

आदित्य को चुप देख हाथ पकड़ लिए उसने उसके।

"बोल...तू कुछ बोलता क्यों नहीं है ? क्या मेरी इस बुरी दशा का मजा लेने ही आया है तू।"

पर चिन्ता के किसी दूसरे ही ध्रुव पर खड़ा आदित्य उसकी बातों का जवाब न देकर पूछ बैठा।

"बिना ड्रग के तूने विद्ड्राअल कैसे फेस किया यहाँ ? क्या डि-टोक्सीफिकेशन की व्यवस्था है यहाँ ? मैंने तो सुना था कि विद्ड्राअल के चलते कई नशेबाज मर गए।"

पहली बार हँसा विश्वजीत। सहलाती नजरों से देखा और कहने लगा–

"भोंदूराम, तू सचमुच बड़ा इनोसेन्ट है। पुलिस स्टेशन में तो जरूर थोड़ी तकलीफ हुई थी, पर यहाँ ड्रग आराम से मिल जाता है। दही की कटोरी के नीचे पोलिथिन पैकेट में जेलर खुद रख देता है। बस पैसे दुगुने झाड़ता है। यहाँ बस खर्च करने को पैसा चाहिए, सबकुछ हाजिर। बस नहीं मिलती है तो शान्ति और औरत। लगता है अब

जिन्दगी भर शान्ति और औरत को महसूस...” और आँखों में अधमरी लालसा लिए वह दहाड़ मार रोने लगा।

आदित्य समझ नहीं पा रहा था कि कैसे दिलासा दे उसे। कुछ दुःख ऐसे होते हैं जिन्हें स्वीकार ही किया जा सकता है...दिलासा जहाँ बेमानी होती है। फिर भी अपने अनुभव की सारी दौलत उसने उसके सामने उँड़ेल दी, जो इन दिनों बूँद-बूँद इकट्ठी की थी उसने। “देख पार्टनर, अपने गहरे अनुभव से मैं इसी निष्कर्ष पर पहुँचा हूँ कि बिना किसी नैतिक धुरी के यह विशाल और सुदीर्घ जीवन आनन्द नहीं दे सकता—क्षणिक सुख भले ही दे दे। मैंने हमेशा सुखी होना चाहा बिना यह जाने कि सुख क्या होता है। मैं हमेशा अपने से पूछता रहता था—ह्वाट इज लाइफ ! मैंने तो खुद को लगभग मार ही दिया था। मोहनबगान लेन की बस्ती में रहकर मैंने महसूसा कि जीवन क्या है ? दुःख क्या है ? मैं समझता था कि मेरा जीवन ही समस्याओं से भरा है...जबकि यहाँ रहकर मैंने जाना कि इन लोगों की समस्याएँ ही वास्तविक समस्याएँ हैं और समस्याओं से भरे इस जीवन को खोलने का सिर्फ एक ही राज है—विद्रोह और संघर्ष। आज इन असंख्य लोगों से एकात्म होकर मैंने जाना कि बड़ी खुशी और सच्चा सुख सदैव लोक-हित के कामों से जुड़कर ही मिलता है।”

मिलने का समय समाप्त हो रहा था। रोते हुए विश्वजीत ने आखिरी बार फिर याचना की—“मुझे कोई ऐसा मंत्र दे दे...मेरी आत्मा मुझे न कचोटे...मुझे शान्ति मिल सके...।”

आदित्य चुप रहा। सोचता रहा। उसके भीतर प्रार्थना थी...सिर्फ प्रार्थना।

थोड़ी देर बाद शान्त-शान्त स्वरों में किसी ऋषि की तरह जवाब दिया उसने—“देख पार्टनर, तुझे आशा की कोई किरण दिखाई नहीं देती पर मुझे तो अब आशा-ही-आशा दिखाई पड़ रही है क्योंकि अब तुम्हारी अन्तर्यात्रा शुरू हो गई है। अब तुम्हें सब सवालों के जवाब मिल जाएँगे। तुम चाहे बन्दी हो पर तुम्हारी आत्मा अब मुक्त हो रही है। तुम्हारी अन्तरात्मा और चेतना का सफर अब शुरू हो चुका है। इसे शान्ति से सुनो—क्या कहता है तुम्हारा अन्तर्मन। अपने भीतर की उस आवाज को तुम सुनो, जो अब तक बाहर के कोलाहल और जीने और भोगने की लालसा के बीच दबी हुई थी—जिसने तुम्हारे भीतर के इंसान और अध्यात्म की भावना को ही मार डाला था। पर सबसे जरूरी है कि तुम अपने जीवन पर छाई नशे की इस पफूंदी से ऊपर उठो...जेलर से अपील करो कि वह तुम्हें दही के कटोरे में हेरोइन का पॉकेट देने के बजाय—तुम्हारा डि-टोक्सीफिकेशन करवाए।

“ एक बात ध्यान रखना दोस्त—तुम्हें शान्ति तब तक नहीं मिल सकती जब तक तुम अपनी नजरों में नहीं उठ जाते। तुम्हारी अन्तरात्मा तुम्हें यदि आज चूहे की तरह कुतर रही है तो समझ जाओ कि अब भी संभावना शेष है—तुम्हारे मनुष्य होने की।”

मिलने का समय समाप्त हो चुका था, फिर मिलने का वादा कर निकल गया था आदित्य।

रिक्शा कोऑपरेटिव की स्थापना के बाद अब आदित्य को भी घर-घर में पहचाना जाने लगा था। रिक्शेवालों के अलावा बस्ती के दूसरे बाशिंदे भी अब किसी सम्पन्न देश के राजदूत की तरह गन्दी सँकरी चिल्ल-पों वाली इन गलियों में पड़े आदित्य को देख उसमें दिलचस्पी लेने लगे थे। उन्हें ताज्जुब लगता, एक साफ-सुथरा, खूबसूरत और पढ़ा-लिखा बाबू मार्का गैर ईसाई नवयुवक क्यों इनके बीच में है। गन्दी बस्तियों में काम करते ईसाइयों को तो फिर भी उन्होंने देखा था—पर यह हिन्दू युवक ? शीतल बाबू ने एक बार उसके बारे में अफवाह ही उड़ा दी थी वह इन गलियों में छिपकर सोने की स्मगलिंग करता है। दिन-रात बस्तीवालों की चिन्ता में रात-दिन एक कर देनेवाले नंगाझोली आदित्य को देख वह अफवाह भी जब कारगर नहीं हुई तो अपने धन्धे को चौपट होने से बचाने के लिए उन्होंने दूसरी अफवाह उड़वाई कि वह गली के गरीब-गुरबों को ईसाई बनाने के लिए भेजा गया है। एक-दो बार शीतल बाबू ने उसे अपने मुस्टंडों से धमकवाया...छुरा भोंकने की चेष्टा भी की गई पर उसे उखाड़ फेंकने का विरोध जितना प्रबल होता—आदित्य उतनी ही दृढ़ता से स्वयं को वहाँ रोपित करता रहा।

उसका सबसे बड़ा मानसिक संबल था बस्तीवाले, जिनके बीच वह दिनोंदिन किसी फिल्मी सितारे-सा ही लोकप्रिय होता जा रहा था। पर फिर भी आदित्य को लेकर उनकी जिज्ञासाएँ बनी रहतीं। कौन है ? कहाँ से आया है ? यहाँ क्यों है ? एक दिन बेबाक पगली ने आखिरकार धर ही लिया आदित्य को।

"तुम काहे इहाँ आइल, अपन घर के छोड़के...रऊआ तो पढ़त-लिखत बानी।"

ऐसे में आदित्य अप ी ही कहानी को थोड़ा घुमा-फिराकर सुना देता, "भैया, पहले जहाँ रहता था वहाँ एक प्रेतनी बुरी तरह मेरे पीछे पड़ गई थी। उसने पहले मेरी पढ़ाई-लिखाई छुड़वाई, फिर माँ-बाप छुड़वाए...फिर मेरे होश-हवास...शब्द, भावनाएँ, संवेदनाएँ सभी को डकार गई...। किसी फकीर ने मुझसे कहा—जाकर इन बस्तियों में एकदम नीचे के तबके के लोगन के साथ रह, उनकी सेवा कर, तभी जाकर ये पीछा छोड़ेंगी तेरा...यह धनिकों को सबसे पहले पकड़ती है...सो भैया उसी प्रेतनी से पिण्ड छुड़ाने मैं यहाँ चला आया।"

"अईसी बात, तो चलो भैया, मस्जिदवाले पीर का मंत्राया हुआ पानी पिलवा देत बानी...ताबीज बनवा देत बानी—प्रेतनी-वेतनी सब दुम दबा के भाग जाई..." पगली की बहन मीना उत्साह से लबालब होकर बोलती। लेकिन सहदेव, काली, इतवारी वगैरह हैरान होकर सोचने लगे कि 'हई कईसन बीमारी बाटे जैका इलाज गरीब-गुरबन के बीच होके ठीक हुई।'

किसी तत्त्वचिन्तक की तरह जवाब दे देता आदित्य—"हाँ भैया, अब ई कलियुग में अईसी ही महा बीमारी फैलेगी जिसका ताबीज जीवन की मामूलियत और स्वाभाविकता के बीच ही बनेगा।"

और दिन बीतते रहे।

संकल्प के साथ होती हर सुबह रात ढलने तक कुछ-न-कुछ अंजाम उसकी लोक के लिए फैलाई झोली में डाल ही जाती।

हर दिन कुछ नए हाथ जुड़ते गए...हर बार नई-नई बाधाएँ पथ अवरुद्ध करती रहीं। पर अब आदित्य ने गहरे पानी में भी तैरना सीख लिया था। अपने प्रोफेसर रामकृष्ण की यह उक्ति उसे जब-तब मानसिक सम्बल देती रही कि समुद्र उसी का है जो तैरना जानता है।

पाँच वर्षों की एकाग्र निष्ठा और चट्टानी दृढ़ता ने कुछ सकारात्मक नतीजे भी दिए।

—मोहनबगान लेने से शुरू हुई रिक्शा यूनियन अब कई शाखाओं-प्रतिशाखाओं में प्रान्तीय स्तर पर लहरा रही थी।

—रात्रि कक्षाओं और शिशु विद्यालयों के अन्तर्गत एक-एक खोलाबाड़ी तक सरस्वती पहुँच रही थी।

—पुलिस अन्याय से मोर्चा लेने के लिए रिक्शा रक्षा वाहिनी समिति का गठन हो चुका था। 'ईंट का जवाब पत्थर से' की रणनीति के तहत कई क्रूर पुलिसवालों की पलटकर ठुकाई भी हो चुकी थी।

—सबसे प्रशंसनीय कार्य हुआ था—विकास समिति के अन्तर्गत। इसमें कई सम्भावनाशील रिक्शेवालों को प्रशिक्षित कर टैम्पू चालक और टैक्सी चालक बना दिया गया था। 'आन योर ऑटो' योजना के अन्तर्गत दो-दो रिक्शेवाले को संयुक्त रूप से एक टैम्पो दिया गया। उनकी कमाई का एक भाग कोऑपरेटिव में जमा करवाकर दो भाग दोनों के बीच बाँट दिया जाता था—योजना थी कि इस प्रकार छह वर्ष के अन्तर्गत हरेक रिक्शेवाले का अपना ऑटो हो जाएगा।

—मनोरंजन और विकास योजना के अन्तर्गत एक मनोरंजन क्लब खोला गया था जिससे दिन भर की हाड़तोड़ खटनी के बाद रिक्शेवाले रात के समय ताड़ी में डूबकर थकान मिटाने की बजाय टी.वी. कार्यक्रम एवं संगीत का आनन्द ले सकें।

—न्यूनतम दर और लाइसेंस योजना के अन्तर्गत न्यूनतम भाड़ा निर्धारित किया गया। आदित्य यह देखकर दंग रह गया था कि कोलकाता नगर निगम के 141 वार्डों में लगभग पचास हजार लोग इस धन्धे में जुड़े हैं। पर निगम एवं परिवहन विभाग ने सालों से रिक्शेवालों को लाइसेंस नहीं दिया है। सिर्फ 5500 लाइसेंसधारी रिक्शाचालक हैं, बाकी सभी पुलिस अत्याचार के सामने रामभरोसे हैं।

—जहाँ आदित्य ने 'अमानवीय श्रम का सफाया' की हुंकार भरी वहीं इन असाधारण श्रमिकों को सम्मानित भी किया। उसी के निरन्तर प्रयासों से सुबह-शाम रिक्शा टाननेवाले एक अस्सीवर्षीय रिक्शाचालक नरेन दत्त को सिंचाई और जलपथ राज्यमंत्री गणेशचन्द्र मण्डल द्वारा सम्मानित किया गया।

तुम्हारा पुत्र इतिहास रच रहा है, वनश्री

पाँच वर्षों बाद।

मोहनबगान लेन का चेहरा बदला। कुछ काम बहुत अच्छे हुए पर साथ ही बहुत कुछ ऐसा अनहोना भी हो रहा था जहाँ चाहकर भी आदित्य कुछ नहीं कर पा रहा था।

वर्षों से लगातार खड़े रहने एवं चलते रहने के कारण सहदेव के पैरों की वेरीकोज नस खराब हो गई थी क्योंकि शरीर में खून का दबाव जो नीचे की ओर जाता था वह ऊपर नहीं आ पाता था जिसके चलते डॉक्टरों को उसका दायाँ पाँव काट देना पड़ा था।

जिस मनहूस दोपहर उसके पाँव को काट दिया गया था, आदित्य ने उस पूरी दोपहर स्वयं को अपने कमरे में बन्द रखा था...। लगा, जैसे सहदेव का पाँव नहीं, उसकी आत्मा के अंश को काट डाला गया है। उन सपनों को काट डाला गया जिसे उसने रिक्शा कोऑपरेटिव बनाते वक्त सहदेव को दिखाया था।

बाद में...बैसाखी के सहारे चलते सहदेव को देख पूरी बस्ती का कलेजा मुँह को आ जाता था। भरे गले से आदित्य कहने लगता—"कौन विश्वास करेगा कि कभी यही सहदेव भैया जेठ की दुपहरी में ताँगे में जुते घोड़े की तरह तीन-तीन, चार-चार सवारियों को अपने रिक्शे पर ढोकर नंगे पैर दौड़ लगाया करता था।"

उसको सांत्वना देते हुए सहदेव अपने टूटे दाँतों की उदास हँसी बिखेर देता..."अरे भइया, हम जिन्दा तो रहत बानी लेकिन हमार पंचमा और हरिया को तो ई शहरवा पूरा ही निगल गया—हमारी तो सिर्फ एक टाँग ही गई।"

सहदेव का गम भूल नहीं पाया था आदित्य कि फिर से दो घटनाएँ घट गईं।

लगातार झुकते रहने के कारण सीताराम की कमर धनुष के आकार की तरह टेढ़ी हो गई थी।

टीन बनानेवाली फैक्ट्री में काम करनेवाले बद्री ने अपनी लड़की को ब्याहने के लिए मुआवजे के लालच में चलती मशीन के नीचे अपना अँगूठा दबा दिया था। पाँच वर्ष पहले जद्दू ने अपना एक गुर्दा बीस हजार रुपए में बेच दिया था, जिससे खून से चलनेवाली इस काल-गाड़ी के बदले वह अपना ऑटो खरीद सके।

अब उसका गुर्दा भी बेकार हो गया था। वह अस्पताल में था।

ये सब घटनाएँ आदित्य का दिमागी सन्तुलन गँवा देतीं—उसे लगता भयंकर अभावों और भयावह दरिद्रता का यह अथाह समुद्र उसे विक्षिप्त बना देगा...कि वह कितना भी क्यों न करे, यह दुष्चक्र इतना शक्तिशाली है कि उसका सारा श्रम और उत्सर्ग मानवीय यंत्रणाओं के इस समुद्र को एक बूँद भी कम नहीं कर पाएगा।

उसे लगता, उसकी सारी आस्थाएँ, बड़े सपने और दृढ़ संकल्प...बिखर जाएँगे। ऐसे में सहदेव उसका हौसला बँधाता रहता—"भैया, देखो हमारी ऊ स्कूल को देखो, जिस उम्र में हमार हाथ में झाड़ू थी, हमारे बच्चों के हाथ में किताब है—देखो, वो कैसे गा

रहे हैं—हम पढ़िब, आगे बढ़िब।" और बच्चों की हँसी और पढ़ाई के शोर में आदित्य अपने सन्ताप, तनाव और जीवन के सारे दुःखों को डुबो देता।

एक अँधेरी शाम जद्दू के इलाज की व्यवस्था कर कहीं से लौट रहा था आदित्य कि मोहनबगान लेन में घुसते ही आँखें जुड़ गईं—सामने ही हेमन्त बाबू और वनश्री। एकबारगी आँखों पर विश्वास नहीं हुआ उसे—वे यहाँ ? पर वे सचमुच थे वहाँ। हाँ, मौसम बदल चुका था। सदाबहार पिता पहली बार उसे बूढ़े नजर आए। उनके सामने का एक दाँत टूट गया था, चेहरा ढीला पड़ गया था। बालों की सफेदी घनी हो गई थी। मक्खन की-सी रंगतवाली वनश्री भी मरी हुई छिपकली के पेट की तरह बदरंग और श्रीहीन हो चुकी थी। उसकी आँखों पर चश्मा चढ़ गया था। चेहरे की खाल ढीली पड़ गई थी।

माँ-बाप को देखते ही आदित्य की आँखें सावन-भादो-सी बरसीं। भावनाओं की वो मरोर उठी कि पन्द्रह-बीस मिनट तक कोई कुछ भी बोल नहीं पाया। पिता के अंक से लगकर वह सिर्फ रोता रहा। थोड़ी देर के लिए थमता रुदन कि फिर दूने वेग से रो पड़ता वह। आज पहली बार जिन्दगी में रोने में भी इस प्रकार का अलौकिक सुख अनुभव हुआ था उसे।

कुछ पिघलते पल।

रो-धोकर अब वह शान्त था...किसी ठहरे हुए समुद्र की तरह।

"आपको इस जगह का पता कैसे चला, पापा ?" पिता के सामने के टूटे हुए दाँत पर नजर गड़ाते हुए पूछा उसने—अवचेतन में विषाद गहराया—दोनों के इस असमय बुढ़ापे का दायित्व भी उसी पर ही है।

हेमन्त बाबू की कोरों में ठिठके आँसू चू पड़े। चेहरे की ढीली पड़ती खाल कँपकँपाई। पर बोल नहीं पाए वे। वनश्री ने ही ठहरी हुई फिजा को धक्का दिया आखिरकार।

"कहाँ-कहाँ नहीं खोजा तुम्हें बेटा...हम तो उम्मीद ही खो बैठे थे कि मरने के पहले देख पाएँगे तुम्हारा चेहरा। थाना, पुलिस, कचहरी...गली-गली...कहाँ-कहाँ नहीं खोजा तुम्हें। किस पीर-हकीम की चौहद्दी पर मत्था नहीं टेका। जाने कितनों को दिखाई तुम्हारी कुण्डली पर कुछ नहीं हुआ। जाने कैसे तो बुरे-बुरे ख्याल आते..." और वह फफक पड़ी।

हेमन्त बाबू के अधबूढ़े चेहरे पर जीवन काँपा और होंठों से कुछ शब्द गिरे। "आज किसी अखबार में तुम्हारे बारे में पढ़ा...तो दौड़े चले आए।"

"अखबार में ?"

"हाँ बेटा, तुम्हारे बारे में लिखा था...किसी सम्भ्रान्त परिवार का लड़का इन झुग्गी-झोंपड़ियों में रहकर इनके बीच काम कर रहा है।"

आदित्य चमत्कृत !

"खुद आपने पढ़ा था ?"

"पहले दो-एक सम्बन्धियों और रिश्तेदारों के फोन आए तो विश्वास नहीं हुआ... फिर खुद जाकर अखबार खरीद लाया...पर उसमें पूरा पता नहीं था...पता लगाने में तीन-चार घंटे निकल गए। उस अखबार के ऑफिस जाकर उस रिपोर्टर से मिलकर पूरा पता लिया। फिर भी सारे रास्ते धुकधुकी रही कि हमारे पहुँचने के पहले ही तुम कहीं खिसक न पड़ो। बीच की यह पन्द्रह किलोमीटर की दूरी भी भारी पड़ी...।"

वनश्री बीच में ही बोल पड़ी।

"हमारी डाँट का इतना बुरा मान गए बेटा कि इन पाँच वर्षों में कभी घर की तरफ झाँका तक नहीं...।"

लहर की तरह तड़पा आदित्य। आवाज थरथराई।

"क्या कहती हो माँ...घर से दूर रहकर ही तो जाना है...कि घर के नमक का स्वाद क्या होता है। जब चाहा खाया...जब चाहा नहाया...जब चाहा सोया। ओफ, यहाँ नहीं रहता को कभी नहीं समझ पाता कि कितनी मौज भरी चीज है घर। कोई भी रात ऐसी नहीं गुजरी, पापा कि घर की...मुहल्ले की कोई आहट मैंने न सुनी हो। कि खाते वक्त दाल के पानी में आप दोनों की छवि न देखी हो। पिंजरे में बन्द पक्षी की तरह मैं हर रात तड़पा हूँ, आप दोनों के लिए।"

बोलते-बोलते वह फिर फफक पड़ा।

वनश्री ने फिर उसके माथे को सहलाया।

हेमन्त बाबू ने एक दीर्घ निःश्वास ले उसके गालों पर हाथ फेरा।

जलते मोम की तरह टप-टप आँसू टपकाते बोली वनश्री, "बेटा, हमारे रहते इतना दुःख उठाया तूने—यह सोच मेरा हिया फटता है। जो हुआ सो हुआ...पर अब मैं तुम्हें यहाँ नहीं रहने दूँगी...तेरे बिना घर पूरा मरघट ही बन गया है। इन पाँच वर्षों में कोई शाम ऐसी नहीं गई कि रोटी आँसू से न भीगी हो, न कोई त्यौहार आया घर में और न ही कोई मौसम बदला। तेरे बाप ने अलग दुनिया बना ली और मैं भगवान की चौखट पर सिर पटक-पटक मर गई पर तुम नहीं आए। अब अकेले रहते-रहते जिन्दगी से डर लगने लगा है, बेटा। माँ-बाप यदि बुरे भी हों तो कोई उन्हें छोड़ थोड़े ही...।"

आदित्य ने आगे बोलने से रोक दिया वनश्री को। उसके होंठों को अपनी हथेलियों से बन्द कर दिया। वनश्री में आए परिवर्तन को देख उसकी आत्मा चाक हो गई थी।

हेमन्त बाबू ने वनश्री की अधूरी बातों के सूत्रों को आगे बढ़ाकर खुद थाम लिया था। उनके मन में धुकधुकी थी कि कहीं आदित्य इनकार न कर दे, साथ चलने से। उनके इस पगले पुत्र के लिए कुछ भी अप्रत्याशित नहीं था। वे जल्दी-जल्दी बोलने लगे, उन्हें डर था कि कहीं उन्हें बोलने में देर हो गई तो बेटे का निर्णय न बदल जाए।

इस बीच बस्ती की किसी महिला ने लँगड़े से दो टूल लाकर रख दिए थे। बिना हैंडिलवाले चाय के दो कप और समोसे भी किसी घर से आ गए थे। कोई दौड़कर सन्देश ले आया था। पूरी बस्ती में यह खबर सुगन्ध की तरह फैल गई थी कि आदित्य के

माँ-बाप आए हैं। उनकी ओर एक आत्मीय नजर डाल हेमन्त बाबू ने कहा—

"बेटा, अपने यार-दोस्तों से विदाई ले लो...शरीर की इस शेष होती यात्रा के अब जितने दिन भी बचे हैं...उन्हें तुम्हें देखते हुए ही बिताना चाहता हूँ। बेटा, तुम क्या गए, हमारा तो वंश ही बदल गया। पश्चात्ताप की लपटों में हम झुलसते रहे और...जब गंगा का सारा जल भी मेरे हृदय में धधकती पश्चात्ताप की अग्नि को बुझा नहीं पाया तो फिर एक नया दौर शुरू हुआ। संक्षेप में इतना बता दूँ कि मैंने मन-ही-मन संकल्प लिया कि मैं यथाशक्ति नशे के शिकार एवं भटके हुए नौजवानों के लिए कुछ करूँगा। मेरे दो-तीन अभिन्न मित्रों ने भी साथ देने का वादा किया। मैंने क्रिमिनोलॉजी की कुछेक क्लासें लीं। इससे मुझे अपराधियों के मनोविज्ञान को समझने में सहायता मिली। फिर मैंने 'स्टेट्समैन' में एक विज्ञापन दिया—'इफ एनी वन इन डिस्ट्रेस, डायल 442842।' पहले ही रिस्पांस में 55 लड़के आए। मैंने देखा..उनमें से अधिकांश की समस्या थी अकेलापन। खैर, मेरे एक रिटायर्ड मित्र ने भी इसमें दिलचस्पी ली। उन्होंने अपना ऑफिस मुझे दे दिया। फिर मेरी गाड़ी चल निकली। हाँ, शुरू-शुरू में फाईनेंस की समस्या भी आई...पर क्या बताऊँ तुम्हें...इन चार सालों में मेरी संस्था 'पुनर्जन्म' ने अच्छा काम किया है...यहाँ देनेवालों की भी कमी नहीं है बस उन्हें धकेलनेवाला कोई चाहिए...। नाइट क्लासेज, वोकेशनल ट्रेनिंग के अलावा हमारा हार्म रिड्यूस प्रोग्राम भी चलता है। इसके अन्तर्गत हम फुटपाथी नशेड़ियों को कीटाणु फ्री सीरिंज देते हैं कि नशे के लिए वे संक्रमित सीरिंज का उपयोग कर कहीं एड्स-वेड्स के शिकार न हो जाएँ। अगले साल से हम 'मिड वे होम' की योजना भी चालू करने की सोच रहे हैं।

" आइडिया है कि घर से प्रताड़ित नशेबाजों को हम पूरा घर चाहे नहीं दे सकें...पर 'मिड वे होम' में परिवार जैसी ही व्यवस्था बनाई जाने की योजना है...पर इसके लिए तगड़ा फाइनेंस और कई हाथ चाहिए—तुम आ जाओ तो शायद इसको अगले वर्ष ही अंजाम दिया जा सके। बेटा, मैं अपना यह सपना अब तुम्हारी आँखों में डाल देना चाहता हूँ। तुम वापस आ जाओ तो मुझे भी दो हाथ और मिल जाएँगे...फिर मजाल है ड्रग किसी की जिन्दगी को अँधेरे से भर दे...कम-से-कम हमारे शहर में।"

कुछ खामोश पल...। जिराफ की तरह गर्दन उठाकर आसमान की ओर ताकने लगा आदित्य।

वनश्री की आशंका सर्प के फन की तरह चमचमाने लगी। जाने कैसी सोंठ खाकर जना बेटे को कि आज तक समझ नहीं पाई इसे। साथ चलने के नाम पर पुत्र में उत्साह तो दूर वह तो जैसे इस प्रसंग पर एकदम घुन्नाघट्ट हो रहा था। माजरा क्या है ? आखिर उसकी बाँह पकड़ खींचने लगी वह।

"सामान आता रहेगा...आप जाकर टैक्सी ले आइए...खड़े-खड़े कितनी देर तक यूँ ही बतियाएँगे...।"

सोच की धूप-छाँव।

वह बोला...आखिरकार।

"पापा, इस बस्ती के लोगों ने मुझ पर अटूट विश्वास कर मुझे आदमी से देवता बना डाला है। मैं अब इन्हें छोड़कर नहीं जा सकता। मैंने इन्हें बड़े-बड़े स्वप्न दिखाए हैं। उनके स्वप्नों की देखभाल भी अब मुझे ही करनी है। और सबसे बड़ी बात, मेरे चिन्तन और चेतना के सफर की शुरुआत जहाँ से हुई उस सफर को बिना किसी मुकाम तक पहुँचाए मैं निकलूँ तो कैसे ? इन लोगों के पास कुछ नहीं है, सिवाय हौसले और कुछ हसीन स्वप्नों के।"

"क्या ?" गहन पीड़ा की एक लहर सिर से पैर तक सिहरा गई वनश्री को। जो बेटा कभी उसकी आज्ञा के बिना घर के बाहर तक कदम नहीं रखता था वही आज घर लौटने के लिए मना कर रहा है...और वह भी कितनी सख्ती से...। वह मर्माहत हो उठी। दर्द से ऐंठती बोली–

"नहीं बेटा, ऐसा नहीं कहते...हम जीते-जी मर जाएँगे। हम फ्लैट में रहें और तुम यहाँ मक्खियाँ उड़ाते रहो, बदबू के भभकों के बीच साँस लेते रहो। हम माँ-बाप हैं, यह कैसे सह सकते हैं...इतने सालों के इन्तजार के बाद तुम मिले और वह भी इन हालातों में। फिर मैंने यह भी सुना है कि यहाँ तुम्हारी जान को भी खतरा है। वही रिपोर्टर बता रहा था कि मुहल्ले के कुछ लोग...जिनके धन्धे तुम्हारे कारण चौपट हो रहे हैं, उन्होंने अपने आदमी छोड़ रखे हैं...तुम्हें मरवाने को...पर बस्तीवालों के चलते तुम बचे हुए हो, बताओ, ऐसे में हम तुम्हें कैसे छोड़ दें यहाँ मरने को।"

बड़े ही जानलेवा क्षण थे वे आदित्य के लिए। ऐसे क्षण जिनमें बहुत कुछ जुड़ सकता था या टूट सकता था। आँखों में असीम कृतज्ञता और सम्पूर्ण प्रेम के भाव से माँ के कन्धे पर हाथ रखा उसने। "माँ मेरे जीवन...मेरी आत्मा को खतरा पहले था...अब नहीं। ये लोग तो मेरे जीवन के निर्माता हैं, यहाँ मुझे कोई खतरा नहीं। तुम निश्चिन्त रहो माँ। और जिन्हें तुम गन्दी झोंपड़ी-झुग्गियाँ कह रही हो न, इन गन्दी झोंपड़ियों के टुकड़ों-टुकड़ों में बिखरी खंडित जिन्दगियों ने ही मुझे एक अखंडित जीवन दर्शन दिया है कि किसी भी हालत में जिन्दगी से हार मानना ठीक नहीं है। माँ, यहाँ मैंने लोगों को घनघोर अभावों में भी आत्मिक खुशी से पुलकित होते हुए देखा है। क्योंकि ये अपने आँसुओं को अपनी रोटी में गूँथ देते हैं। ये दरिद्र जरूर हैं पर दरिद्रता इनके भीतर नहीं है। भीतर से ये भरे-पूरे हैं। ये मनुष्य होने का अर्थ जीवन और जीवन राग की साझेदारी में तलाशते हैं। जबकि हम मनुष्य की पहचान उसकी बाहरी समृद्धि से आँकते हैं। इसलिए बाहर से हम जितने अधिक समृद्ध होते जाते हैं हमारी भीतरी दरिद्रता उतनी ही बढ़ती जाती है। माँ, ये भविष्य के आलोक पर्व हैं...जरूरत पड़ने पर ये तूफान में बदल सकते हैं क्योंकि हमारी तरह ये सुविधाओं के गुलाम नहीं हैं और सबसे बड़ी बात यह है कि इनमें अभी तक मनुष्यों को प्यार करने की क्षमता बची हुई है। यहाँ जिन्दगियाँ एक-दूसरे से जुड़ी हुई हैं। माँ, जो सबको अपना ले वही शिव है, बाकी सब शव है।"

बड़े ध्यान से सुन रहे थे हेमन्त बाबू आदित्य की बातें। जहाँ बेटे के घर लौटने

से मना करने पर उन्हें हजारों मेगावाट का झटका लगा था वहीं कहीं भीतर यह सन्तोष भी गहराया कि जीवन का दाँव वे पूरी तरह ही हार नहीं गए हैं। पुत्र ने दिखा दिया कि अन्ततः वह उन्हीं का अंश है।

वनश्री का कन्धा पकड़ उन्होंने मोर्चा सँभाला—"उसे मत रोको वनश्री...उफनती नदी में बाँध नहीं बाँधा जाता है। इसे यहीं रहने दो...इन्हीं लोगों के बीच...इसी में मुक्ति है इसकी। मनुष्य की अपराजेय गरिमा और उसमें निहित शुभ तत्त्व का अनुभव कर लिया है इसने। हमारा क्या है...जीवन गुजर ही जाएगा। हमने क्या बहुतों ने अपने पुत्र को महान उद्देश्यों के लिए आगे बढ़कर समर्पित किया है।"

अपना दिमागी चैनल बदल वे पुत्र की तरफ मुखातिब हुए, "बेटा, एक नशेबाज से तुम्हारा रूपान्तर इस प्रकार होगा...मैंने इसकी कल्पना भी नहीं की थी। तुम्हारी खुशी में ही हमारी खुशी है। बस एक अनुरोध...कम-से-कम रात भर के लिए ही हमारे साथ घर चले चलो। यह मिलना तो नहीं, मिलने-सा ही हुआ...मिलने-सा मिलना तो घर बैठकर ही हो सकेगा।"

आदित्य मुस्कुरा पड़ा।

"आपसे यही उम्मीद थी पापा, सिर्फ एक ही रात क्यों...मैं बीच-बीच में भी आप लोगों से मिलने आता रहूँगा...लेकिन रहूँगा मैं इन्हीं लोगों के साथ। मैं सचमुच इन छोटे लोगों के छोटेपन को प्यार करता हूँ। आप मेरा रास्ता नहीं काटेंगे।"

पिता ढीले पड़े—"बेटा, तुमने जो रास्ता पकड़ा है, वही वरेण्य है...क्योंकि वह लोक-हित में है। मेरा वादा रहा पुत्र कि मैं अपने संकीर्ण पुत्र-मोह के चलते कभी तुम्हारे मार्ग का रोड़ा नहीं बनूँगा।"

वह शाम...।

परिवार के लिए एक पवित्र...ऐतिहासिक शाम थी। वनश्री और हेमन्त बाबू का वश चलता तो वे समय की गति को रोककर उस शाम को द्रौपदी के चीर की तरह अन्तहीन शाम में तब्दील कर देते।

उस शाम वनश्री ने रसोई बनाने में अपनी सम्पूर्ण पाक-कला, अपनी ममता की चासनी के साथ उँड़ेल दी थी। इतना नेह...इतनी भक्ति...इतना जतन तो शायद उसने तब भी नहीं महसूसा था जब इस घर की बहू बनने के बाद पहली बार उसने हेमन्त बाबू के लिए अपने हाथों से रसोई बनाई थी।

चुन-चुनकर वे सब चीजें बनाई गईं जो आदित्य को बेहद प्रिय थीं। मुद्दतों बाद घर घर-सा लगा। रसोई रसोई-सी लगी। मुद्दतों बाद घर में लाल दही और गंगूराम के रसगुल्ले की हंडिया आई।

हर घड़ी आसमान से जैसे कोई तारा टूटता...हर घड़ी वनश्री की आँखों से आँसू झड़ते। हे प्रभु...जैसे पुत्र से आज मिलाया...बस मिलाते रहना।

पुत्र के चेहरे के रेशे-रेशे को ध्यान से देखे जा रही थी वह—ओह, कितना खूबसूरत

चेहरा...उतना ही खूबसूरत मन ! समृद्ध घर में जन्म लेकर भी कैसी मामूलियत हस्ती की जिन्दगी। दो हाथ की कोठरी-सा घर...न खिड़की...न पंखा...न अलमारी, न नल। ले-देकर सिर्फ एक हंडिया, खटिया, लुटिया और एक टीन का बक्सा और उस पर भी कैसी आत्मिक शान्ति और उसी क्षण अपने कलपते जी की तसल्ली के लिए उसने भी जाने कितना त्याग मन-ही-मन कर डाला—"आज से मेरे सारे आभूषण और बचत तुम्हारे मिशन को समर्पित बेटा ! शायद तुम्हारा रास्ता ही मुक्ति का रास्ता हो... ।"

गहराती रात की निस्तब्धता और प्रशान्ति में फिर घेरा वनश्री ने बेटे को—"बेटा, हर माँ की इच्छा होती है पुत्र को विवाहित देखने की...पुत्र-वधू के स्वप्न पर माँ का स्वाभाविक अधिकार होता है बेटा...तुम मुझ पर यह अन्याय नहीं कर सकते क्योंकि तुम समाज-सेवी हो, संन्यासी नहीं। मैं नहीं जानती...बात में कितना दम है पर तुम्हारे पापा बता रहे थे कि तुम्हारे ही कॉलेज की तुम्हारी कोई महिला मित्र आज भी तुम्हारी राह देख रही है।"

"क्या... ?" स्प्रिंग की तरह उछल गया आदित्य। आँखें पारे की तरह झिलमिला उठीं। रंग और नूरवाली अपनी दुनिया की शुरुआत और उसके त्रासद अन्त के जिस इतिहास को उसने अपने हृदय के भीतरी तहखानों में सात तालों के अन्दर छुपा रखा था, उसकी हवा माँ को कैसे लग गयी ?

हैरान-सा वह दीदे फाड़-फाड़ माँ को देखे जा रहा था। इस प्रतीक्षित और अत्यन्त प्रीतिकर प्रसंग के छिड़ते ही हेमन्त बाबू भी उस रस-सरिता में कूद पड़े। चेहरा पवित्र राग और आत्मिक खुशी से एकाएक आलोकित हो उठा।

"हाँ बेटा, बहुत अच्छी लड़की है राशि।"

"क्या...?" वह फड़फाड़ाया। "ओह गॉड ! राशि नाम तक बता डाला।"

अचानक उग आए सुख के इस तूफान में उसकी धड़कनें इस कदर तेज हो गईं कि उन क्षणों बुरी तरह बेकाबू हो गया वह। बॉडी में जैसे हाई पॉवर करंट लग गया था। प्रेमिका से स्वप्न में तब्दील हो चुकी राशि क्या अब भी उसकी बाट जोह रही है ? उसे लगा...वह इस सुख को सह नहीं पाएगा।

आँखों में असीम कृतज्ञता भर बेकाबू अधैर्य के साथ उसने पिता को झंझोड़ा—"आप लोग कैसे जानते हैं यह सब ? ओह गॉड ! आप कब मिले उससे ? वह मेरी प्रतीक्षा कैसे कर सकती है ? उसकी तो शादी हो चुकी है ? उसने खुद भेजा था मुझे अपनी शादी का निमंत्रण कार्ड।"

हेमन्त बाबू के चेहरे की चमक लौटी। सुख का एक भव्य संसार उनके भीतर भी उग रहा था। जाने कितनी बार स्मृतियों में इस क्षण को जीया था उन्होंने... आज जब वह क्षण सामने था तो खुशी के आवेग को झेल नहीं पा रहे थे वे।

खूब आहिस्ता-आहिस्ता सूचनाओं की पोटली खोल रहे थे वे...कि कहीं कुछ उनकी उतावली और अधीरता से गिर न पड़े।

"वह भी अपने नृत्य द्वारा...मनुष्य में मनुष्यत्व, प्रेम, सौन्दर्य और चैतन्य को जगाने

में लगी है...जिससे निरन्तर कुरूप होती इस दुनिया को सौन्दर्य की ओर लौटा सके।"

"पर वह आपको मिली कहाँ...कैसे ?" एकाएक मिली भावनाओं की पूँजी को सँभाल नहीं पा रहा था आदित्य। उम्मीद, आवेग और स्वप्न के सौ-सौ सूर्य जगमगा रहे-थे वहाँ।

हेमन्त बाबू के चेहरे पर सौ-सौ गुलाब खिल उठे...मुद्दतों बाद आज पूरा घर एकसाथ मुस्कुराया था। अतीत में डूबते-उतराते बताने लगे वे—

"हम लोगों ने नशेबाजों के आन्तरिक सौन्दर्य को जगाने के लिए एक सांस्कृतिक कार्यक्रम रखा था, उसी में भाग लेने आई थी वह। अपनी पूरी यूनिट के साथ। ओह, कमलनाल-सी उसकी देह और पहाड़ी पत्थरों पर ऊपर से नीचे बहती जलधारा-सा उसका नृत्य। मर्मस्पर्शी और जीवन जगानेवाली मुद्राएँ। पथराई चेतनावाले नशेबाजों तक की आँखें भर आईं। मन वृन्दावन हो गया। एक नशेड़ी ने कहा—आज पहली बार लगा, ईश्वर है, और मेरे ही भीतर है। देह पर आत्मा की विजय का वह सचमुच एक महान नृत्य था। जाते समय जब मैंने उसे अपना कार्ड दिया तो वह वहीं बैठ गई। धीरे-धीरे सब लोग चले गए पर वह वहीं बैठी रही। मैं समझ नहीं पाया...वह क्यों बैठी है ! मैंने सोचा अपनी यूनिट के किसी सदस्य की प्रतीक्षा में होगी। आखिर जब एकदम गिने-चुने लोग भी जाने लगे तो वह मेरे पास आई और मुझसे पूछा, क्या यह टेलीफोन नम्बर आपके ही घर का है ? मेरे हाँ कहने पर उसकी आँखों में जैसे सितारे भर गए। उसने उत्साहित होकर पूछा—क्या मैं आदित्य को जानता हूँ। उसके पूछते ही जाने क्यों मेरी आँखें भर आईं। मैंने उसे बताया कि वह मेरा इकलौता बेटा है...पर नशे की बुरी लत उसे जाने किन अँधेरी सुरंगों में भटका रही होगी। सुनते ही उसका चेहरा सफेद पड़ गया...आँखें बरसने लगीं।"

बोलते-बोलते रुक गए हेमन्त बाबू। देखा, आदित्य का चेहरा उदास मोहकता से भर गया था। पास रखे गिलास से एक घूँट भरा उन्होंने और आहिस्ता-आहिस्ता फिर कहने लगे, "पहले तो मैं अवाक् रह गया.. उसके झरते आँसुओ को देखकर...उसके चेहरे की सच्ची उदासी और गहन वेदना देख मैं समझ गया...इन बहते आँसुओं का यथार्थ जरूर किसी गहरे आत्मीय सम्बन्ध से होगा—जो तुम्हारे और उसके बीच कभी रहा होगा। मैंने फिर उसे नहीं छोड़ा। बार-बार किसी न किसी बहाने मिलता रहा मैं उससे। जब वह मुझसे कुछ खुल गई तो उसने मुझे कहा—देखिए, हम दोनों ही आदित्य को खूब प्यार करने का दावा करते हैं...पर सोचिए, हम दोनों ही उसकी आत्मा से कितनी दूर थे। मैं आज तक नहीं जान सकी कि उसे नशे की बीमारी थी...और आप आज तक नहीं जान पाए कि वह दोबारा नशे की तरफ क्यों मुड़ा ! उस दिन मेरा शक यकीन में बदल गया।"

राशि-प्रसंग ने आदित्य के मन को भी मेघदूत बना डाला था। एकाएक राशि की देह-गन्ध, अतीत, स्मृतियाँ...सब जैसे वापस लौट आईं। आकुल-व्याकुल होकर उसने पूछा—लेकिन उसकी शादी हो गई थी। खुद मैंने अपने हाथों से पकड़ा था उसका कार्ड।

आगे बढ़ो...'हाई-वे' पर चलो। स्वयं को सिर्फ मोहनबगान लेन तक ही सीमित मत रखो। मैंने बड़े-बड़े एन.जी.ओ. ऑफिस को देखा...।"

मर्माहत होकर बीच में ही वनश्री को टोक दिया हेमन्त बाबू ने। "हर महान कार्य की शुरुआत छोटे रूप से ही शुरू होती है। धीरे-धीरे किसी वृक्ष की तरह इसकी शाखाएँ-प्रशाखाएँ फैलती हैं। एक दिन देखना, इसका कार्यक्षेत्र भी सम्पूर्ण भारत होगा।"

आदित्य को यह सारा विवाद रास नहीं आ रहा था। जब दोनों बोल चुके तो उसने कहना आरम्भ किया—"माँ, एक बार गणेश जी और कार्तिक में बहस छिड़ी कि कौन ज्यादा महत्त्वपूर्ण है। कार्तिक ने कहा, जो पहले ब्रह्मांड की परिक्रमा कर लौट आए। इतना कहकर कार्तिक तुरन्त अपने छरहरे शरीर और द्रुतगामी घोड़े के साथ निकल पड़ा। गणेशजी ठहरे भारी-भरकम शरीरवाले और उस पर उनका वाहन चूहा। उन्होंने अपने माँ-बाप को बैठाकर तीन बार उनकी परिक्रमा की और कहा—मेरे लिए तो यही ब्रह्मांड है और कार्तिक के आने के पहले ही ब्रह्मांड की परिक्रमा कर आए। तो माँ, मेरे लिए तो यह मोहनबगान लेन ही ब्रह्मांड है क्योंकि हाई-वे समाज के अन्तिम पंक्ति में खड़े अन्तिम व्यक्ति तक नहीं पहुँचती...वहाँ तक तो सिर्फ पगडंडियाँ ही पहुँचती हैं।"

अब जाने की तैयारी।

यत्नपूर्वक थामकर रखा वनश्री का संयम फिर बाँध तोड़कर बहती नदी-सा बह निकला। लगा, जैसे पुत्र नहीं, उसकी आत्मा का ही एक अंश उससे छिटककर अलग हो रहा हो।

जाते वक्त पुत्र ने पाँव छुए तो वह फिर फफक पड़ी, "बेटा, राशि के लिए क्या सोचा है ? वह अभी तक कुँवारी बैठी तुम्हारी बाट जोह रही है...क्या उसे भी वहीं रखोगे ?"

आदित्य चुप। भीतर उठती भावनाओं के ज्वार ने गला अवरुद्ध कर दिया था...पर जाने कैसे तो आवाज उठी, अन्तर्मन की गहरी बावड़ी से—"मेरी चेतना और अन्तर्रात्मा का सूरज न राशि के प्रेम के घटाटोप में उगा...और न ही तुम्हारी ममता की छाँव में माँ...जिस लोक गंगा के स्पर्श से यह उगा...जिसने मुझे जीना सिखाया, जिसने मेरे भीतर की सूख चुकी नदी को फिर आप्लावित किया अब वही मेरे जीवन का शिव है, सत्य है और परम सौन्दर्य है।"

राशि-प्रसंग पर भी घुन्ने पुत्र को अविचलित देख, भर-भर बरसती आँखों के साथ वनश्री ने अपना अन्तिम हथियार डाल दिया, "मुझे भी अपने साथ वहीं रख लो बेटा, अब हम लोग किसका मुँह देखकर जीएँ...अब क्या बचा है यहाँ ?"

हँस दिया आदित्य, साथ ही आँखों में वेदना की एक गहरी झील भी झिलमिलाई—"माँ, मुझे आपत्ति नहीं है तुम्हें इनके बीच रखने में। पर बिना इस जिन्दगी में आस्था रखे, बिना इन्हें समझे, तुम वहाँ रह नहीं पाओगी क्योंकि इनके पास जो है, वह हमारे पास नहीं है। इनके पास है, जीवन का बृहत स्वीकार्य भाव, इनके पास है एक सौन्दर्य

दृष्टि जो इंसान और इंसान में किसी भी प्रकार का भेदभाव नहीं रखती। यहाँ जिस प्रकार सब कोई सामूहिक और लोक-खुशी की गंगा में डुबकी लगाते हैं यह बिना समझे इनके बीच नहीं रहा जा सकता है। सौरमण्डल में ग्रहों की तरह अपने-अपने वृत्त में घूमते हुए भी यहाँ लोग एक दूसरे के गुरुत्वाकर्षण में बँधे हुए हैं। हर घर दूसरे से जुड़ा हुआ है। क्या बताऊँ माँ, यह अद्भुत दुनिया है, इसे देखने के बाद मैंने लोगों को सफेद और कालों में बाँटना छोड़ दिया है। इसी दुनिया में मैंने स्वर्ग भी देखा है और इसी दुनिया का नरक भी मैं भोग रहा हूँ। यहाँ का स्वर्ग तुम समझ नहीं पाओगी और यहाँ का नरक तुम सह नहीं पाओगी, इस कारण यह ख्याल तुम अपने मन से निकाल दो।"

"क्या है यहाँ का स्वर्ग ?"

जिस बस्ती को देखकर पाँच मिनट में ही वनश्री का जी भन्ना गया था। अंग-अंग में लोगों के पसीने की बदबू भर गई थी, उसके अन्दर किसी स्वर्ग की भी कोई गुंजाइश हो सकती है ? यह उसकी कल्पना से भी बाहर की चीज थी।

आदित्य धीमे-से मुस्कुराया और किसी तत्त्व-चिन्तक की तरह कहने लगा, "बीड़ी पीनेवालों की यह दुनिया अद्भुत है। यहाँ का स्वर्ग है...सह-जीवन में...परस्पर रागात्मकता में...परम सन्तोष में...श्रम में। यहाँ की सामूहिक संस्कृति अद्भुत है। मानवीय लगाव के प्रति एक गहरी आस्था मैंने यहीं महसूसी। यहाँ दुर्गापूजा, काली पूजा, शेराँवाली की पूजा से लेकर सारे राष्ट्रीय त्यौहार तक सामूहिक चन्दे से मनते हैं। इस बस्ती की दीवारों पर भगतसिंह, टैगोर और सुभाष के चित्र अंकित हैं। जिस उत्साह से ये सुभाष बोस का जन्म दिन मनाते हैं...मैंने किसी पॉश इलाके में उसका शतांश भी नहीं देखा। यहाँ का सह-जीवन जैसे हर शाम हरेक को पुकारता है। हाँ, यहाँ नरक भी है। अपने सारे काम एक ही कोठरी में कर लेनेवालों की इस दुनिया का नरक है यहाँ की भयंकर गरीबी, यहाँ की गन्दगी। जहाँ लोग सप्ताह में एक बार साबुन से नहाते हों और तीन दिनों में एक बार साबुन से कपड़े धोते हों...उस दुनिया में क्या तुम रह पाओगी ? यहाँ के सामूहिक संडास की बदबू अगले जन्म तक तुम्हारा पीछा नहीं छोड़ेगी। मैं इस दुनिया में एक शरणार्थी की तरह घुसा था, ऐसा शरणार्थी जिसकी अन्तर्शक्ति चुक गई थी, पर यहीं मेरे मन के रिक्त कोने भरने शुरू हुए। यहीं रहकर मैंने अपना आत्म-अन्वेषण किया। यहीं मैंने महसूसा कि बिना भावनात्मक समृद्धि के जीवन शून्य है...असुरक्षित है। उष्ण आत्मीयता और इंसानी लगाव ही जीवन का सबसे बड़ा बीमा है, डि-टोक्सीफिकेशन है पर तुम्हारे साथ वे परिस्थितियाँ नहीं। याद रखना माँ, आदमी अपने लिए जीता हुआ ही दूसरों के लिए जी सकता है, अन्यथा वह टूट जाता है, बिखर जाता है।"

पुत्र की इतनी गहन चिन्तन भरी बातें सुनकर आश्वस्त हुए हेमन्त बाबू।

वनश्री से कहा, "आदित्य ठीक ही कह रहा है।"

दोनों उसे छोड़ने बस स्टॉप तक आए। पलक झपकते ही उड़ती हुई बस आ गई। वनश्री कहना चाह रही थी, दूसरी बस से चले जाना पर कह नहीं पाई। तेजस्वी पुत्र

माँ की कमजोरी पर कहीं झल्ला ही न पड़े। जाते हुए पुत्र ने आखिरी बार मुस्कुराकर हाथ हिलाया। आँसुओं की झिलमिल के पार देखती रही वनश्री बेटे के चेहरे को—दुःख और सुख के सभी संवेगों से ऊपर एक अतीन्द्रिय भाव ! शायद फरिश्ते आ बैठे थे वहाँ।

हेमन्त बाबू भी अपने भीतर बहते रहे और सोचते रहे—'कितनी अजीब चीज है, यह जिन्दगी भी। जब-जब इसे जहाँ से पकड़ना चाहा, ठीक वहीं से तड़क गई वह।'

धीरे-धीरे ओझल हुई बस। देखते रहे दोनों...जब तक कि बस एक धब्बे में नहीं बदल गई। बस स्टॉप के पास ही एक पेड़ था पीपल का, उसकी पत्तियों का हिलना देखते रहे हेमन्त बाबू। वहीं देखा उन्होंने एक पक्षी को जो बड़ी देर तक एक ही डाल पर बैठा था, उसने अब अपनी डाल बदल ली थी। इस पक्षी की तरह काश हम भी बदल पाते डाल, मन-ही-मन सोचा उन्होंने। वनश्री का हाथ पकड़ा, भीगे कंठ से स्वर फूटा—'चलो।'

वनश्री के अश्रुपूरित चेहरे को देखकर फिर सांत्वना दी उन्होंने, "जानती हो एक नक्सली नेता थीं कृष्णा दी। बड़ी जाँबाज, बड़ी परदुःखकातर। उन्हें एकदम अकेले, जेल के भीतर बनी एक सेल में रखा गया था। उस अँधेरी सेल की दीवारों पर कुछ लिखा हुआ था...बहुत धुँधला। कृष्णा दी थोड़े नाटे कद की महिला थीं...उन्होंने टूल को खींचा, उन पर अपने दोनों कम्बलों को समेटकर रखा और किसी प्रकार उन लिखे हुए अक्षरों तक पहुँचीं। उन्होंने पढ़ा—वहाँ किसी पूर्व नक्सलवादी ने अपने खून से लिखा हुआ था—हम यहाँ थे।

"इस समय की महानता को तुम समझो वनश्री। तुम्हारा पुत्र इतिहास बना रहा है। ईश्वर करे मानव-मुक्ति के लिए वह सचमुच कुछ ऐसा करे...कुछ ऐसा सत्य और शुभ आनेवाली पीढ़ी को सौंपे कि उनके लिए भी लोग यही कहें—वह यहाँ था।"

●●●